DER VATIKAN

DER VATIKAN

Goldene Jahrhunderte der Kunst und Architektur

Herausgegeben von Maurizio Fagiolo dell'Arco

unter Mitarbeit von Angela Cipriani,
Marcello Fagiolo dell'Arco, Maurizio Marini,
Vitaliano Tiberia, Enrico Valeriani

Bild: Der Engel befreit den
heiligen Petrus aus dem Gefängnis
Detail aus dem Fresko von Raffael
in der Stanza di Eliodoro

Die Originalausgabe erschien unter dem Titel
L'ARTE DEI PAPI
im Verlag Arnoldo Mondadori, Mailand

Übersetzung aus dem Italienischen
THOMAS MÜNSTER

Pattloch Verlag 1989
Lizenzausgabe für den Weltbild Verlag GmbH, Augsburg
© Arnoldo Mondadori Editore, Mailand
Die deutsche Originalausgabe erschien unter dem Titel
„Petersdom und Vatikan"
ISBN 3-629-00013-4
Druck und buchbinderische Verarbeitung:
Arnoldo Mondadori Editore, Verona
Printed in Italy

INHALT

URBI ET ORBI – DER STADT UND DEM ERDKREIS (Maurizio Fagiolo dell'Arco) 9

DAS RÖMISCHE PONTIFIKAT – Die Geschichte einer Ideologie im Spiegel einer heiligen Stadt (Marcello Fagiolo dell'Arco) 13

Die Politik der Päpste in Rom. Die „centri direzionali" und der Untergang der weltlichen Macht

DIE BASILIKA UND DIE VORORTE – Von der Kirche zur Stadt (Enrico Valeriani) 29

Bestandteile und Ursprünge von Borgo – Borgo als alternative Stadt – Der Plan der neuen Basilika – Die Befestigungsanlage und das neue Viertel – Die Kuppel und der Obelisk – Die größte Ausdehnung der Borgo – Der Ausbau der Piazza – Die Zerstörung der Spina

DIE GEMÄLDE-ZYKLEN – Eine Synthese der Kunstgeschichte (Maurizio Marini) 75

Fra Angelico und die erste Blüte des Humanismus – Die Borgia und Pinturicchio – Das Zeitalter Raffaels – Michelangelo und die Zeit des Übergangs – Die Krise des Manierismus – Der Anfang des Barockzeitalters – Von Caravaggio zu Poussin

BILDFOLGEN 86

Die nikolinische Kapelle – Der Zyklus der Sixtinischen Kapelle – Die Wohnung der Borgia – Das Gewölbe der Sixtinischen Kapelle – Die Stanzen Raffaels – Die Loggien und die Loggella – Die Gobelins Raffaels – Das Jüngste Gericht Michelangelos – Die paulinische Kapelle – Die Verwandlung der religiösen Ikonographie in der vatikanischen Basilika – Die Stanze der Unbefleckten Empfängnis

DAS LEBEN DER PÄPSTE – Analyse der päpstlichen Gräber (Angela Cipriani) 171

Das Petrusgrab – Legende oder Gewißheit? – Wechselnde Lebensumstände des Papsttums und Fehler einer verpflichtenden Tradition vor 1300 – Bonifatius VIII. und das Jubeljahr. Arnolfo di Cambio und die Begräbniskapelle – Paul II. und die Verurteilung des Humanismus – Sixtus IV. – Das Grab als Mausoleum – Innozenz VIII. und der Humanismus des Manierismus – Paul III. – Das negierte Denkmal – Urban VIII. – Die belebende Kraft des Todes – Leo XI. – Das dynastische Grabmal – Alexander VII. – Der Wert des Gebetes – Gregor XIII. – Synthese von Klassizismus und Barock – Clemens XIII. – Die neoklassische Entwicklung – Von Pius VIII. zu Pius XII. – Das Zeitalter der Banalität

VON DEN PALÄSTEN ZU DEN GÄRTEN – Der Vatikan als weltliche Residenz (Marcello Fagiolo dell'Arco) 189

DIE KONSERVIERUNG DER KUNSTSCHÄTZE – Die Archive, die Bibliothek und die Museen (Angela Cipriani) 213

Das Archiv, ein Teil des Schatzes von Sankt Peter – Die apostolische Bibliothek – Die vatikanischen Museen

REISEFÜHRER DURCH DEN VATIKAN (Vitaliano Tiberia) 247

LITERATURHINWEISE 274

REGISTER 275

BILDNACHWEIS 279

„Selig bist du, Simon, Sohn des Jonas; denn nicht Fleisch und Blut hat dir das geoffenbart, sondern mein Vater, der im Himmel ist. Und ich sage dir: Du bist Petrus, und auf diesen Felsen will ich meine Kirche bauen, und die Pforten der Hölle werden sie nicht überwältigen. Ich will dir die Schlüssel des Himmelreiches geben, und was du auf Erden bindest, das wird im Himmel gebunden sein, und was du auf Erden lösest, das wird im Himmel gelöst sein."
Mt 16, 17–19

Der Vatikan. Ausschnitt aus der von Antonio Danti zwischen 1580 und 1583 gemalten Ansicht von Rom in der Galerie der geographischen Karten.

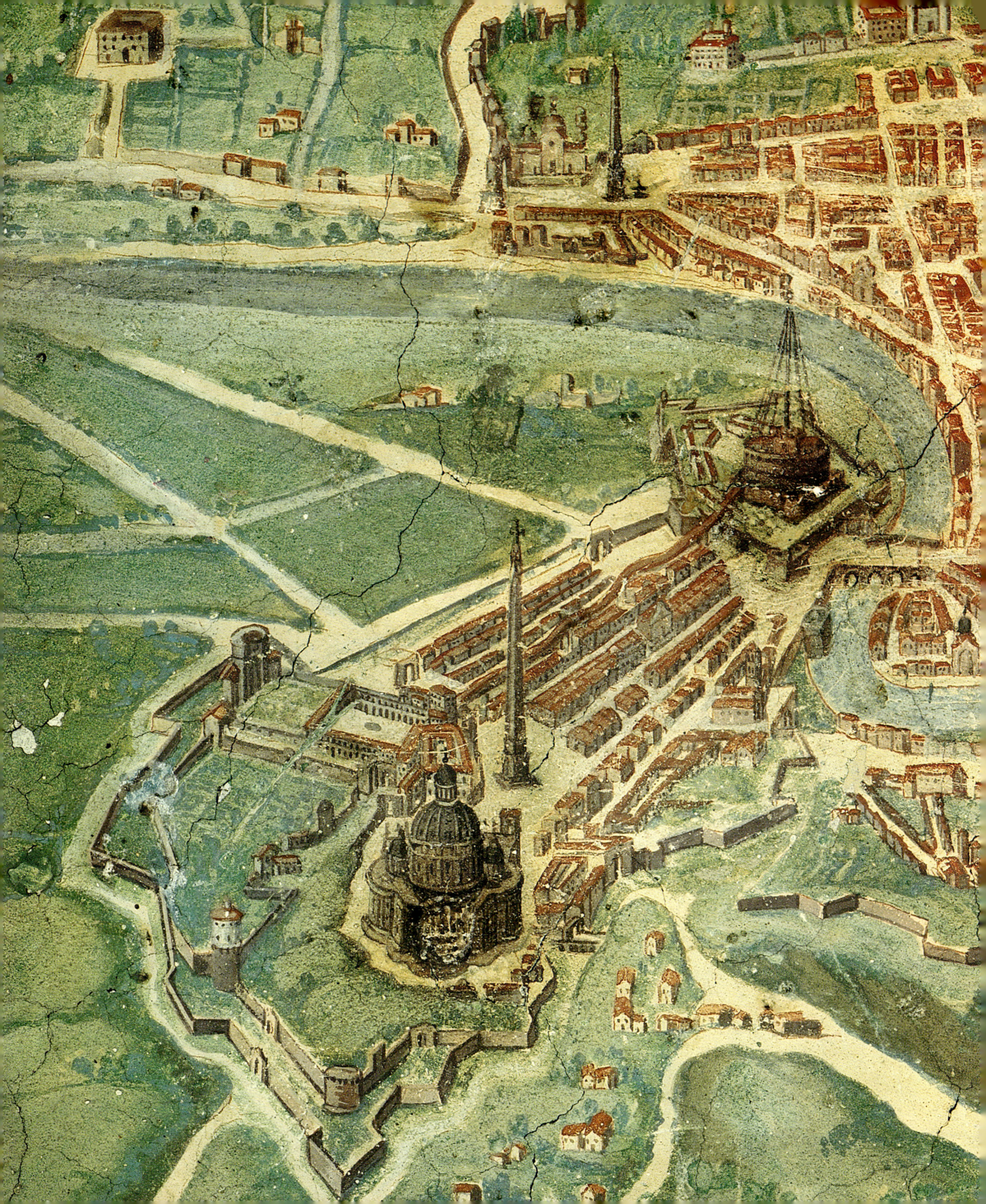

URBI ET ORBI – DER STADT UND DEM ERDKREIS

Noch ein Buch über den Vatikan. Neben der Tatsache, daß die auf diesen wenigen Quadratkilometern vorhandenen Schätze unerschöpflich und die Möglichkeiten historisch-kritischer Analysen unendlich sind, ist festzustellen, daß jede Generation die Geschichte der Künste im Vatikan neu schreiben muß. Sie ist zugleich die Geschichte der italienischen Kunst (besser: der Künste in Italien).

Die historische Kulisse der vatikanischen Mauern und Gebäude ist wie ein Spiegel der historischen Ereignisse, von den spätrömischen Anfängen bis zur konstantinischen Anerkennung, vom „Herbst des Mittelalters" bis zum Triumph der Renaissance, von der Apotheose des Barocks zur Kritik des Neoklassizismus und zum Eklektizismus des 19. Jahrhunderts. Dieses Buch wird allen Themen nachgehen und sie für einen heutigen Besucher des Vatikans erschließen. „Petersdom und Vatikan", das ist vor allem die Geschichte einer Idee, welche die dogmatische Kraft einer Ideologie gewinnt. Dann ist es die Geschichte eines anfangs unbedeutenden Platzes, der zum Bezugspunkt einer ganzen Stadt wird. Und schließlich geht es um die Geschichte der Kunst, die stets als Abbild und Bestätigung einer bestimmten historischen Stätte anzusehen ist.

Dieser monumentale heilige Bezirk erwuchs aus einem ungesunden Sumpfgebiet, das zuerst von Caligula und dann von Nero zum Privatbesitz erklärt wurde; hier vollzog sich das Martyrium des ersten Apostels. Vielleicht hing das mit der Bestimmung dieses Bezirks als Nekropole zusammen (man vergesse nicht, daß Hadrian sein Mausoleum an einem Abhang des Vatikanischen Hügels erbauen ließ). Das Edikt Konstantins (313) leitete eine neue Epoche ein. Schon zehn Jahre später begannen die Arbeiten an der mächtigen Basilika. Kaum hundert Jahre später erfolgte die erste Plünderung (durch Alarich und die Westgoten, 410) und damit die Erschütterung eines Mythos. Nach einer wechselvollen Geschichte beschloß Leo IV. in der Mitte des 9. Jahrhunderts, diesen Bereich mit einer Mauer zu umgeben: die Basilika wird zur Festung. Die Verbindung zur Stadt wurde gegen Ende des 13. Jahrhunderts durch den „passetto" (Korridor) hergestellt, der Kirche und Stadt verbindet; sie wurde aber fast sofort wieder unterbunden. Zu Beginn des folgenden Jahrhunderts verlegte der römische Papst seinen Sitz nach Avignon. Erst Nikolaus V. kann in der zweiten Hälfte des 15. Jahrhunderts im Rahmen der neuen europäischen Bewegung des Humanismus den Plan eines heiligen Bezirks wieder in Erwägung ziehen.

Auch die Jubiläen (1450 und 1599) sind Gelegenheit für neue Arbeiten im Bereich der Kirche und der Paläste. Zu Beginn des 16. Jahrhunderts scheinen Basilika und Burg sich durch Julius II. in ein Mausoleum (Michelangelos mythisches Unternehmen eines Grabmals als des Kerns der Basilika) und dann geradezu in den „umbilicus mundi", den „Nabel der Welt", zu verwandeln. Es beginnen die Arbeiten für eine umfassende Neuordnung der Architektonik und der repräsentativen Bereiche, aber der Enthusiasmus eines Bramante und Raffael, eines Michelangelo und Julius II. erleidet durch die Plünderung Roms (Sacco di Roma, 1527) Schiffbruch. Es ist sozusagen wieder einmal das Ende der Kultur, aber für die Kunstgeschichte beginnt eine segensreiche Zeit. Die Künstler, die besonders im Vatikan tätig gewesen waren, mußten fliehen und verbreiteten ihre besondere Sprache (das „raffaellesco") über die ganze Halbinsel, von Venedig bis Sizilien und von der Lombardei bis Neapel, so daß daraus eine gemeinsame italienische Sprache wurde.

Gegen den römischen Himmel zeichnet sich die schönste Kuppel der Welt ab wie das greifbare Symbol des Weltalls, der Macht „urbi et orbi". Es gibt neue Versuche, die geistige Macht, die sich immer stärker als weltlich erweist, auf verschiedene Art zu deuten: die „civitas pia" oder „Roma resurgens" Pius' IV., die „ecclesia palatina" Sixtus' IV. Das Sternbild der Paläste und Kultstätten sieht fast in jedem Jahrzehnt einen neuen Stern aufsteigen: ein Museum wird gegründet, oder ein Obelisk wird aufgestellt, neben dem neuen Hof entsteht die Bibliothek, das Gotteshaus wird zum Ausgangs- oder Endpunkt eines Säulenganges ... Wie in einem lebendigen Zellgewebe pulsiert das Leben auf diesem kleinen Raum und verwandelt unausgesetzt die Stätten des Kults und der Macht. Auf jede Zerstörung folgt ein Neubau.

Im Barock erfolgt die Neugründung der Peterskirche. Zwischen der von Urban VIII. Barberini geplanten neuen Basilika und der von Alexander VII. Chigi vorgesehenen neuen Stadt können sich die Künstler jetzt endlich eine gewisse Handlungsfreiheit erlauben, wie im Falle Bernini. Mit Unterstützung des Papstes konstruierte er einen Platz mit zwei Brennpunkten (also nach kopernikanischem Prinzip) und befestigt mit seiner Reihe überzeugender, propagandistischer Bilder die Bildkultur, die für ein Jahrhundert und länger (bis zur revolutionären Kritik des Neoklassizismus) den europäischen Stil bestimmen wird.

Die Autoren dieses Buches haben nicht nur die Höhepunkte der vatikanischen Kunst analysiert. Sie sind im Gegenteil immer von den geschichtlichen Fakten einer Epoche ausgegangen und betrachten das Künstlerische als deren Zeugnis und (manchmal) als schöpferische Kraft der Kultur. Sie betrachten den Zyklus Fra Angelicos im Rahmen der Kulturpolitik Nikolaus' V.; sie studieren die Statuen der Grabmäler als Zeugnisse des „ewigen Lebens", dessen sich jeder Papst vor allem durch das Bild versichern wollte; sie suchen die neuen Werte, die von dieser päpstlichen Macht den Künstlern übermittelt werden; sie untersuchen also alle historischen und politischen Einflüsse, die auf die Entwicklung der Kunst Einfluß nehmen. Dabei darf die einfache Tatsache nicht vernachlässigt werden, daß in manchem Zeitalter oft nur das Kunstwerk überlebt, während die Politik und sogar die Weltanschauung in Vergessenheit geraten können.

Auch der Bildteil dieses Buches verdient eine Klarstellung. Die photographischen Arbeiten wurden parallel mit den historisch-künstlerischen Analysen durchgeführt. So wird ein Bildzyklus analysiert, es wird aber auch versucht, das Bild in seiner zeitgenössischen Bedingtheit zu erfassen: daß also (zum Beispiel) die meisterhaften Fresken Raffaels auch die großartige Dekoration einiger vom Papst bewohnter Räume (Studio, Empfangsaal) waren. Die Fundstücke in den Museen aus klassischer oder christlicher Zeit werden untersucht, ohne daß ihre rein museale Bedeutung vernachlässigt wird. So ist jede Möglichkeit wahrgenommen worden, die einzelnen Stücke im historisch-künstlerischen Zusammenhang selbst zu Wort kommen zu lassen.

Julius II. zeigt Konstantin die Pläne der alten und der neuen Basilika. Allegorischer Kupferstich aus dem 17. Jh.

Der Raum, in den gegen 315 menschliche Reste eingemauert wurden, die man für die Reliquien des Apostels Petrus hielt. Sie stammten aus einer wenige Meter entfernten einfachen Grabstätte, die Pius XII. 1950 offiziell zum Grab des Apostels erklärte, die aber leer aufgefunden worden war.

Die vatikanische Zone ersteht als „coemeterium", als „Stadt der Schlafenden", wie die Etymologie es will. Der Ablauf der Geschichte bestätigt sie als Zitadelle des Geistes und vor allem der Kultur. Die „propaganda fides" im Verlauf der Jahrhunderte und das heutige Gespräch „cum urbe et orbe" bedienen sich stets kultureller und künstlerischer Vermittlung. Gerade jene Augenblicke werden in diesem Buch illustriert, die als Zusammenfassung einer gewissen Macht, als Konzentration der Ideen in Bildern erscheinen, die so hoch und vollkommen sind wie das Dogma. Es ist kein Zufall, daß im ersten idealen „Mausoleum", dem von Pollaiolo ziselierten Grabmal Sixtus' IV., sich Seite an Seite mit der Theologie und den Wissenschaften auch die Freien Künste befinden.

Aber es finden sich auch weniger bekannte Gesichtspunkte in diesem Buch. Zum Beispiel das Problem, wie eine Kirche zum Palast werden und sich dann auf die umgebende Stadt ausweiten kann: durch die Jahrhunderte bildet sich langsam das Bild (das heute kristallisiert erscheint) einer absoluten Gesamtheit von Leben und Tod, Kirche und Stadt, Heiligem und Profanem. Der Vatikan kann sogar eine „Residenz" nach mitteleuropäischer Art werden: das Reich des Geistes identifiziert sich mit dem „Paradies". Zur Zeit Pius' IV., als sich die Paläste in die Gärten ausdehnten (ein Anbau mit Loggia, zwei Atrien und eine ovale Naumachie), wurde der Pontifex ein neuer Apollo, der sich einen eigenen Parnaß formte, komplett mit Akademie und Museum, Gedenkstätten und Kulturzentren. Anderseits erhob sich in Richtung auf die Stadt der Säulengang, der auch wieder ein Typ des „paradeisos" ist, eine eher natürliche als städtische Architektur; eine Bühne, die der Macht kein künstlerisches Bild vorspiegelt, sondern einen Ort des Entzückens: „Paradies" oder „Sonnentheater".

Die sehr lange Geschichte des Vatikans als Stadt der Künste schließt natürlich mit dem Ende der weltlichen Macht des römischen Pontifikats. Aber noch die letzten Zuckungen sind von Interesse für die Geschichte der italienischen Kunst, sogar als sich das „zweite Rom" mit dem belagerten und dann (nach jenem verhängnisvollen 20. September 1870) in seinen goldenen Käfig eingesperrten Pontifex dem Ende zuneigte. Der letzte Papst-König, Pius IX., der

Die „Unterschriften" von Giacomo della Porta und seinem Sohn Alessandro, die den Bau der Kuppel von Sankt Peter zu Ende führten, in der Halbkugel über der Schlußlaterne.

die Römer gelehrt hatte, ihn „Vater" zu nennen, nachdem er sich für „liberal" und „unfehlbar" erklärt hatte, beschloß seine Tage mit der Bestimmung, in San Lorenzo fuori le mura begraben zu werden – fuori le mura, außerhalb der alten Vatikanstadt, die nach ihm nicht mehr geistiger Mittelpunkt sein würde, sondern ein passiver Gastgeber des „geistige" Anregung suchenden Künstlers.

Noch ein Buch über den Vatikan. Aber es ist wohl andersartig dadurch, daß es die Geschichte der Bilder mit den Bildern der Geschichte verbindet. Es begleitet den Besucher, lehrt ihn Altarbilder und klassische Statuen zu unterscheiden, Miniaturbücher und vornehme Fassaden, malerische Zyklen und Tempelkapellen, weltliche Gärten und feierliche Gräber ... Wer in die Basilika eintritt ist tätiger Zeuge (und gewissermaßen ständiger Mitspieler) dieser Verquickung von Raum und Zeit: er sieht das Grab, über dem viele Gläubige dem heiligen Petrus zujubelten, und gleich darauf erlebt er den üppigen Barock, er sieht die verspielte Linie des Rokokos im Gegensatz zur strengen Idee des Neoklassizismus, das Mosaik des 18. Jahrhunderts neben dem Fresko, neben den kostbaren Bodenbelägen: kurz, er entdeckt das wahre Bild der Zeit wie in jenem mythischen Symbol der ewigen Wiederkehr, einer Schlange, die sich in den Schwanz beißt. Wo sich jetzt der triumphale Baldachin Berninis befindet, der den Aufbruch einer (wie immer) aus Blut geborenen Kultur bezeichnet, war im 14. Jahrhundert ein majestätisches Polyptychon von Giotto (jetzt in Einzelteilen in der Pinakothek), welches die ewige Doppelgesichtigkeit dieses Ortes erhellen wollte und das wir als Symbol der „Operation Vatikan" auffassen dürfen. Auf der einen Seite dieser Bildtafel (vgl. S. 232/233) thront Gott inmitten eines Kreises von Heiligen mit dem Auftraggeber Stefaneschi, auf der Rückseite sitzt Petrus auf dem Thron, umgeben von einem entsprechenden Kreis Seliger. Der ewige „Logos" und die apostolische Gewalt, die sich für einen Augenblick berühren, wenden sich in diesem vielfältigen Werk, das sich als Spiegel der Welt versteht, voneinander ab. Eine Stadt in Gestalt eines Palastes, eine Basilika in Gestalt einer Stadt, als zeugender Kern eines „rhetorischen" Appells, der von der Stadt ausgeht, um in der Welt zu wirken.

Vielleicht gibt es keinen Ort, der wie der Vatikan den unvermeidlichen Wandel der Kultur registriert: das Schwanken zwischen Elend und Glanz, zwischen Bedeutungslosigkeit und Expansion, der Bestätigung und Ablehnung durch die Künste, des Bewahrens der Vergangenheit und der Voraussicht in die Zukunft. Nur wenige Päpste haben die dynamische Kraft dieser Tradition erkannt.

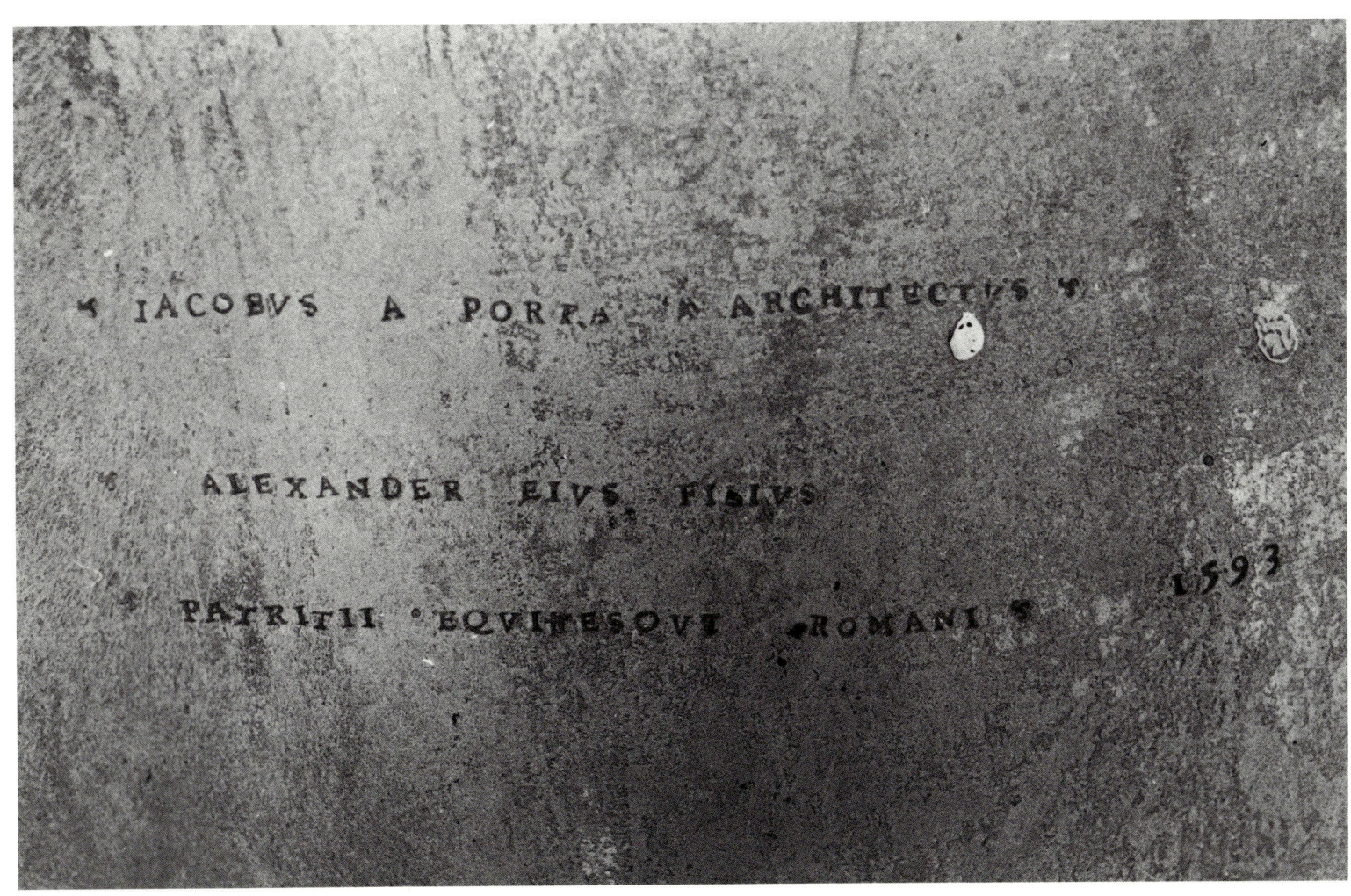

DAS RÖMISCHE PONTIFIKAT
Die Geschichte einer Ideologie im Spiegel einer heiligen Stadt

„Du bist Petrus, und auf diesem Felsen werde ich meine Kirche bauen" (Mt 16, 18). Dieses prophetische Wort Christi mußte – wegen der gewollten Zweideutigkeit und Mehrwertigkeit – das Schicksal einer „ecclesia" oder „erwählten Gemeinde" des Neuen Testaments enthalten, die sich durch die Jahrtausende um eine authentische Deutung dieser Botschaft bemüht.

Ist die Ecclesia die neue Gemeinde dieser Erde, oder ist sie die Gemeinde der „Reiche des Himmels"? Ist sie eine wirkliche Civitas oder nur die Anwartschaft auf die „civitas Dei"? Ein Gebäude aus Stein und Fleisch oder die „renovatio" am Ende der Zeiten, auf welche die Apokalypse anspielt? Es besteht also dieser Dualismus, wenn nicht sogar ein Zwiespalt zwischen den beiden „civitates", dessen verschiedene Auffassungen sich durch die ganze Geschichte Roms und des Papsttums ziehen bis zu dem bedeutsamen Jahr 1870.

Insbesondere der Beiname, den Jesus dem Fischer Simon gab (Kefas oder Petros = Stein oder Felsen), bedingte eine Angleichung des Schülers an den Meister: Christus selbst war der „Eckstein", der einzige Schlüssel zum Tempel, auf den im Alten und Neuen Testament mehrmals angespielt wird. Wenn Petrus also das Fundament ist (und materiell erwuchs die vatikanische Basilika über seinem Grab), so ist Christus die wahre Krönung des christlichen Werkes.

Als Petrus in Rom angekommen war, verwendet er dieses Bild in einem Brief an die Gläubigen Kleinasiens: „Tretet heran zu ihm, dem lebendigen Stein, der zwar von Menschen verworfen worden, bei Gott aber auserlesen kostbar ist, und laßt euch selbst als lebendige Steine aufbauen als geistiges Haus zu einer heiligen Priesterschaft, um geistige Opfer darzubringen, die Gott wohlgefällig sind, durch Jesus Christus. Darum steht in der Schrift: ‚Siehe, ich lege in Sion einen erlesenen, kostbaren Eckstein. Und wer auf ihn gläubig vertraut, wird sicher nicht zuschanden werden.' Euch also, die ihr gläubig vertraut, gilt die Ehre; den Ungläubigen aber ist der Stein, den die Bauleute verworfen haben, gerade der ist zum Eckstein geworden, und ein Stein des Anstoßes und ein Fels des Ärgernisses; sie stoßen sich daran, weil sie dem Wort nicht gehorchen ..." (1 Petr 2, 4–8).

Der Stein ist Christus, der Stein ist sein Apostel, „lebendige Steine" sind die Schüler in einem zugleich materiellen und geistigen Gebäude. Der Apostel Paulus schreibt im gleichen Sinne: „So seid ihr nun Mitbürger der Heiligen und Hausgenossen Gottes, aufgebaut auf der Grundmauer der Apostel und Propheten, während Christus Jesus selber der Eckstein ist. In ihm hat jeder Bau Halt und wächst empor zu einem heiligen Tempel im Herrn. In ihm werdet auch ihr miteingebaut zu einer Gotteswohnung im Geiste" (Eph 2, 20).

Der Petrusfelsen ist der Mittelpunkt der neuen Welt in einer von der Vorsehung bestimmten Inbesitznahme des Zentrums der antiken Welt, jener „Roma", die Petrus und Johannes als „Babylon" bezeichneten. Wenn das Martyrium Christi der letzte Akt in der antiken Geschichte jenes „Weltzentrums" Jerusalem war, das die Geburt und den Tod des ersten Menschen gesehen hatte (der Gipfel von Golgota oder Kalvaria hatte seinen Namen vom Schädel Adams, der dort begraben war), so wurde der Vatikanische Hügel mit dem Grabmal des Petrus das neue Golgota, so wie Rom als „caput mundi" die Mission hatte, ein neuer Mittelpunkt zu werden. Die von Konstantin auf dem „Felsen" errichtete Basilika ist gleichbedeutend mit dem von Salomon auf „Felsen" errichteten Tempel und dem Brandopferaltar, der von David der Versöhnung mit Gott geweiht worden war.

Historisch gesehen, gab es zwischen 64 und 70 n. Chr. drei entscheidende Ereignisse: den Brand Roms, der von Nero entfesselt worden sein soll, dann das Martyrium des Petrus und Paulus, der Ecksteine und Säulen der Kirche, und schließlich die Zerstörung Jerusalems und des Tempels, die als vergeltende Gerechtigkeit für das Leiden Christi gedeutet wurde (und vielleicht als Gleichnis der von Johannes prophezeiten Feuersbrunst des römischen Babylon).

Der Triumphzug des Titus in Rom, der in den Reliefs des Bogens an der Via Sacra verewigt ist, bezeichnet nicht nur den Raub der materiellen Güter Jerusalems (die vatikanische Basilika bekam später von Konstantin eine Säule zum Geschenk, die aus dem Tempel Salomons stammen soll), sondern auch die Übertragung der „Idee" Jerusalems auf Rom. War also Jerusalem zur Zeit Herodes' des Großen romanisiert und dann durch die Verschleppung seiner wertvollsten Besitztümer babylonisiert worden, so tritt Rom, das neue Babylon, durch einen seltsamen Gegenzug im Plan der Vorsehung, der die Festigung des Gottesstaates zum Ziel hat, an die Stelle Jerusalems.

Das Bild Rom-Babylon scheint blitzartig in den düsteren Visionen des Johannes auf: „Ich sah ein Weib auf einem scharlachroten Tier sitzen mit lästerlichen Namen, das sieben Köpfe und zehn Hörner hatte ... Und auf ihrer Stirn stand ein Name geschrieben, ein Geheimnis: ‚Babylon, die Große, die Mutter der Hurerei und der Abscheulichkeiten dieser Erde.' Und ich sah die vom Blut der Heiligen und vom Blut der Zeugen Jesu trunkene Frau ... Die sieben Häupter sind sieben Berge, auf denen das Weib sitzt, und sind auch sieben Könige: fünf sind gefallen, einer ist auf dem Thron, der andere ist noch nicht gekommen, und wenn er kommt, wird er nur für kurze Zeit bleiben. Und die Bestie ist ein achter König" (Apk 17).

Das Blut der Märtyrer und der Tod des fünften Königs, des Verfolgers (Nero), erscheinen als Vorzeichen für die Vernichtung der Hurerei und den endlichen Sieg des Engels. Schon die Feuersbrunst des Jahres 64 schien, falls, wie die Historiker vermuten, Nero der Urheber war, einem genauen Plan zu entsprechen. Die törichte Gebärde der Brandstiftung zum Jahrestag der von den Galliern im Jahre 387 v. Chr. entfachten Feuersbrunst, die von Nero besungen und mit dem Brand Trojas verglichen wurde, bedeutete für die unglückliche Hauptstadt das Endeeines Zyklus (das Ende des Elends einer chaotischen, labyrinthischen Stadt) und den Beginn eines neuen Zyklus durch die Planung einer „strahlenden Stadt" mit Straßen und ausgedehnten Plätzen voller Sonne. In einer Art Vermählung von Sonnenkult und Feuerkult (von der Sonne entzündeter Wagen, der die Stadt von der antiken Unordnung reinigt) sollte Rom sich erneuern und wiedergeboren werden wie der Phönix aus der Asche: zu diesem Bild (das von Martial als Huldigung für Domitian aufgegriffen wurde) gesellte sich der auch von den Stoikern verbreitete Glaube, daß am Ende der Zeiten die Welt durch Feuer zerstört würde.

Gerade das von Nero gewollte neue Rom, die „Neropolis", wurde Zeuge des Marty-

Detail vom Inneren der Kuppel in der Basilika des hl. Petrus.

riums der Apostel Petrus und Paulus, die sozusagen „instinctu divinitatis", auf göttliche Eingebung, nach Rom gekommen waren (womit wir eine Inschrift auf dem Konstantinsbogen über den kaiserlichen Sieg paraphrasieren).

In den folgenden Jahrhunderten wurde Rom nicht nur zum „caput mundi", sondern auch – mit dem Edikt Caracallas, der dem ganzen Imperium die römische Bürgerschaft verlieh – zu einer Synthese der Welt und zum lebendigen Abbild eines „orbis", der zur „urbs" geworden war. Umgekehrt entsprach die strategische Geduld der Christen der auf die heidnische Hauptstadt einwirkenden zentripetalen Kraft mit der Gründung einer zentrifugal in die Welt strebenden „ecclesia catholica": dem Universum, das zur Stadt geworden war, stellte sich unmerklich eine „civitas" gegenüber, die Universalität anstrebte.

In der großartigen Synthese des heiligen Augustinus wird die Geschichte als rhythmisch wechselndes Zusammentreffen von „civitas terrena" und „civitas Dei" gesehen: beide Städte bzw. Gemeinschaften erscheinen untrennbar vermengt wie Getreide und Grassamen, aber gerade Rom-Babylon konnte im Guten wie im Bösen als das vorläufige Bild einer kosmopolitischen Vereinigung erscheinen, die nach der übergeordneten Einheit der „civitas Dei" strebte. Diese „rekrutiert ihre Bürger aus allen Nationen, ungeachtet der Verschiedenheit von Sprachen, Sitten und Gesetzen ... Sie erstrebt und sichert, daß alle Nationen dem Frieden auf dieser Erde dienen, damit die Bindung an den höchsten und wahren Gott keine Störung erfahre (De civitate Dei XIX 17).

Der Mythos des heidnischen Rom schien weder durch das Wirken Konstantins noch die apokalyptische Plünderung des Jahres 410 zu erschüttern. Dem heiligen Hieronymus, der erschreckt feststellte, „die ganze Welt sei in den Ruinen dieser Stadt untergegangen", antwortete der heilige Augustinus, daß im Gegenteil „Rom nicht stirbt, wenn die Römer nicht sterben". Die Stadt aus Stein war zerstört, die „lebendigen Steine" konnten die Wiedergeburt und die Kontinuität der Stadt des Schicksals sichern. Die „civitas Dei" konnte in der Geschichte der Menschheit Raum gewinnen durch verschiedene Etappen der Eroberung und eine Vertragspolitik, die erst durch die Schismen und die Reformation in eine Krise geriet.

Die Rolle Neros in unserer wechselvollen Geschichte ist auch bedeutsam durch die Annahme des Kultes der Sonne und des Mithras, mit denen sich der Kaiser identifizierte. Seine gewaltige Statue im Vestibül der Domus Aurea, die mit dem Koloß von Rhodos wetteiferte, sollte das irdische Bildnis der „Regia Solis", der Sonnenherrschaft, sein. Der größte Saal der „Domus" mit dem kaiserlichen Thron, der Mittelpunkt von „Neropolis" und des ganzen Universums, drehte sich ringsherum und stellte die Bewegung der himmlischen Sphäre dar: der Souverän Neue Sonne glaubte, die Zither schlagend, wie Apollo die Harmonie der Sphären zu lenken, und wie Apollo fühlte er sich im Zeichen der kosmischen Musik als Gründer und Neubegründer der Stadt. Es ist bezeichnend, daß die „Regia Solis", der Mittelpunkt der kosmischen Kreisbewegung, im Zentrum Roms erbaut wurde, in der Nähe der „regia" des Numa Pompilius und der „pontifices maximi", während die „regia christiana" zuerst außerhalb, im Lateran, errichtet wurde, ehe sie den Vatikan einrichtete. Und wenn der Thronsaal das Bild des Kosmos war, so bot die ganze Domus Aurea in ihrer mächtigen Ausdehnung ein synthetisches Bild des Landes und des Erdkreises. „Sie war so groß", schrieb Sueton, „daß drei eine Meile lange Bogengänge dazugehörten und ein See, oder fast ein Meer, das von Gebäuden, groß wie eine Stadt, umgeben war. An den Seiten waren Villen mit Feldern, Weingärten und Weiden, Wälder voll von zahmen und wilden Tieren." Ausgedehnte Ländereien, Gewässer, Berge und Täler, Felder und Wälder, wir werden sehen, wie sehr dieser Archetyp eines Palastes in Form einer Stadt und des Universums Bedeutung für die Bestimmung des vatikanischen Komplexes erlangt.

Die wechselseitige Abhängigkeit von Politik und Religion, von weltlicher und geistlicher Macht, erreichte vor Konstantin ihren Höhepunkt unter Aurelian (270–275), der den Sonnenkult zur offiziellen Staatsreligion erklärte und alle Sonnengötter des Orients im Zeichen eines einzigen, als Höchstes Wesen und Lenker des Universums verstandenen Gottes zusammenfaßte. Die Sonne wird „Conservator, Restitutor Orbis, Dominus Imperii Romani" genannt. Ein Kollegium von „pontifices Dei Solis" wird neben und über die traditionellen „pontifices maximi" gesetzt. Von diesem Zeitpunkt ab wird die Sonnenreligion von den Kaisern nicht mehr aufgegeben.

Der Wille, außer der politischen auch die religiöse Macht auf Rom zu konzentrieren, macht sich auch im christlichen Bereich geltend: in einer Streitfrage um den Bischofssitz von Antiochia gibt Aurelian wirklich den Rat, den italienischen Bischöfen und insbesondere dem Bischof von Rom das Recht einzuräumen, die Wahl anderer Bischöfe anerkennen und also sanktionieren zu dürfen. Es ist aber anzunehmen, daß Aurelian die gefährliche Konkurrenz des Christentums für den Sonnenkult fürchtete, trotz oder gerade wegen der beiden Religionen gemeinsamen Elemente. Vielleicht stammt aus dieser Zeit das sich heute unter den Grotten des Vatikans befindende Mausoleum mit dem ältesten bekannten christlichen Mosaik, in dem Christus auf dem Sonnenwagen inmitten des symbolischen Weinbergs erscheint. Die Angleichung Christi an die Sonne, die sich als notwendig erwies, um die Zustimmung der an Sonnenkulte gewöhnten Volksschichten zu erobern, wurde mit den Begriffen „Sol Justitiae" (Sonne der Gerechtigkeit) und „Sol Salutis" (Sonne des Heils) erklärt, aber die Kirchenväter mußten lange gegen eine unterschwellige Sonnenverehrung ankämpfen, die sich sogar in ketzerischen Bewegungen (die Heliognostiker oder „Deinvictiaci" in Gallien) und abergläubischen Riten äußerte. Im 5. Jahrhundert verurteilte der heilige Leo die beharrliche Verehrung der aufgehenden Sonne, die bis zu den Stufen von Sankt Peter reichte. Es heißt, einer der Gründe für die Anbringung von Giottos Mosaik mit dem „Schiff der Kirche" im Inneren des Quadriportikus von Sankt Peter und vor der Fassade der Basilika sei darin zu suchen, daß man der noch im 14. Jahrhundert geübten Gewohnheit, in eindeutiger Verehrung der aufgehenden Sonne der Basilika den Rücken zuzudrehen (die Fassade ist nach Osten gerichtet), ein heiliges Bild entgegensetzen wollte.

Zurück zu Aurelian: der Plan seiner Mauern, die dem kaiserlichen Rom ein anderes „Gesicht" aufprägen (das bis 1870 fast unverändert blieb), dürfte nach zwei verschiedenen auf die „Ideologie Rom" und den kosmologischen Sonnenkult bezogenen Mustern zu deuten sein: Adler und siebenstrahliger Stern.

Der Adler, eine organische „Figur" aus

Das Chrismon, das Christus-Monogramm, das aus den griechischen Buchstaben Chi und Rho, den Initialen des Namens Christi, gebildet wird. Detail von einem Sarkophag im Museo Pio-Clementino.

Der hl. Petrus übergibt Papst Eugen IV. die Schlüssel. Detail der Bronzeverkleidung, die Antonio di Pietro Averlino, genannt Filarete, zwischen 1433 und 1445 für die mittlere Pforte der Peterskirche ausführte.

dem Tierreich, die in der Entwicklung von Städten immer von besonderer Bedeutung war, ist untrennbar mit Rom und seiner Expansionspolitik verbunden (man denke nur an die Adler auf den römischen Feldzeichen), aber auch mit der Person Aurelians, des Kaisers, der siegreiche Feldzüge in Gallien, Palmyra und Ägypten durchführte! Neben seiner Bedeutung als Siegeszeichen, auf die wir zurückkommen, ist der Adler auch ein Sonnensymbol als „König des Himmels" und als Vogel des Jupiter, aber auch des Apollo und der Sonne, weil er das einzige lebende Wesen ist, das direkt in die Sonne blicken kann. Außerdem ist der Adler in der Tradition des Römischen Reiches das Instrument der „consecratio" oder „apotheosis", also der Erhebung der Seele des Kaisers in den Himmel bis hin zu der wunderbaren Erscheinung des Adlers (des beseelten Vogels, der nicht nur Jupiters Bote, sondern auch der Geleiter der Seelen ist), der sich aus den Flammen vom Scheiterhaufen des Augustus erhob. Man kann also sagen, daß die Gestalt des Adlers das Zeichen der endgültigen Weihe (nach den religiösen Bräuchen Roms konnte die Heiligkeit einem Gebäude, einem Ort oder einer Stadt übertragen werden) Roms zur Sonnenstadt und zum Sitz der vergöttlichten Kaiser ist.

Der Stern mit sieben Strahlen, die zweite, aber nicht die letzte Figur der Aurelianischen Mauern, kann Beziehung zu dem Stern von unterschiedlicher Bedeutung haben, der mehrmals auf kaiserlichen Geldstücken auftaucht (auch als Entsprechung des Jupiter und der Göttin Roma). Außerdem wird versichert, Aurelian sei der erste Kaiser gewesen, der ein mit einem Stern verziertes Diadem trug. Die Mauern sind Diadem und Krone der Stadt. Man denkt an den Typ der „corona muralis" oder der „corona turrita", die mit Zinnen und Türmen verzierte Krone, die verdienten Soldaten als Auszeichnung verliehen wurde oder die man Städten oder dem Wahrzeichen von Städten zusprach. Man denkt auch an Kybele, die Mutter der Götter und der Sonne, die in Rom als „Magna Mater Deorum" verehrt wurde und die – wegen ihrer Rolle als Beschützerin des Ackerbaus und der Stadt – leicht der Sendung der „Großen Mutter" Roma als Metropole der Welt angeglichen werden kann. Der Stern mit sieben Strahlen hat eine deutliche Beziehung zu den sieben „regierenden" Planeten und ihrer kosmischen Funktion, aber auch zu den historischen, rituellen und geographischen Gegebenheiten Roms: die sieben Könige, die sieben Hügel.

Aber der Stern „par excellence", der allmächtige und heilbringende Stern ist kein anderer als die Sonne, besonders in der Ikonographie der orientalischen Kunst, in der sie wirklich als Stern gezeichnet wird. Die Mauerkrone wäre also eine Art Strahlenkrone, das Attribut der Sonne und der an die Sonne assimilierten Kaiser. In dieser Sicht wäre Rom die Heliopolis des Abendlands, die Stadt der Sonne (Sol Invictus), so wie der Kaiser in der monarchistischen Vorstellung der Stoiker mit der Sonne identifiziert wird, die im Kreis der Planeten thront.

Das vom Sonnenkult bestimmte Bauprogramm des Aurelian (durch das erstaunliche Schweigen historischer Quellen über die Mauer geheim geblieben und heute nur aus Indizien erschließbar) wird auf überraschende Weise im Programm Konstantins wieder aufgenommen durch die entscheidende Bedeutung des „chrismon", des Christus-Monogramms (☧, Chi und Rho, die Initialen des griechischen Namens Christi: ΧΡΙΣΤΟΣ), das Konstantin am Vorabend des Sieges über Maxentius im Oktober 312 erschien und anstelle des Adlers auf die Feldzeichen der römischen Legionen gepflanzt wurde. Daß es sich nicht um einen traumatischen Bruch handelt oder um eine revolutionäre Aufwallung, sondern um das Erreichen einer Zielvorstellung, geht aus einer Reihe von Ereignissen hervor, die zum Sieg des Christentums führen und den von Aurelian in Angriff genommenen Plan der Vereinigung aller monotheistischen Religionen mit äußerster Konsequenz verfolgen.

1. Im Jahre 310 hat Konstantin in Trier seine erste „Vision" (auch in dieser Strategie der höheren Inspiration richtet er sich nach dem Vorbild Aurelians). Während eines Besuches im Tempel der Sonne erscheinen ihm Apollo und die Göttin des Sieges mit dem verheißungsvollen Zeichen einer dreißigjährigen Herrschaft (tricennales: XXX). Das prophetische Zeichen X, das als Zahl (zehn oder „decussis", die heilige Zahl vor allen anderen), als Zeichen der Weihe und als Sonnensymbol (durch die gallische Tradition bestätigt) zu verstehen ist, hatte im Zeichen dieses Sonnenkults also auch die Bedeutung „Sieg", was seit dem Jahre 307 bestätigt wird und von Konstantin bis zu seiner Taufe auf dem Totenbett nicht verneint wird.

2. Im Jahre 310 beschließt der von einer schweren Krankheit bedrohte grimmige Christenverfolger Galerius nach vergeblicher Anrufung Apollos und Äskulaps, sich direkt an die Christen zu wenden: „Als Ausgleich für unsere Duldsamkeit sollen sie zu ihrem Gott beten für unser Heil, das des Staates und ihr eigenes." Wir meinen das Edikt von Nikomedia, das wahrscheinlich 310 ausgearbeitet und am 30. April 311 mit den Unterschriften Konstantins und Licinius', der künftigen Unterzeichner des Edikts von Mailand, rechtskräftig wurde. Es handelt sich nicht um einen einfachen Akt der Toleranz, sondern um einen politisch-religiösen Pakt der allgemeinen Befriedung. Er führte allerdings zu doktrinären Auseinandersetzungen der Christen, einerseits der orthodoxen Linie (die nach der schon von Aurelian anerkannten Tradition die des Bischofs von Rom war), anderseits der zahlreichen Häresien, die sich von den „Gründern des wahren Glaubens" entfernt hatten und unter anderem blutige Kriege entfesselten. Dem scheinbaren Geist der Toleranz widersprach also – gewiß auf Anregung hoher christlicher Hierarchen – eine Kriegserklärung gegen die Häresien. Das 313 von Konstantin und Licinius unterzeichnete Edikt von Mailand tolerierte die christliche Religion nicht nur, sondern erklärte sie für legitim und beseitigte nominell die Unterschiede zwischen der orthodoxen Gemeinde und den Häretikern. In der Folge strebt Konstantin mit großer Ausgeglichenheit nach einer Versöhnung der verschiedenen Richtungen, einmal im höheren Interesse der Einheit des Staates, dann aber auch um seine anfängliche Stellungnahme für die römische Kirche mit seiner späteren Neigung zum Arianismus in Einklang zu bringen (es war ein arianischer Bischof, der ihn kurz vor seinem Tode taufte).

3. Im Jahre 312 hatte Konstantin die berühmte Vision, über die es widersprüchliche Berichte gibt. Nach Laktanz (313) soll ihm – vielleicht im Traum – der Ratschlag zuteil geworden sein, vor der Schlacht mit Maxentius auf den Schilden ein himmlisches Zeichen anbringen zu lassen: Dieses Zeichen sollte eine ausgeschmückte Form des in ein Chrismon verwandelten X sein (vielleicht war unter den Abzeichen der römischen Legionen schon das Zeichen des sechsstrahli-

gen Sonnenrades aufgetaucht). In einer dichterischen Fassung des Jahres 321 wird die Vision dramatisiert durch das Erscheinen eines strahlenden Heeres am Himmel und durch die Worte: „Wir lenken unsere Schritte zu Konstantin. Wir kommen Konstantin zu Hilfe." Einige Jahre später wird die Vision noch verwickelter. Konstantin selbst soll seinem Biographen Eusebius unter Eid eine neue Version mitgeteilt haben. Nachdem er Gott angerufen habe (offenbar den einzigen Sonnengott), sei ihm am westlichen Himmel ein Wunder erschienen: über der Sonne habe Konstantin ein leuchtendes Kreuz gesehen mit der prophetischen Inschrift: „In diesem Zeichen wirst du siegen." In der Nacht sei ihm dann Christus selbst im Traum erschienen und habe ihn aufgefordert, seinen Namen in die Feldzeichen einzuführen. Auf diese Art gedachte Konstantin außer der göttlichen Natur seiner Sendung auch die Kontinuität oder Vereinbarkeit des Sonnengottes mit Christus glaubwürdig zu machen, der über der Sonne erscheint.

Sonne und Sonnenkreuz werden so als göttliche Zeichen und Vorzeichen des Sieges anerkannt. Nicht anders waren auch die Etappen der glänzenden Laufbahn Aurelians von der Sonne gekennzeichnet, der Gottheit, die Rom und seinen Kaiser in allen Gefahren beschützt hatte: unter den vielen Erscheinungen gibt es auch die vor den Mauern Emesas, der Stadt Elagabals, des Sonnengottes, der erschien, um ihm den Sieg zu verheißen. Schon Aurelian muß sein Heer der Sonne geweiht haben: die vielen Sonnensymbole unter den Insignien der Legionen müssen auf seinen Befehl entstanden sein und bedeuten die Hinwendung zum Kult des Christus-Sonne. Auch die andere Symbolfigur des aurelianischen Rom, der Adler, war in Geschichte und Mythos ein Siegeszeichen: man erinnere sich an das Vorzeichen des Adlers, der dem Jupiter vor der Entscheidungsschlacht gegen die Titanen erschien. Es ist kein Zufall, daß der Adler in Verbindung mit dem Chrismon in der altchristlichen Ikonographie als „crux invicta" erscheint, das durch die Auferstehung Christi den Tod überwindende Kreuz.

Wir haben versucht, aufzuzeigen, daß das Chrismon nach dem Sieg über Maxentius von Konstantin auch als ein mächtiges Zeichen des Exorzismus verwendet wurde und in Rom die beiden Zeichen der Stadt, die Sonne und den Adler, überragte. Weil das Zentrum Rom eine Hochburg konservativer heidnischer Kulte blieb (Konstantin beschränkte sich in diesem Bereich auf die Erneuerung der Basilika des Maxentius, und und der Senat errichtete ihm den großen Triumphbogen beim Kolosseum), wurden die großen christlichen Bauwerke Konstantins längs der Äste eines idealen Strahlenkranzes in Form des Chrismon errichtet; häufig mußten sie nach der Lage kaiserlicher Besitztümer ausgerichtet werden, und natürlich wurden Friedhöfe und Gräber von Märtyrern einbezogen.

Die sechs Strahlen dieses idealen Chrismon treffen und bezeichnen Stätten von besonderem Interesse:
1) im Norden die Milvische Brücke, den Ort des historischen Sieges über Maxentius;
2) im Nordosten an der Via Nomentana den Friedhof mit dem Mausoleum der heiligen Konstantia;
3) im Südosten am Rand der Stadt den Bereich des Laterans mit der Kirche San Giovanni, die im Winter 312/313 begonnen wurde und zunächst als Dank für den Sieg dem Erlöser geweiht war (so wie Aurelian nach dem Sieg von Emesa der Sonne einen Votivtempel erbaut hatte); „fuori le mura" an der Via Casilina trifft man dann auf die Friedhofsbasilika Santa Croce in Gerusalemme mit dem Mausoleum der heiligen Helena;
4) im Süden an der Via Appia die Apostelbasilika mit den Reliquien des heiligen Petrus und des heiligen Paulus im Bereich der Kirche San Sebastiano;
5) im Südosten an der Via Ostiense die Basilika San Paolo fuori le mura;
6) im Nordwesten schließlich die Basilika San Pietro, die nach 319 gegründet wurde.

Zusammenfassend: die westlichen Arme des gigantischen Chrismon führen zu den Kirchen des heiligen Petrus und des heiligen Paulus (während der südliche Ast auf die beiden Aposteln geweihte Basilika gerichtet ist), die östlichen Arme treffen in dem ungefähr nach Konstantinopel ausgerichteten Teil Roms auf die Mausoleen der kaiserlichen Familie (in Konstantinopel hatte Konstantin bei der Apostelbasilika ein eigenes Mausoleum errichtet). Es ist vor allem zu bemerken, daß die beiden größten Kirchen, die Kathedrale San Giovanni und die vatikanische Basilika, auf einer gemeinsamen Achse liegen, die zur symbolischen Achse des christlichen Rom wird, während sich am Mittelteil der Achse die größten Monumente der heidnischen Stadt gruppieren, die Via Sacra, das Kapitol, die Basilika des Maxentius, der Konstantinsbogen und das Kolosseum.

Das Chrismon des Stadtgebiets ist also ein sprechendes Bild der Ausstrahlungskraft des Christentums. Wie die Mauern Aurelians die strahlende Krone der Sonne sind, so ist die Konstellation der christlichen Basiliken zugleich Krone der Märtyrer und Aureole des Glaubens. Wenn es wahr ist, daß „alle Straßen nach Rom", dem „caput mundi", führen, so ist auch wahr, daß vom christlichen Rom, dem neuen Jerusalem, alle Straßen ausgehen, auf denen sich das Christentum der Apostel Petrus und Paulus in der Welt verbreitete.

Bis zum Jahre 326 bleibt Rom der Ort des Gleichgewichts, wenn nicht des Kompromisses zwischen dem im Inneren der Stadt nachdrücklich vom Senat unterstützten Heidentum (zwei Drittel der Römer blieben Heiden) und dem Christentum mit seinen Bauten an der Peripherie. Im Jahre 326 feierte Konstantin triumphal den zwanzigsten Jahrestag seiner Regierung: es ist der Höhepunkt seiner Macht, aber auch der Augenblick des Verzichts auf die Illusion, aus Rom eine christliche oder auch nur eine geeinte Stadt machen zu können. Konstantin verließ Rom, um nie mehr zurückzukehren (trotz tragischer Ereignisse in der Familie), und lenkte seine ganze Aufmerksamkeit auf Konstantinopel, das „Neue Rom", das neben Byzanz erstand, 328 eingeweiht und 330 zur Hauptstadt wurde. Einzig in Konstantinopel, dem Angelpunkt zwischen Orient und Okzident, verwirklichte sich der Traum einer organischen Vereinigung von Sonnenreligion und Christentum (und auch die Überwindung der inneren Zwiste des Christentums, wie das Fortleben des Arianismus beweist). Konstantin wird zum „neuen Moses" und zum „dreizehnten Apostel" proklamiert, sowohl mit Christus als auch mit der Sonne gleichgesetzt. Sein „palatium" ist zugleich „regia Solis" und „palatium Salomonis". Das runde Konstantinsforum, der Schwerpunkt des „Neuen Rom", hatte als Mittelpunkt eine Porphyrsäule, deren Fundament neben Reliquien von Heiligen das Palladium von Rom enthielt und die auf der Spitze eine Statue mit den Zügen des Kaisers trug. Es handelte sich um ein antikes

Auf den folgenden Seiten: Die Hand Gottes erweckt in Adam das Leben. Detail der Szene der Erschaffung des Menschen in der Wölbung der Sixtinischen Kapelle. Fresko von Michelangelo zwischen 1508 und 1512.

Apollobild (dem Phidias zugeschrieben und vielleicht aus der Mutterstadt Roms, Troja-Ilion, stammend), das dem Kaiser ähnlich nachmodelliert wurde. Er trug in einer Hand die Lanze und in der anderen den Globus mit dem Kreuz darauf, auf dem Kopf einen Kranz aus sechs Sonnenstrahlen, die aus Reliquien von Holz und Nägeln des Kreuzes gefertigt waren (die Statue wurde als allegorische Darstellung Christi verehrt).

In Rom selbst war der von Konstantin eingeleitete Prozeß der Christianisierung unwiderruflich, obwohl eigentlich nur Konstantin – wenn auch die berühmte Schenkung eine Fälschung war – der Garant der Macht des Papstes gewesen war (diesen Titel hatte der Bischof von Rom erst später angenommen, um wenigstens in der westlichen Welt damit seinen Vorrang zu betonen).

In der Geschichte Roms waren weltliche und geistliche Macht oft identisch: die Herrscher waren auch Priester, damit wurde der Augustus zum Pontifex, und einige Kaiser machten sich zu Oberpriestern privilegierter Kulte, wie Heliogabal, der seinen Beinamen nach dem Sonnengott von Emesa hat. Zuzeiten waren die Machtvollkommenheiten auch getrennt: man erinnere sich an den „rex sacrorum", den Opferkönig des republikanischen Rom, und an den „pontifex maximus", die beide ihren Sitz im Regierungsgebäude an der Via Sacra hatten. In ihrer übersteigerten Selbstherrlichkeit begannen die Kaiser seit Diokletian, sich nach dem Vorbild der großen orientalischen Monarchen mit der Gottheit gleichzusetzen. Konstantin verzichtete auf dieses Vorrecht, um nicht Anstoß bei den Christen zu erregen (trotzdem erklärte ihn der Senat nach seinem Tod für „göttlich"), verlangte aber zum Ausgleich, der Beschützer und beinahe das Haupt der Kirche zu sein: Er machte sich als „Außenbischof" oder „Laienbischof" (dazu proklamierte er sich auf dem Konzil von Nikaia) zum Herrn und obersten Richter. Es ist klar, daß unter seiner Herrschaft die Päpste eine untergeordnete Rolle spielen, das Christentum in Rom sich also unter dem Zeichen des Patriarchats oder auch des Cäsaropapismus entwickelte.

Konstantin selbst nimmt sich mit seiner Familie die Ehre, sämtliche Kultbauten zu errichten und alle Gebäude, welche die Kirche brauchte, „reich auszustatten und mit den Mitteln zu versehen, die sie zur Durchführung ihrer Aufgaben brauchten: so entstanden die Kathedrale mit dem angebauten Baptisterium, die Residenz und die Verwaltungsgebäude des Bischofs, eine Palastkirche für die Kaiserin-Mutter und ihren Hof, fünf oder sechs überdachte Friedhöfe an Straßen, die aus der Stadt hinaus zu bestimmten Kultstätten führten" (Krautheimer).

So wurde der Lateran zum religiösen, politischen und verwaltungsmäßigen Mittelpunkt der Christengemeinde: die neue Basilika, die als eine Art „Audienzsaal des Königs Christus" aufgefaßt wurde, erhob sich programmgemäß nicht aus der Mitte der Wohnanlage (das Gebiet bleibt bis 1870 unbesiedelt), sondern im freien Feld oder zwischen Weingärten wie eine Allegorie des Samens der Christenheit, der in den mystischen Weinberg gestreut wird. In den folgenden Jahrhunderten errichten die Päpste bedeutende Bauwerke und versuchen auch, die Bautätigkeit im lateranischen Gebiet zu fördern, das einen Mittelpunkt der Christenheit und eine Stadt in der Stadt bildete. Zu Beginn war der Zentralismus absolut: die Taufe konnte nur vom Papst im Lateran erteilt werden, und die ganze Stadt versammelte sich in größter Feierlichkeit in San Giovanni. Später entstanden Baptisterien auch an anderen Kirchen, und es wurden liturgische Stationen eingerichtet für Amtshandlungen, die der Papst in einer Reihe dem Lateran untergeordneter Kirchen ausübte. Der Lateran festigt sich als polyvalenter Mittelpunkt in dem Maße, in dem sich die religiöse Macht verselbständigt und sich auch im weltlichen Bereich konsolidiert. Er war nicht nur Ort des Kults und der Verwaltung, sondern auch Ort der Rechtsprechung mit spektakulären öffentlichen Hinrichtungen ähnlich der antiken Rechtspraxis. Hier befand sich auch die bronzene Wölfin und die Bronzetafel mit der „lex Vespasiani", also dem Dekret, mit dem der Senat Vespasian jene „potestas" übertrug, die dann von Konstantin dem Papst verliehen wurde. Der Lateran wurde mit der Zeit eine befestigte Zitadelle und ein „Hof" im wahrsen Sinne: das „palatium" umfaßte die Sitze des Papstes und seiner Beamten, Repräsentationssäle und Bankettsäle, Wirtschaftsgebäude und Magazine, Kapellen und Säulenhallen.

Nach dem Jahr 1000 wird der Lateran zum Mittelpunkt eines großen agrarischen Gebiets: Felder, Weingärten, Obstpflanzungen und Mühlen. Seine wichtigste Funktion auf repräsentativem Gebiet war aber der eines offenen Museums der antiken „Wunder": neben der Wölfin und der bronzenen Gesetzestafel konnte man das Reiterstandbild Mark Aurels bewundern (das man jedoch mit Konstantin identifizierte, nicht mit dem Kaiser-Philosophen, der die Christen verfolgt hatte) und außerdem drei „Ehren"-Säulen, die eine mit einem Spinell-Kristall (vielleicht ein Priapus-Symbol), auf den beiden anderen der Kopf und die Hand mit Globus (als Zeichen der Weltherrschaft) von einer Kolossalstatue Konstantins. Wenn viele dieser Symbole antiker Macht auch auf das Kapitol wanderten, als dieses mit einer fast ausschließlich repräsentativen Macht ausgestattet wurde, so wurden doch fast alle Funktionen des Laterans in moderner Zeit auf die Zitadelle des Vatikans übertragen.

War der Lateran das anerkannte Haupt der päpstlichen Macht, so war Sankt Peter deren Herz und Seele, wenn nicht sogar der wahre Mittelpunkt des Glaubens, der durch die Verehrung der ganzen christlichen Welt geheiligt war. Die bescheidene Ädikula, die im 2. Jahrhundert über dem Grab des Apostels errichtet wurde, war Zeichen seines Sieges über den Tod, analog der „crux invicta" Christi. Der Augenblick des höchsten Triumphes nach der Schlacht an der Milvischen Brücke war für Konstantin nicht der Aufstieg zum Kapitol, sondern der Gang zum Tropaion des Vatikans, die zum „nuovo Campidoglio" geweiht wurde. Die konstantinische Basilika von Sankt Peter sah Ströme von Pilgern, besonders als Rom – nachdem Jerusalem im Jahre 640 in die Hände der Araber gefallen war – die einzige heilige Stadt der Alten Welt, das „andere" Jerusalem, geworden war. „Das Grab des heiligen Petrus wurde bald der größte Mittelpunkt der Verehrung für ganz Europa, der Ort, an dem man auch Verträge abschloß und Eide leistete" (Krautheimer).

Nach dem Bau der Leoninischen Mauer (847–853) wird der Vatikan ein kosmopolitisches Sammelbecken, in dem sich die „scholae" ansiedeln, zivil-militärische Organismen mit einer Art von Botschaftern aus vielen Ländern: erinnert sei an die „scholae" der (Angel-)Sachsen (die Santo Spirito in Sassia ihren Namen gaben), der Langobarden, der Friesen und der Franken.

Hier muß auf das Thema der Beziehungen zwischen Kirche und Reich eingegangen werden, die gerade in karolingischer Zeit

durch die Erfindung der Konstantinischen Schenkung als der Grundlage für die weltliche Macht der Päpste zu einer klaren Abgrenzung gelangten. Die beiden Apostelfürsten hatten, wie auch schon Christus, streng zwischen der geistlichen Welt und der Welt der Cäsaren unterschieden. Nachdem Konstantin Rom verlassen hatte, ist festzustellen, daß die Kirche praktisch die Stelle eines Alleinherrschers ausfüllte. Es war nach den Worten Leos I. (440–461) der Stuhl Petri die einzige Autorität, die es Rom ermöglichte, seine Bedeutung als „caput orbis" aufrechtzuerhalten. Gregor der Große (590–604) gründet eine weltliche Regierung, die über große Gebiete in Mittel- und Süditalien herrscht. Im folgenden Jahrhundert erwirbt der Kirchenstaat Rechtstitel durch die Pippinsche Schenkung an Stephan II. (754). Er bekommt Territorien in Mittelitalien zugewiesen, die, bisher von den Langobarden besetzt, vorher aber Eigentum der Kirche oder von Byzanz gewesen waren. So brach Rom alle Brücken zum Orient ab und verband sich endgültig der westlichen Welt.

Die Krönung Karls des Großen in Sankt Peter bestätigte endgültig das Bündnis zwischen den beiden größten Autoritäten des Abendlands, dem Papst und dem Kaiser. In diesen Jahrzehnten kam die „Konstantinische Schenkung" zur Auswirkung. Papst Silvester I. (314–335) hatte auf Weisung des Kaisers, der sich nach Konstantinopel zurückzog, den Besitz des Laterans und Roms übernommen, damit war traditionsgemäß die Herrschaft über Italien und das ganze Abendland verbunden. Deshalb wurde der „Barbar" Karl der Große in Rom eher wie ein getreuer Vasall als wie ein Kaiser und Erbe Konstantins empfangen, und er war über die Gestaltung einer Zeremonie ziemlich beunruhigt, die ihm dem Papst gegenüber eine untergeordnete Stellung zuwies.

Um das Jahr 1000 versuchte Otto III., die Autorität und die Unabhängigkeit des Reiches im Verhältnis zum Papst wiederherzustellen und entwickelte die Theorie einer doppelten Theokratie, in welcher der Kaiser allerdings die Oberhand haben sollte. Im Gegenzug übernahm der Papst durch das „Dictatus Papae" Gregors VII. (1073 oder 1074) die Rolle eines absoluten Monarchen, der sich – außer dem Recht der Ernennung des Kaisers – auch die ihm von Konstantin übertragenen kaiserlichen Insignien zulegte. Seit Gregor VII. wandelte sich die als Krone interpretierte Kopfbedeckung des Papstes in die Tiara, das Zeichen einer dreifachen Macht: das erste Diadem war die Königswürde, das zweite, welches Bonifatius VIII. hinzugefügt hatte, bedeutete die Kaiserwürde, und das dritte, dessen Bedeutung unklar ist, wird zum erstenmal im Grab Benedikts VII. (1334–42) zu Avignon dokumentiert. Innozenz II. (1130–43) wurde in den Lobreden als „Cäsar und Souverän der ganzen Welt" und als „wahrer Kaiser" bezeichnet. Die Ideologie des Papst-Kaisers erreichte ihren Gipfel mit Innozenz III. (1198–1216) und lag in den letzten Zuckungen mit dem Hochmut Bonifatius' VIII. (1294–1303), der auf die kaiserlichen Botschaften antwortete: „Ego sum Caesar, ego sum Imperator – Ich bin Cäsar, ich bin Kaiser."

Der von Konstantin geschaffene Cäsaropapismus, der sich auf die mutmaßliche Schenkung berief, schlug also in etwas um, das man Papacäsarismus nennen müßte. „Ach, Konstantin, Grund des Übels war nicht deine Bekehrung, sondern das Geschenk, das der erste der reichen Väter von dir annahm." Von diesem Ausfall gegen die simonistischen Päpste gelangt Dante zur Sehnsucht nach dem Gleichgewicht zwischen den beiden Mächten in diesem kaiserlichen Rom, das von der Vorsehung ausersehen war als „der heilige Ort, an dem der Nachfolger des großen Petrus residiert".

Aus der Vorgeschichte der „Sonnenstadt" gelangt man schließlich zur Metapher der „zwei Sonnen": der päpstlichen Macht, die den Weg zur ewigen Seligkeit erleuchtet, und der kaiserlichen Macht, die den Weg des ewigen Glückes erhellt. „Damit die Welt gut werde, hatte Rom zwei Sonnen, welche die eine und die andere Straße erkennen ließen, die der Welt und die Gottes. Beide sind sie erloschen, das Schwert ist mit dem Hirtenstab vereint, und gemeinsam verhindern sie gewaltsam das Fortkommen."

Im Bild der Sonne vereinigt Dante den Papst und den Kaiser, aber auch Gott (Purgatorio XIII 16–21: Es erscheint der Urtyp der Sonnengottheit des Aurelian und Konstantin) und Christus (Christus-Sol in Paradiso XXIII 29). Es fehlt in der „Göttlichen Komödie" auch nicht das zweite Symbol des Adlers. Adler bedeutet die Reihe der Verfolger-Kaiser von Rom-Babylon, die den Wagen der Kirche verletzen. Adler ist Konstantin, der auf das Wagen-Schiff herabsteigt und die Federn der Schenkung hinterläßt („O mein Schiff, wie schlecht bist du beladen!"). Adler ist auch das rachsüchtige „Cinquecento dieci e cinque" (fünfhundert zehn und fünf), das „DVX" (DXV), das Wesen, das vielleicht die Dialektik der „zwei Sonnen" auflöst. Das Rätsel, das Beatrice Dante aufgibt, hat drei Möglichkeiten der Lösung: ein großer Kaiser (der universelle Herrscher, der einzige Steuermann des Schiffs der Welt, von dem Dante im „Convivio" spricht) oder ein großer Papst (Dominus Xristi Vicarius) und schließlich Christus-Sol selbst (Dominus Xristus Viktor oder auch Vltor).

DIE POLITIK DER PÄPSTE IM MODERNEN ROM. DIE „CENTRI DIREZIONALI" UND DER UNTERGANG DER WELTLICHEN MACHT

In einem anderen Teil dieses Buches sind die Grundlagen der Entstehung und Entwicklung der Vatikanstadt als Zentrum der beiden Machtvollkommenheiten des Pontifex erläutert. Hier wollen wir die Kulturpolitik der Päpste im Verhältnis zur Stadt unter zwei sich ergänzenden Gesichtspunkten betrachten, welche die moderne Geschichte der „seconda Roma" manchmal widersprüchlich erscheinen lassen: einerseits dem der Expansion und der Vervielfältigung der Machtzentren durch die Schaffung abhängiger Zellen oder Leitstellen jenseits des Tibers, anderseits dem der Belagerung und des „Abbaus im Vatikan" oder geradezu des Exils bis zum Schlußakt des Jahres 1870.

Diese Geschichte könnte mit dem prophetischen städtebaulichen Plan Nikolaus' V. (1447–55) beginnen, der den Bau eines neuen päpstlichen Palastes in Santa Maria Maggiore als Sommerresidenz des Vatikans ins Auge faßte. Wir ziehen es aber vor, die Betonung auf die Initiative Pauls II. (1464–71) zu legen, der durch die Erweiterung seines Kardinalspalastes im geometrischen Zentrum der Stadt daraus eine Zitadelle machte, die in mancher Hinsicht dem Vatikan ähnelt (viele Päpste benutzten sie als zweite Residenz): der Palazzo di San Marco, später Palazzo Venezia, umschloß die alte Kirche, die dadurch in den Rang einer Palastkapelle erhoben war. Die Fassade der Kirche mit doppelter Loggia erscheint als Entsprechung der „Loggia della Benedizione", die Pius II. vor Sankt Peter errichtete.

An den isolierten und wie ein Kastell mit Türmen versehenen Palast schließt sich der „Palazzetto Venezia" mit seinem erhöht gelegenen Garten an, der „en miniature" der Lage des vatikanischen „Paradieses" oder „pomerio" entspricht.

Wenn sich schon Paul II. „Verfolgungen" ausgesetzt fühlte, so war die Lage Alexanders VI. (1492–1503) erheblich ernster. Im Jahre 1494 hatte Karl VIII. von Frankreich als Sieger jenseits des Tibers sein Feldlager aufgeschlagen. Daher der Rückzug des Papstes in den Vatikan und die großen Befestigungs- und Rekonstruktionsarbeiten, die er in Angriff nahm.

Julius II. (1503–13) ging indessen von der Verteidigung zum Angriff über. Die unmittelbare Auswirkung seiner aggressiven Politik auf die Stadt ist die geradlinige Straße Via Giulia, in deren Mitte sich als Werk Bramantes der Gerichtspalast erheben sollte. Der große umgebende Platz schloß auch den Palazzo Sforza Cesarini ein, damals Sitz der Apostolischen Kanzlei (die ein Neffe des Papstes leitete). Der bramantische Palast war als Kastell oder „Zitadelle der Gerechtigkeit" geplant, er hätte alle kirchlichen Gerichtsbarkeiten (damals im „palatium Innocentianum" des Quadriportikus von Sankt Peter untergebracht), die zivilen Gerichtsbarkeiten und die Wohnungen der Richter umfassen sollen. So sollte das ethische und metaphysische Konzept der „Justitia" des Papst-Kaisers zum Ausdruck kommen: „Er ist der Restaurator der Ordnung in der Stadt, der ‚liberator urbis et ampliator imperii conservatorque libertatis ecclesiae'. Seine kaiserliche und pontifikale Gerechtigkeit ist gleich der ‚iustitia cosmica'. Nicht ohne Grund feiern devote Stimmen Julius als ‚Vater der Himmel und der Planeten'" (Bruschi).

Mit den beiden Medici-Päpsten Leo X. und Clemens VII. dehnte sich die Stadt zum Marsfeld hin aus, wo ein modernes Viertel mit zwei neuen Straßen entstand, der Via Ripetta (oder Leonina) und der Via Babuino (auch Via Paolina nach Paul III., der sie zu Ende führte). Von besonderer Bedeutung ist die Geradlinigkeit der Strada Leonina, die von Raffael und Antonio da Sangallo dem Jüngeren entworfen wurde. Sie bildet sowohl einen direkten Zugang von der Porta del Popolo zum Vatikan als auch eine günstige Verbindung zum neuen Mediceerpalast, den Leo X. nach einem kolossalen Projekt des Giuliano da Sangallo bauen ließ (der Palazzo Mediceo, später Palazzo Madama genannt, sollte die Piazza Navona als „Hof der Mediceer" einschließen).

Dieser größten Expansion entspricht die größte Reduktion während der Plünderung von 1527, als Clemens VII. mit dem ganzen Hof in der Engelsburg belagert wird. Die Stadt erlitt schwerste Schäden und konnte sich erst im folgenden Jahrzehnt erholen. Bei dem triumphalen Empfang Karls V. im Jahre 1536 gelang es den Römern und Paul III. Farnese (1534–49), dem Kaiser statt der vom „Sacco di Roma" zerstörten Stadt die Zeugen der Antike vorzuführen, indem sie eine „via triumphalis" durch den Bereich der sieben Hügel zogen, die wie eine Prozession von „Stationen" unterbrochen war: Palatin, Forum Romanum und antiken Triumphbögen wie dem des Konstantin, des Titus, des Septimius Severus und einigen anderen. Bei dieser Gelegenheit wurden auch alte Elendshütten beseitigt und neue Straßen trassiert: die ganze Stadt wurde zu einem Bauplatz der Erneuerung. Die Verkörperung der Macht Pauls III. in der Stadt ist der Palazzo Farnese, der durch die Anlage eines großen Platzes und einer geraden Straße zum Tor des Palastes zum Mittelpunkt eines modernen Stadtviertels wurde. Der Palazzo Venezia wurde in ein ehrgeiziges Projekt mit einbezogen, das ihn durch einen „passetto" mit einem Turm verband, der von Paul III. in der Nähe von Aracoeli als Stützpunkt einer völlig vom Papst beherrschten Zitadelle errichtet worden war: ein Zeitgenosse notiert, der Papst habe „einen ätherischen Felsen errichtet, aber nicht um verdächtige Feinde fernzuhalten, die er nicht hat – der braucht nicht den Schutz eines Felsens, der auf Erden im Namen des Himmelsfürsten regiert –, sondern um den unsterblichen Göttern gleich zu sein und damit Gott, wenn er den Himmel verläßt, sich rühmen kann, auf Erden bei einem Fürsten dieser Erde einen zweiten Olymp zu besitzen".

Im Jahre 1557 lief Rom Gefahr eines zweiten „sacco", weil die unverantwortliche Politik Pauls IV. (1555–59) den Staat in einen neuen Krieg gegen Spanien trieb, im Verlauf dessen dem Heer des Herzogs Alba beinahe ein nächtlicher Sturmangriff auf die Mauern Roms gelungen wäre.

Sein Nachfolger, Pius IV., erneuerte und entwickelte das Festungssystem der Stadt (1559–65), und im übrigen legte er eine architektonische und städtebauliche Tätigkeit von großer Intensität an den Tag und vermehrte die Verwaltungsämter. Die Chroniken vermerken, daß der Papst in der Stadt ständig von einem Ort zum anderen unterwegs war, und mit einem Eifer, der seiner wenig festen Gesundheit abträglich war: „Seine Heiligkeit hat ein wenig Podagra in einem Knie verspürt, dennoch ist er nie an einem Ort geblieben und speist in San Marco zu Mittag. Zum Abendessen und zum Schlafen geht er nach Aracoeli oder in sein Haus in der Vigna Giulia, dann wieder nach Sankt Peter oder in seinen Garten nach Montecavallo." Die Ruhelosigkeit, die man aus seinem Verhalten erkennt (zum Teil ein Erbe Pauls III.), bezeugt bei diesem Mailänder Gian Angelo Medici, den man zum Unterschied von den Florentiner Medici „Medichino" nennt, den Willen zur Allgegenwart. Der Papst bestätigt symbolisch seine Funktion als „Wächter-Engel" und als „Arzt" der Stadt. Die Verteilung der Residenzen und Verwaltungsstellen erweist sich als ein durchdachtes System, ein Feld mit vielen Schwerpunkten, dessen einzelne Pole durch Ringe und andere städtebauliche Maßnahmen verbunden sind. Insbesondere wird auch die neue Achse der Via Pia – vielleicht von Michelangelo entworfen, der auch die Porta Pia plante – zur Achse der Macht des Papstes und seines großen Neffen, des Staatssekretärs Karl Borromäus. Vom idealen Anfangspunkt des Palazzo Venezia, dem Mittelpunkt aller neuen Unternehmungen, ausgehend, trifft diese Achse nacheinander den Palazzo Colonna (ein Geschenk für Karl Borromäus), den Quirinal (wo schon Paul III. eine päpstliche Sommerresidenz erträumte) und dann den Komplex der „horti bellaiani" (auch ein Geschenk für Karl Borromäus). Vom Bizentralismus Lateran-Vatikan (und der vorübergehenden Beschränkung auf einen einzigen Mittelpunkt) geht man endgültig zur Schaffung mehrerer Schwerpunkte über. Die Verwaltungszentren wie auch die Basiliken sind jetzt an ein modernes, geradliniges Straßensystem angebunden, das sich auch für das neue Verkehrsmittel, die Kutsche, eignet.

Der Plan Pius IV., das halb entvölkerte Gebiet der Hügel (Pincio, Quirinal, Viminal, Esquilin, Caelius) neu zu beleben, wird von Gregor XIII. (1573–85) und Sixtus V. (1585 bis 1590) weitergeführt mit dem Bau und der Planung neuer Straßen und Aquädukte, öf-

Detail der „Cathedra Petri", einer triumphalen Bronzeskulptur in der Apsis von St. Peter, die Bernini zwischen 1656 und 1665 schuf. Vier Kirchenväter tragen das Symbol der Macht Petri. In diesem Ausschnitt erscheinen der hl. Ambrosius von der lateinischen Kirche (links) und der hl. Athanasios von der griechischen Kirche (hinten).

fentlicher Gebäude und Produktionsstätten. Nach dem „Jahr Null" von 1527 erlangt die Ideologie der „Roma resurgens" mit Gregor XIII. ihre Krönung. Hatte sich unter Pius IV. die Bevölkerung im Vergleich zum Anfang des Jahrhunderts verdoppelt (80 000 Einwohner), so erreichte sie unter Gregor XIII. die Zahl von 140 000 (aber Ende des Jahrhunderts registriert die Volkszählung 110 000 Seelen, und während des folgenden Jahrhunderts stagniert die Entwicklung). In Erwartung des Jubiläums von 1575 werden die Basiliken restauriert, neue Kirchen gebaut oder instand gesetzt, die für die Bestimmung der Typologie der Gegenreformation wichtig sind. Es werden einige Fassaden errichtet, die die Barockstadt prägen.

Die Erneuerung von Acqua Vergine und Trevi gehört zum systematischen Ausbau der Brunnenanlagen. Dank einer normativen Stadtplanung, die auch auf die äußere Gestaltung Wert legt, werden viele öffentliche und private Bauwerke errichtet: Neben den Palästen des Adels und der Kardinäle entstehen der neue Turm des Kapitols, die Speicher bei den Thermen des Diokletian, das Collegium Romanum, die Universität oder Sapienza und weitere Einrichtungen der Erziehung, Armen- und Gesundheitspflege.

Die großen, in päpstlichem Interesse erstellten Straßen (die Via Merulana oder Gregoriana, die Via Appia Nuova mit der Porta San Giovanni) entstehen hingegen als Testamentsvollstreckung eines Plans Pius' IV., wie ein Chronist berichtet: „Seine Heiligkeit hat alle durch den Tod Pius' IV. unvollendet gebliebenen Bauten fertiggestellt." Interessanter ist aber das Vorspiel zu den Arbeiten Sixtus' V.: wir erinnern an den Plan, den vatikanischen Obelisken auf den Petersplatz zu bringen, und dann an die Erneuerung des alexandrinischen Aquädukts (von Sixtus V. „Felice" genannt). Bemerkenswert ist aber vor allem der umfassende Plan, der 1573 verkündet, aber nicht verwirklicht wurde. „Am Mittwochmorgen", liest man in einer Chronik, „ritt der Papst bis nach San Giovanni in Laterano, wo er befahl, im Hinblick auf das Heilige Jahr die Planierung der Straße in Angriff zu nehmen, die von dieser Kirche nach Santa Maria Maggiore führt, und ebenso die der Straßen, die von den anderen Hauptkirchen ausgehen, wie es bei der Strada Pia geschehen war."

Die erste Straße, die Sixtus V. baute, war die Strada Felice, welche die Strada Pia nach einem Streckenabschnitt kreuzt, der auf der Piazza del Popolo hätte beginnen sollen (Santa Maria del Popolo wurde jetzt als eine der sieben Basiliken anstelle San Sebastianos genannt), dann Santissima Trinità dei Monti und Santa Maria Maggiore berührte, um in Santa Croce in Gerusalemme zu enden. Das Straßenkreuz war zugleich ein in die verlassenen Hügel (monti) gepflanztes Kreuz der Beschwörung und des Segens. Eine beherrschende Rolle wurde der an die große Villa Montalto (deren Bau der Papst, Felice Peretti da Montalto, schon vor einiger Zeit begonnen hatte) grenzenden Basilika Santa Maria Maggiore, die im Mittelpunkt eines „Sterns" von Straßen lag, zugewiesen. Wir versuchten an anderer Stelle, zu zeigen, daß der Stadtbauplan Sixtus' V. eine Art Selbstporträt ist, die Verkörperung des Emblems, das sich der Papst erwählte, als er den Stuhl Petri bestieg: Kreuz und Stern in den Hügeln entsprechen dem Willen, auf den Hügeln Roms das Kreuz und den Stern (Maria, „Stella maris") aufzurichten. Wenn wir in den Biographien dieses Pontifex nachforschen, so können wir eine beunruhigende Anzahl dialektischer Beziehungen zwischen der zweiten Heimat Rom und den Herkunftsorten finden: Felice Peretti war in Grotte a Mare (oder „in einer Grotte", wie er in Analogie zum Leben Christi gerne sagte) von zweimal verbannten Eltern (zuerst aus Dalmatien und dann aus Montalto) geboren, die große Verehrer der Madonna waren, welche das Leben des jungen Felice mehrmals auf wunderbare Art gerettet hatte. Santa Maria Maggiore, die größte Marienkirche Roms, war zugleich der Geburt Christi geweiht und beherbergte die Reliquien des Stalles von Betlehem (Windeln, Heu, Krippe). Die Basilika sollte nach dem sixtinischen Plan zugleich Palastkirche (da sie an die Villa Montalto grenzte, die zur größten Villa Roms geworden war) und päpstliches Mausoleum sein, vor allem durch den Bau einer Grabkapelle für Sixtus V., deren Kuppel der Mausoleumskuppel von Sankt Peter entsprach (die in einem titanischen Unternehmen unter Sixtus V. vollendet worden war). Außerdem ließ der Papst die mittelalterliche Nachbildung der Geburtsgrotte in die neue Kapelle bringen. Im düsteren Inneren der Kapelle der Marienkirche bemächtigte sich der „in einer Grotte geborene" Papst Sixtus V. also der größten Reliquie, der Grotte von Betlehem. Seiner Totenkammer stellte er die Geburtsstätte Christi gegenüber. Und verblüffend ist auch ein weiterer, sehr ähnlicher Plan des Papstes: er wollte das Heilige Grab, dessen Befreiung von den Türken man ins Auge faßte, in das kleine Montalto schaffen – also das Heilige Grab am Wohnsitz des Papstes und die Geburtsreliquien Christi unter dem Grab des Papstes. Und wenn Montalto Jerusalem bedeutete, so diente eine Stadt in den Marken dem Papst als Ersatz für Nazaret: jenes Loreto, wo das Haus der Madonna, der Ort der Empfängnis Christi, gehütet wurde.

Man kann zeigen, daß die Wahl der Embleme im Papstwappen „Berg" und „Kreuz" auf die Idee „Kirche (Berg Gottes) und Christus" zurückgeht, aber besonders durch das Emblem „Stern" findet eine symbolische Identifikation von Papst, Kirche, Madonna und Christus statt. Wir versuchten an anderer Stelle, zu erklären, daß das sixtinische Rom nicht nur die Form eines Sterns („in syderis formam", schrieb der Panegyriker Bordino), sondern auch die eines Sternbilds hat: sechs der sieben Basiliken sind nach dem neuen sixtinischen Kanon wie die Sterne des Großen Bären angeordnet, und die größte Kirche, Sankt Peter, besetzt den Platz des Nordsterns im Kleinen Bären. In dieser Sicht ist Sankt Peter der Kirche der „Stella maris" zugeordnet, und beide enthalten die Elemente der Geburt und des Todes: mit der Krippe im Inneren von Santa Maria Maggiore und – in entsprechender Stellung – dem Grab des Petrus als der Wiege der Kirche. Nordstern ist die Madonna, Nordstern das größte Kirchengebäude, Nordstern ist Petrus, Nordstern ist der Glaube des Sixtus an Gott (nach einem Panegyriker hatte der Papst „sein Vertrauen stets auf Gott gesetzt", auf jenen Gott, der wie der Polarstern keinen Untergang kennt). „Stella polare" ist schließlich der Papst selbst, der sich als höchste Instanz für Gedeihen und Sicherheit seiner Stadt und der Welt fühlte. „Der Sicherheit", lesen wir in einer Grabrede, „entsprach ein Stern, der sich klar als der Pol erwies und den die Seefahrer ‚Tramontana' nannten; es bedeutete, daß dieser sehr helle Stern Sixtus gewesen ist, der den gläubigen Völkern die sichersten Wege eröffnete, auf welchen sie zum Hafen der ersehnten Ruhe fanden."

Der Quirinalspalast, den Gregor der XIII. begann, Sixtus V. fortsetzte und Paul V.

beendete, wird jetzt endgültig das zweite „palatium" des Pontifex. Auf der Höhe dieses Hügels, von dem es hieß, er sei der sichtbare Beherrscher der Stadt (ein Epigramm sagt: „Rom entsteht mit dem Hügel des Quirinals, von dem milde Luft weht, und breitet sich zu Füßen des höchsten Gipfels aus"), wurde der von Gregor XIII. errichtete „Torre dei Venti" neben dem „Torre del Campidoglio" und dem zweiten „Torre dei Venti" im Vatikan, die beide von Gregor XIII. stammen, zum neuen Gipfelpunkt des Stadtpanoramas.

Das Verlangen nach der Herrschaft über das umgebende Territorium wird von einem Chronisten bestätigt, der dem Papst die Absicht unterstellt, „nicht nur die sieben Hügel zu beherrschen, sondern auch das Land bis hin zum Meer zu entdecken". Mit seinen Gärten und Brunnen, von Urban VIII. wie eine Zitadelle befestigt (Urban erbaute auf dem anderen Hang auch die vorstädtische Residenz der Villa Barberini), bestand für den Quirinal die Möglichkeit, einziges „caput" der Stadt zu werden, und Alexander VII. fragte sich (und befragte dazu auch seine Berater), ob er den ganzen Hof auf den Hügel verlegen solle, auf dem sich schon wichtige Ämter wie die Apostolische Datarie befanden. Es ist bedeutsam, daß zur Zeit des letzten Papst-Königs, Pius' IX., der päpstliche Palast auf dem Quirinal der von den savoyischen Königen bevorzugte Herrschaftssitz war und ein Dreivierteljahrhundert später der bevorzugte „palazzo" der Republik wurde.

Wir verzichten hier aus Platzgründen darauf, weitere Hypothesen über die Einrichtung von Verwaltungsstellen oder die Verlegung des Zentrums zu verfolgen. Erinnert sei nur noch an den Plan Innozenz' X. (1644–55), den ganzen päpstlichen Hof oder wenigstens einen Teil zum Ahnenpalast Pamphili an der Piazza Navona zu verlegen: mit der Schöpfung des Brunnens der Flüsse und der Palastkapelle Sant'Agnese in Agone war der Platz als „corte Pamphilia" erneuert worden. Es ist eine Tatsache, daß sich die Achse Roms zunehmend vom Vatikan in Richtung Piazza Venezia und Quirinal verlagerte. Der kommerziell-finanziell-repräsentative Mittelpunkt, der bis zur Mitte des 16. Jahrhunderts in der Zone des „Campo dei Fiori" lag, verlagerte sich zunächst in Richtung Piazza Navona, dann zum Corso (die von Alexander VII. bevorzugte Achse, der einen Chigi-Hof mit einer großen Piazza vor dem Familienpalast schaffen wollte, in dem Bernini die Trajanssäule und die Antoninussäule aufstellen wollte), schließlich in den Bereich der Piazza di Spagna, des repräsentativen Orts der Begegnung zwischen den größten katholischen Mächten, Spanien und Frankreich (in einem anderen Entwurf aus der Zeit Alexanders VII. sollte eine Treppe nach Santissima Trinità dei Monti hinauf gebaut werden als Denkmal zum Ruhm des Sonnenkönigs).

Verzichten wir auf einen Bericht über die dramatischen Begebenheiten um 1800 – tausend Jahre nach Karl dem Großen und fünfhundert Jahre nach dem Exil von Avignon –, als die „Verfolgungen" wiederkehren: das französische Primat, die „Republik", das Exil Papst Pius' VI. und eine neue Kaiserkrönung, die aber nicht in Rom, sondern in Frankreich von der Hand eines Papstes (Pius' VII.) vorgenommen wurde, der sich gegenüber dem „neuen Karl dem Großen", Napoleon, in völliger Abhängigkeit befand. Schließen wir lieber mit einem kurzen Blick auf den letzten Papst-König, Pius IX.

Im längsten Pontifikat der Geschichte (1846–78) beabsichtigte Pius IX. (wie Julius II. und Sixtus V.) noch einmal, Stadt und Staat nach Bild und Gleichnis der päpstlichen Weltvision zu gestalten. In dem langen Epitaph auf seinem Grab lesen wir: „Er widmete sich der Förderung des öffentlichen Wohls, der Wissenschaften und Künste in Stadt und Land. Durch Eisenbahnen und Telegraphen erleichterte er die Kommunikation. Überall schuf er Schönes und Nützliches, besonders in Rom. Seiner Fürsorge unterstanden viele Bischofssitze und Gemeinden. Ihm ist die Gründung von Seminaren, die glänzende Ausschmückung von Kirchen und die wunderbar gesteigerte Barmherzigkeit zu danken." Damit sind die wichtigsten Tendenzen klar: Einflußnahme in der Stadt und auf dem Territorium, Förderung von Wissenschaft und Wirtschaft im Zeichen der Kommunikation und des Fortschritts, Festigung der Hierarchie und der kirchlichen Strukturen, Steigerung der sozialen Dienste als Ausfluß der Frömmigkeit und des Glaubens. Die künstlerische Politik – als „instrumentum religionis" und also auch als „instrumentum regni" – war dem Streben nach kultureller und geistiger Einheit der Untertanen gewidmet. Der Papst war nach den Worten seiner Verteidiger bemüht, „mit Hilfe der schönen Künste die Liebe der Römer zur Religion und zu ihrem Kult zu mehren, sie kulturell und geistig zu fördern".

Zwischen 1850 und 1870 gibt es eine Reihe bedeutender Ereignisse. Trotz der wiederkehrenden finanziellen Krisen und der Bemühungen, das wirtschaftliche Defizit abzubauen, wird versichert, daß „kein anderer Pontifex je mehr als er danach gestrebt habe, diese Ewige Stadt mit Bauwerken zu verschönern". Immer zahlreicher werden die vom Staat und manchmal auch aus dem persönlichen Erbe des Papstes finanzierten Baustellen: „Es ist wunderbar", so wird versichert, „Tag für Tag neue Werke und bedeutende Monumente emporwachsen zu sehen, die man schon in Zeiten des Wohlstands für groß, in schwierigen Zeiten aber geradezu für kolossal und gefährlich halten muß." Dieser Papst, dessen Unermüdlichkeit der eines Sixtus V. vergleichbar war, kontrollierte die Arbeiten, diskutierte mit Künstlern und Architekten, besuchte persönlich die Baustellen auf seinen Streifzügen durch die Stadt und das Territorium. „Sehr oft machte er Besuche ohne Einladung und sogar ohne sich anzumelden, und es gefiel ihm, in ein Hospital oder Hospiz, in das Atelier eines Künstlers oder in eine Basilika hineinzuplatzen, wo gerade Arbeiten im Gange waren, sogar in ein Oratorium oder ein weibliches Kloster, und er amüsierte sich über die Verwirrung, die sein Erscheinen hervorrief."

Zu den traditionellen Arbeiten zur Erhaltung des antiken Kerns gesellten sich neue Bauunternehmungen innerhalb der Mauern und in der Umgegend. Es wurde ein Plan zur Rationalisierung der öffentlichen Dienste vor allem für die Notstandsgebiete entworfen, es wurden Brücken errichtet, Manufakturen und Kasernen, Museen und astronomische Observatorien, öffentliche Arbeitsstätten und Poststationen, neue Gefängnisse und der monumentale Friedhof Verano.

In einer Serie von Unternehmungen gesellte sich zum Aufbau des zivilen Rom die Erneuerung der „Roma antica" und der „Roma sacra". Die „operazione-chiese", ein Kirchenbau- und -renovationsprogramm von nie dagewesenem Umfang (eine Erhebung von 1865 erwähnt Neubau, Restaurierung und Ausschmückung von achtundvierzig Kirchen allein in Rom, von denen einige völlig neu erstellt werden mußten), war von den Gedanken der „allgemeinen Erbauung" und der „größeren Ehre Gottes" bestimmt. Wir beschränken uns hier auf die Betrachtung der wichtigsten Arbeiten an den Basiliken, die zum Teil wohl in Hinblick auf das Jubiläumsjahr 1875 durchgeführt wurden. In der Peterskirche plante man die Verkleidung der Säulen mit weißem Marmor, die Nebengebäude wurden erweitert und die provisorische Konzilsaula fest ausgebaut. In Santa Maria Maggiore, das der Papst zunächst als Mausoleum vorgesehen hatte (zu Ehren Mariens, vielleicht auch als Huldigung an Sixtus V.), ließ Pius IX. die Kapelle Sixtus' V. erneuern und unter dem Hauptaltar eine neue Gruft bauen (in der 1800 eine Statue des betenden Sixtus' V. aufgestellt wurde). In San Giovanni in Laterano wurde die neue Krypta gebaut, die Verlegung der alten Apsis (mit Hilfe von Rollen und Dampfmaschinen, ein Plan, den Andrea Busiri Vici 1868 ausgearbeitet hatte) und eine neue, kreuzförmige Piazza vor der Basilika (1870) geplant. San Lorenzo fuori le mura, das der Papst schließlich als seine letzte Ruhestätte erwählte, ist vielleicht das bemerkenswerteste Beispiel einer Stilerneuerung im 19. Jahrhundert, die nicht einfach darin besteht, die antiken Dekorationen mit einem Deckmantel moderner Fresken zu überziehen. Aber die größte Baustelle des päpstlichen Rom im 19. Jahrhundert war San Paolo fuori le mura, das nach der Feuersbrunst von 1823 während des Pontifikats Pius' IX. sozusagen in Vollkommenheit wiederhergestellt wurde.

In der zeitgenössischen Biographie tauchen die beiden belebenden Grundsätze der Politik Pius' IX. auf: Herrscherwürde und Fürsorge, immer mehr festigt sich die Vorstellung eines Vater-Papstes. Das geht bis zur Besessenheit: „Der erste Namen, den die Römer ihre Kinder lehren, ist nicht mehr der Name ihres Vaters, es ist der Name Pius' IX. Das erste Wimmern, das aus der Wiege schallt, ist keine Äußerung des Schmerzes, sondern ein Freudenruf, der Name Pius' IX."

Dieser Papst hatte seit der Debatte über die Amnestie (Editto del perdono von 1846) das Bild eines zugleich strengen und barmherzigen Vaters geboten, der um das körperliche wie um das geistige Wohl seiner großen Familie bemüht war und danach strebte, sowohl den Fortschritt des Glaubens als auch den Glauben der Menschheit an den Fortschritt zu festigen.

Die Ideologie des aufgeklärten Paternalismus ergibt sich aus Biographie und Psychologie der Person. In seiner Jugend war Mastai ein eifriger Pfleger in einem Heim für arme Kinder gewesen. Später machte er Dienst als Präsident im Hospiz San Michele, dem „großen Haus der Barmherzigkeit", das zwölfhundert Personen beherbergte und sehr verschiedene Funktionen hatte (Schule für verlassene Kinder, Schule für Kunst und Handwerk, Besserungsanstalten für Jugendliche und verwahrloste Frauen). Mastai reformierte das Institut mit großem Erfolg, er erweiterte dessen Aufgabenkreis durch Einführung neuer Arbeitsweisen und Normen. Es ist glaubwürdig, daß Pius IX. – auch nachdem er Papst geworden war – sein Verhalten als früherer Präsident der Werkstätten für Gefangene beibehielt. Seinem Paternalismus, sei er aufgeklärt oder despotisch, mußte ganz Rom als die erweiterte „citadella della misericordia" von Trastevere erscheinen, und der ganze Staat wurde als ein gigantisches Hospiz oder, schlimmer, als ein „panopticon" aufgefaßt. Selbst wenn man die harte Definition der römischen Herrschaft als „komplizierte Maschine" oder als „Zuchthaus" teilt, macht die Auffassung der Stadt als „totale Institution" verständlich, daß der Ausbau der Produktion, der Sozialhilfe, des Erziehungs- und des Gefängniswesens (entsprechend den vier Wirkungsbereichen von San Michele) ein Erfordernis der Zeit war.

Der von den Urhebern des Risorgimento am Leben erhaltenen „schwarzen Legende" entspricht der „Mythos vom guten Vater". Zum Mythos vom „liberalen" gesellte sich der Mythos vom „unfehlbaren" Papst, bis der 20. September 1870 endgültig den Mythos vom „Märtyrerpapst" begründete. Einen Monat nach diesem Tag schrieb Gregorovius: „Pius IX. ist in seiner eigenen Stadt Rom fast vergessen. Er steht wie ein Mythos im Vatikan, umgeben von Jesuiten und Fanatikern, die ihn die dümmsten Dinge der Welt glauben machen. So träumen sie von der Neugestaltung des Papsttums durch den deutschen Kaiser ..." Aber dieser 20. September war ein unwiderrufliches Ereignis. Der Fall des Papst-Königs beschloß endgültig den langen „Herbst des Mittelalters". Vorher, so hat Paolo Brezzi bemerkt, schien es wirklich noch „die mittelalterliche Inquisition und Scheiterhaufen zu geben mit Ausschluß der Häretiker nicht nur aus der religiösen, sondern auch aus der bürgerlichen Gemeinschaft und dem Zwang, Dokumente über die Erfüllung der kirchlichen Vorschriften vorzulegen, wenn man sich um einen Beamtenposten oder eine Anstellung an einer Schule bewarb, und so endlos weiter."

„Mein Körper ist zum Leichnam geworden", ließ Pius IX. in sein Testament schreiben, „er soll in der Kirche San Lorenzo fuori le mura begraben werden. Auf den bescheidenen Grabstein soll eine Mitra mit den Schlüsseln eingemeißelt werden, das Adelswappen soll ein Totenschädel sein." So schloß sich der Kreis: der letzte Märtyrer-Papst wollte neben dem Erzmärtyrer der Christenheit beigesetzt werden. Dann aber gesellte sich zu der stolzen und ausdauernden Gewißheit nicht nur der geistlichen, sondern auch der weltlichen Macht, die im Symbol der Tiara zum Ausdruck kam, eine beunruhigende und tragische Überlegung: das Adelswappen wurde durch ein Bild des Todes ersetzt. Die „vanitas vanitatum" wurde als letztes Siegel und Grabmal nicht nur dem Menschen, sondern auch dem anspruchsvollen Symbol der päpstlichen Herrschaft aufgeprägt, das sein Untergang gewesen war.

DIE BASILIKA UND DIE VORORTE
Von der Kirche zur Stadt

Bevor Borgo (zwischen Tiber und Vatikan) zu einem Stadtteil von Rom wird, ist es selbst eine Stadt: eine Stadt, die an einem genau umgrenzten Ort zu einer bestimmten Zeit entstanden ist und die eine eigene Geschichte und Entwicklung gehabt hat. Deshalb kann der Ort als eine Art Laboratorium der Stadtgeschichte betrachtet werden, als ein überschaubares Musterbeispiel, an dem die Vorgänge der Entstehung und Entwicklung der Stadt zu beobachten sind, die man in anderen Fällen schwer durchschaut.

Die Geschichte Borgos ist an die des römischen Papsttums gebunden, ist sogar sein unmittelbares physisches Abbild: das stärkere oder schwächere Wachstum des Viertels entspricht genau den Wechselfällen in der Geschichte der römischen Kirche.

Ein anderes grundlegendes Element zum Verständnis dieser urbanistischen Randerscheinung ist die wechselnde Bedeutung, die Borgo für die Stadt Rom gehabt hat: seit Beginn verhielt sich das Viertel als autonome Stadt außerhalb der Aurelianischen Mauern, welche die konkreten Grenzen Roms waren. Und es blieb außerhalb nicht nur in topographischer und urbanistischer, sondern auch in strategischer und politischer Frontstellung.

Der alternative Charakter der leoninischen Stadt zu Rom ergibt sich aus einer Analyse ihrer Geschichte. Ihre totale Gleichgültigkeit gegenüber der parallelen Entwicklung der Stadt ergibt sich aus der Anerkennung und später der feierlichen Bestätigung der weltlichen Macht der Kirche nach dem Experiment von Avignon. Dadurch ist Borgo Vaticano zumindest während des 15. und 16. Jahrhunderts bestimmend geworden. Es sei daran erinnert, daß erst unter dem Pontifikat Sixtus' V., also Ende des 16. Jahrhunderts, Borgo offiziell als 16. Stadtteil dem römischen Verwaltungssystem beigetreten ist.

Einige der wichtigsten urbanistischen Erfahrungen wurden noch in jüngerer Zeit in diesem Gebiet gemacht: die nicht verwirklichten Absichten Nikolaus' V., die Eröffnung des Borgo Nuovo durch Vermittlung Alexanders VI., im Grunde das System Via Giulia – Via Lungara, um nicht von dem umfassenden Mechanismus zu sprechen, mit dem die Piazza angelegt wurde, zeigen ein fortgesetztes Interesse für das Viertel, eine zusammenhängende Gestaltung im monumental-triumphalen Sinne, wie sie die Via della Conciliazione beweist.

BESTANDTEILE UND URSPRÜNGE BORGOS

Die Struktur von Borgo Vaticano ist im übrigen in verkleinertem Maßstab die einer wirklichen Stadt, die sich auf eine Reihe sehr unterschiedlicher Siedlungskerne stützt. Zwischen der Basilika, dem Kastell und dem Bezirk von Santo Spirito, jedes Gebiet mit charakteristischen und genau bestimmten Funktionen, breitete sich ein städtisches Muster von eigenartiger typologischer und struktureller Kompaktheit aus. Auch in den Randzonen, die heute praktisch unkenntlich und zutiefst entstellt sind, finden sich genaue morphologische Situationen, die auf unmittelbare Weise von den Phasen der Entstehung abhängig sind: das Gebiet zu Füßen des Gianicolo zwischen dem Ende des Borgo Santo Spirito und Porta Fabrica bestand aus unregelmäßigen, verhältnismäßig niedrigen Häusergruppen zwischen sehr alten Siedlungskomplexen. In diesem Gebiet ergänzten in den verschiedenen Epochen einige Bauwerke von beachtlicher Größe die vorhandenen fragmentarischen Konstruktionen: die Kaserne der leichten Kavallerie bei dem gleichnamigen Tor, der Palast des Heiligen Offiziums und in diesen Tagen die Aula Nova. Eine ganz andere Struktur hatte dagegen die hauptsächlich von Pius IV. in der Mitte des 16. Jahrhunderts geplante Zone zwischen dem „passetto" und der neuen, zwischen Belvedere und dem Kastell geplanten Verteidigungslinie. Diese Erweiterung, die zunächst der antiken Linie in Richtung auf die erneuerte Porta Angelica folgte, sah einen regelmäßigen, rechteckigen Bezirk mit festgelegter Unterteilung und hohen Bauwerken alten Stils vor. Obwohl hier viel verändert wurde, ist dies das einzige Fragment des antiken Stadtteils, der einige seiner Charakteristika bewahrt hat.

Es ist klar, daß die ständigen Eingriffe in diesem Bereich die Beziehungen zwischen Zufall und dem ständig überbetonten formellen Gewebe bis zur völligen Umkehrung der Bedeutung verändert haben. Die ursprüngliche Einheit des Systems, in dem die Bauweise einer Residenz mit bis ins kleinste unterteilten Aufgabenbereichen vorherrschte, hat sich mehr und mehr aufgelöst. Der Vorgang ist durchaus verständlich, wenn man ihn in Zusammenhang mit der repräsentativen und monumentalen Gestaltung sieht, die diesem Viertel zugedacht war.

Die Ursprünge Borgos sind schwer zu erkunden, denn die Nachrichten über den vatikanischen Bereich aus vorchristlicher Zeit, bevor er eine bestimmte symbolische Bedeutung erlangte, sind selten und fragmentarisch. Der „Ager Vaticanus", wie die Zone mit einem Ausdruck wahrscheinlich etruskischer Herkunft genannt wurde, hatte seit den ersten Jahren der Geschichte Roms einen heiligen Charakter. Varro berichtet, daß diese ausgedehnte sumpfige Ebene auf göttliches Verlangen von Romulus an die Bewohner von Veji aufgeteilt wurde. Im übrigen war dieses Gebiet, vielleicht wegen seiner strategischen Bedeutung, dem Schutz einer antiken Gottheit, der Göttin Dia, unterstellt, der auch ein Heiligtum geweiht war. Trotz ihrer Heiligkeit galt die vatikanische Ebene als ungesund und war lange Zeit entvölkert. Nicht vor dem 1. Jahrhundert n. Chr. wurden die ersten Versuche der Urbarmachung durchgeführt. In derselben Zeit wurde der größte Teil des Gebiets kaiserlicher Besitz, und zwischen 37 und 41 begann Caligula mit dem Bau eines privaten Zirkus, der aber erst von Nero zu Ende geführt wurde, der ihm auch seinen Namen gab. Dieser Kaiser war der erste, der sich dieser Zone mit einem gewissen Interesse annahm. Ihm ist auch der Bau des „ponte trionfale" zu verdanken, welcher die gleichnamige Straße, die vom Monte Mario herabführte, mit der vatikanischen Ebene verband. Die unterschiedliche Rolle, die diese Zone in römischer Zeit und im Mittelalter gespielt hat, ist trotz vieler Studien noch lange nicht geklärt.

Wenn die verschiedenen Quellen auch in der Beschreibung einiger Straßen übereinstimmen, so weiß man doch nichts Genaueres über den Verlauf der Via Trionfale und der Via Cornelia. Die am häufigsten vertretene Hypothese ist, daß sich die Via Trionfale von der Brücke aus nach Nordwesten wendete, dann den Monte Mario hinaufführte und sich auf der Höhe der Giustiniana mit der Via Cassia vereinigte. Die Via Cornelia hingegen folgte der Ost-West-

Teil der Trommel von Michelangelos Kuppel von Sankt Peter. Im Vordergrund die kleineren Kuppeln.

Unten: Zeichnung aus dem 16. Jh. mit der Reproduktion eines früher in den Vatikanischen Grotten befindlichen Freskos, das einen Schnitt durch die alte konstantinische Basilika mit Blick nach Osten zeigt. – Ganz unten: Querschnitt der konstantinischen Basilika, der Portikus ist Teil des päpstlichen Wohntrakts, nach der Rekonstruktion von Carlo Fontana, dem Schüler und Mitarbeiter Berninis, aus dem Jahre 1694. – Auf der rechten Seite oben links: Rekonstruktion des Inneren der alten konstantinischen Basilika in Richtung Westen, von Letarouilly. – Rechts: Rekonstruktion des Neronischen Zirkus auf dem Ager Vaticanus, gezeichnet 1694 von Fontana. – Unten links: Plan der konstantinischen Basilika mit Angabe ihrer Lage zum Zirkus Neros. – Rechts: Plan des alten Vatikans in der Rekonstruktion von Carlo Fontana.

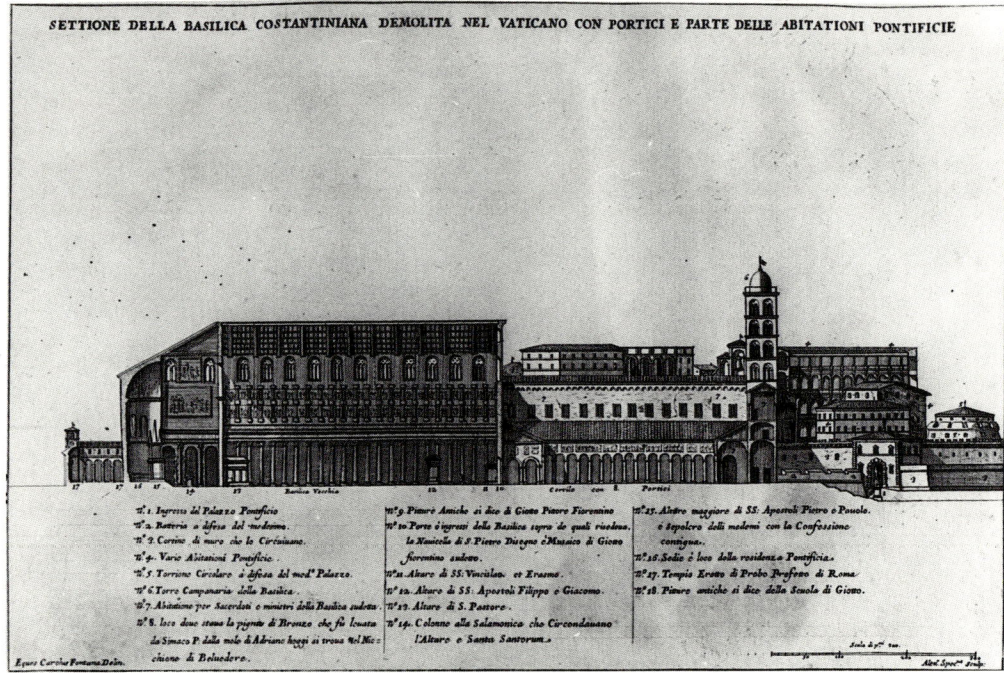

Achse, die etwa der heutigen Via della Conciliazione entspricht, führte über den Vatikanischen Hügel und traf dann auf die Via Aurelia. Beide Straßen müssen sich auf Höhe der künftigen Piazza Scossacavalli gekreuzt haben.

Die vatikanische Ebene, die früher als „horti Neronis" bekannt war, wurde nach der Feuersbrunst von 64, als dort provisorische Unterkünfte für die Obdachlosen errichtet wurden, plötzlich besiedelt. Zur gleichen Zeit wurden im Zirkus und in den Gärten Neros viele Christen hingerichtet, die nach kaiserlichem Willen und der öffentlichen Meinung als Brandstifter galten. Der Tradition nach wurde bei dieser Verfolgung auf dem Vatikanischen Hügel der heilige Petrus gekreuzigt. Das ist das erste bedeutende Ereignis, das die künftige Entwicklung dieses städtischen Sektors bestimmt und für Rom besondere Konsequenzen hat. Es ist nicht so wichtig, den genauen Ort des Martyriums des heiligen Petrus festzustellen, wichtig ist die nie geleugnete Überlieferung, die diesen Hügel zum Polarisationskern einer neuen Sozialstruktur macht.

So begann die Besiedlung dieses Gebiets: Neben den provisorischen Bauten entstand eine Reihe von Gebäuden und Grabmälern, die sich zu einer Nekropole verdichteten. Die Bedeutung dieses Ortes wurde noch erhöht, als Kaiser Hadrian ein für sein eigenes Begräbnis bestimmtes Mausoleum und eine Brücke errichten ließ, die eine bequeme Verbindung zur Stadt herstellte. Die zwischen 113 und 134 erbaute Brücke bekam den Namen Aelius und dann „Sancti Petri". Sie bestand ursprünglich aus drei großen Bögen in der Mitte, zwei kleineren auf dem rechten und drei auf dem linken Ufer.

Außer dem Mausoleum des Hadrian entstanden im Umkreis der Via Cornelia zahlreiche Monumente eines bestimmten Aussehens, darunter die sogenannte „Meta Romuli" in Form einer Pyramide mit quadratischer Grundfläche, die in mittelalterlichen Führern als Grab des Romulus oder der Scipionen bezeichnet wird, und ein Nero zugeschriebenes Grabmal von runder Form in zwei Stufen, von dem aber schon im 12. Jahrhundert nur noch wenige Reste übrig waren. Im ganzen mochte sich das Gebiet aber nicht sehr von der übrigen römischen Campagna an den anderen Konsularstraßen unterscheiden.

Im Jahre 313 erkannte Konstantin mit

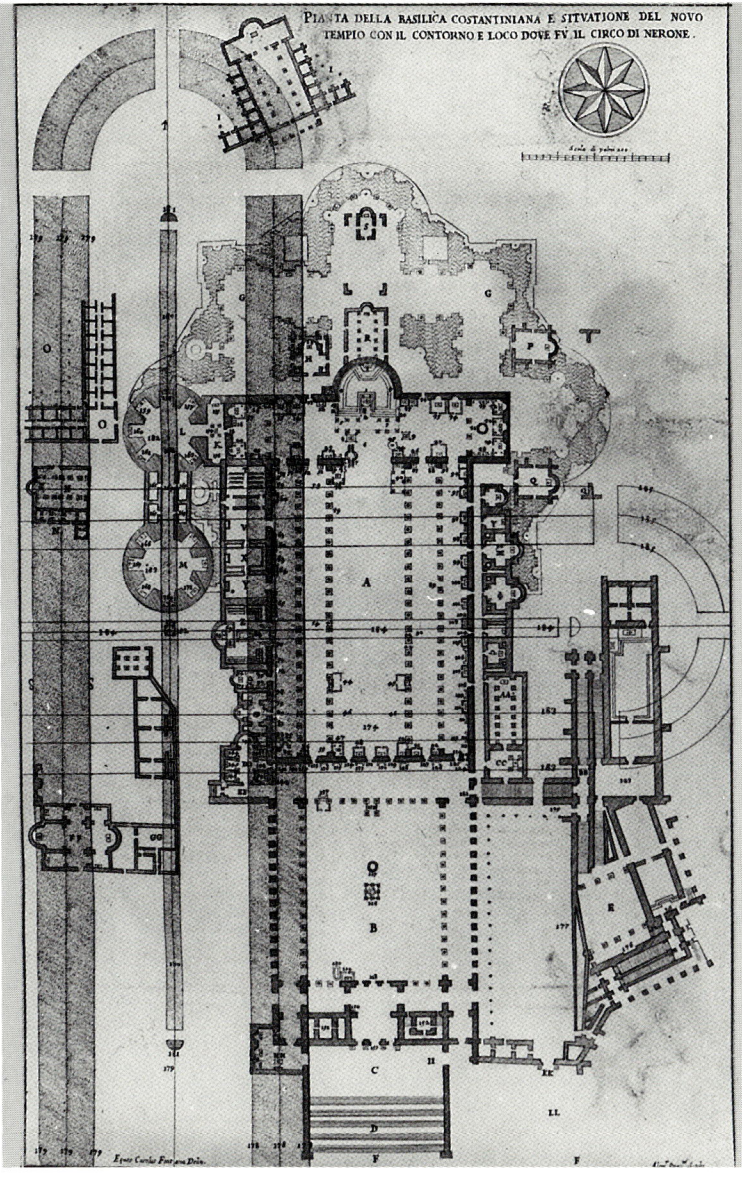

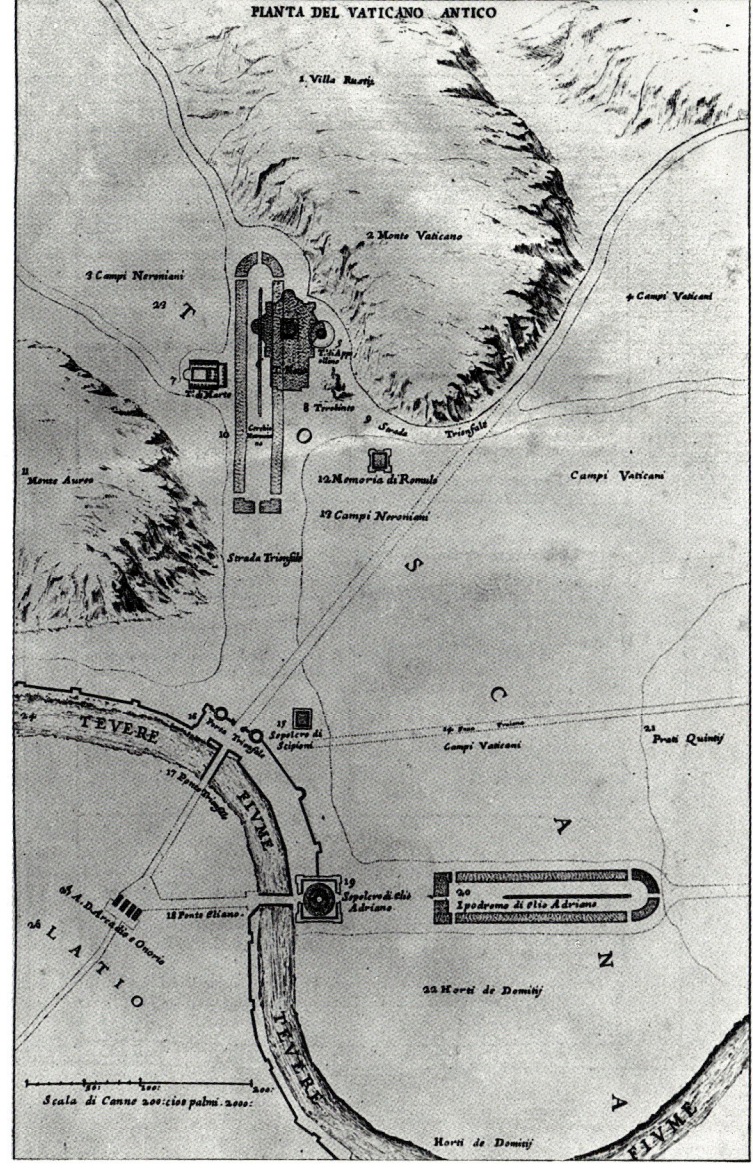

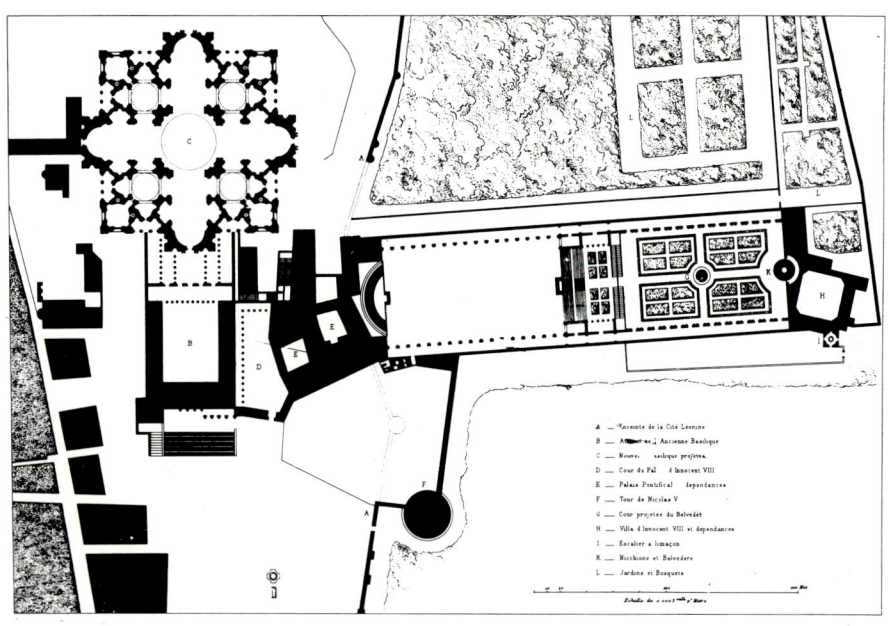
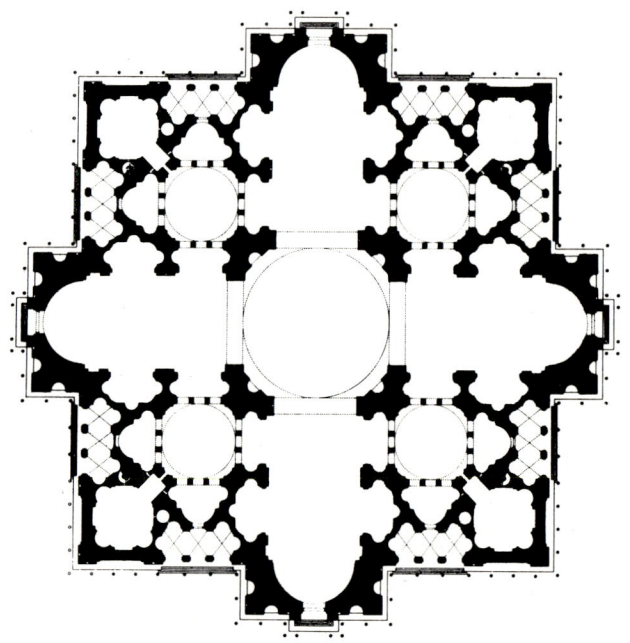

dem Edikt von Mailand das Christentum als offizielle Religion an. Schon 324 begann er an dem Platz, an dem nach der Überlieferung das Martyrium des hl. Petrus stattgefunden hatte, mit dem Bau einer großen Basilika. Die Arbeiten wurden bis 349 fortgesetzt und von Kaiser Konstantius beendet.

Dies ist der zweite entscheidende Augenblick in der Geschichte von Sankt Peter: was bis dahin nur eine fromme Tradition war, aufgrund deren das Grab des Apostels an einem mehr oder weniger präzisierten Punkt der vatikanischen Nekropole verehrt wurde, bekam nun durch die kaiserliche Autorität das Charisma des Offiziellen. Die Basilika ist in ihrer Großartigkeit also die physische Repräsentanz des Christentums in Rom. Darüber hinaus hat sie das Primat über alle anderen Orte des Imperiums bis hin zu den Grenzen Jerusalems.

Die konstantinische Basilika hatte fünf Schiffe, davor einen Portikus mit vier Säulenreihen, der künftig „Paradies" genannt wurde. Das Schema der vatikanischen Basilika unterschied sich nicht von dem anderer römischer Basiliken. Sie war aber einzigartig durch ihre Dimensionen und durch die große Zahl religiöser und profaner Nebenbauten, die ringsum zu wuchern begannen. Die ersten Hilfsdienste für Pilger organisierten sich, deren Zustrom von Tag zu Tag größer wurde. Das verhinderte indessen nicht, daß die Basilika von der übrigen Stadt isoliert blieb: sie befand sich außerhalb der Aurelianischen Mauer, und mit der Zerstörung des Ponte Trionfale aus strategischen Grün-

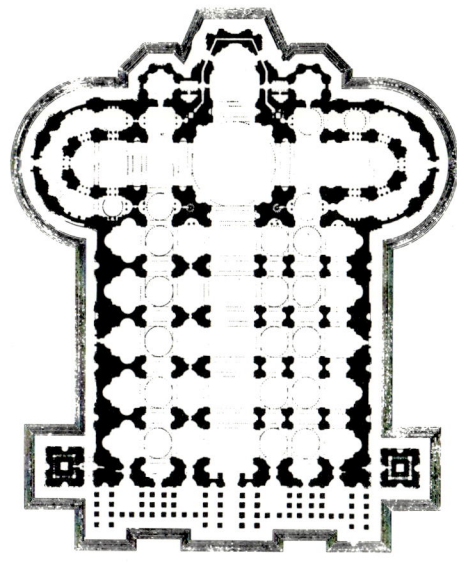
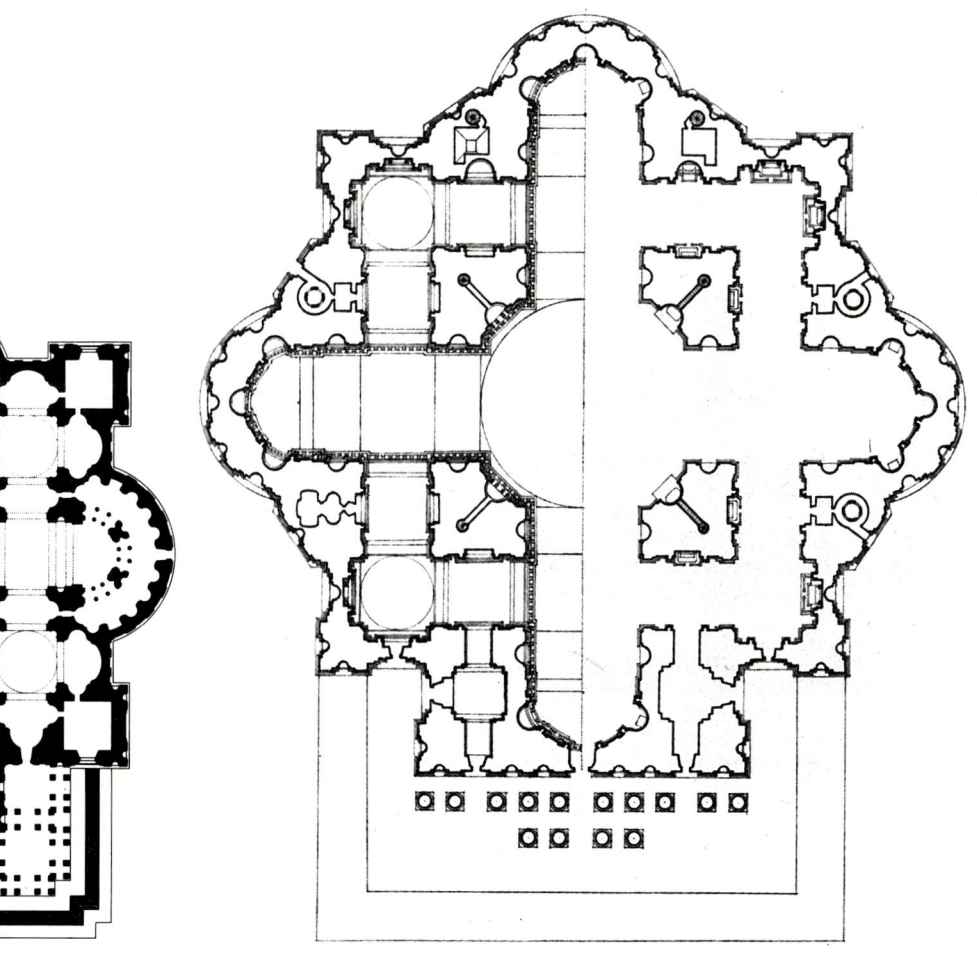

Nebenstehende Seite oben: Die bramantischen Pläne für die Basilika und den zu Basilika und Belvedere gehörigen Komplex. – Unten links und rechts: Pläne für die Basilika von Sankt Peter von Giuliano da Sangallo, in der Mitte der Plan Raffaels. Auf dieser Seite oben: Drei Pläne für die Petersbasilika von Antonio da Sangallo (links) und Giuliano da Sangallo (Mitte und rechts). – Unten zwischen den Seiten: der Plan Peruzzis. – Rechts: Entwurf Michelangelos, der den von Bramante vorgezeichneten Plan eines griechischen Kreuzes wieder aufgreift. Daneben das Holzmodell der Kuppel von Michelangelo (1:15), an dem der Meister 1546 zu arbeiten begann.

33

Auf dieser Seite sind einige Phasen des Baus der vatikanischen Basilika mittels Zeichnungen aus dem 16. Jh. illustriert. Unten: Die Basilika im Bau auf einer Zeichnung des Maarten van Heemskerck, etwa 1533. Im Vordergrund der ägyptische Obelisk in seiner ursprünglichen Stellung und die Rotunde Santa Maria della Febbre. – Darunter: Abriß der konstantinischen Basilika; Reproduktion einer alten Zeichnung, die dem Maarten van Heemskerck (um 1533) zugeschrieben wird und aus der hervorgeht, daß auf dem geweihten Grund über dem Petrusgrab ein provisorisches Bauwerk errichtet worden war. – Auf der rechten Seite zeigen die beiden Illustrationen oben den Bauzustand um 1575. Die Front der antiken Basilika und das Atrium stehen noch, während die Trommel der Kuppel schon fertig ist. – Mitte: Die Piazza vor dem Atrium der konstantinischen Basilika um 1567. – Unten: Die Piazza um 1580. Fresko in den vatikanischen Loggien von Paolo Bril und Antonio Tempesta.

den, wahrscheinlich zwischen den Jahren 404 und 423, war die Zone völlig isoliert.

Im Jahre 410 erlitt Rom die erste Plünderung durch die Westgoten Alarichs, aber die Basilika scheint bei dieser Gelegenheit nicht gelitten zu haben. Sie hatte jedoch nicht dasselbe Glück, als die Wandalen unter Geiserich vierzehn Tage lang die Stadt plünderten. Nur drei Jahre vorher hatte Papst Leo der Große die Hunnen vom Angriff auf die Stadt abbringen können. Das Reich des Westens schien seinem Ende nahe: der letzte der zwanzig aufeinanderfolgenden Kaiser, Romulus Augustulus, wurde 476 von Odoaker abgesetzt. So begann die Zeit der römisch-germanischen Herrscher.

Die Krise des Kaiserreichs betraf auch die römische Kirche, die ständig von schismatischen Kräften bedroht war. Trotzdem und gerade deshalb konnte sich in dieser erregten, wirren Zeit Borgo zu einer autonomen Zitadelle entwickeln.

Im Verlauf der Gotenkriege belagerte Witigis im Jahre 537 die Stadt Rom. Während der Belagerung, die sich ein Jahr lang hinzog, errichteten die Goten im vatikanischen Bereich ein Lager, von dem aus sie die Porta Aurelia und die Porta Transtiberiana kontrollieren konnten. Im Jahre 546 besetzte Totila die Stadt. Nach kurzer Zeit mußte er aber mit dem größten Teil seiner Truppen abziehen. Da er eine Rückkehr des von Narses angeführten byzantinischen Heeres befürchtete, ließ er einen großen Teil der Aurelianischen Mauer zerstören, um den Feind an der Verteidigung der Stadt zu hindern. Zur gleichen Zeit umgab er einen Teil der vatikanischen Ebene mit provisorischen Befestigungen und baute ein Winterlager für die offensichtlich kleine Garnison, die in der Stadt zurückgeblieben war. Diese Befestigung stützte sich hauptsächlich auf das Mausoleum Hadrians, das in diesen Jahren eine zunehmende strategische Bedeutung gewonnen hatte, und man kann annehmen, daß er eine Verteidigungslinie errichtete ähnlich dem ersten Teil des heutigen „Korridors" von Borgo, die sich dann am Tiber schloß.

Obwohl uns für eine Dokumentation dieser Episode nur das literarische Zeugnis des Prokopius zur Verfügung steht, ist doch klar, daß sich in dieser Zeit auf vatikanischem Gebiet ein Kern von erheblicher strategischer Bedeutung entwickelte. Das ist äußerst interessant, wenn man bedenkt, welche Bedeutung das Mausoleum für die Verteidigung Roms besaß. Das künftige Kastell ist eines der fundamentalsten Elemente für das Verständnis der Geschichte Borgos: man braucht nur zu bedenken, daß der Pons Aelius (Engelsbrücke) die Verbindung zum Kastell und zur Basilika herstellte und so den Angelpunkt bildete, um den das ganze Viertel organisiert war. Übrigens stand die Aelius-Brücke, einer der wenigen Punkte, an denen der Tiber überquert werden konnte, unter unmittelbarer Kontrolle des Kastells.

Das Lager Totilas war auf jeden Fall recht kurzlebig und hinterließ keine besonderen Spuren. Es dauerte noch drei Jahrhunderte, bis Borgo definitiv eingegliedert wurde.

Während dieser Zeit hatten sich rings um die vatikanische Basilika mehrere bedeutende Gruppierungen gebildet, die sogenannten „scholae", die praktisch als Hospize, Internate und Kirchen in Erscheinung traten, um die Pilger der verschiedenen Nationen aufzunehmen. Zu der ersten, im Jahre 728 von dem (Angel-)Sachsenkönig Ina gegründeten „schola" gesellten sich nacheinander die der Langobarden, Böhmen und

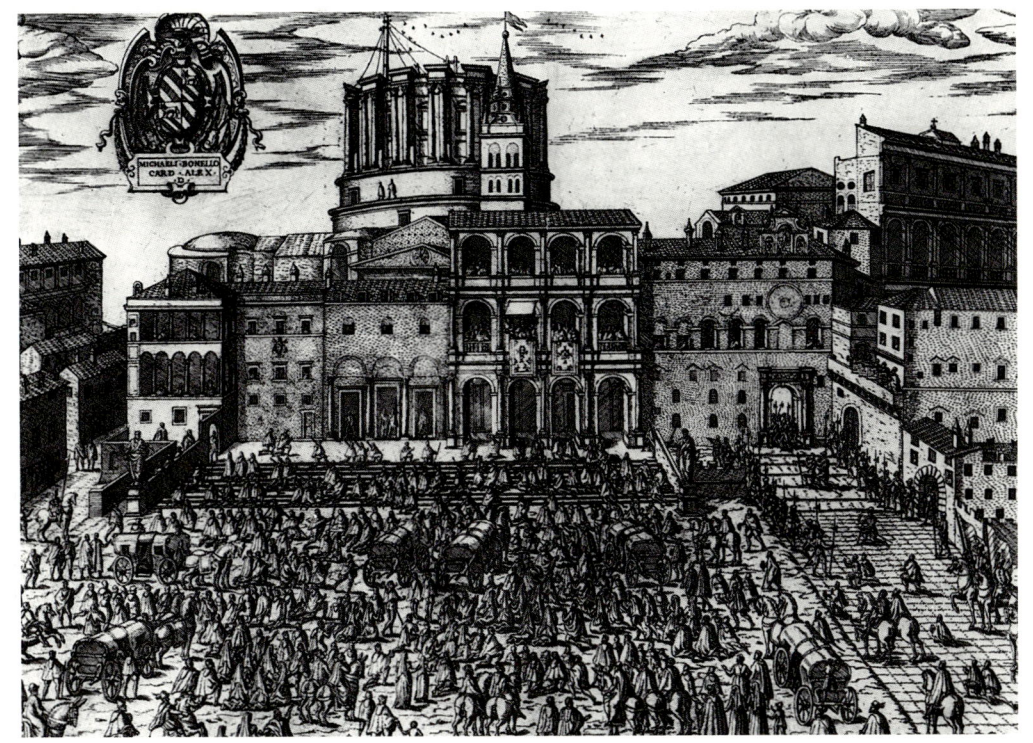

Friesen. Die bedeutendste blieb indessen die der Sachsen als Kern des Gebietes um Santo Spirito.

Die erste organische Förderung auf städtebaulichem Gebiet in der Geschichte Borgos fand, wie schon gesagt, unter dem Pontifikat Leos IV. statt. Dieser Papst ließ zwischen 847 und 855 eine Umfassungsmauer bauen, die vom Kastell zur Basilika führte, dann den Vatikanischen Hügel hinauflief, sich weiter dem Fluß zuwendete und in der Nähe des sächsischen Quartiers endete. Die Historiker haben den Bau dieser Umwallung als den eigentlichen Zeitpunkt der Entstehung der vatikanischen Zitadelle bezeichnet, so wie auch heute noch der Name „Città Leonina" den vatikanischen Komplex bezeichnet. Über die Motive, die zu diesem Unternehmen führten, gibt es ziemlich vage und umständliche Hypothesen. Die mehr oder weniger glaubwürdigste ist die, daß der Papst nach dem dramatischen Ereignis von 846, als die Sarazenen auftauchten, um die Basilika zu plündern, zu diesem Entschluß kam. Bekannt ist auch das Drängen Karls des Großen und später Lothars, eine Möglichkeit zu schaffen, die Basilika gegen mögliche äußere Angriffe zu verteidigen.

BORGO ALS ALTERNATIVE STADT

Was aber mehr zählt, ist die Tatsache, daß dadurch eine neue Stadt entstanden war, die völlig außerhalb Roms lag und eine Art Gegenpol darstellte. In der Stadt standen sich verschiedene Gruppierungen gegenüber, von denen nicht wenige der kaiserlichen Macht feindlich gesinnt waren, folglich auch der noch nicht gefestigten Macht eines Papstes, der für diesen Kaiser ein bequemer Verbündeter war. Seit diesem Augenblick spielte die „Leostadt" eine maßgebende Rolle in der Auseinandersetzung zwischen weltlicher und geistlicher Macht, deren Entwicklungen noch heute aktuell sind.

Schon gegen Ende des 11. Jahrhunderts war das Viertel gut und vielseitig strukturiert. Auf den ersten Blick fällt die große Zahl von Kirchen und Oratorien im Umkreis der Basilika auf. Es lassen sich dabei drei Gruppen unterscheiden. Zur ersten, ältesten Gruppe gehören die vier Klöster im unmittelbaren Bereich der Basilika, die den Dienst in der Kirche und am päpstlichen Hof zu versehen hatten: San Martino, Santi Giovanni e Paolo, San Stefano Maggiore und San Stefano Minore. Die zweite Gruppe bildeten die Kirchen der vier „Schulen", der sächsischen, fränkischen, friesischen und langobardischen. Diese Kerngebiete erstreckten sich vom Gianicolo und Vatikanischen Hügel bis zum Tiber. Die dritte Gruppe sammelte sich an der Pilgerstraße entlang der sogenannten „portica" vom Kastell zur Basilika und in den Häusern auf der Piazza vor dem Portikus der Basilika.

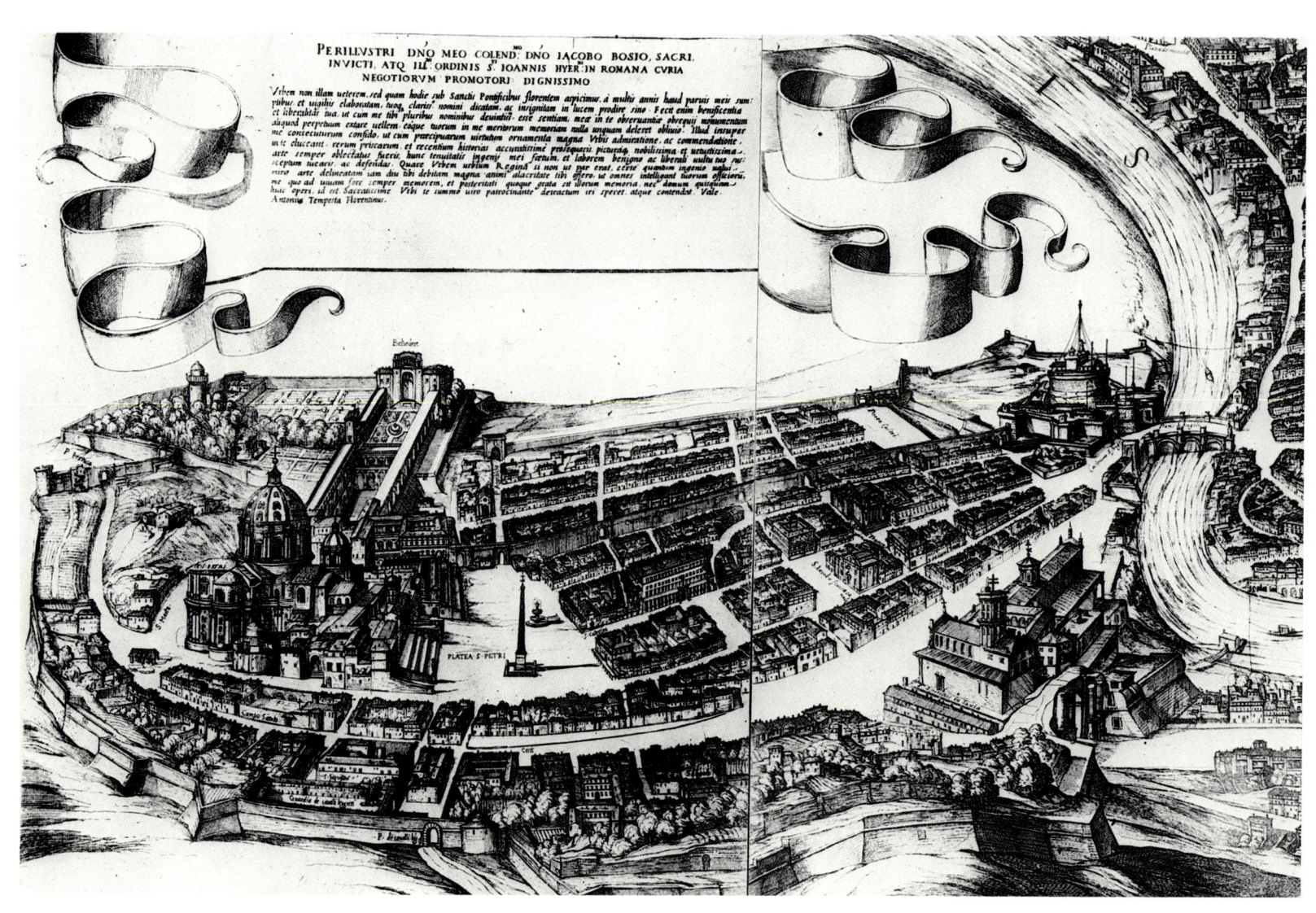

Man kann in dieser Zeit noch nicht von einer eigentlichen Piazza sprechen. Es fehlt zwar an bildlichen Darstellungen, aber aus verschiedenen Berichten und Chroniken dieser Zeit geht hervor, daß die Häuser Borgos bis an die Portaltreppen der Basilika herangebaut waren. Aus den gleichen Quellen kann man auch auf den Straßenverlauf in diesem Gebiet schließen.

Der wichtigste Pilgerweg war der vom Ponte Sant'Angelo an der „portica" entlang bis zur Basilika. Ein anderer Weg war der vom Borgo Santo Spirito, zu dem sich der von der Via Lungara durch die Porta Santo

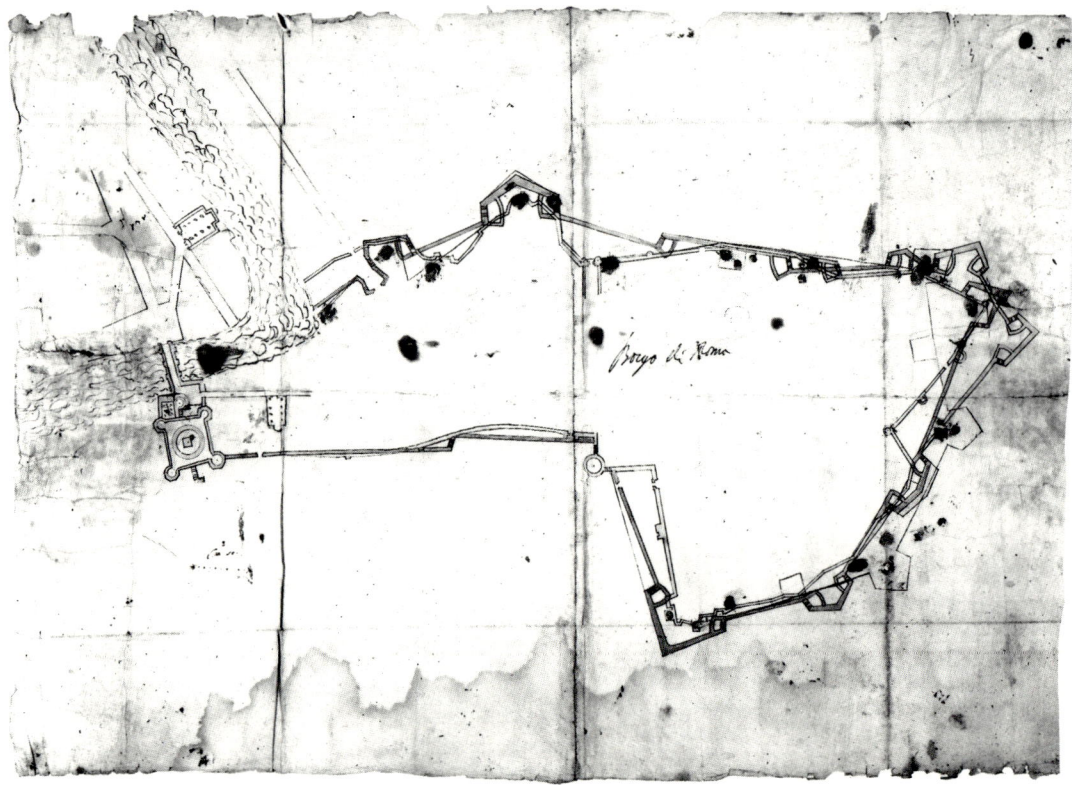

Von der Basilika zur Burg. Nebenstehende Seite oben: Teil von Borgo aus der Karte von Rom des Antonio Tempesta, 1593. – Unten: Vorschlag für eine Mauer um Borgo von Antonio da Sangallo dem Jüngeren. – Auf dieser Seite links: Die „Girandola" (Feuerwerk) am Kastell zum Fest der hll. Petrus und Paulus auf einer Zeichnung des Nicolaus van Aelst vom Anfang des 17. Jh. – Rechts: Ansicht von Castel Sant'Angelo (Engelsburg). Zeichnung von G. B. Faletti aus der zweiten Hälfte des 16. Jh.

Spirito gesellte und der dann parallel zum Borgo Vecchio verlief, um tangential zur Basilika zu gelangen. Der Rest des Viertels zwischen der Portica und der Mauer Leos IV. zerfiel in ein Labyrinth von Gäßchen.

Ein weiterer Zugang von Norden her war die sogenannte „ruga francigena", eine Straße unbestimmten Verlaufs, die aber wahrscheinlich der späteren Via di Porta Angelica entsprach. Sie führte am päpstlichen Palast vorbei· zur Porta Viridaria, deren Mauerwerk in dem zum „Korridor" gehörigen Abschnitt der Leoninischen Mauer noch heute sichtbar ist. Die Trasse der Ruga wurde aber endgültig aufgegeben, als Bonifatius IX. zwischen 1389 und 1404 das Anlegen einer Piazza befahl.

In den Jahren zwischen 1277 und 1280 ließ Nikolaus III. den „passetto" bauen, der später „corridore" genannt wurde, einen überdachten Gang über die Krone der Leoninischen Mauer hin, der die Engelsburg mit dem päpstlichen Palast verbinden sollte. Im Jahre 1303 verlegte Clemens V. den Sitz des Papstes nach Avignon. Infolgedessen begann für die Basilika und für Borgo eine Zeit des Verfalls, die fast ein Jahrhundert währen sollte. Erst 1377 verließen die Päpste ihre französische Residenz, um nach Italien zurückzukehren, und dieser Rückkehr gingen lange Verhandlungen voraus.

Einer der Streitpunkte war der Besitz der Engelsburg. Im Jahre 1363 stellte Urban V. in diesem Sinne eine Forderung an Orso Orsini, dessen Familie das Kastell in jenen Jahren bewohnte. Beim Tod Orso Orsinis im Jahre 1367 ging das „castello" in den Besitz der Kirche über, die damit eine strategische Kontrolle über das vatikanische Gebiet erlangte; damit war ein bedeutender Schritt auf dem Weg der Rückkehr nach Rom getan.

Hier äußert sich der autonome Charakter des Vatikans oder auch der Gegensatz zwischen Borgo und Rom: die vom Papst geforderten Garantien für eine Rückkehr nach Rom sind im Grunde die Forderung, sich in einer eigenen, befestigten Stadt absondern zu können. Die Sorge der Päpste galt nicht immer nur ihrer Verteidigung, sie konnte zuzeiten offensiven Charakter annehmen. Man bedenke, daß von Borgo aus mit der Kontrolle von Kastell und Brücke Sant'Angelo das Zentrum Roms unmittelbar zu treffen ist, besonders der Teil an der Biegung des Flusses, der seit dessen Verkürzung im 14. Jahrhundert am dichtesten besiedelt war.

Die Rückkehr der Päpste aus Avignon war der Beginn einer großen Zeit für die römische Kirche und ihre weltliche Macht. Allerdings lief der Wiederaufbau Borgos sehr langsam an. 1415 ließ der pisanische Gegenpapst Johannes XXIII. die Mauer der Leostadt und den „passetto" restaurieren, aber es handelte sich nur um Maßnahmen von geringem Umfang. Die bedenkliche Lage des vatikanischen Bereichs kann man einer Bittschrift der Kanoniker von Sankt Peter aus dem Jahre 1437 entnehmen, die dem Papst ihre Sorgen und Ängste über den trostlosen Zustand mitteilen, in dem sich Straßen, Häuser und sogar die Basilika selbst befinden.

Die ersten wirksamen Maßnahmen traf Nikolaus V. in den kurzen Jahren seines Pontifikats von 1447 bis 1455. Seine Anordnungen betreffen, wenigstens soweit es die Pläne angeht, die ganze Stadt. Der Plan für Borgo war besonders umfangreich; er befaßte sich mit dem Viertel in seiner ganzen Ausdehnung und nicht nur mit der Basilika als einem isolierten Objekt. Deutlich war das Verlangen nach Sicherheit zu erkennen, denn das wichtigste Element des Planes war die Umwallung mit einer neuen, unüberwindlichen Mauer. Nach der Leostadt also die „civitas Dei", das irdische Jerusalem. Das politische Programm Nikolaus' V. ist von exemplarischer Klarheit: Einer Ideologie, die danach strebt, die weltliche Macht der Kirche von Rom auf immer zu festigen, entsprechen der Plan einer radikalen städtebaulichen Umstrukturierung der vatikanischen Zitadelle und eine Reihe von Neuerungen innerhalb der Stadt, die als ständige und spürbare Zeichen der Gegenwart der Kirche zu verstehen sind.

Von dem großen Projekt Nikolaus' V. wurde nur wenig durchgeführt: während sich Rossellino an die Wiederherstellung der Basilika machte und das Fundament für die neue Apsis legte, begann er auch mit dem Verteidigungswerk, von dem allerdings nur der kleine Turm fertig wurde, der noch heute den Namen des Papstes trägt.

Nachdem die Arbeiten durch den Tod Nikolaus' V. unterbrochen worden waren, vergingen fast zwanzig Jahre, bis sie aufs neue in Angriff genommen wurden. Sixtus IV. ließ bei Gelegenheit des Jubeljahres 1475 das Gebiet um Santo Spirito und den gleichnamigen Borgo restaurieren, besonders den Bereich am Fuß der Rampe, die zur Kirche der heiligen Michael und Magnus, der alten „schola Frisonum", emporführt. Zur gleichen Zeit wurde in der Nähe des „Korridors" eine Straße angelegt, um die rückwärtigen Bereiche des Kastells mit den Palästen und der Basilika zu verbinden. Sie bekam zuerst den Namen Via Sistina und dann Borgo Sant'Angelo.

Ein weiteres Jubiläum brachte die Fortsetzung der Arbeiten. Diesmal war es Alexander VI., der 1496 in Erwartung des für 1500 vorgesehenen Jubiläumsjahres den Kardinal Raffaello Riario beauftragte, eine neue Straße fast parallel zum Borgo Vecchio zu bauen, um eine bequemere Verbindung zwischen Engelsbrücke und Basilika herzustellen. Die vollkommen geradlinige Straße wurde im April 1499 begonnen und am Heiligabend desselben Jahres eingeweiht. Durch die Arbeiten wurde ein großer Teil der Meta Romuli zerstört. Um die Bautätigkeit an dieser neuen Straße, die bald der wichtigste Zugang zur Basilika, eine wahre Repräsentationsstraße, geworden war, zu fördern, wurde jedem, der daran mit einer Mindestlänge von sieben römischen „cannae" (etwa 15 m) baute, eine beachtliche Zahl von Privilegien verliehen. Auch diese Straße bekam den Namen des Papstes, der sie veranlaßt hatte, und hieß noch bis in jüngere Zeit Via Alessandrina, wenn auch die gebräuchliche Bezeichnung Borgo Nuovo war.

Das ist also der Ursprung des Viertels. Alle Vorkehrungen zwischen der Rückkehr aus Avignon und dem Ende des 15. Jahrhunderts hatten das Ziel, die vatikanische Zitadelle neu zu gestalten und ihre Strukturen den ständig wechselnden Forderungen der päpstlichen Politik anzugleichen. Waren einerseits die Verteidigungsmaßnahmen Nikolaus' V. wegen der Fragwürdigkeit von Verträgen und wegen der Unsicherheit des inneren und äußeren Gleichgewichts gerechtfertigt, so muß man anderseits das repräsentative Bedürfnis in Rechnung stellen, das seine Nachfolger entwickelten. Vor allem die Anlage der Via Alessandrina mit der Auflage für die Besitzer der anliegenden Grundstücke, beim Bau bestimmte Vorschriften einzuhalten, ist bezeichnend für den päpstlichen Willen, die politischen Erfolge auch in förmlicher und feierlicher Art sichtbar zu machen.

DER PLAN DER NEUEN BASILIKA

Im Jahre 1503 wurde Julius II. zum Papst gewählt. Er beauftragte Michelangelo, ein Mausoleum für sein eigenes Begräbnis zu errichten, und griff zugleich die unvollendet gebliebenen Arbeiten seiner Vorgänger wieder auf. So begann das entscheidende Kapi-

Links: Die mächtige Stützmauer mit dem großen Wappen Papst Pauls III. an der Ecke Via Leone IV und Viale del Vaticano. Hinter der Mauer erheben sich die Paläste des Vatikans. – Auf dieser Seite: Vorderansicht der Basilika mit der Fassade Carlo Madernos, überragt von der Kuppel Michelangelos.

tel in der Geschichte der Basilika, das Anlaß zu langen Polemiken und heißen Debatten war. Als Leiter der neuen Arbeiten wurde Bramante berufen, der in diesem Falle Sangallo vorgezogen wurde: die vorgeschlagene Lösung sah einen in ein Quadrat eingepaßten Zentralbau vor, über den eine gigantische, auf vier Pfeilern ruhende halbkugelförmige Kuppel emporragte. Der Plan Sangallos sah hingegen eine flächige Lösung in Form des lateinischen Kreuzes vor. Um diese Alternative zwischen griechischem und lateinischem Kreuz und um ihre verschiedene Symbolik entspann sich ein in den folgenden Jahren ständig anwachsender Streit. Die Arbeiten begannen sofort, und am 18. April 1506 legte der Papst den Grundstein des großen Pfeilers, der künftig „della Veronica" genannt wurde. Zwischen 1506 und 1514 wurden auch die anderen Pfeiler in Angriff genommen; inzwischen waren Bramante bei der Leitung des Werkes Fra Giocondo und Giuliano da Sangallo zur Unterstützung zugeteilt worden. Nach dem Tod Bramantes im Jahre 1514 wurde die Aufgabe Raffael übertragen, dem weiterhin Fra Giocondo und Sangallo zur Seite standen. Vielleicht ist es auf den Einfluß Sangallos zurückzuführen, daß Raffaels Plan den Grundriß in ein lateinisches Kreuz umwandelte. Dieses Modell blieb natürlich bestehen, als Sangallo 1520 beim Tod Raffaels selbst die Leitung übernahm. Im Jahre 1527 wurde die Weiterarbeit wegen der Plünderung Roms durch die Truppen der allerkatholischen Majestät von Spanien auf dramatische Weise unterbrochen. Sangallo behielt die Leitung bis zu seinem Tod im Jahre 1546. Während dieser Jahre wurde eine ganze Anzahl von Plänen mit einer Serie von Varianten ausgearbeitet. Außer denen von Sangallo selbst ist der Entwurf Baldassarre Peruzzis zu erwähnen, der wieder zum Zentralbau zurückkehrte.

Als ausgesprochene Huldigung für Bramantes Entwurf und Kritik am Werk Sangallos kehrte Michelangelo, der im Alter zur Leitung der Bauarbeiten berufen wurde, zum Zentralbau zurück. Als er 1564 starb, war die Trommel der Kuppel vollendet.

DIE BEFESTIGUNGSANLAGE UND DAS NEUE VIERTEL

Die Erwähnung der Rivalität zwischen Michelangelo und Sangallo erfolgte nicht zufällig: schon bei anderen Gelegenheiten hatten diese beiden Architekten Grund zu Auseinandersetzungen gefunden. Eines der strittigen Themen war einige Jahre zuvor der Bau eines neuen Verteidigungsrings für Borgo gewesen. Die tragische Erfahrung des Sacco hatte die Notwendigkeit einer wirksamen Verteidigung der vatikanischen Zitadelle gegen äußere Angriffe vordringlich gemacht. Paul III. befragte zu diesem Zweck zahlreiche Spezialisten, Heerführer und Festungsbaumeister. Gehört wurden neben anderen Galasso Alghisi, Alessandro Vitelli, Montemellino und Antonio da Sangallo. Diesem wurde zwischen 1542 und 1545 ein erster Auftrag für den Bau der Bastion von Santo Spirito und des gleichnamigen Tores erteilt. Die Studien und Pläne für die neue Verteidigungsanlage waren von heftigen Polemiken begleitet. Als Sangallo starb, trat Meleghino, der von Paul III. bevorzugte Architekt, an seine Stelle. Beim Tod des Papstes im Jahre 1549 war die Umwallung Borgos abgeschlossen, wenn auch die Mauern noch nicht vollständig ausgeführt waren. Tatsächlich bestanden noch einige Bollwerke im Gebiet von Gallinaro und Sant'Antonio aus mit Reisigbündeln befestigten Erdwällen. Infolge dieser Arbeiten wurden wegen der Erweiterung des eingeschlossenen Gebiets große Teile der Leoninischen Mauer nutzlos, weil sie jetzt innerhalb der ummauerten Zone lagen.

Julius II. griff das alte, schon von Nikolaus V. erwogene Thema eines irdischen Jerusalem wieder auf und verlieh ihm dadurch neue Kraft, daß er den Neubau der Basilika von Grund auf in Angriff nahm. Die gigantischen Absichten dieses Planes sind eine erste Kundgebung des Willens, die zunehmende politische Bedeutung des Papsttums darzustellen. In Bramantes Plan, in dem eine Kuppel von ungewöhnlichen Ausmaßen ähnlich dem Pantheon das Grab des Apostels gekrönt hätte, erkennt man die Selbsteinschätzung der weltlichen und geistigen Macht bis hin zur politischen Strategie des Papsttums. Auf dieser Linie bewegten sich die verschiedenen Päpste des 16. Jahrhunderts. Wenn auch die Plünderung Roms die Richtigkeit dieser Strategie vorübergehend in Frage stellte, so erhebt sich die Kuppel Michelangelos doch als Ausdruck dieses Bewußtseins.

Verbunden mit dem Problem der Wiederherstellung der Verteidigungsanlagen Borgos ist, wenn auch auf indirekte Weise, das Problem des Ausbaus der Verwaltung. In diesem Zusammenhang ist zu erwähnen, daß Papst Julius III. am 22. Februar 1550 mit

Darstellungen von Toren in den vatikanischen Mauern auf Stichen des 18. Jh. von Giuseppe Vasi, dem Autor von „Magnificenze di Roma antica e moderna" (1747–61), und alten Photographien. Auf dieser Seite: Porta Pertusa und Porta Fabrica. – Rechte Seite oben links: Porta Cavalleggeri; Mitte: dieselbe auf einem Photo aus dem vorigen Jahrhundert; unten: Porta Castello. – Oben rechts: Porta Angelica in einer Radierung; Mitte: dasselbe Tor auf einem alten Photo; Unten: Porta Santo Spirito.

dem Breve „Ad fidei constantiam" seinen Neffen Ascanio della Cornia zum „Generalhauptmann unserer Leibwache zu Pferd und zu Fuß" ernannt hatte, wenn nicht sogar zum Gouverneur Borgos. Mit diesem Akt hatte der Pontifex noch einmal die privilegierte Situation Borgos bekräftigt, indem er dem Viertel eine autonome Verwaltung gab. Zu den Aufgaben des Gouverneurs gehörte nämlich auch die Rechtsprechung in Zivil- und Strafsachen, soweit die Einwohner Borgos betroffen waren. Um seine Aufgaben durchführen zu können, verfügte er über ein Gerichtsgebäude mit Gefängnis, zur Gewährleistung der öffentlichen Ruhe und Sicherheit stand ihm ein Polizeihauptmann mit fünfzehn Polizisten zur Verfügung. Der Gouverneur unterstand unmittelbar dem Papst und wurde einmal wöchentlich von ihm zur Audienz empfangen. Mit der wirksamen Erledigung der Rechtsfälle beauftragte der Gouverneur einen Richter, der im Gerichtspalast wohnte und keine festen Einkünfte hatte, sondern er war auf Spenden und ein Viertel von allem Konfiszierten angewiesen.

Wegen der erhöhten Bedeutung des Viertels und im Rahmen einer generellen Aufwertung befahl Pius IV. am 5. Dezember 1565, daß jenseits des „Korridors" von Borgo in der Ebene zwischen den Wiesen des Kastells und dem Hügel des Belvedere der Bau eines neuen Viertels in Angriff genommen werden sollte. Wer gewillt war, dorthin umzusiedeln, bekam besondere Privilegien, die von Steuerbefreiung bis zur Unterstützung beim Hausbau gingen. Seltsam mutet es an, daß sich die päpstliche Bulle „Romanum decet Pontificem", die den Aufbau der Zone regelt, auch mit Wohltaten für Kurtisanen befaßt, sofern sie nicht weniger als fünfhundert Scudi dort investiert haben, „auch wenn sie mit einem schändlichen Gewerbe erworben wurden oder noch werden".

Die rechteckige Anlage des neuen Viertels, das Francesco Laparelli entworfen hat, schließt an den Borgo Pio an und ist als Hauptachse einer Verbindung zwischen Kastell und Belvedere zu verstehen. Parallel zu dieser Achse, mit peinlicher Beachtung des Vorrangs, den man aus den kleineren Dimensionen dieses Straßenabschnittes ablesen kann, erstreckten sich die beiden Borghi Vittorio und Angelico. Die längs durch die drei neuen Borghi verlaufenden Straßen wurden von der Via di Porta Angelica, der wichtigsten Querachse, und fünf weiteren, weniger bedeutenden Straßen geschnitten, die mit ihr parallel verliefen, und entsprechend gab es eine Anzahl Durchbrüche im „Korridor", der jetzt zu Verteidigungszwecken ungeeignet war. Laparelli plante und realisierte aber fast gleichzeitig neue Befestigungen. Das Kastell war mit einer fünfeckigen, wehrhaften Einfriedung und einer neuen, geraden Mauer befestigt worden, die in der Mitte unterbrochen war, um eine Verbindung zum Belvedere herzustellen, und die das Gebiet des Borgo Pio, wie das neue Viertel genannt wurde, umgab. Es gab noch den Mauerdurchbruch der Porta Angelica entsprechend der von Norden her ankommenden Straße, die nach dem Tor benannt wurde.

Mit diesen Maßnahmen erreichte Borgo seine größte Ausdehnung. Das Programm Pius' IV., das sich in den beiden Begriffen „civitas pia" und „Roma resurgens" zusammenfassen läßt, stellt noch einmal einen

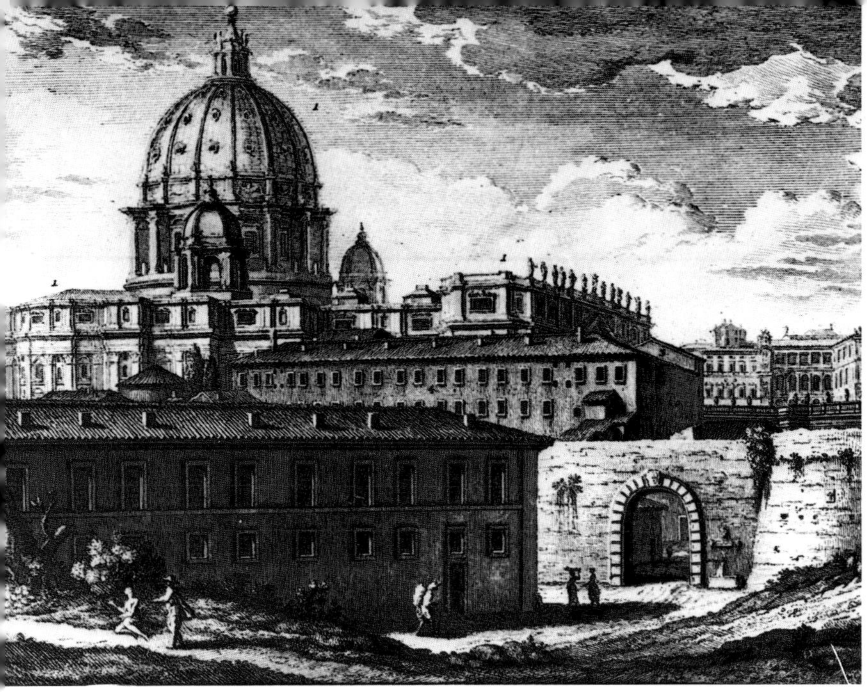

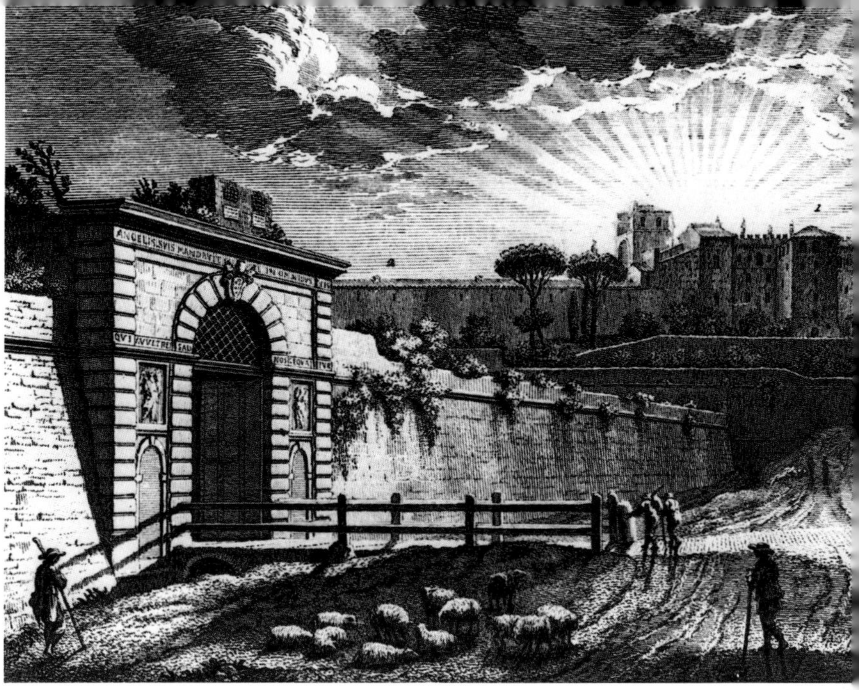

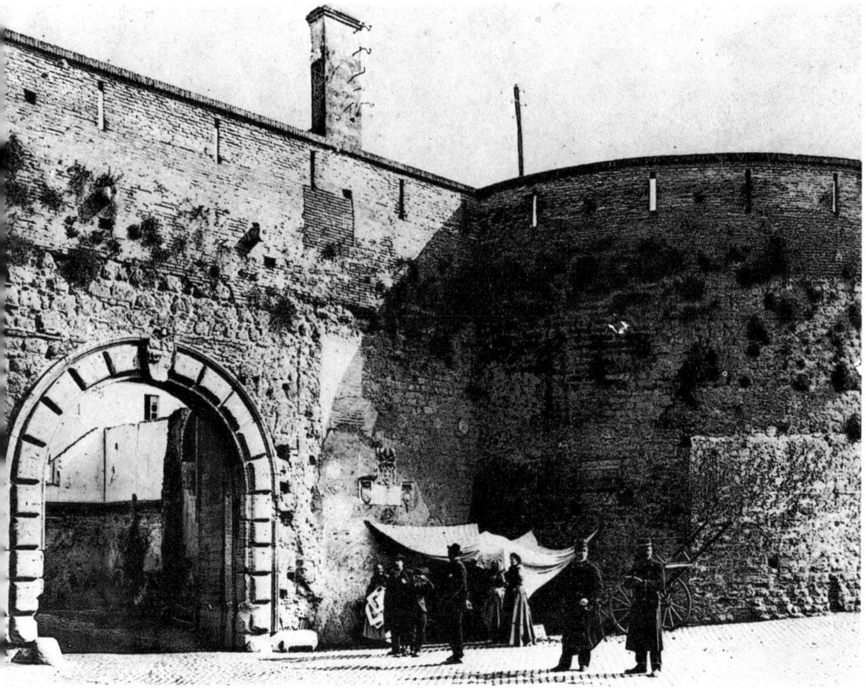

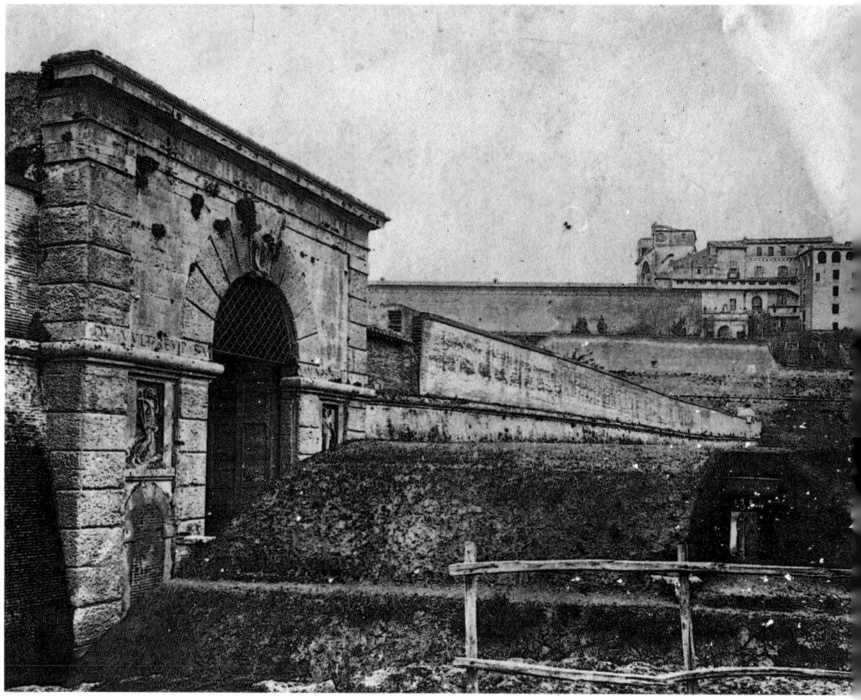

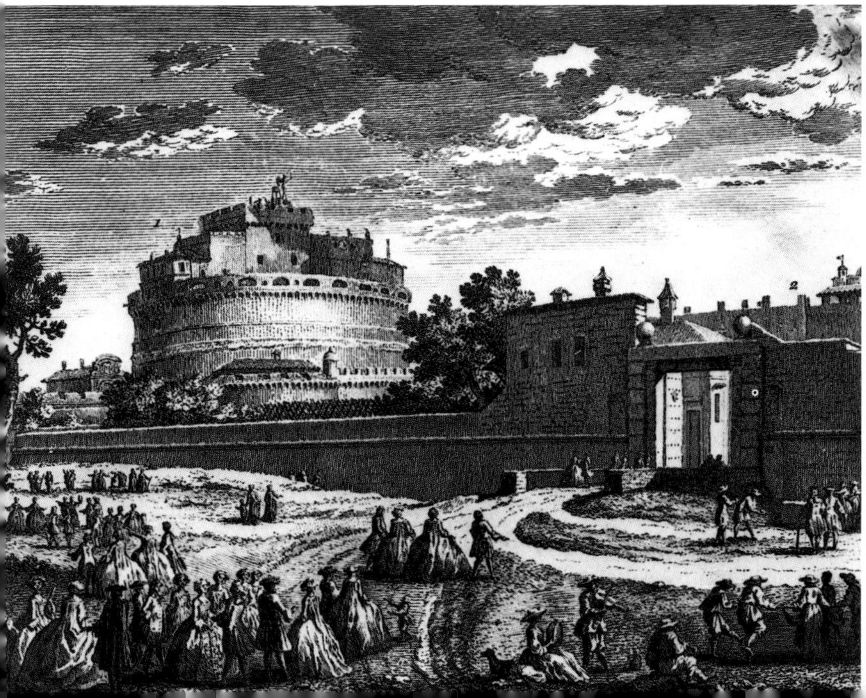

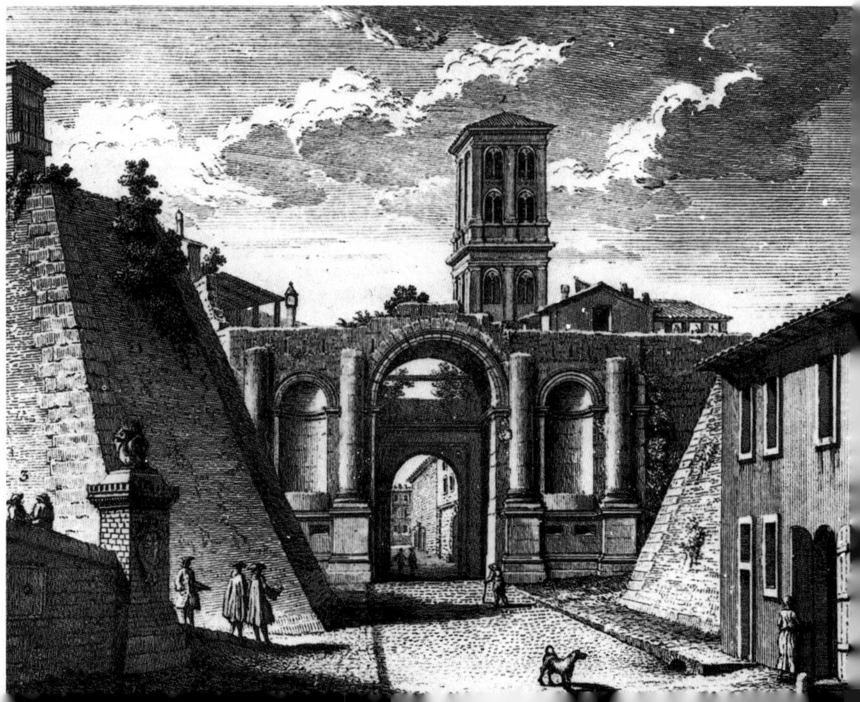

Die (heute) zerstörte „Spina" von Borgo, gesehen von der Piazza Pia (links) und von der Kuppel Sankt Peters (rechte Seite) auf alten Photographien. Die Spina war ein Viertel von fünf Häuserblöcken; sie bildeten (von der Piazza San Pietro aus gesehen) den Borgo Nuovo (links), auch Via Alessandrina genannt, und den Borgo Vecchio (rechts).

Versuch dar, außer der Rationalisierung einer veralteten Stadtlandschaft auch neue Anreize zu ihrer Entwicklung zu bieten. Außer in den wiederkehrenden Motiven astrologischer oder symbolischer Herkunft – vom Engel bis zur Sonne, vom Pentagramm bis zum Füllhorn – wird in den Bauplänen des Papstes der Wille deutlich, ein auf neuen Achsen urbanistischer Entwicklung beruhendes Rom zu schaffen, einen gewaltigen, fünfeckigen Stern zu gestalten, das materialisierte Siegel der „salus publica", deren bewaffnetes „caput" die vatikanische Zitadelle ist.

DIE KUPPEL UND DER OBELISK

Mit Sixtus V. und seinem kurzen Pontifikat von 1585 bis 1590 werden zwei interessante Pläne verwirklicht: die Vollendung der Basilikakuppel und der Transport des Obelisken in die Mitte der Piazza. Die Arbeiten an der Wölbung der Kuppel wurden von Giacomo della Porta geleitet, der in den Jahren 1588 und 1589 Architekt der Baustelle Sankt Peter war. Im Jahr darauf wurde die Laterne fertiggestellt. Della Porta, der bei seiner Arbeit von Domenico Fontana unterstützt wurde, änderte den Originalplan Michelangelos und erhöhte die Kuppel um ein Sechstel, vielleicht aus statischen Gründen, vielleicht auch um die Kuppel von der Piazza aus sichtbar zu machen.

Der Transport des vatikanischen Obelisken ist indes Teil eines umfassenderen Planes, den Sixtus V. seit den ersten Monaten seines Pontifikats verfolgt hatte. Einer der wichtigsten Punkte des „sixtinischen Plans", wie er gewöhnlich genannt wird, sah die Errichtung von Obelisken in der Nähe der wichtigsten Basiliken vor, die durch große städtische Achsen verbunden werden sollten. Natürlich spielte der vatikanische Obelisk in diesem Zusammenhang die wichtigste Rolle: unter den vielen antiken Obelisken, die von den Römern aufgestellt worden waren, ist dieser der einzige, der aufrecht an seinem ursprünglichen Standort in den Trümmern des Neronischen Zirkus, wenige Meter neben der linken Seite der Basilika, verblieben war. Am 24. August 1585 ordnete der Papst die Bildung einer eigenen Kommission von Kardinälen an, die über die neue Verwendung dieser „guglia" (Turmspitze), wie der Obelisk im Volksmund genannt wurde, beschließen sollte.

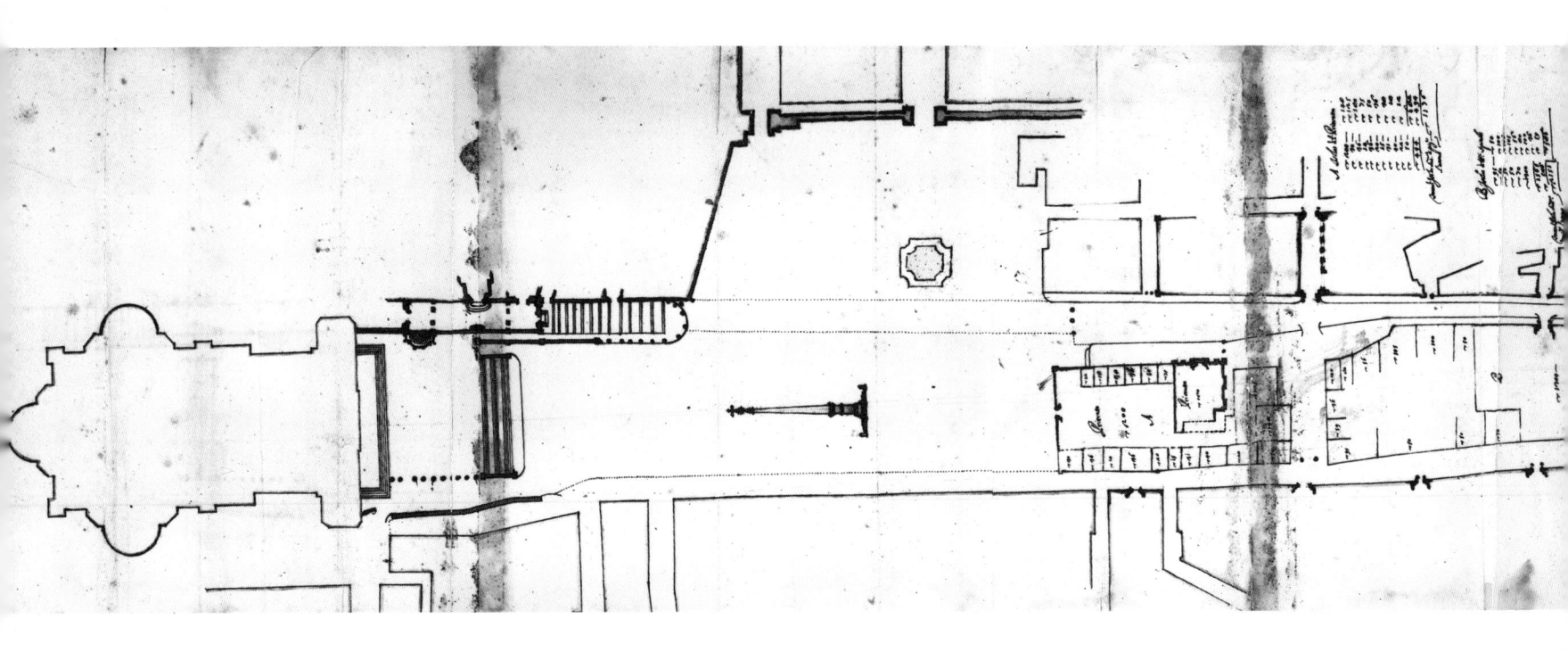

Unten: Der Verlauf der Spina nach einer Erhebung des Katasteramts um 1650 mit Angabe des Wertes der einzelnen Gebäude. Diese Erhebung hatte den Zweck, vor der Zerstörung die Umsiedlung der Menschen vorzubereiten.

Zu diesem Zweck schrieb die Kommission einen Wettbewerb aus, an dem sich viele Architekten und Unternehmer beteiligten, darunter Domenico Fontana, Giacomo della Porta und Bartolomeo Ammannati. Weniger als einen Monat darauf, am 18. September 1585, trat die Kommission wieder zusammen, um über die eingegangenen Vorschläge zu entscheiden. Obwohl die Wahl auf den Vorschlag Ammannatis gefallen war, wurde der Transport des Obelisken Domenico Fontana anvertraut, der als Architekt schon das Vertrauen Sixtus' V. besessen hatte, als dieser noch Kardinal war. Nach dem Vorschlag Fontanas sollte der Obelisk zuerst flach auf den Boden gelegt, dann an den Platz der Aufstellung transportiert und wieder aufgerichtet werden. Die Arbeiten begannen am 30. April 1586 und gingen sehr schnell voran. Schon am 10. September konnte mit den Arbeiten für die Aufrichtung des Obelisken begonnen werden, der am 26. desselben Monats feierlich eingeweiht wurde, allerdings mit einiger Verspätung im Hinblick auf das vom Papst bestimmte Datum des 14. Septembers, des Tages der Kreuzeserhöhung. Große Ehrungen wurden dem päpstlichen Architekten zuteil, der auch eine völlige Umstrukturierung von Borgo Vaticano geplant hatte.

Noch ein Zeichen für den politischen Willen eines Papstes: bekannt sind die baulichen Veränderungen Roms während des Pontifikats Sixtus' V, in denen man eindeutig den Wunsch erkennt, seine Autorität in der ganzen Stadt durch einen Akt ständiger Gegenwärtigkeit zur Geltung zu bringen. So sind die neuen Straßen, die als Verbindungsachsen zwischen den durch Basiliken gekennzeichneten Polen gedacht sind, zusammen mit den zahlreichen Obelisken in der Nähe solcher Pole Elemente eines Überbaus der städtischen Realität und letzten Endes etwas unorganisch Fremdes. Aber gerade dadurch wird ihre Rolle als Symbole der Macht besonders hervorgehoben.

DIE GRÖSSTE AUSDEHNUNG BORGOS

Mit der Gründung des Borgo Pio hatte das vatikanische Viertel seinen größten Umfang erreicht und ging über den „passetto" hinaus, der viele Jahrhunderte lang die nördliche Grenze dargestellt hatte. Innerhalb der antiken Einfriedung war die Lage stabil, praktisch war die verfügbare Fläche bebaut.

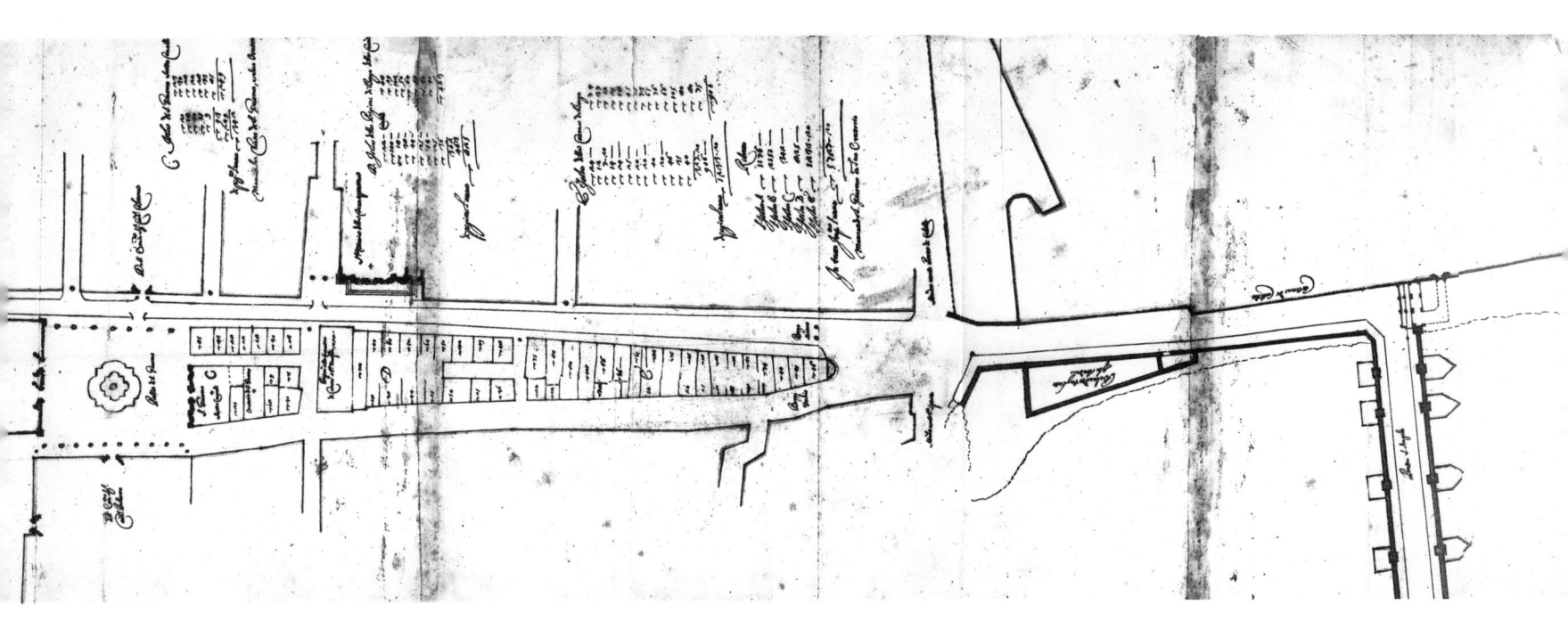

Arbeiten Michelangelos am Außenbau der Basilika: Blick auf die Apsis (rechte Seite) und Einzelheiten der Fenster an dieser Apsis (links).

Die wichtigsten Prinzipien des Straßenbaus zwischen bestimmten Polen waren festgesetzt. Eine genauere Analyse des Viertels in seiner Gesamtheit öffnet den Blick für die Beziehungen zwischen dem planvollen städtischen Gewebe und Zufälligkeiten, besonders in Hinblick auf die Basilika.

Gleichzeitig beginnen die Prozesse der Umgestaltung und der Profanisierung des Milieus, die mit ihren in verschiedenen Zeiten wirkenden Mechanismen das vatikanische Viertel gänzlich verändert und praktisch zerstört haben. Es soll nicht darüber geklagt werden, wieviel da zerstört worden ist, wenn es aber stimmt, daß die Stadt ihre eigene, dynamische Wandlungsfähigkeit besitzt, gibt es auch Anstöße und Vorgänge, die sie in Bewegung setzen.

Im wesentlichen gab es drei Zugänge zum Stadtviertel, obwohl es in der Umwallung mehr offene Tore gab: einige davon hatten nur geringe Bedeutung, wie etwa die Porta Fabrica und die Porta Pertusa, oder waren auch nur als Ersatzlösung für andere gedacht, wie die Porta Cavalleggeri, die eine zweite Verbindung zu Trastevere über den Gianicolo darstellte, und die direktere Verbindung von der Porta Santo Spirito mit der Linienführung Via Lungara – Porta Settimiana oder Porta Castello, welche die Verbindung nach Norden verdoppelte, aber in Hinblick auf die Porta Angelica geringere Bedeutung hatte.

Das Viertel war also mit dem Zentrum Roms durch die Engelsbrücke verbunden, die den einzigen wichtigen Verkehrsknoten zwischen den beiden Uferbereichen in dieser Zone bildete. Die Überquerung des Flusses war im städtischen Bereich nur an drei Punkten möglich: an der Engelsbrücke, an der sixtinischen Brücke und an der Tiberinsel mit der Verbindung Ponte Cestio – Ponte Fabricio.

Es ist schon auf die Bedeutung der Engelsbrücke hingewiesen worden und die Sorgfalt, die man ihr angedeihen ließ. Eine erste Restaurierung hatte schon Nikolaus V. geplant. Wegen eines tragischen Vorkommnisses im Heiligen Jahr 1450, als sich viele Pilger auf der Brücke drängten, um zur Basilika zu gelangen, und einige dabei ins Wasser gestürzt waren, hatte er den Vorplatz des Ponte Sant'Angelo erweitern lassen. Derselbe Papst hatte dann an beiden Enden der Brücke je eine Votivkapelle errichten lassen, die 1534 auf Befehl Clemens' VII. zerstört und durch die Statuen der Apostel Petrus und Paulus ersetzt wurden. Zwischen 1667 und 1670 wurden die Statuen, die noch heute die Brücke zieren, unter Leitung von Bernini ausgeführt. Gegen Ende des 19. Jahrhunderts, in den Jahren 1892–93, wurden zwecks Eingliederung der beiden Lungotevere (Uferstraßen) die kleinen Brückenbogen abgerissen und durch einen großen Bogen zu jedem Ufer ersetzt.

Die Bastionen der Engelsburg, die nur wenig über das Viertel hinausragten, entsprachen dem System der ältesten Stadtviertel. Von der Piazza Pia aus verliefen der Borgo Vecchio und der Borgo Nuovo (wie die Via Alessandrina gemeinhin genannt wurde) in zwei verschiedenen Richtungen auseinander. Der Raum zwischen beiden Straßen war von der „Spina" besetzt, einer Reihe einzelner Gebäude, die längs den Straßen erbaut waren und bis zur Basilika reichten. Der Unterschied zwischen beiden Straßen bestand nicht nur in ihrem Verlauf (geradlinig der Borgo Nuovo, in Windungen der Borgo Vecchio), sondern auch im Aussehen der daran errichteten Bauwerke. Der Borgo Nuovo war von Alexander VI. als repräsentative Straße des Viertels geplant worden, deshalb hatte man den dort entstehenden Bauwerken besondere Aufmerksamkeit gewidmet. Das erste Gebäude von einiger Bedeutung, dem man in Richtung Basilika begegnete, war die Kirche Santa Maria in Traspontina (jenseits der Brücke) mit dem angebauten Kloster. Die heutige Kirche, die von den modernen Zerstörungen des Viertels verschont blieb, wurde an der Stelle einer anderen Kirche sehr alten Ursprungs errichtet, die in den Chroniken „ecclesia Sanctae Mariae in Traspontina" oder „in Turrispadina" genannt wird: sie stand auf der alten „platea Castelli" und wurde 1566 durch den Bau neuer Bollwerke des Kastells zerstört. Die 1566 nach einem Plan Sallustio Peruzzis begonnenen Arbeiten an der neuen Kirche wurden von Battista Ghioldo fortgesetzt, der sie bis 1581, seinem Todesjahr, leitete. Ihm folgte Ottaviano Mascarino, der die Arbeiten 1587 beendete. Die Kirche wurde am 8. Februar 1587 geweiht, obwohl noch ein Teil des Chors unvollendet war.

Nach einem Einzelgebäude, das zur Cappella Giulia gehörte, kam der Palazzo Giraud-Torlonia, der heute noch auf der rechten Straßenseite der Via della Conciliazione besteht. Der von Vasari Bramante zugeschriebene Palast wurde in den ersten Jahren des 16. Jahrhunderts errichtet, 1504 war er aber noch nicht bewohnbar. Im Jahr darauf schenkte ihn der Besitzer des Palastes, Kardinal Castellesi di Cornete, dem englischen König. Nachdem Kardinal Castellesi, der in eine Verschwörung gegen den Papst verwickelt war, im Jahre 1519 nach Venedig geflohen war, wurde der Palast Sitz der englischen Botschaft, bis er dem Kardinal Campeggi geschenkt wurde. Ende des 16. Jahrhunderts wurde er von diesem an Tolomeo Gallio, den Kardinal von Como, vermietet, der Ottaviano Mascarino mit einigen Arbeiten betraute, um das Innere des Palastes zu verändern. Im Jahre 1609 gelangte der Papst in den Besitz der Borghese, dann wieder in den der Campeggi, schließlich der Colonna, die ihn an Christine von Schweden vermieteten.

Vor dem Palazzo Giraud erstreckte sich die Piazza Scossacavalli, welche die Spina über eine lange Strecke unterbrach und den Borgo Nuovo mit dem Borgo Vecchio verband. An der Piazza, in deren Mitte eine Fontäne stand, lagen die Kirche San Giacomo a Scossacavalli, der Palazzo dei Penitenzieri und der Palazzo dei Convertendi.

San Giacomo a Scossacavalli war eine Kirche alten Ursprungs, ihr Name war mit einer Legende verbunden, die auf Helena, die

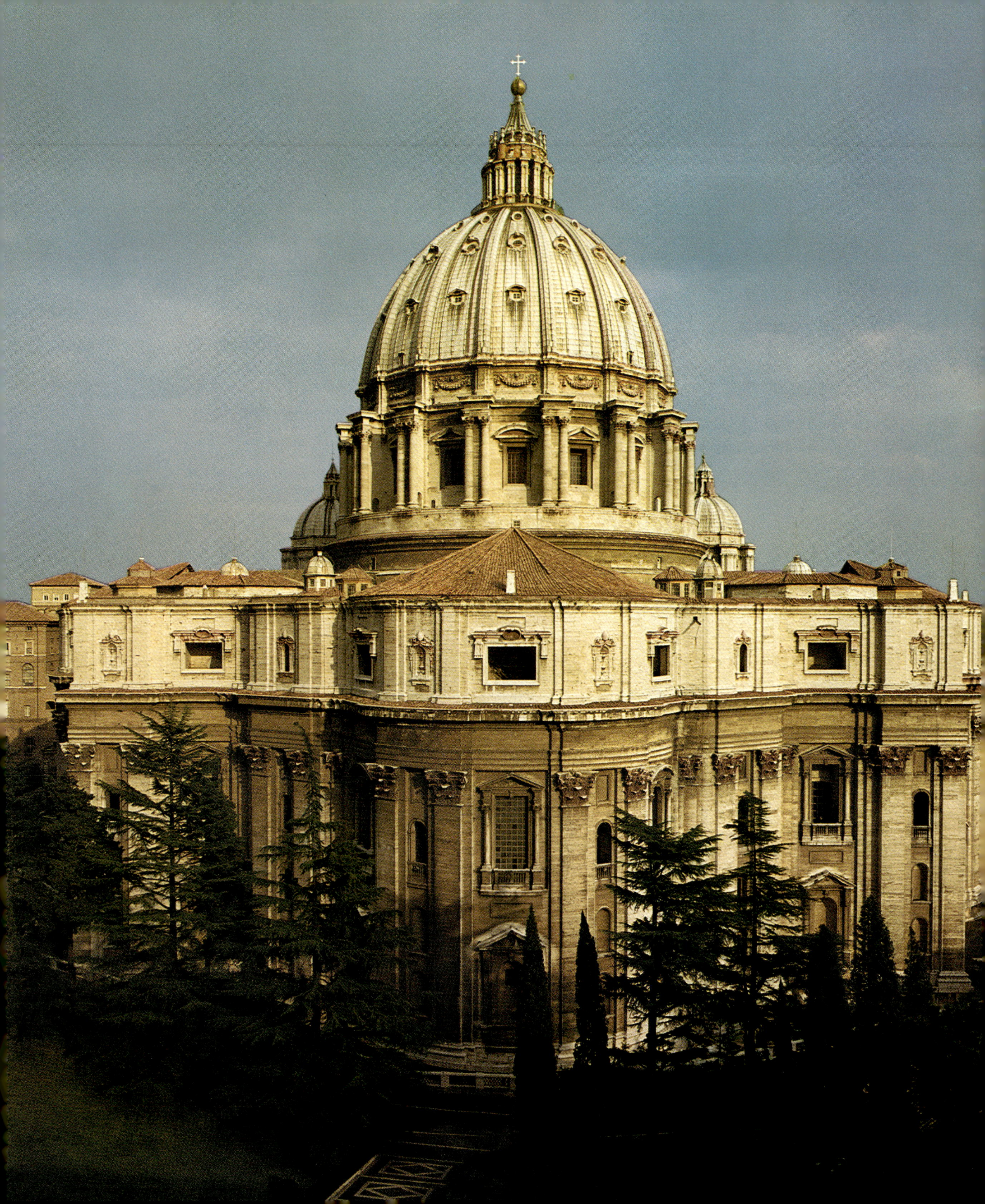

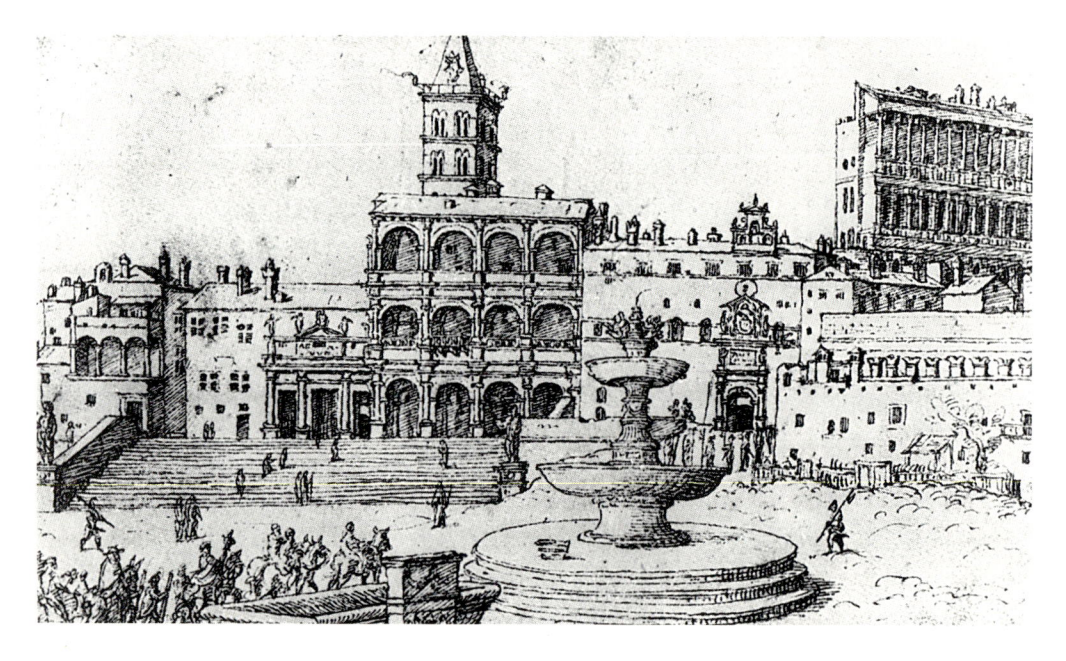

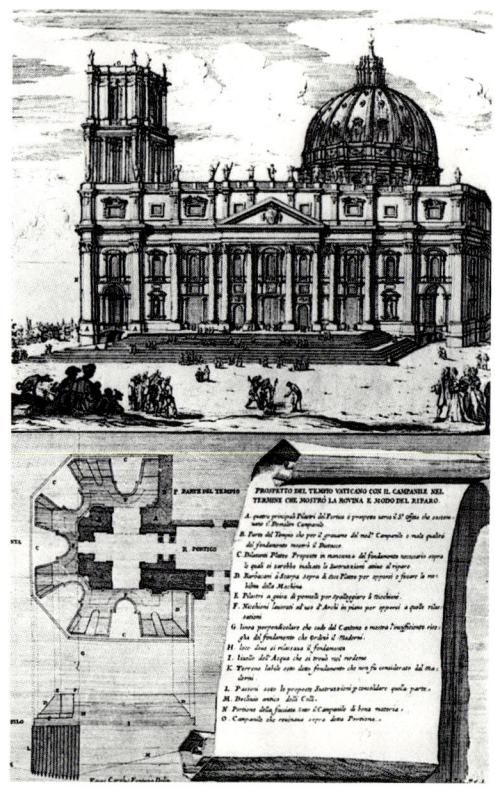

Mutter Konstantins, zurückging. Danach wollten die Pferde, die den Stein transportierten, auf dem Isaak geopfert werden sollte, und den Helena in die Peterskirche bringen lassen wollte, an dieser Stelle trotz Gewaltanwendung der Fuhrleute nicht mehr weiter. Von dieser Episode soll der Name Scossacavalli (das Fell gerben) stammen. Eine weniger phantastische Hypothese führt den Namen auf die Fragmente einer Reiterstatue zurück (coxa caballi), die im Mittelalter hier noch zu sehen waren. Die alte Kirche, die auch als San Salvatore in Bordonia und San Salvatore in Portico bekannt war, wurde im 17. Jahrhundert neu errichtet und durch die Trassierung der Via della Conciliazione zerstört.

Der in die Via della Conciliazione einbezogene Palazzo dei Penitenzieri wird zur Zeit als Herberge verwendet. Er wurde im 15. Jahrhundert von Kardinal Della Rovere erbaut und wird Baccio Pontelli zugeschrieben. Nach dem Tod des Della Rovere ging der Palast an Kardinal Alidosi, dann an die Kardinäle d'Aragona, Salvati, Madruzzo und Visconti. Er wurde 1620 durch Kardinal Pallotta an die Beichtväter von Sankt Peter

Links oben und Mitte: Zwei Zeichnungen von Maarten van Heemskerck mit dem Petersplatz um 1533. Darunter: Die Ausmündung des Borgo Nuovo auf die Piazza in einer Zeichnung Giovannantonio Dosios um 1570. – Oben rechts: Zeichnung des Campanile von Bernini und Vorschlag zur Restaurierung von Carlo Fontana.

übergeben. Der Sitz der Penitenzieri war durch die Erweiterung des Platzes vor der Basilika zerstört worden.

Auch der Palazzo dei Convertendi stand auf der Piazza Scossacavalli und war im Anfang des 16. Jahrhunderts aus der Zusammenlegung mehrerer Häuser entstanden. Er hatte ebenfalls wechselnde Besitzer. 1665 gehörte er dem Kardinal Gastaldi, der einen Teil den armen Bischöfen und einen Teil dem Institut der Convertendi vermachte. Er wurde von Gregor XVI. restauriert und durch den Bau der Via della Conciliazione zerstört. Ein Teil wurde an der rechten Seite der Straße wiederaufgebaut und beherbergt die Sacra Congregatio pro Ecclesiis Orientalibus.

Folgt man vom Palazzo dei Convertendi weiter dem Borgo Nuovo, so trifft man auf den Palazzo da Brescia, der genau an der Kreuzung mit dem Borgo Nuovo das Ende des Borgo Sant'Angelo darstellt. Giacomo di Bartolomeo da Brescia, der Arzt Leos X., ließ ihn zwischen 1515 und 1516 auf einem dreieckigen Grundstück erbauen. Wenn auch die Datierung der Arbeiten aufgrund archivalischer Unterlagen möglich ist, so bleibt die Zuschreibung ungewiß. Vasari nannte den Namen Raffael, während Titi im Jahre 1763 die Hypothese vertrat, Peruzzi könne der Baumeister sein. Andere Autoren betonen zwar, der Bau erinnere an die Art Raffaels, legen sich aber nicht fest. Auch die vorhandenen Zeichnungen sind zwar nicht

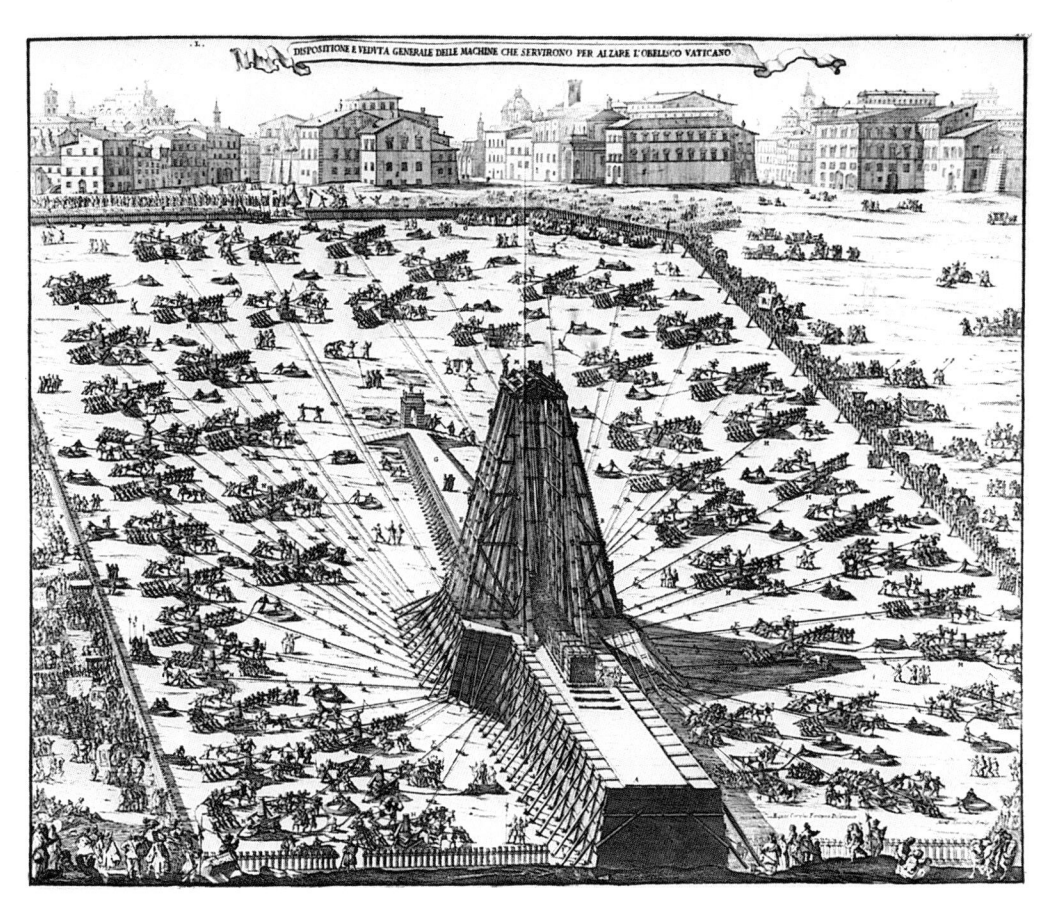

Der ägyptische Obelisk befand sich ursprünglich südlich der Basilika unmittelbar bei der Andreaskapelle. Der Entschluß, ihn zu versetzen, stammt von Sixtus V., und es wurden dafür verschiedene Vorschläge gemacht. Schließlich wurde die schwierige Aufgabe Domenico Fontana anvertraut. Zwischen April und September 1586 wurde der Obelisk von seinem alten an den jetzigen Standort versetzt. Das Ereignis wurde von Fontana selbst im Jahre 1590 in einem Buch geschildert.

selten, tragen aber nichts zur Lösung des Problems bei. Klar ist jedenfalls, daß die Ausdrucksmittel aus dem kulturellen Umfeld Raffaels stammen. Der Palast überlebte fast unbeschädigt bis 1937, dann wurde er durch die Sanierung der Borghi zerstört und in einer Seitengasse der Via della Conciliazione plump nachgebaut.

Kurz danach erweitert sich der Borgo Nuovo zu der kleinen Piazza dei Rusticucci, benannt nach dem gleichnamigen Palast, der einmal daran stand. Auf der linken Seite erhoben sich das alleinstehende Gebäude des Priorato di Malta und der Palazzo Branconio dell'Aquila.

Der Palazzo Rusticucci stand rechts an der Piazza zwischen dem Vicolo del Mascarino und Borgo Sant'Angelo. Er wurde gegen Ende des 16. Jahrhunderts im Auftrag des Kardinals G. Rusticucci nach einem Entwurf von Fontana und Maderno erbaut und ging dann in den Besitz der Accoramboni über. 1630 verlegte der heilige Joseph von Calasanza das Collegium Nazarenum hierher. Während der Arbeiten zur Neugestaltung der Piazza Pio XI. wurde der Palast zerstört.

Zerstört, um den Kolonnaden Berninis Platz zu machen, wurde zur Zeit Alexanders VII. auch der Palazzo Branconio, der am sichersten Raffael zugeschrieben werden kann. Er wurde zwischen 1515 und 1520, wahrscheinlich nach 1517, von dem Goldschmied und Politiker Giovanni Battista dell'Aquila, dem Hüter der Juwelen Leos X. in Auftrag gegeben. Der Auftraggeber hatte eine sichtbare Dokumentation seines sozialen Aufstiegs gewollt, was Raffael die Möglichkeit gab, die wichtigsten Punkte seiner architektonischen Poetik zu erläutern: die

Links: Ein Abschnitt der Fassade der Basilika. – Rechts: Der Petersplatz um 1588 mit dem Obelisken in seiner neuen Stellung. Fresko im Sixtinischen Saal der Vatikanischen Bibliothek.

Feststellung der Beziehungen zwischen „moderner" Architektur und klassischer Antike, die in einigen ihrer wertvollsten Denkmäler immer wieder studiert und zitiert wird, allerdings immer unter Berücksichtigung der gewandelten funktionalen Anforderungen, die heute an die Architektur gestellt werden. Das Modell der trajanischen Markthallen ist der unmittelbare Vorgänger der Paläste, nicht nur in der Bestimmung des Erdgeschosses zu Wirtschaftsräumen, sondern auch in derselben Beschreibung der Teile, vorgenommen mittels einer genauen Rangordnung und Größenabmessung, die, während sich in den oberen Stockwerken die Gliederung der gekrümmten Fassaden der trajanischen Markthallen widerspiegelt, die Korrektheit und logische Strenge der Entwurfstätigkeit garantieren.

Das nach einer darin befindlichen Kirche auch Palazzo di San Martinello genannte Gebäude, heute Palazzo del Priorato, war im 15. Jahrhundert erbaut worden und wurde 1667 beim Bau der Kolonnaden Berninis beseitigt. In einem anonymen Inventar, das auf 1601 zurückgeht, wird der Palast wie folgt beschrieben: „Haus des römischen Priorats an der Piazza di San Pietro, wo der Kardinal von Ascoli (Girolamo Bernieri) wohnt. Es hat eine Vorderfront von 45 Schritt, die Länge der Seiten beträgt 26 Schritt. Es hat nur eine Fensterreihe mit vier Fenstern und einer Loggia, auf einer Seite sind lauter Läden. Die Pforte ist nicht in der Mitte. Dieses Haus ist oben sehr niedrig, und ein ‚gentilhuomo ord.' kann kaum darin stehen, aber der Kardinal hält gewisse kleine Häuser in Richtung Borgo zur Miete, wo er die Familie hält, und hat auch einiges in Richtung des Borgo Vecchio."

Der Palazzo del Priorato stellte nach Beseitigung der Ansammlung von Hütten, die sich auf die Basilika zu erstreckte, das Ende der Spina in Richtung auf die Piazza dar. Die andere Seite des Borgo Nuovo mit der Piazza wurde von der kleinen Kirche Santa Caterina delle Cavallerotte gebildet. Die nach den Grundsätzen des 16. Jahrhunderts gegründete Kirche stand in der Nähe des Palazzo Rusticucci, Bonifatius IX. hatte dafür das Grundstück mit dem Garten von Santa Maria delle Vergini bestimmt. Sie wurde im 17. Jahrhundert wegen der Bauarbeiten für die Kolonnaden beseitigt.

Die Piazza hatte keine bestimmte Form, war im Gegenteil besonders unregelmäßig. Während sie links auf der Linie des Borgo Vecchio geradlinig begrenzt war, breitete sie sich rechts nach der Einmündung des Borgo Nuovo bis zum „passetto" aus, in dem sich die Porta San Pietro befand. Der Obelisk mit seiner axialen Stellung betonte solche Unregelmäßigkeit, die durch den in Richtung auf die breitere Seite bestehenden Springbrunnen nicht ausgeglichen werden konnte.

Im Borgo Vecchio standen die ältesten Gebäude: außer dem schon erwähnten Palazzo dei Penitenzieri noch der Palazzo Cesi, der Palazzo Serristori, die Kirche San Lorenzo in piscibus und der Palazzo Alicorni im Winkel der Piazza Rusticucci und der Piazza San Pietro.

Der um 1575 von Martino Longhi dem Älteren errichtete Palazzo Cesi gehörte in Erbpacht dem Kardinal von San Callisto, Francesco Armellini. Durch den Bau der Propyläen auf dem Petersplatz wurde er sehr mitgenommen, heute ist nur noch der linke Teil erhalten.

Dieser Cesi-Palast darf nicht mit dem gleichnamigen Palast verwechselt werden, der heute noch – wenn auch umgebaut – hinter den Kolonnaden des Heiligen Offiziums existiert. Dieser in den ersten Jahren des 16. Jahrhunderts von Antonio Trivulzio di San Giorgio (genannt Kardinal Alessandrino) erbaute Palast wurde 1517 von Kardinal Paolo Emilio Cesi erworben und blieb für mehr als zwei Jahrhunderte in der Familie. In den ersten Jahren des 17. Jahrhunderts begannen sich in diesem Palast die Mitglieder der Accademia dei Lincei um Federico Cesi zu sammeln. Während der Arbeiten an den Kolonnaden wurde der vordere Teil zerstört, dann, etwas zurückgesetzt, mit einem konkaven Schwung wiederaufgebaut, um ihn der Linienführung der Kolonnaden anzupassen. Heute ist der Palast Sitz des Collegio Internazionale di Santa Monica.

Auch der Palazzo Serristori zeigt sich in weitgehend veränderter Form. Er ist 1555 von Averardo Serristori erbaut worden und wurde Sitz der toskanischen Gesandtschaft. Bis 1830 war er Eigentum der Familie Serristori, dann wurde er an die Camera Apostolica verkauft und als Kaserne verwendet. Im Jahre 1867 verursachte das Attentat von Monti und Tognetti den Zusammensturz eines Teils des Palazzo und den Tod einiger dort einquartierter Zuaven. Das seit 1870 als Kaserne für die italienischen Truppen verwendete Gebäude bekam den Namen Caserma Manara. Nach dem Ersten Weltkrieg wurde es als Unterkunft für Evakuierte ver-

Unten: Studie von Gian Lorenzo Bernini für die Kolonnaden des Petersplatzes. – Unten rechts: Variante des berninischen Planes für die Kolonnaden in der Rekonstruktion Carlo Fontanas, 1694. – Rechts: Schema der Piazza von einem Anonymus des 17. Jh.

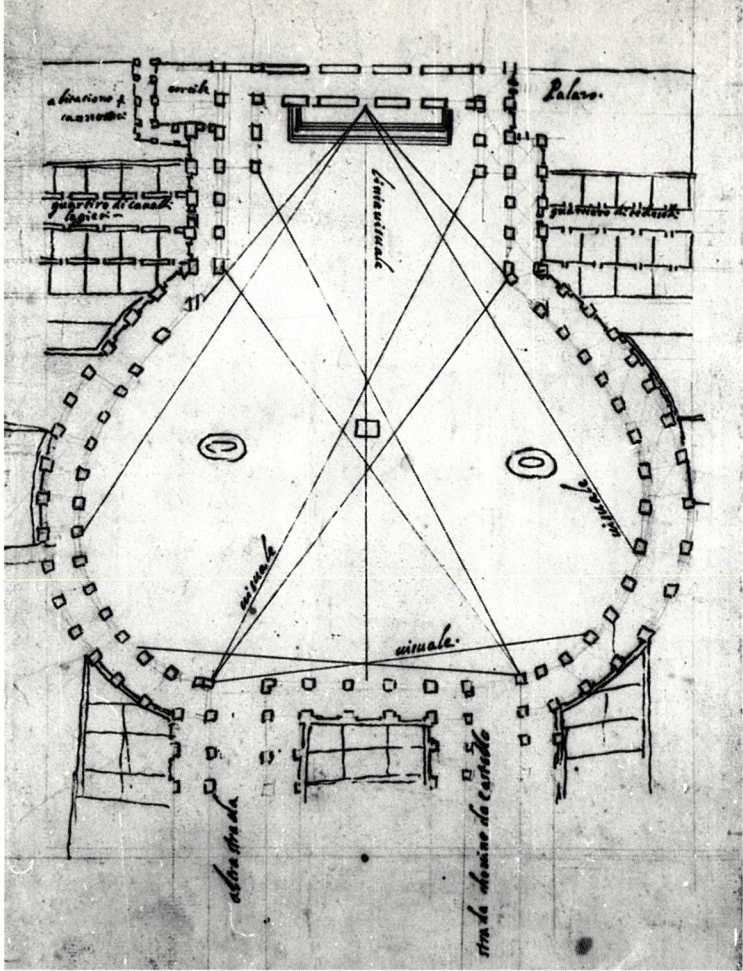

wendet und 1929 an den Heiligen Stuhl abgetreten, der dort ein Knabeninternat einrichtete.

Auf derselben Seite des Borgo Vecchio, fast auf dem Platz, stand die Kirche San Lorenzo in piscibus, volkstümlich San Lorenzolo genannt. Auch dies war eine sehr alte Kirche, die Ende des 12. Jahrhunderts in den Chroniken erwähnt wird. Eine Zeitlang war sie Sitz der Klarissen, die von Leo X. Anfang des 16. Jahrhunderts umgesiedelt wurden, und gehörte dann dem Kardinal Armellini, der auch den anstoßenden kleinen Palast besaß. 1659 wurde die Kirche auf Veranlassung der Familie Cesi d'Acquasparta renoviert.

Der Palazzo Alicorni, der in der zweiten Hälfte des 15. Jahrhunderts für eine aus Albanien nach Rom übersiedelte Familie gebaut worden war, kopierte das traditionelle Schema eines römischen Hauses der Renaissance mit einem zentralen Hof, der an den Seiten Säulengänge hatte. An den glatten Außenfassaden waren Eingang und Ecken durch Bosselierungen betont. Giovanni Mangone (Giovannoni), der Planer des Hauses, ist einer der weniger bedeutenden Architekten, die in der ersten Hälfte des 16. Jahrhunderts in Rom arbeiteten. Der im Verlauf der Jahrhunderte mehrmals veränderte Palast wurde 1928 im Auftrag des römischen Gouvernements nach Plänen des Architekten Pernier restauriert, im folgenden Jahr aber aus Verkehrsgründen im Zusammenhang mit der Ratifizierung der Lateranverträge abgerissen und dann im Borgo Santo Spirito wieder aufgebaut.

Eine weitere, nicht weniger bedeutende Verbindung zwischen Kastell und Basilika war die sehr alte Trasse des Borgo Santo Spirito. Das hervorstechende Kennzeichen dieser Zone war der Hospitalkomplex mit Kirche und Palazzo del Commendatore. Wie wir sahen, war der Kern der Siedlung sehr alten Ursprungs und ging auf das „Quartier" der Sachsen in der Nähe der Basilika zurück.

Am 25. März 1446 ordnete Eugen IV. in der Bulle „Salvatoris Nostri" die Reform der Hospitäler an, begann mit der Restauration der mittelalterlichen Gebäude und erneuerte die Bruderschaft Santo Spirito. Im Jahre 1471 wurden auf Verlangen Sixtus' IV., vielleicht nach einem Plan Baccio Pontellis, Hospital und Kirche erneuert. Der Kern des Komplexes bestand aus dem großen Saal mit seitlichen Eingängen, der über dem Altar von einer achteckigen Kuppel gekrönt wurde. Zwischen 1538 und 1544, als Sangallo die Kirche wieder instand setzte, wurden weitere Arbeiten durchgeführt. Zugleich erbaute Sangallo 1543 die neue Befestigung zum Tiber hin und begann den Bau des Stadttors, daß allerdings nicht fertig wurde. Zwischen 1555 und 1575 wurden der Palast an der Via dei Penitenzieri, der Palazzo del Commendatore und das Konservatorium erbaut. Die Fassade der Kirche wurde zur Zeit Sixtus' V. von Ottaviano Mascarino restauriert. Im 17. Jahrhundert wurden von Alexander VII. an der Fassade des Hospitals einige Veränderungen vorgenommen. Er ließ in die Bogengänge ein Zwischengeschoß einfügen und baute vorn und an der Seite zwei neue Eingänge. Später beauftragte Benedikt XIV. Fuga mit der Verlän-

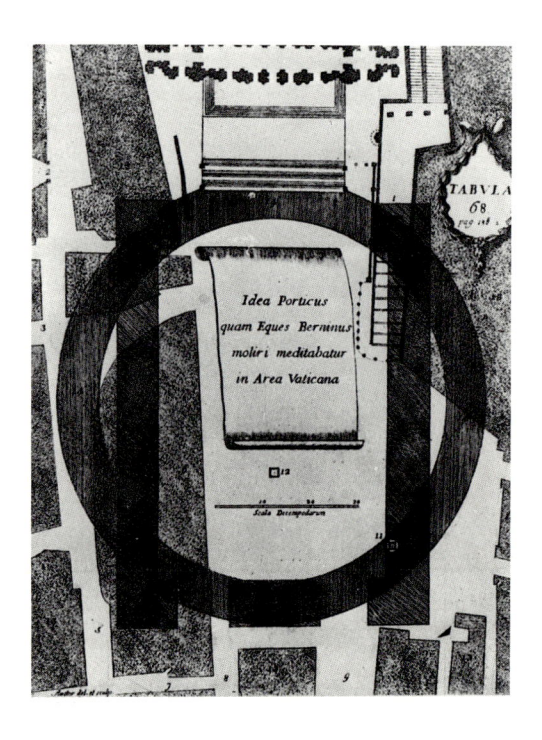

Der Plan eines elliptischen Säulengangs von Bernini rief eine Serie von Einsprüchen hervor. Die Feinde des Architekten legten ein „Gegenprojekt" vor, einundzwanzig Zeichnungen, von denen wir (rechts oben und in der Mitte) zwei Beispiele bringen. Sie forderten in einem überspannten Symbolismus eine runde Piazza, den Umgang in Form einer Schlange, die sich in den Schwanz beißt, als Symbol der Ewigkeit, dazu die Vorstellung einer menschlichen Figur, die eine Umarmung andeutet oder mit ihren Extremitäten die Kolonnade berührt, womit die damals bekannten vier Erdteile und so die Einheit der Kirche angedeutet werden sollte. Jedenfalls wurde der Plan Berninis nicht vollständig verwirklicht, es fehlte der „dritte Flügel", die Abriegelung der Kolonnaden gegen die Spina, wie sie in der Abbildung unten auf dieser Seite dargestellt wird.

gerung des sixtinischen Ganges bis zur Engelsburg. Pius IX. ließ Azzurri dann noch den Abschluß dieses Bauwerks verändern. Gegen Ende des 19. Jahrhunderts wurde wegen der Anlage der Uferstraßen (Lungotevere) dieser Teil abgerissen, und die alte Fassade Sixtus' IV. kam ans Licht, deren Restaurierung Ende der zwanziger Jahre dieses Jahrhunderts abgeschlossen war.

Entsprechend der Lage der Kirche zweigt die Straße zur Porta Santo Spirito ab, während der Borgo Santo Spirito jenseits der Piazza weitergeht, die Basilika, die Zone um die Porta Cavalleggeri und die Porta Fabrica streift, um zur Piazza Santa Marta und zu dem Weinberg zu führen, den das Hospital Santo Spirito auf dem Vatikanischen Hügel besaß.

Unter den viele baulichen Gedächtnisstätten dieses Gebietes erinnerte die an die Basilika angebaute Kirche Santa Maria della Febbre durch ihren Namen an die Tempel, die von den Römern der Göttin des Fiebers geweiht waren. Der oktogonale Bau wurde zunächst in eine Sakristei für die Basilika umgewandelt, dann abgerissen, um dem Bau der Kapelle San Gregorio Magno Platz zu machen.

Jünger sind dagegen die Baulichkeiten von Santa Marta, die 1538 auf Veranlassung der Dienerschaft des Apostolischen Palastes errichtet wurden, welche sich zu einer Bruderschaft zusammengeschlossen hatte, der Papst Paul III. den Bau einer Kirche, eines Hospitals und eines Friedhofs erlaubte. Die mehrmals restaurierte Kirche wurde von Benedikt XIII. den spanischen Barfüßer-Trinitariern übertragen, die sie unter mancherlei Wechselfällen von 1726 bis 1874 hüteten, dann wurde sie den Palazzi Apostolici zugeschlagen. 1882 übergab sie Leo XIII. dem vatikanischen Seminar und ließ sie zugleich restaurieren.

Das war die urbanistische Situation des Viertels zu Beginn des 17. Jahrhunderts, als Paul V. aus Gründen der Liturgie die Möglichkeit eines Umbaus der Basilika durch eine Verlängerung des Schiffes in Erwägung zog. Also wurde ein Wettbewerb ausgeschrieben, an dem sich viele Architekten beteiligten. Pläne wurden unter anderem eingereicht von Flaminio Ponzio, Giovanni Fontana, Carlo Maderno, Girolamo Rainaldi, Ottavio Turriani, Niccolò Branconi, Domenico Fontana und Ludovico Cigoli.

Ausgewählt wurde der Vorschlag Mader-

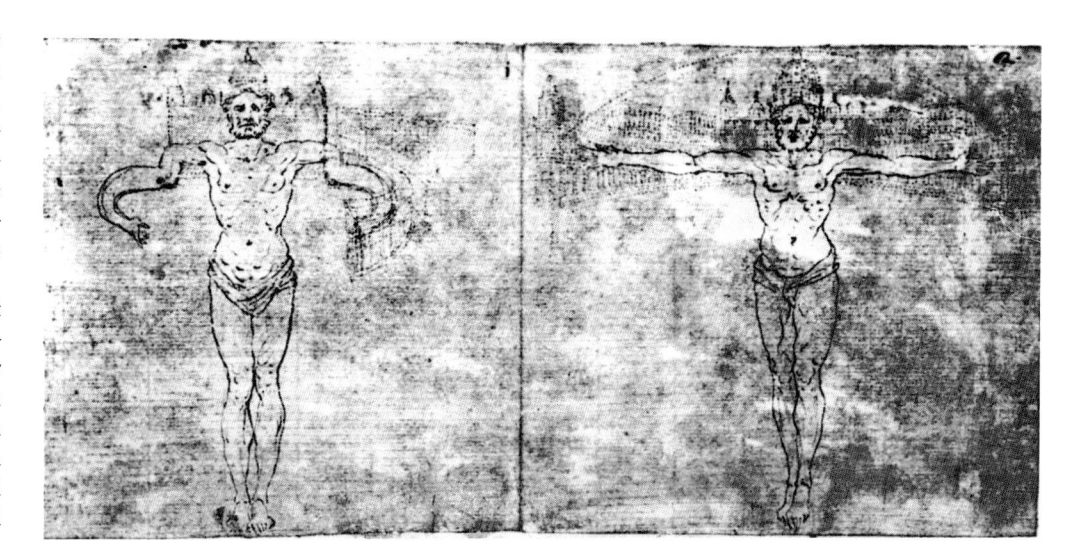

Einzelheiten vom berninischen Ausbau des Petersplatzes. Das Gebälk der Kolonnade ist von 140 riesigen Heiligenstatuen und großen Wappen Alexanders VII. gekrönt. Zwei großartige Springbrunnen, der eine 1613 von Maderno, der andere 1675 von Bernini erbaut, sind symmetrisch in den beiden Halbkreisen angeordnet. Zu dem

nos, welcher dem Kirchenschiff drei getrennte Kapellen hinzufügte, die der Basilika ihre gegenwärtige Gestalt gaben. Es sei bemerkt, daß der Plan einer Erweiterung der Basilika schon von Sixtus V. gehegt worden war: d'Onofrio bemerkt, daß nur so der beachtliche Abstand zu erklären ist, der bei der Aufstellung des Obelisken zur Basilika gewahrt wurde. Die neue Fassade wurde 1607 in Angriff genommen und 1614 beendet. Am 18. September 1626, am 1300. Jahrestag der ersten Weihe, konsekrierte Urban VIII. die renovierte Kirche erneut auf feierliche Weise. Zur Vollendung der Fassade befahl derselbe Pontifex 1637 noch den Bau zweier Türme. Einige Jahre zuvor, etwa 1620, war ein Plan dazu von Martino Ferrabosco ausgearbeitet worden.

Mit den Arbeiten wurde Bernini beauftragt, der nach der Konstruktion eines hölzernen Modells in Zusammenarbeit mit Giovanni Battista Soria den Bau des ersten Turmes, des linken, in Angriff nahm, der 1641 fertig wurde. Aber schon im folgenden

eindrucksvollen Komplex, der zwischen den am weitesten voneinander entfernten Punkten der Ellipse 240 m mißt, gehören 88 Pfeiler und 284 Säulen.

Jahr zeigten sich die ersten Anzeichen mangelnder Festigkeit, die auf das große Gewicht und die geringe Tragkraft der Fundamente zurückzuführen war, so daß man sich 1646 entschloß, diesen Campanile abzureißen.

DER AUSBAU DER PIAZZA

In dem Augenblick, in dem das Viertel, das seit Jahrhunderten Anlaß zu Polemiken geboten hatte, seine endgültige Gestalt erhielt, kam also das Problem des abschließenden Ausbaus des Vorplatzes hinzu. Im Jahre 1651 wurde auf Veranlassung Monsignore Virgilio Spadas ein wichtiger Schritt in dieser Richtung unternommen. Spadas Vorschlag an die Baukommission betraf das Gebiet zwischen Basilika und Engelsbrücke. Es war eine vollkommene Beseitigung der Spina, des bebauten Mittelfelds bis zur Basilika, vorgesehen. Zu diesem Zweck wurde ein Enteignungsplan bis in letzte Einzelheiten ausgearbeitet. Der Vorschlag hatte in-

Das Problem des Zugangs zur Piazza San Pietro wurde schon seit 1690 mit einem Projekt erörtert, das den Namen Carlo Fontanas trägt. In der Folge wurden viele Pläne ausgearbeitet. Cosimo Morelli sah 1776 eine völlige Zerstörung der Spina vor und eine Verbauung der Ränder des Spalts, der so entstanden wäre (nebenstehende Seite links), während Giuseppe Valadier zu Beginn des 19. Jh. zwei mächtige, gedrehte Säulen nach dem Vorbild der Trajanssäule (diese Seite unten) vorschlug. Armando Brasini entwarf 1916 eine Großanlage in neobarockem Stil zwischen den Straßen von Borgo (diese Seite oben).

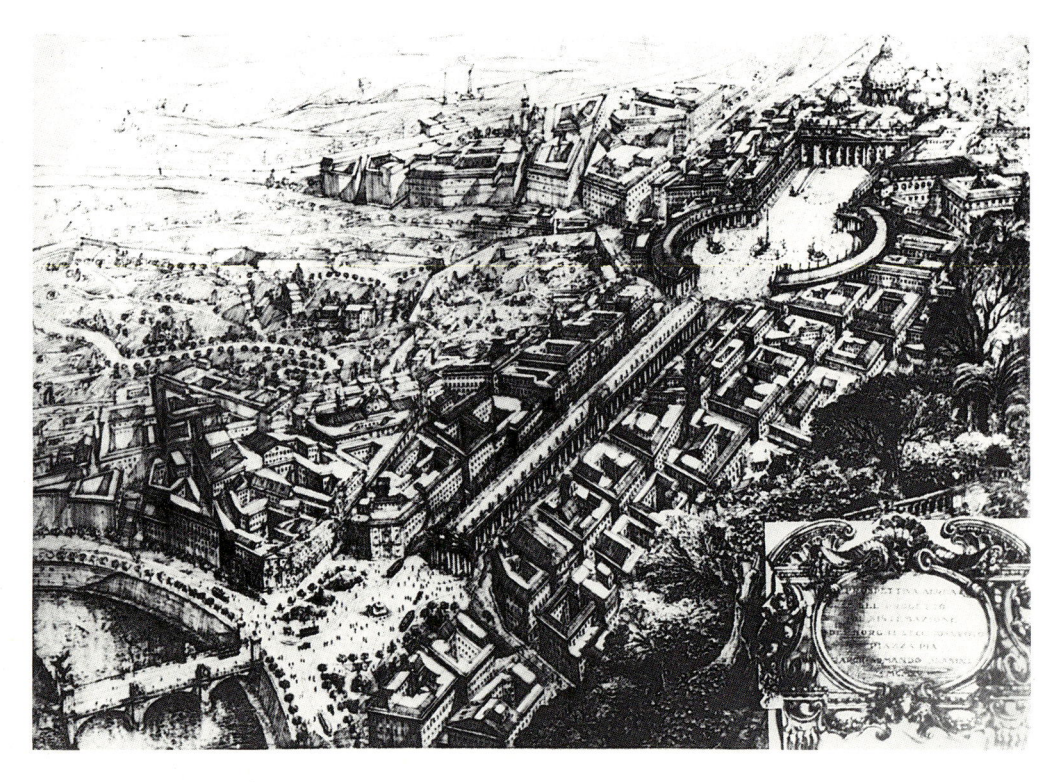

dessen keine unmittelbaren Folgen. Erst einige Jahre später wurde Bernini mit dem Studium eines Projekts zur Neuordnung der Piazza beauftragt. Die erste offizielle Erklärung stammt vom 31. Juli 1656, als Alexander VII. anläßlich einer Kardinalsversammlung den Wunsch äußerte, der Piazza ein neues Gesicht zu geben.

Bald darauf legte Bernini einen Entwurf vor, der eine rechteckige Grundfläche vorsah und eine Verengerung in Richtung der Piazza dei Rusticucci. Er wurde an Ort und Stelle überprüft, aber der Papst selbst machte auf einige Mängel des Entwurfs aufmerksam. Ein neuer Plan sah eine kreisförmige Lösung vor, aber auch dieser hatte keinen Erfolg.

Am 17. März 1657 erläuterte Bernini dem Papst und den Kardinälen den Plan eines Portikus in ovaler Form, er wurde angenommen, und die Arbeiten kamen in Gang. Es begann mit dem Abreißen: 1658 das Gebäude des Priorats, 1661 ein Teil des Palazzo Cesi im Borgo Santo Spirito und das dell'Arcipretato (Erzpriester) genannte Haus. Im Jahre 1667 schließlich wurde der Abriß des Palazzo dei Penitenzieri und des Torre dei Cybo in Angriff genommen, um der linken Säulenhalle Platz zu machen. Zwischen 1667 und 1669 vollendete Mattia de' Rossi unter Berninis Leitung den Flügel des Portikus, der in Richtung des Heiligen Offiziums weist.

Ein so umfangreiches und einschneidendes Unternehmen mußte natürlich Serien von Widersprüchen herausfordern. Die Gegner Berninis, deren es nicht wenige gab, zeigten ihre Feindschaft auf verschiedene Art. Der nachdrücklichste Ausdruck dieser Feindschaft war die Vorlage und Verbreitung des sogenannten „controprogetto". Diese Initiative griff die Anregungen eines alten Plans Papirio Bartolis auf, der etwa 1630 entstanden war. Mit einer scharfen Kritik an Berninis Absichten stellte er dessen Entwurf einer Alternative gegenüber, die eine Reihe angeblicher Fehler aufdeckte und eine andere Lösung vorschlug. Das wichtigste Thema dieses Entwurfs war ein übertriebener Symbolismus, der jede Einzelheit prägte, von der runden Piazza, die an die Schlange erinnert, die sich – Symbol der Ewigkeit – in den Schwanz beißt, bis zur Aufstellung einer menschlichen Figur mitten auf der Piazza, die mit ihren Extremitäten den Säulengang berühren und so die

In den dreißiger Jahren unseres Jahrhunderts wurde das Projekt Piacentini-Spaccarelli akzeptiert, und die Arbeit begann am 28. April 1937 mit dem ersten Hieb einer Spitzhacke zur Zerstörung von Borgo. Die Photographie (unten) zeigt Trümmer vom Abbruch auf einem städtischen Lagerplatz.

ganz eindeutig. Vor allem ist nicht klar – und in diesem Punkt sind sich die Gutachter, die sich mit dem Problem befaßt haben, nicht einig geworden –, was aus der Spina werden sollte, ob also das Interrompimento als Filter gegen die verbleibende Masse der Spina vorgesehen war und ein erneutes Vordringen auf die Piazza verhindern sollte oder ob es ein Gebäudeblock war, der nach völliger Zerstörung der Spina auf der Achse erstehen sollte.

Mit der Verwirklichung von Berninis Plan, wenn auch in unvollständiger Form, fand eine lange Reihe von Eingriffen in das Viertel ihren Abschluß. Die Gestaltung der Piazza in so komplexer Form ist der bedeutendste Augenblick in der Geschichte des ganzen Stadtteils, dessen größter Teil der Ausgestaltung der Piazza geopfert wurde. Der Vorgang der Zerstörung des urbanen Gewebes, der schon seit einigen Jahrhunderten mehr oder weniger deutlich zu beobachten war, fand hier seinen stärksten Ausdruck. Basilika und Piazza brauchten nicht mehr den Schutz von Stadtvierteln und Mauern. Der von Virgilio Spada eingebrachte und von Bernini aufgenommene Vorschlag der Zerstörung der Spina wird, wie wir sehen werden, zum wiederkehrenden Leitmotiv in römischem Bereich, und viele versuchen sich bei der Lösung des Problems in einem Wettbewerb, der manchmal groteske Formen annimmt.

Vielleicht ist die Wechselbeziehung zwischen ideologischem Denken und der Umgestaltung städtebaulicher Gegebenheiten nie deutlicher gewesen als in diesem Fall. Wenn es wahr ist, daß Städte sich verändern, daß es mit anderen Worten unangemessen und unhaltbar ist, eine vollkommene Stadt anzustreben, indem man ihren Zustand in einer bestimmten Zeit für vollendet erklärt, so ist auch richtig, daß die Mechanismen der Umwandlung an strukturelle Fakten gebunden sind, daß es sich bei ihnen niemals um eine mechanische und automatische Übertragung einer soziologisch-politischen Realität handelt, sondern daß sie selbst integrierender Bestandteil solcher Realität sind. Was in diesem besonderen Falle zur Diskussion gestellt werden muß, ist die Art, in der dieses Problem in Angriff genommen und besonders gelöst wurde, die absolute Gleichgültigkeit der verschiedenen Urheber in Hinsicht auf die Entwicklung der urbanen Realität dieses Viertels.

vier damals bekannten Erdteile, also die universelle Einheit der Kirche, darstellen sollte.

Auf jeden Fall blieb Berninis Plan unvollendet: Es wurde nicht das „nobile interrompimento" (edle Unterbrechung) berücksichtigt, das Bernini als Abschluß der Piazza gegen die Spina vorgesehen hatte. Es ist sicher, daß Bernini einen dritten Flügel des Säulengangs plante, es ist aber ziemlich dunkel, wie er sich das vorstellte. Die in einer Serie von Plänen vorgeschlagenen Lösungen sind sehr unterschiedlich und nicht

Nach Bernini wurden die Vorschläge zu einer endgültigen Gestaltung der Piazza immer zahlreicher. 1690 legte Carlo Fontana eine gewichtige Studie vor, in der nach einem Rückblick auf die Entwicklung der Piazza und der Basilika ein mit zahlreichen Tafeln illustrierter Vorschlag unterbreitet wurde. Er schlug in der Hauptsache vor, die Spina ganz abzureißen und die beiden dadurch sichtbar werdenden Fronten der Borghi neu zu gestalten. In Hinblick auf die Piazza schlug er einen dritten, weit vorge-

Im Inneren der Basilika: Ausschnitt aus dem Schiff Madernos mit vielfarbigem Marmor, Halbsäulen, Lisenen und (rechte Seite) Medaillons von Päpsten, nach Entwurf Berninis.

schobenen Flügel mit einem Glockenturm vor, der mit den Korridoren der beiden Säulengänge Berninis verbunden und ihnen ähnlich sein sollte.

DIE ZERSTÖRUNG DER SPINA

Im Jahre 1776 sollte der Architekt Cosimo Morelli, der schon einen nicht verwirklichten Plan für die Sakristei der Basilika entworfen hatte, eine neue Studie vorlegen, die fast selbstverständlich einen Abriß der Spina und eine geringfügige Neugestaltung des Baukomplexes der Piazza Pia am Anfang der neuen Straße durch zwei von Figuren gekrönte, rachitische Propyläen vorsah.

Auf die ersten Jahre des 19. Jahrhunderts gehen zwei Pläne zurück, einer von de Tournon, der während der französischen Besetzung Präfekt von Rom war, der andere von Giuseppe Valadier. In beiden war gleichfalls der Abriß der Spina vorgesehen. Nach dem Plan Valadiers sollten am Anfang der Straße zwei gigantische Säulen nach dem Vorbild der Trajanssäule aufgepflanzt werden, „ein wunderbar offener und kolossaler Eindruck", definiert Paolo Marconi, für den Valadier „die Tendenz, weite perspektivische Ausblicke zu erzeugen, die den eigentlichen Gegenstand des Interesses bagatellisieren", bis zum Äußersten treibt. Ein innerer Widerspruch also, wenn man bedenkt, daß alle Pläne, die Spina der Borghi zu zerstören, von dem Willen beseelt waren, die Aussicht auf Piazza und Basilika zu verbessern und vor allem letztere mit der Kuppel in den Mittelpunkt eines Bildes zu rücken, das durch den perspektivischen Eindruck eines langen Anmarschweges erhöht werden sollte.

Die Zerstörung der Spina war im Jahre 1881 auch aus Verkehrsgründen vorgesehen, aber ein ungünstiges Gutachten der Gemeindeverwaltung verhinderte die Anordnung. Weitere Vorschläge lehnten sich an die vorhergehenden an: gegen Ende des Jahrhunderts, im Jahre 1883, schlug Andrea Busiri Vici die Ersetzung der lästigen Häuser der Spina durch einen doppelten Säulengang vor, der an der Piazza Scossacavallo unterbrochen sein sollte.

In den Jahren 1913–15 legte Erich Gugler von der Columbia University seinen Plan einer Neuordnung der Zone vor. Die Piazza Pia sollte zu einer kreisförmigen Säulenhalle umgeformt werden, und am Anfang der großen Straße, deren Bau durch Niederlegung

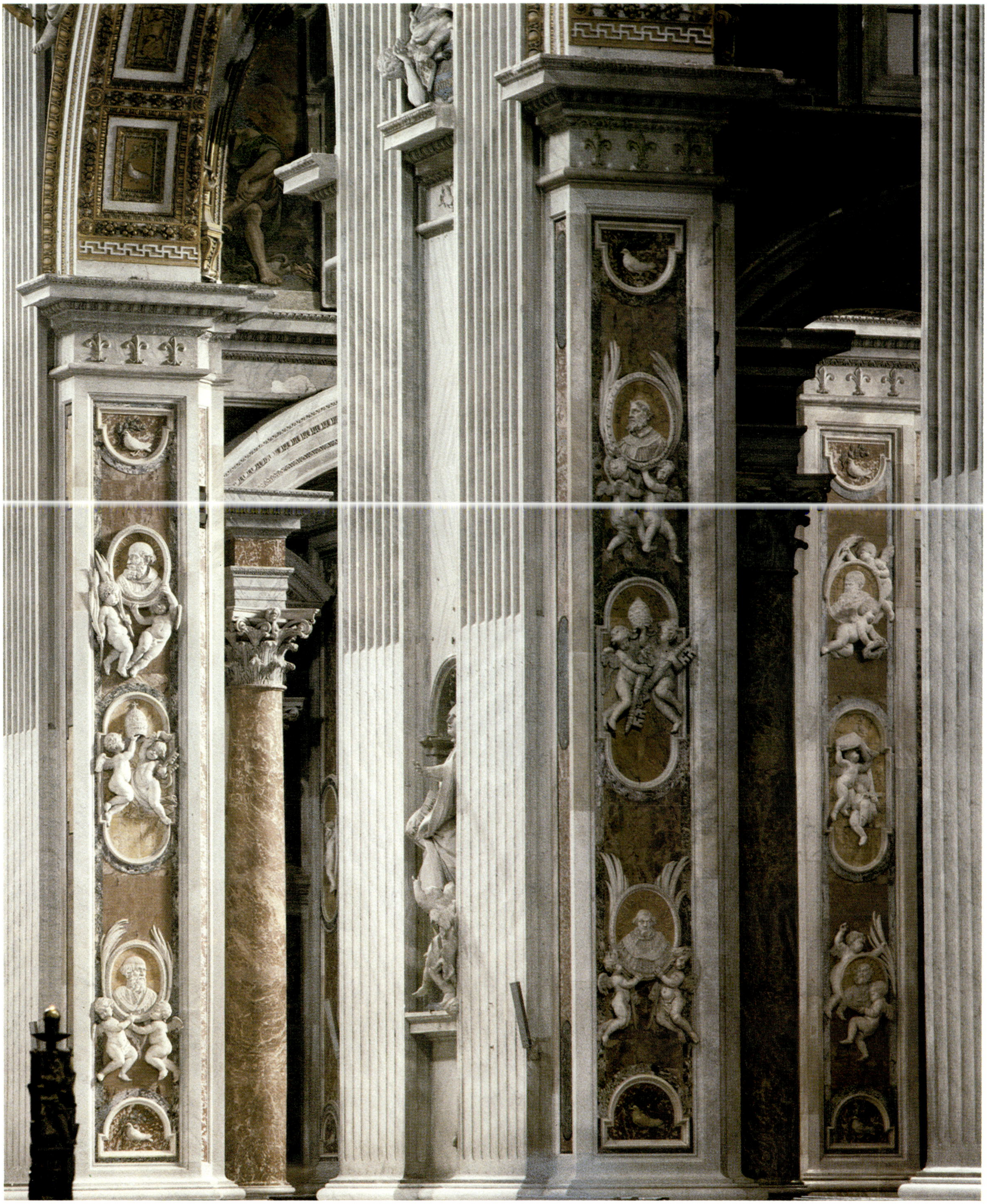

Das Mittelschiff der Basilika des hl. Petrus. Im Vordergrund die geflügelten Putten eines Weihwasserbeckens zwischen den beiden ersten Pfeilern, die Francesco Moderati im Auftrag Benedikts XIII. Orsini (1724–30) arbeitete.

der Spina möglich wurde, sollte ein neuer Obelisk auf den sixtinischen ausgerichtet werden. Im Jahre 1916 projektierte Armando Brasini eine Makrostruktur in barockem Stil, die sich zwischen den kleinen Häusern der Borghi bis in die Nähe des Ponte Vittorio durchzwängen sollte.

So ging es bis in die dreißiger Jahre, in denen die endgültige Lösung des Problems in Angriff genommen wurde. Wie in einem Feuerwerk folgten in den Jahren nach dem Konkordat von 1929 die Vorschläge einander. Sie waren die Generalprobe für das Piacentini-Spaccarelli-Projekt.

Viele Projekte also, nur wenige erwähnenswert und keines praktikabel. Während aber all diese Pläne in der Theorie steckenblieben, wurde der von Marcello Piacentini und Attilio Spaccarelli verwirklicht. Wir wollen hier nicht die Polemiken erneuern, von denen uns jetzt mehr als dreißig Jahre – darunter zwei Heilige Jahre – trennen.

Die ersten auf dieses Projekt bezogenen Diskussionen gehen auf das Jahr 1934 zurück, als Piacentini und Spaccarelli in einer Artikelserie ihre Ansichten über die Lösung des bejahrten Problems eines Zugangs zur Piazza Berninis erläuterten. Auseinandergehende Meinungen übrigens, da Spaccarelli damals die völlige Zerstörung der Spina nicht für erforderlich hielt. Die unterschiedlichen Meinungen glichen sich aber schnell einander an. Im Februar 1936 wurden beide Architekten offiziell mit dem Entwurf eines endgültigen Planes beauftragt, der am 20. Juni in der Sala Paolina der Engelsburg Mussolini vorgelegt wurde. Acht Tage später war es an Pius XI., den in den Loggien Raffaels ausgelegten Plan zu billigen. Am 28. April 1937 wurde der erste Hieb mit der Spitzhacke gegen die Häuser der Spina geführt. Kurz darauf war nichts mehr davon übrig. Die vom Krieg zwangsläufig unterbrochenen Arbeiten wurden in den vierziger Jahren weitergeführt und zum Heiligen Jahr 1950 beendet.

Die Beendigung der Arbeiten an der Via della Conciliazione fällt mit dem Ende der Borghi zusammen. Zum Heiligen Jahr 1500 hatte Alexander VI. die Eröffnung des Borgo Nuovo befohlen, das Heilige Jahr 1950 löschte jegliche Spur der „eleganten" Straße des Borgo. Im Namen des Prestiges und der Repräsentation wurde eine Straße beseitigt, die aus eben diesen Gründen entstanden war. Gewiß, die repräsentativen Zwänge Alexanders VI. erforderten geringeren Aufwand als die seiner Nachfolger. Aber vierhundertfünfzig Jahre Übung hatten die Rhetorik perfektioniert. Die akademische Ausbildung hatte das Prinzip der Eingebung durch planendes Bewußtsein ersetzt. Was eine vorsichtige Staatsräson in mehr als vierhundertjähriger Amtsführung geduldig an Möglichkeiten angesammelt hatte, wurde bald in kleinen, schmeichlerischen Retuschen, dann wieder durch spektakuläre Eingriffe, alles „ad propagandam fidem", dem Zeitgeschmack geopfert.

Auf den folgenden Seiten, links: Ein Engel vom Altar der Kapelle des Allerheiligsten Sakraments, vergoldete Bronze, von Gian Lorenzo Bernini. – Rechts: Kopf der Madonna von der Marmorgruppe der Pietà, einem Jugendwerk Michelangelos, 1498–99.

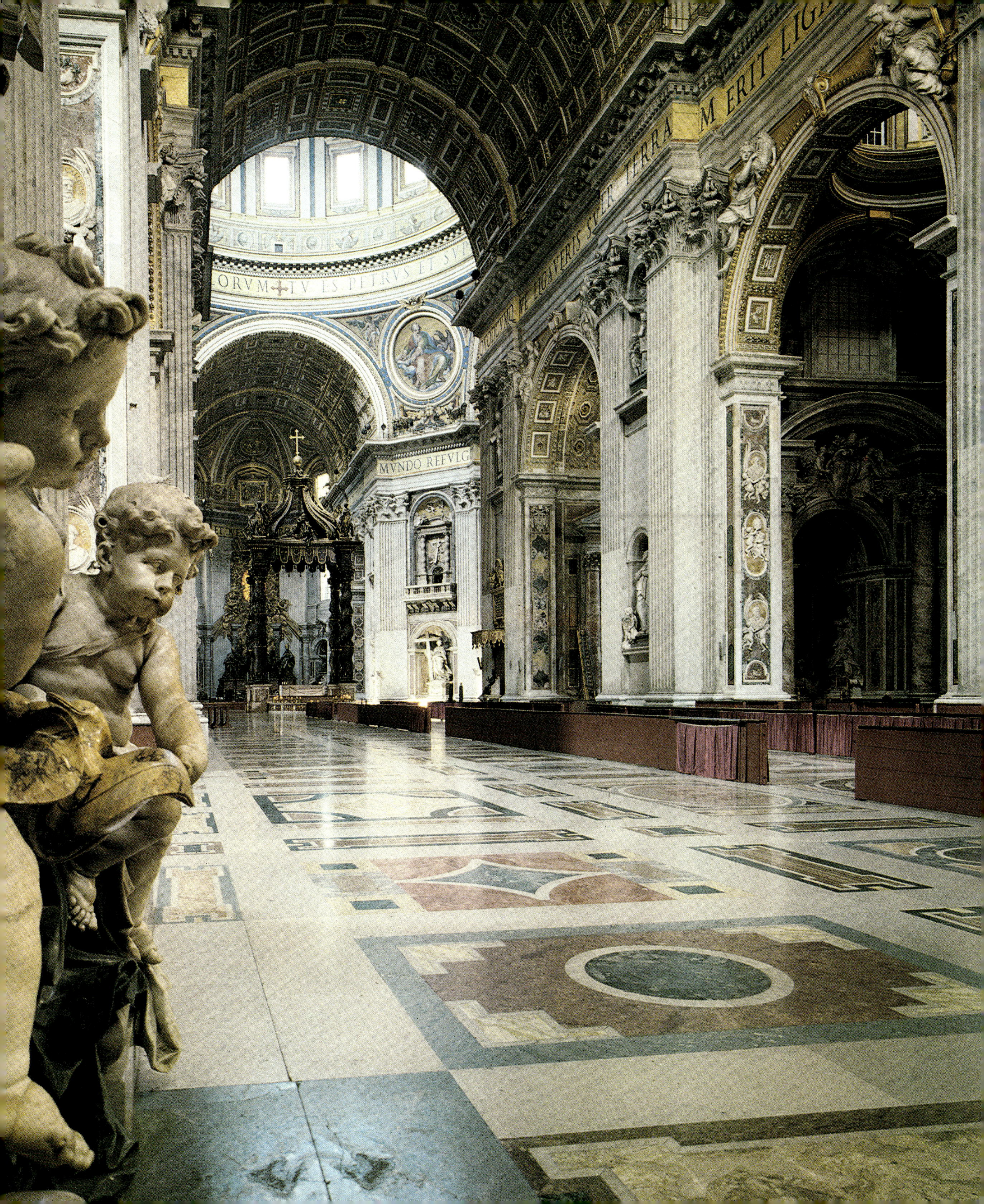
ORVM ✠ TV ES PETRVS ET SV
MVNDO REFVLG
SVPER TERRA M ERIT LIG

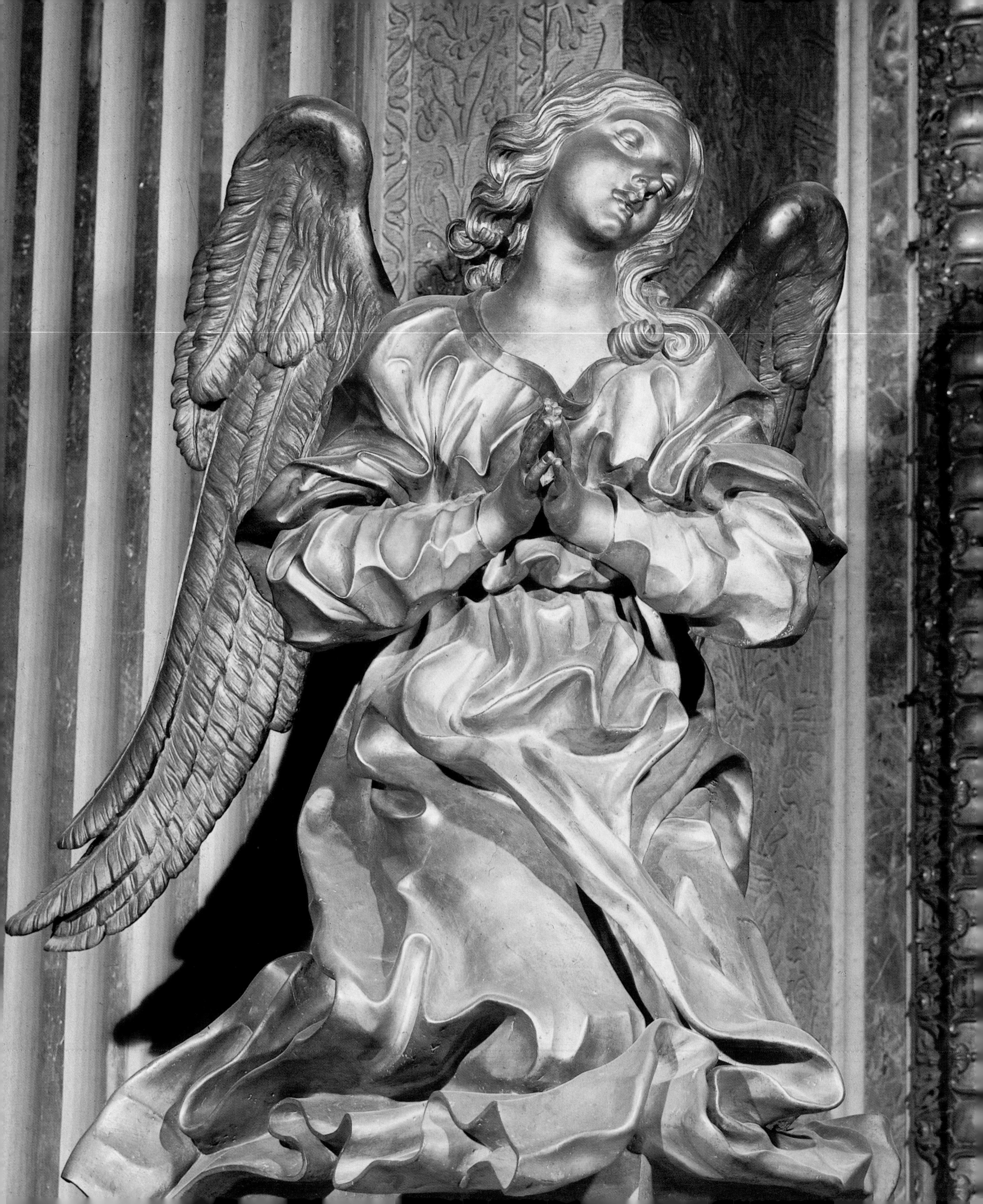

61

Unten: Ausschnitt aus dem Gewölbe mit vergoldeten Kassetten im Mittelschiff. – Rechte Seite: Inneres der Kuppel mit Dekorationen, die 1590 unter dem Pontifikat Sixtus' V. nach Entwürfen von Giuseppe Cesari durch Cavalier d'Arpino ausgeführt wurden. In den Feldern zwischen den vergoldeten Bändern sind dargestellt: Christus, die Madonna, Johannes der Täufer, Paulus, die Apostel und Engelsfiguren. Oben an der Decke der Laterne tritt die segnende Gestalt Gottes aus Wolken hervor. In der Trommel überfluten sechzehn Fenster die großartige architektonische Schöpfung mit Licht. Der Durchmesser der Kuppel, der größten dieser Welt, beträgt 42 m.

63

Unten: Ein Teil der Trommel, auf der die Kuppel ruht. Auf dem Fries unter der Trommel eine Inschrift in Mosaik auf goldenem Grund mit den Worten Christi, welche die Souveränität des Papstes festlegen: „Tu es Petrus et super hanc petram aedificabo ecclesiam meam et tibi dabo claves regni caelorum." – Rechts: Blick von der Kuppel in Richtung Apsis. Im Hintergrund erhebt sich die großartige Inszenierung der „Cathedra", überragt von einer Glorie aus vergoldetem Stuck und bevölkert von Putten und Engeln zwischen Wolken, die das Symbol des Heiligen Geistes umgeben, und erhellt durch das große Fenster. Dieses außergewöhnliche barocke Werk wurde von Bernini zwischen 1656 und 1665 geschaffen. – Folgende Seiten: Blick in die Nebenkuppeln.

AELORVM ✠ TV ES PETRVS ET SV

65

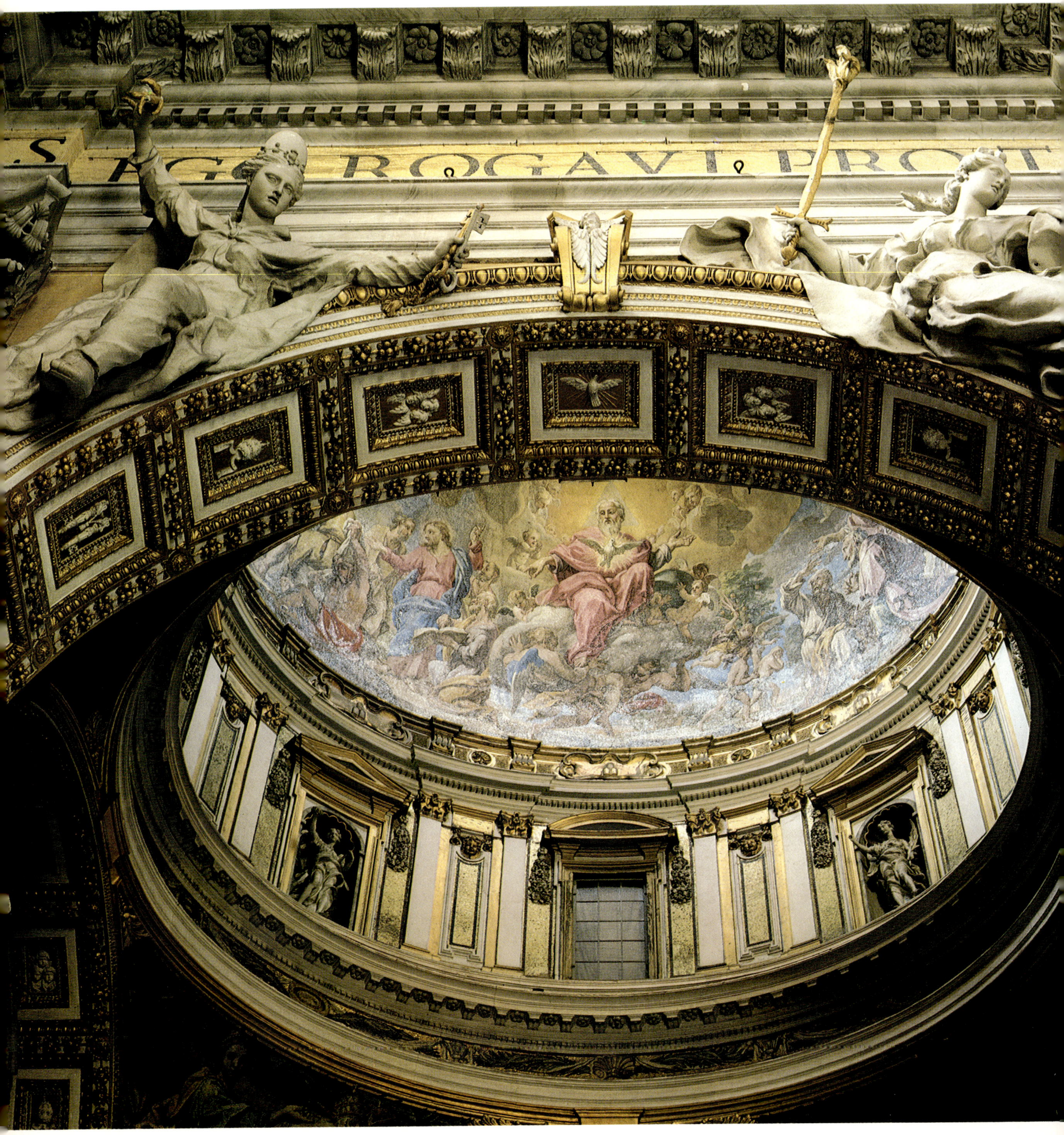

67

BASES · PILARVM
EX · LAPIDE · TIBVRTINO · MARMOREAE
[IX] PONTIFICATVS · AN · [XIII]

Linke Seite: Ein Weihwasserbecken der Basilika. – Unten: Musizierender Engel über dem Eingangsbogen der Scala Regia.

Auf den folgenden Seiten, links: Detail vom „Stuhl Petri". – Rechts: Der Bronzebaldachin, ein Meisterwerk Berninis, das er zwischen 1624 und 1632 über dem Grab des hl. Petrus errichtete. Die sehr hohen, gedrehten Säulen sollen an die Säulen erinnern, die mehr als tausend Jahre eine Absperrung vor der kleinen Kapelle (Sacello) der mittelalterlichen Basilika gebildet hatten; sie stützen ein Gesims, von dem Drapierungen niederhängen, welche die Drapierungen tragbarer Baldachine nachahmen. Vier Voluten vereinigen sich an ihrem höchsten Punkt und tragen einen vergoldeten Globus mit Kreuz. Von den mächtigen Säulen eingerahmt, erscheint im Hintergrund das triumphale Schauspiel der „Cathedra".

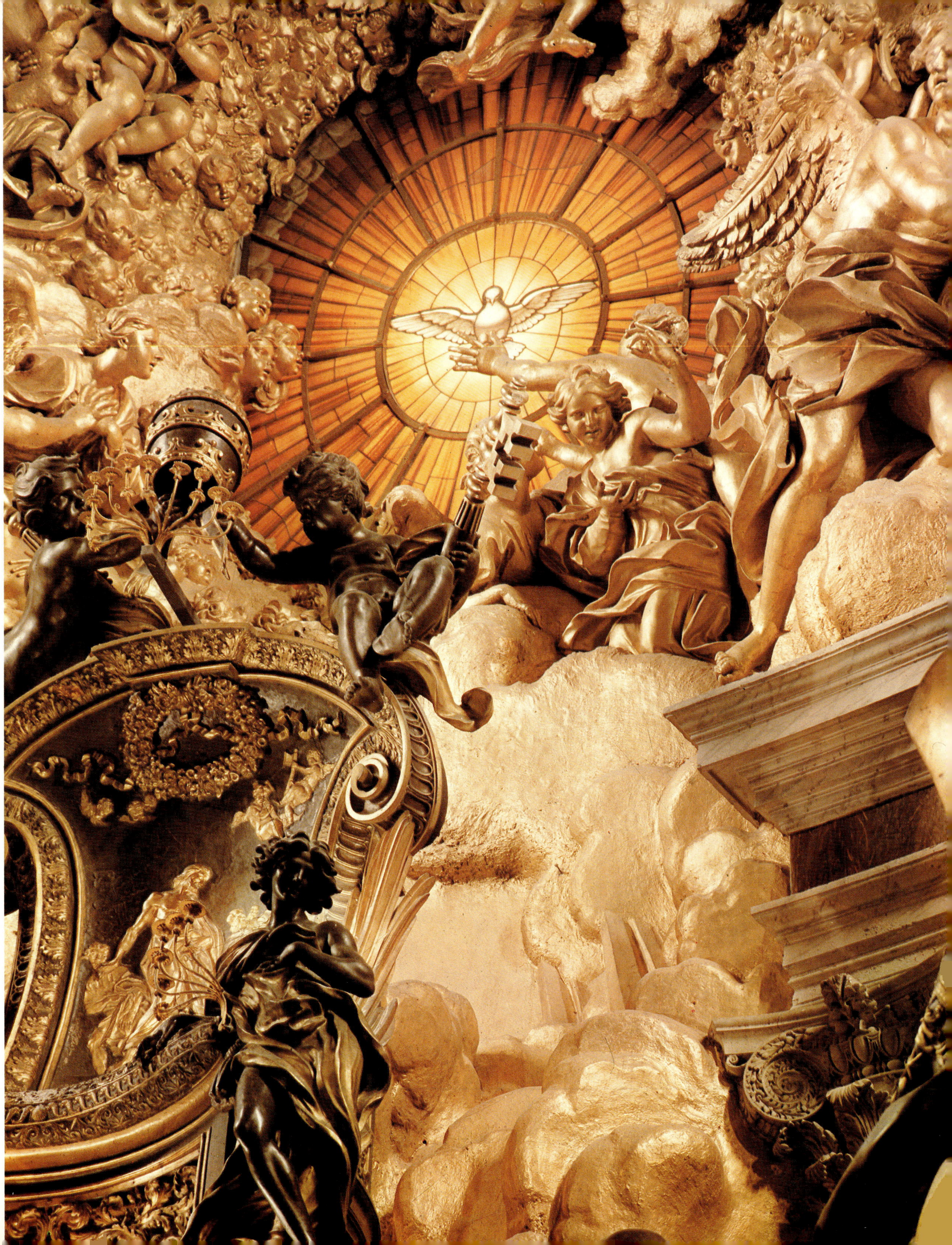

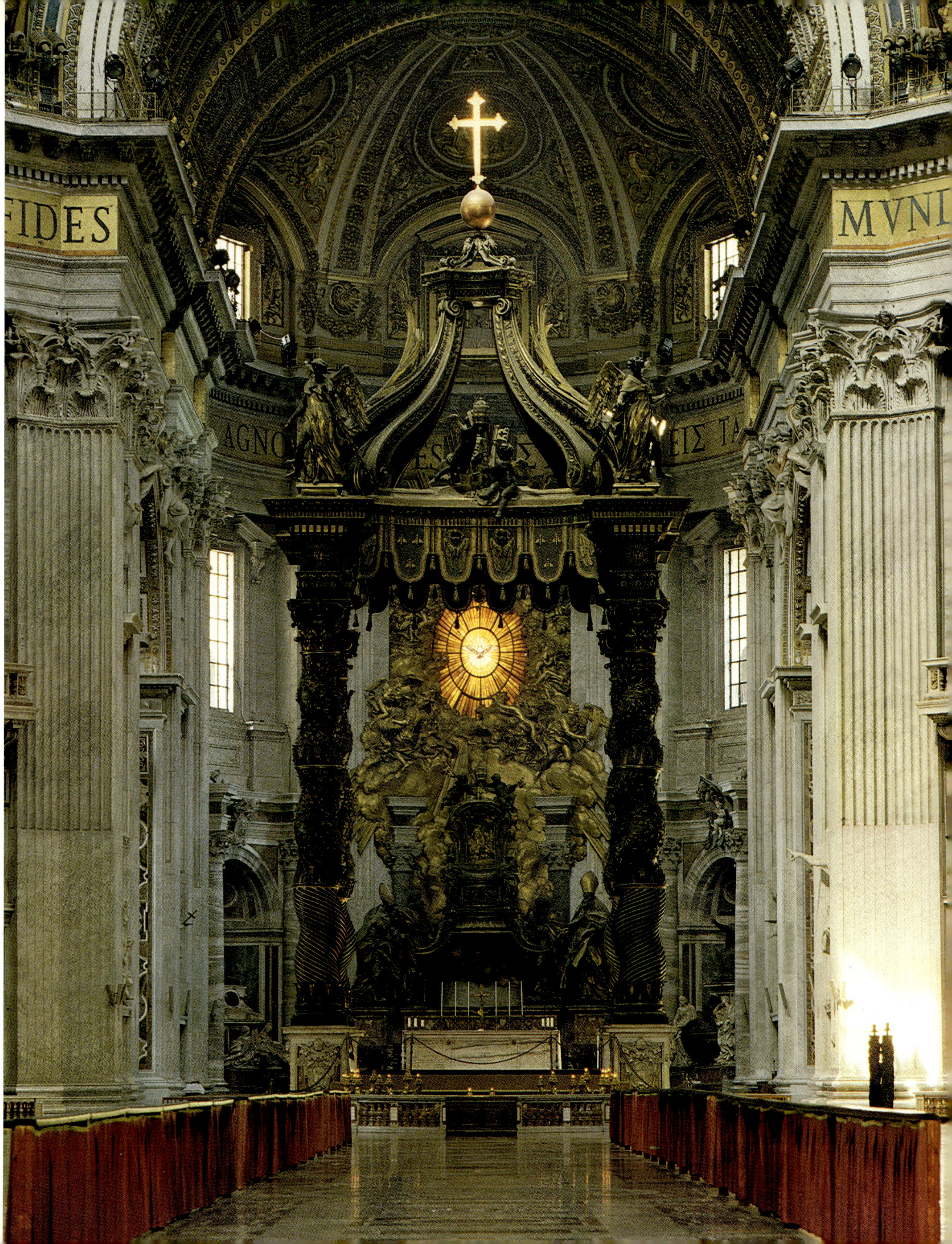
FIDES

Unten: Die Laterne, mit der die Kuppel Michelangelos gekrönt ist. Michelangelo konnte die Arbeiten an der Kuppel bis zur Fertigstellung der Trommel verfolgen. Nach seinem Tod 1564 wurde die Arbeit von Giacomo della Porta fortgesetzt, der sie zwischen 1588 und 1589 beendete. – Unten rechts: Großes Wappen Alexanders VII. Chigi auf dem Gebälk der berninischen Kolonnade. – Rechte Seite: Die Uhr in der Fassade der Basilika.

73

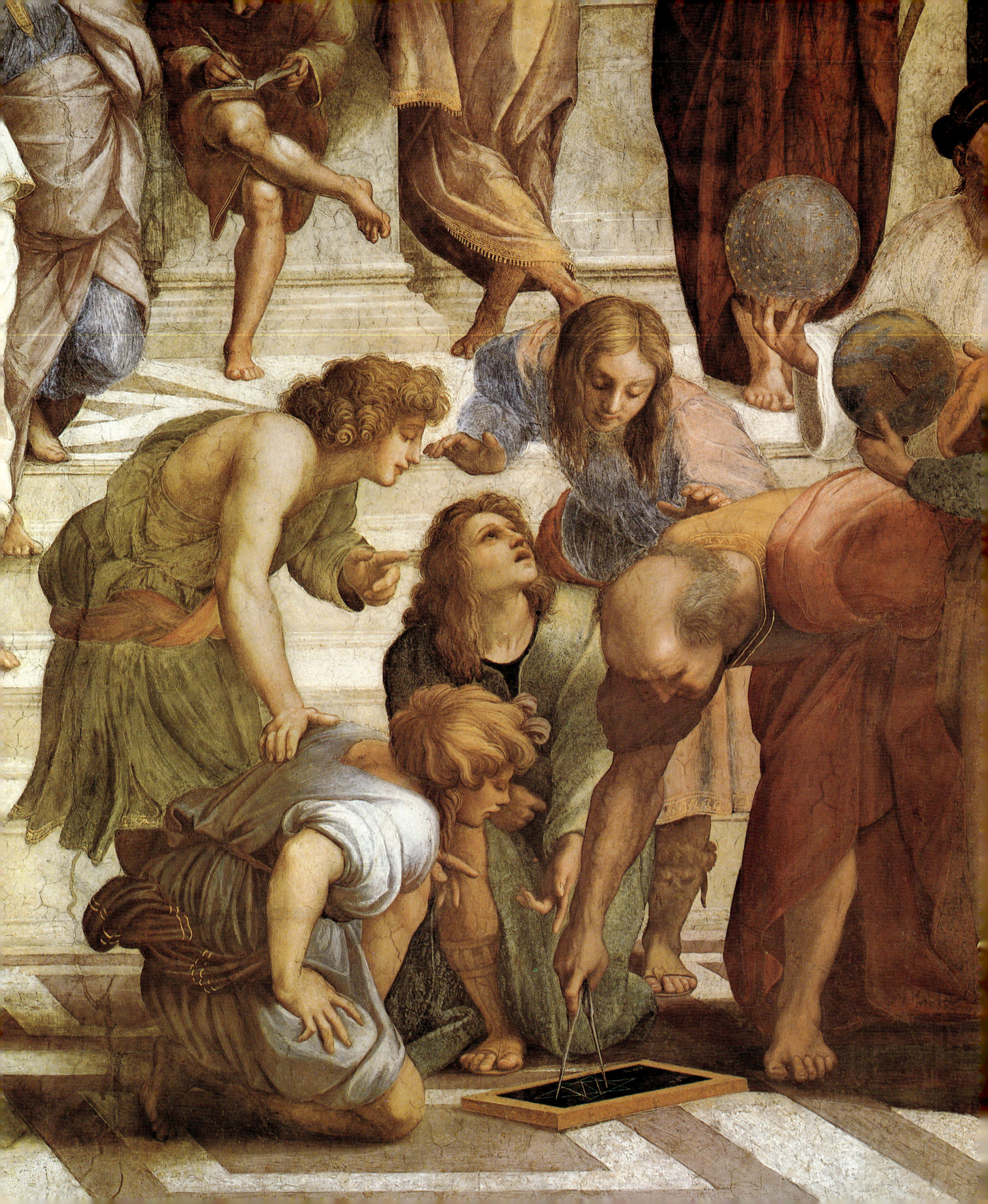

DIE GEMÄLDE-ZYKLEN
Eine Synthese der Kunstgeschichte

Kunstwerke scheinen ein Element der Auseinandersetzung zwischen Mensch und Transzendenz zu sein. Deshalb findet sich dieses klärende und befreiende Phänomen in höchstem Grade und ständig wiederkehrend in den Palästen des Vatikans. Ein Wettstreit, einander in den geschmacklichen, wenn nicht auch in den linguistischen, den Werten der Aussage zu übertreffen, macht die konstantinischen Architekten und Mosaizisten zu Vorläufern Arnolfo di Cambios und Bramantes, und dieser wieder kann als Wegbereiter für Antonio da Sangallo den Jüngeren, Michelangelo, Raffael, Bernini und andere betrachtet werden.

Die Geschichte der vatikanischen Bilderzyklen kann nicht von der starken geistigen Herausforderung absehen, welche die Päpste und Künstler veranlaßt, Sichtbares zu schaffen, sich dem Prozeß der „civiltà dell'immagine" zu widmen. Der Sammelpunkt ist das Grabmal Petri, die Identifikation des „Depositum fidei". Die Päpste, geistige und weltliche Erben (das Zentrum der irdischen Macht ist allerdings entgegen dem Anschein im Quirinalspalast) der römischen Kaiser (Kaiser und Oberpriester zugleich), haben auf einem wahren Mikrokosmos von vierundvierzig Hektar einen absolut unvergleichbaren Reichtum an Kunstschätzen versammelt.

FRA ANGELICO UND DIE ERSTE BLÜTE DES HUMANISMUS

Dem Dominikaner-Maler Fra Giovanni da Fiesole, bekannt auch als Beato Angelico, der seine stärkste Ausdruckskraft zwischen 1451 und 1477 erlangte, der ersten Blütezeit des Humanismus, wurde die Ausmalung der Kapelle Nikolaus' V. anvertraut, eines verhältnismäßig kleinen Raumes mit spitzbogigen Fenstern. Der Künstler-Priester erzählt die Geschichte der heiligen Stephanus und Laurentius in einer Sprache, die am geistigen und körperlichen Elend der Menschheit heftigen Anteil nimmt. Das Szenarium ist die Wirklichkeit mit Gebäuden und Landschaften in klarem Licht, in dem man unter anderem die Armen und Gebrechlichen er-

Detail von Raffaels Fresko „Die Schule von Athen" in der Stanza della Segnatura: Die gebückte Person mit dem Zirkel in der Hand stellt Archimedes dar und hat Ähnlichkeit mit Donato Bramante, dem großen Architekten, welchem Julius II. den Neubau der konstantinischen Basilika im Renaissancestil anvertraute.

kennt, die sich zum Tempel drängen, wo Laurentius den Kirchenschatz verteilt: eine ausführliche Chronik, in der man Mütter mit Kindern auf dem Arm, Bettler, Lahme und Blinde am Ort einer mystischen Tröstung sieht, die als Verheißung der Wiedergeburt erscheint.

In diesem empfindlichen Gleichgewicht zwischen Elend und Erhebung zeigt sich die Stärke der nikolinischen Werke Angelicos, der für den Papst auch das Grabmal, die Studierstube und eine Sakramentskapelle gestaltete. Die beiden letzten Zyklen sind zerstört, anscheinend wegen der Verlegung einer Treppe, in Wirklichkeit aber weil ein Kunstwerk, das nicht antik, sondern nur alt ist, für gewisse Typen von Verwaltern, die labil sind wie die Mode oder die kulturellen Schwankungen, keinen Wert mehr hat. In der alt gewordenen konstantinischen Basilika zerstört und plant man nach dem klassizistischen Kanon Bramantes. Da die Personen Angelicos offenbar veraltet und „unmodern" geworden sind, geht man ebenso vor. Ähnlich befahl Julius II. della Rovere, als er ein Appartement im zweiten Stock des päpstlichen Palastes bezog, seinem Maler Raffael, die Fresken von Piero della Francesca, Luca Signorelli und Bartolomeo della Gatta zu beseitigen, während die schon vorhandenen Malereien von Perugino, Baldassarre Peruzzi, Sodoma und Lorenzo Lotto teilweise erhalten blieben. Weniger tragisch war das Schicksal der Fresken des Melozzo da Forlì, der 1477 das große Bild der 1475 erfolgten Gründung der vatikanischen Bibliothek im Erdgeschoß des nikolinischen Flügels malte, auf dem Sixtus IV. Platina zum ersten Bibliothekar ernennt (vgl. S. 212).

DIE BORGIA UND PINTURICCHIO

Ähnlich klingt der Epilog des als Pinturicchio bekannten Bernardino di Betto, der zwischen 1492 und 1494 in den geheimen Stanzen Papst Alexanders VI. Borgia arbeitet.

Dieser Rodrigo de Borja, der in der vatikanischen Konfliktsituation zwischen geistlicher und weltlicher Macht eine leichte Zielscheibe für Antiklerikale und Schismatiker bot und der gegen seinen Willen an den Boden Sankt Peters gefesselt war, hatte großartige politische, wirtschaftliche und künstlerische Pläne (er beruft auch Bramante – damit indirekt den jungen Raffael – und Leonardo da Vinci in seiner Eigenschaft als Militäringenieur). Er strebt nach der Einheit Italiens unter dem Zeichen des Papstes und der Borgia (sein bewaffneter Arm ist sein Sohn Cesare, Valentino genannt), nach der Festigung des vatikanischen Finanzwesens mit allen Mitteln und der Wiederherstellung der Renaissanceformen (also im Kern eine wahre „propaganda fides") der Gebäude. Der Volksmund, mehr allerdings Pasquino, fand sarkastische Nachrufe: „Lächelt uns nach der Orgie von Blut und Gemetzel jetzt Frieden und Freude, da Borgia tot ist?" – „Hier liegt Alexander VI. Mit ihm wurde begraben, was er liebte: Luxus, Zwietracht, Neid, Gewalt und Verbrechen."

DAS ZEITALTER RAFFAELS

Die sogenannten „Stanze di Raffaello" waren ein offizieller Teil der päpstlichen Residenz Julius' II. della Rovere und seiner Nachfolger bis zu Gregor VIII. (der sie 1507 aufgab, weil er nach dem Zeugnis seines Zeremonienmeisters Paride de' Grassis „nicht jeden Augenblick an das Bild seines Vorgängers Alexander erinnert werden wollte"). Es gehörten dazu auch die (angebaute) Nikolauskapelle, der Ort der Meditation des Papstes, und die „Stanza della Segnatura", seine Bibliothek. Hier malte Raffael zwischen 1508 und 1511 nach einem genauen theologischen Programm die drei höchsten Kategorien des neuplatonischen Humanismus: das Wahre, das Gute, das Schöne. In dieser Vision sind das übernatürliche und rationale Wahre, das Gute und das Schöne symbolisiert durch die „Disputation des Altarsakraments" (oder „Triumph der Religion"), durch die „Schule von Athen", durch „Tugend" und „Gesetz" und schließlich durch den „Parnaß". Der Meister und seine außergewöhnliche „Werkstatt" arbeiten unter dem Kriterium der absoluten Perfektionierung des Bildwerks, aber auch nach den Anforderungen des Tages: so diente die an die Küche grenzende „Stanza der Feuersbrunst von Borgo" als Speisesaal. Es ist bekannt, daß sich an der „Schule von Athen" und dem „Parnaß" Generationen von Künstlern gebildet haben, nicht nur im nahen 16. Jahrhundert, sondern auch in folgenden Perioden. Man denkt bei einer solchen „Nachfolge" sowohl an Persönlichkeiten wie Nicolas Poussin (Serie der „Sakramente") und Carlo

Zeitgenossen in den Fresken des Vatikans: Rodrigo Borja, der künftige Alexander VI. (links), und Botticelli (aus einem Fresko von Botticelli). – Rechte Seite, oben: Dante (von Raffael) und Giuliano della Rovere (von Botticelli); unten: der hl. Raymund von Peñaforte (von Raffael) und Girolamo Riario, Gouverneur des Kirchenstaates (von Botticelli).

Maratta (bis hin zu Raphael Mengs) als auch an die unmittelbaren ikonographischen Reflexe sogar im revolutionären Werk des Naturalisten Caravaggio (erste Fassung von „St. Matthäus und der Engel", früher Berlin, Kaiser-Friedrich-Museum, und „Efeugekrönter Bacchus", Galleria Borghese, Rom). Das Ambiente in Raffaels Bildern entspricht der didaktisch-allegorischen Thematik, die in der „Stanza des Heliodor" (1512–14) die Sichtbarmachung des göttlichen Eingreifens zugunsten der Kirche verlangt, in einem politisch getönten Fresko wie „Begegnung Leos des Großen mit Attila" als bedeutsamen Hintergrund Rom mit dem Kolosseum, dem Amphitheater Castrense, einer zerbrochenen Säule und Ruinen von Aquädukten und Basiliken zeigt. Das Ganze wird dramatisiert durch einen Gewitterhimmel, in dem wunderbarerweise Petrus und Paulus erscheinen, um den barbarischen Horden zu drohen, und durch weitere Elemente, wie die Feuersbrünste, die zusammen mit der Gestaltung der Hügel dieses Bild zu einem Schlüssel für die Landschaftsgestaltung der Carracci und Domenichino machen. Technisch-kritische Bezüge sind auch angedeutet in den Einzelheiten anderer Bilder, wie der „Vertreibung Heliodors aus dem Tempel" mit dem perspektivischen Hintergrund, durch den goldene Lichter und leichte Schatten flackern, und mit der Figur des betenden Priesters im äußersten Winkel, der sich dem vibrierenden Licht (mit atmosphärischer Dichte) der Kerzen und Fackeln zuwendet. Dem entfesselten Drama im Vordergrund rechts sieht Julius II. von seinem Tragesessel aus in völliger Gelassenheit zu. Dazu erscheinen im einzelnen die Anspielung auf seine Politik, die er ohne „die Barbaren" in der Leitung der Kirche führen will, und das „Memento" an seine geistlichen und weltlichen Grundsätze.

Eine Bekräftigung solcher päpstlichen Grundeinstellung von der Freiheit der irdischen Kirche bedeutet auch die „Befreiung des heiligen Petrus", in der sich das Licht auf drei Arten manifestiert: natürlich-nächtlich (der Mond), künstlich (die Fackel), wunderbar (vom Engel ausgestrahlt), in einer ideologischen Bedeutsamkeit und Abstufung, die Lanfranco und Domenichino, wenn nicht sogar Caravaggio, Elsheimer und Gerard van Honthorst (gen. Gherardo delle Notti) als Anregung dienen. Höchste Vollendung in formeller und inhaltlicher Hinsicht vereint sich schließlich in der „Messe von Bolsena", einer Zusammenstellung von Bildnissen und Stilleben voller Farbigkeit und Unmittelbarkeit (man erkennt Sänftenträger, Kardinäle und den Papst selbst), ein Vorspiel zu den gleichwertigen Meisterwerken Raffaels wie dem Porträt eines (nicht identifizierten) Kardinals im Prado zu Madrid und dem Porträt Julius' II. in der National Gallery in London. In den verschleierten Rottönen und schillernden Damasten wie in den betonten (aber auch unvermeidbaren) virtuosen Kontrasten gemahnt die Farbigkeit an Tizian. Man beachte die blau abgeschatteten Gewebe der Chorhemden, die lebhaften Streifen der Altartücher und die hervorragende Qualität der in einem Zug, „alla prima", mit einer fetten, dichten Goldbronze gemalten Kerzenleuchter.

In dem zeitlichen Bogen von 1517 bis 1524, der das Ende des größten Künstlers (1520) enthält, wird auch die Dekoration des letzten Raumes fertig, des Konstantinsaales, der für offizielle Zeremonien bestimmt war. Dieser Raum enthält den Zyklus Raffaels, der eindeutig die Anspielungen und die optischen „Wunder" des Manierismus und des Barocks ankündigt: die wichtigsten Szenen sind auf vorgetäuschte Gobelins gemalt, so daß die Fresken den überzeitlichen Charakter einer festlichen, vorübergehenden Ausschmückung für bestimmte Gelegenheiten bekommen. Raffael muß einige Zeichnungen hinterlassen haben, zum Beispiel für die Schlacht an der Milvischen Brücke, deren Ausführung mit seiner stilistischen und kompositionellen Auffassung so sehr übereinstimmt, daß diese sich am Rand von Fälschungen bewegenden Arbeiten im Antwerpener Atelier des Peter Paul Rubens eine Parallele finden. Giulio Romano, Francesco Penni und die anderen Hilfskräfte verbinden den raffaelischen Stil mit einer Erzählweise nach Art der Trajanssäule (wie schon in der „Schlacht von Ostia"), sie enthüllen einen Willen zu klassizistischer Analyse, der eine aufmerksame, kritische Lektüre erfordert. Diese Betrachtung wird von den Wellenbewegungen und den Kurven der Teppichränder weitergeleitet, das Prinzip des Erzählens äußert sich in den diagonal aufsteigenden Phasen der gebänderten Säulen. Die „Erscheinung des Kreuzes", die „Taufe Konstantins" und „Die römische Schenkung" setzen das Programm irdischer Verherrlichung der Kirche fort. Das von Raffael und seinen Mitarbeitern durchgeführte Experiment, den Malgrund als einen Gobelin aufzufassen, der dann (für die Sixtinische Kapelle) zur Zeit Leos X. von der Brüsseler

77

Links oben: Konstantinsaal, nach dem Tod Raffaels von Giulio Romano unter Mitarbeit von Francesco Penni und Raffaellino del Colle mit Fresken ausgemalt. – Unten: Die Stanze des Heliodor, von Raffael ausgemalt. – Rechte Seite: Decke in der Stanze della Segnatura.

Manufaktur des Pieter van Aelst und den Mitgliedern der Alten Schule (im Unterschied zur Neuen Schule unter Clemens VII.) realisiert wurde, ist einer provokatorischen malerischen Gesinnung nicht fremd. Sie führt zu einem besonderen Aspekt des Manierismus, der nicht nur das Motiv (zum Beispiel in den Arbeiten des Baldassarre Croce in der Kirche Santa Susanna an der Via Pia, heute Via XX Settembre), sondern auch das konkrete, polychrome Gewebe eben dieser Gobelins aufgreift und zu malerischen Arbeiten mit feinster, fast transparenter Farbgebung verarbeitet (entsprechend dem Gewebe der Gobelins), wie Maler wie Taddeo und Federico Zuccari, Cesare Nebbia, Baldassarre Croce und Paris Nogari sie ausführten.

Schon Raffael hatte freiere und verwirrende Lösungen versucht wie in der „Heilung des Krüppels", in der „Bekehrung des Saulus" und auch in „Sankt Paulus im Kerker" mit den problematischen Figuren der Bettler, der riesigen Pferde und der Personifizierung des Erdbebens. Sie sind betont durch Effekte einer Art photographischer Vereinzelung, die mit den Goldfäden, vereint mit den polychromen, flächigen Mustern und der unvermeidlichen Wellenbewegung der Oberfläche, den mächtigen Geweben die vibrierende Vitalität der Lichter und die Greifbarkeit der Vision verleihen. Gedanken, Gleichnisse und Grotesken (eine Art römischer Ornamentik, die Raffael in den sogenannten Neronischen Grotten, auch Domus Aurea, nahe dem Kolosseum, entdeckte) werden dargestellt in Kostümen und bescheidener Umgebung, wie unter anderem in der „Stufetta" (privates Bad Kardinal Bibbienas, des Sekretärs Julius' II.), in kleinen Loggien (wie die an den Gemächern Leos X.) und in Säulengängen wie im zweiten Stock der „fabbrica" im bramantischen Flügel des Damasushofes (mit einem weiteren Zyklus Raffaels von etwa 1517), die aus drei Loggien übereinander bestehen, wie es Julius II. haben wollte, um vom päpstlichen Palast einen Ausblick auf Rom zu haben. Die Loggien im ersten und dritten Geschoß sind von Giovanni da Udine dekoriert, einem der Väter des italienischen Stillebens, den Raffael für diese besonderen Themen hinzuzog: Früchte, Grotesken, Musikinstrumente und ähnliches. Die Motive der raffaelischen Loggia, die an den Konstantinssaal anschließt, bestehen aus der sogenannten

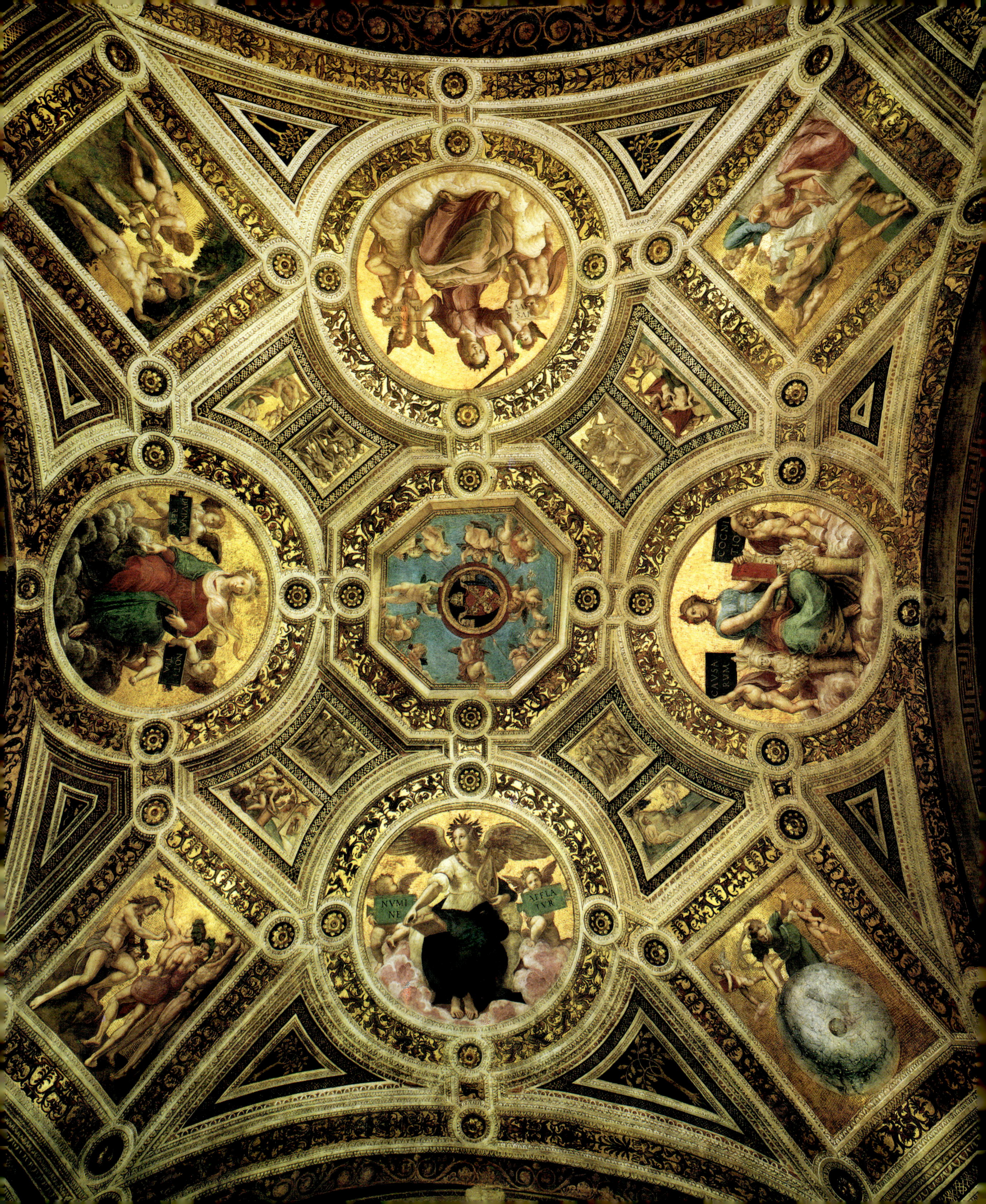
NVMI
NE
AFFLA
TVR

Ansicht der Sixtinischen Kapelle in einem Druck des 18. Jh. – Seite nebenan: Die Sixtina mit dem Jüngsten Gericht im Hintergrund.

„Bibel Raffaels" mit ausführlicher Thematik. Der eigene Beitrag des Meisters ist auf die ersten Richtlinien beschränkt, trotzdem verdichtet sich im Ganzen außer dem normalen Zusammenhang zwischen seinen Ideen und denen des Giovanni da Udine, Giulio Romano, Francesco Penni und Perrin del Vaga eine neue Intuition, die vielleicht den Anthropozentrismus des Humanismus durch die ungewohnte Beiläufigkeit der Landschaft und die Verquickung zwischen dieser und den Figuren beendet. Die Welt ist, vielleicht zum erstenmal, das Weltall, Spiegel und Bildnis Gottes, und kann nichts anderes sein, weil die abgebildeten Räume den Blick auf Rom als „caput mundi" eröffnen. Die Natur ist nicht mehr nur Hintergrund oder, gemäß der malerischen Ethik der Flamen, Mikrokosmos, sondern gewinnt den philosophischen und kulturellen Wert komprimierter Historie mit den verschiedenen Umständen (Landschaftszyklen von Sonnenschein bis Regen, von hell bis düster, vom winterlichen Weiß des Schnees bis zu den leuchtenden Herbstfarben, die alle Bewegungen und Gedanken durchdringen). Sterne und Mond begleiten das menschliche Tun von der Geburt bis zu der Rolle eines gottähnlichen Wesens oder bis zur Erreichung von Symbolen einer höchsten Macht. In diesem ungeheuren Zusammenhang von Formen und Bildern ist nur der Mensch in die Zeit, in eine historische Dimension projiziert, die vom archaischen Pantheismus zum humanistischen Anthropozentrismus führt, der auf einen Schöpfer schließt. Geschöpf und Schöpfer sind die Pole menschlichen Wissens. Die Eroberung der Welt als Spiegelung der Gottheit ist in der Kultur mehr oder weniger allgegenwärtig, auch wenn auf die Gewißheit des Humanismus mit Sicherheit der Zweifel folgt und den menschlichen Forschungseifer weiter anstachelt. Das Gebäude, das sich der menschliche Geist errichtet hat, beginnt zu bröckeln, und Raffael gehört zu den ersten – wenn er nicht wirklich der erste ist –, die sich darüber Rechenschaft ablegen.

MICHELANGELO UND DIE ZEIT DES ÜBERGANGS

Nach dem Sacco di Roma von 1527 wirkt sich der Umsturz der Werte und der Zerfall der Gesellschaft dahin aus, daß das Individuum in seinem Verhältnis zur Natur auf sich selbst zurückgeworfen ist. Das Barockzeitalter erweitert Umwelt und Raum, aber der Übergang zwischen kosmischer Szenerie und der archäologischen Landschaft, die Rom den Zeitgenossen Raffaels bietet, steht noch unter dem Zeichen der „Historienmalerei". Das ausgehende Jahrhundert versucht jedoch, Lebenswelt und Universum in Verbindung zu bringen (von der Galerie geographischer Karten bis zur astrologischen Kosmogonie der „Tierkreiszeichen" im Saal Gregors XIII., den er seiner Heimatstadt Bologna widmete), aber die ethische Position wird deutlich im Motto des Maarten van Heemskerck: „Roma, quanta fuit / ipsa ruina docet – Roms Größe verkünden noch seine Ruinen." Das Streben nach Erkenntnis geht verschiedene Wege, einmal in der tragischen und lyrischen Apokalypse Michelangelos, dann in der konsequenten Erschließung einer irdisch-kosmischen Einheit, deren Trennlinien immer unbestimmter werden.

Das „sixtinische Gewölbe" und das „Jüngste Gericht" betreffen diese existentiellen Zweifel mit den Darstellungen (von 1508 bis 1512 und von 1533/35 bis 1541) von Herkunft und Ziel (Schöpfung und Gericht) menschlicher Existenz. Von der „Genesis" bis zum „Dies irae" enthüllen sich hier die Voraussetzungen der Zyklen des 15. Jahrhunderts (1481–83) mit der Geschichte des Moses und Christi, die „al fresco" an die Wände eben dieser Sixtinischen Kapelle von den größten Meistern der Zeit, wie Perugino, Botticelli, Domenico Ghirlandaio, Cosimo Rosselli und ihren Mitarbeitern, gemalt wurden, zu denen Künstler wie Pinturicchio, Piero di Cosimo, Bartolomeo della Gatta und Luca Signorelli gehörten. Überwacht wurden die Arbeiten wahrscheinlich von Perugino, der das Fresko eines Altarbildes mit der Himmelfahrt Mariens und die beiden ersten Bilder der Geschichte des Moses und der Geschichte Christi malte. Diese drei Bilder und zwei der halbkreisförmigen oberen Felder mit den „Vorfahren Christi" (die beiden auf der anderen Seite sind von Michelangelo) wurden von Michelangelo nach einigem Zögern beseitigt, um der gewaltigen Vision des „Jüngsten Gerichts" Platz zu machen.

Die Geschichte der dekorativen Pläne für die Sixtina ist bedeutsam. An dieser Stelle muß hervorgehoben werden, wie es im Namen der Wandlungen des Stilgefühls zu einer fast traumatischen Geringschätzung qualitativ hochstehender Formelemente kommt. Während aber nun die Gestaltung des 15. Jahrhunderts und das Gewölbe noch die architektonische Gliederung berücksichtigt und eine sichtbare Aufteilung der einzelnen Episoden zeigt (wie zum Beispiel die „Übergabe der Schlüssel", die „Begegnung mit den Töchtern Jethros", die „Delphische Sibylle" und die „Erschaffung des Menschen" getrennt und gruppiert sind durch Nischen, Figuren von Päpsten, Bänder, Kapitelle oder auch durch Elemente aus dem Wappen der della Rovere), ist das „Jüngste Gericht" ein Strudel von im leeren Raum um den Richter-Christus dramatisch rotierenden Körpern. Auf dem Hintergrund eines blau fluoreszierenden Himmels schwimmen quasi gewichtlose Körper-Seelen im Sog des himmlischen Lichts oder sind ins Inferno hinabgestoßen. Die Sinne werden direkt angesprochen. Der Wirbel der Massen wird durch drei Knotenpunkte betont: unten die Schar der Engel, welche die Toten mit dem mächtigen Klang ihrer Trompeten wecken, oben die Werkzeuge der Passion, Voraussetzung der Auferstehung des Leibes und der Seele, in der Mitte der machtvolle Vermittler zwischen beiden, Christus als Richter. Der schrille Klang der Trompeten, der Chor der Seligen, die Ruderschläge des Charon, Geheul und epileptische Flüche der Verdammten sind eine letzte Bestätigung, daß Michelangelo nicht nur den architektonischen (illusionistischen) Raum des Humanismus erschüttern will, sondern nach einer einbeziehenden Sprache sucht, wodurch die sixtinische Apokalypse die Voraussetzungen einer totalen Kunst schafft, die sich in der Barockzeit entwickelt.

Es ist sicher, daß die laufenden Restaurierungsarbeiten auch die geheimnisvolle Wahrheit der Armut von Buonarrotis Farbskala zur Sprache bringen werden, welche von der vatikanischen Expertengruppe, die mit der Erhaltung der Pigmente, der Bindemittel und der von der Feuchtigkeit oxydierten Firnisse befaßt ist, lautstark geleugnet wird. Enthüllt wurde dieser verlorengegangene Aspekt zum erstenmal durch die Lünette mit den „Vorfahren Christi, Eleazar und Matham".

Es heißt in den Quellen, Michelangelo sei von Papst Julius II. gezwungen worden, die Sixtina auszumalen, die ihren Namen nach dessen Onkel, Sixtus IV. della Rovere, hat. Aber der „Widerwille" ist erkennbar, wenigstens gelegentlich. Nachdem er sich seit 1508 zunächst der beiden Helfer Jacopo

Appartamento Borgia: Wappen und Embleme der Familie Borgia an der Decke des Saales der Freien Künste.

d'Indaco und Francesco Granacci, angehender Freskenmaler, bedient hatte, wurden diese sehr bald abgesetzt und durch einfache Handlanger ersetzt, die nur den Mörtel vorbereiteten und den Bewurf machten. Michelangelo arbeitete also praktisch allein, womit er sein Berufsethos unter Beweis stellte.

Er ist ein begabter Kolorist, der seine Formen mit flüssiger Tempera in großer Geschwindigkeit (ohne vorbereitende Kartons, die gewöhnlich zu sorgfältigem Studium und zur Übertragung der Szene auf den Verputz gebraucht werden) auf den „frischen" Kalkmörtel (daher Fresko, von „al fresco") malt, wo die Farbe sofort eindringen und mit dem Putz erhärten muß. Auf dem Untergrund der oben erwähnten Lünette ist in der Tat keine Spur zeichnerischer Vorarbeit gefunden worden, nur die architektonische Kulisse, auf die dann der Pinsel mit Schwarz die Figuren skizzierte, die dann mit Lack in Rot, Rosa, Weiß, Grün, Himmelblau und Ocker ausgemalt wurden, mit einer Kraft, die an die Schläge des Bildhauers mit dem Gradiereisen erinnert und die völlige Hingabe des Malers bezeugt. Das erklärt den breiten, changierenden Auftrag, der durch auf den tief unten stehenden Betrachter berechnete, erläuternde Pinselschläge zusammengefaßt wird, mit denen der Maler seiner Vision gemäß die Details gestaltet. So entstehen Haare, Bänder, anatomische Einzelheiten, die Tasche, die Schnur und der Schlüssel am Gürtel der Frau. Es erscheinen Augen von Besessenen oder Gesichter, die reizlos sein können oder auch so schön und wie es sie nur in der neuplatonischen Vorstellungswelt Michelangelos gibt. Von unten gesehen, ist die räumliche Wirkung so stark, daß einzelne Figuren aus dem Bild herauszutreten scheinen, andere im Hintergrund untertauchen.

In den anderen Lünetten Michelangelos kommt stets die unvergleichliche koloristische Begabung des toskanisch-romanischen Meisters zum Vorschein. An den nach einem knappen Dutzend von Jahren vollendeten Arbeiten ist leicht abzulesen, daß sie der erstaunlichsten Entwicklung dieses Jahrhunderts voraus sind.

Michelangelo Buonarroti sind auch die Fresken in der anschließenden Kapelle zu verdanken, die in die Sala Regia, die päpstliche „aula magna", übergeht, in der die Gesandtschaften empfangen wurden.

Oben: Detail der „Stufetta" des Kardinals Bibbiena, die unter Leitung Raffaels in der auf den Hof des Marschalls hinausgehenden Logetta dekoriert wurde. – Unten: Grisaille-Malerei von Raffael in der Stanza della Segnatura: Alexander d. Gr. legt im Grab Achills die homerischen Gedichte nieder.

Elegant, spannungslos und sehr fein ausgearbeitet sind die großen Szenen aus der „Geschichte der Kirche", Fresken in der Sala Regia von Giorgio Vasari (1572–73), Lorenzo Sabatini, Francesco Salviati, Taddeo und Federico Zuccari, dazu die kleinen Bilder von Orazio Samacchini, Marco Pino und Livio Agresti und der Wandstuck von Daniele da Volterra. Die reiche Kassettierung des Tonnengewölbes nach Entwürfen von Perin del Vaga (Mitarbeiter Raffaels: Arbeiten für Paul III. Farnese, Papst von 1534 bis 1549, in der Engelsburg) gibt Auskunft auf viele Fragen nach der profanen Dekorationskunst nach Raffael, die sich als Reaktion auf die grundsätzliche Dramatik des reifen Michelangelo raffaelischer Anregungen bedient.

Die Kulturpolitik Pauls III. ist so erfolgreich, wie man sich vorstellen kann: „Bei Arbeiten von großem öffentlichem oder zivilem Interesse ist Michelangelo sein Vorbild, für Paradebilder seiner Familie hält er sich an die Art Tizians, Antonio da Sangallo der Jüngere eignet sich besonders als Hofarchitekt und Perin del Vaga als Hersteller dekorativer Schaustücke." Die phantastische Welt Perinos und der anderen Epigonen des paulinischen Manierismus versteht ihre gesellschaftliche Aufgabe also derart, daß sie zwar den Vormarsch der gegenreformatorischen Theorien des Konzils von Trient sieht (das Paul III. selbst betreibt, um den Protestantismus in Europa einzudämmen), aber das Klima des Neofeudalismus pflegt, der allen farnesischen Unternehmungen anhängt. Perino ist also sozusagen der geistige Erbe der „Dekorateure" aus den Anfängen des Humanismus, ein Gentile da Fabriano, übersetzt in den Manierismus des 16. Jahrhunderts.

In der Sala Ducale stehen sich zwei weitere Vertreter der neuen Art höfischer Bildgestaltung gegenüber, Marco Pino und Paul Bril, der Flame, der endgültig die Landschaft als Hauptelement des Bildes einführte. Mit den beiden Bril (Paul und sein Bruder Mathys, von dem das „Martyrium des heiligen Clemens" in der Sala Clementina und die Beiträge in der Sala Ducale bekannt sind) findet dennoch die figurative Tradition Raffaels und Michelangelos einen wenn auch verstimmten Nachhall, während das in der Bibliothek Sixtus' V. arbeitende „Team" auf die Erneuerung der jüngeren Werte der späten Renaissance zielt. Die De-

DIE KRISE DES MANIERISMUS

Die manieristische Krise, die mit dem ideologischen Schock nach der Plünderung Roms zusammenfällt, hat ihren Ursprung in der düsteren, strengen Orientierung der letzten Schaffenszeit Michelangelos und äußert sich in der Bildhauerei durch die verschiedenen tragischen Fassungen des Themas der Pietà, in der Architektur durch das rohe, ungeformte Mauerwerk von Santa Maria degli Angeli, in der Malerei durch die nihilistischen, trotzdem von Goldglanz durchzogenen Schatten, mit denen das Drama der Gnade dargestellt ist in der „Bekehrung des Saulus" und der „Kreuzigung des heiligen Petrus" (Cappella Paolina, etwa 1542–50). Fast ein Vorwand, sichtbar die Urkräfte zu entfesseln, die den Glauben durch Bekehrung und Martyrium erhöhen, ist die bewährte Auseinandersetzung von Gut und Böse, von Helligkeit und Dunkelheit im Werk Caravaggios in der Cerasi-Kapelle von Santa Maria del Popolo.

Gemächer der Borgia, Saal der Päpste: Deckengemälde mit tanzenden Engeln im mittleren Kreis, und mythologischen Figuren an den Rändern von Perin del Vaga und Giovanni da Udine.

koration der Bibliothek ist eine weitere hervorstehende Episode in der Entwicklung der spätmanieristischen Bild-erzählung. Es nehmen daran Domenico Fontana in seiner Eigenschaft als Architekt (von 1587 bis 1589) und unter Leitung Giovanni Guerras und Cesare Nebbias eine bedeutende Zahl von Künstlern teil, die sehr schnell die Episoden aus dem Leben Sixtus' V. und seine architektonisch-urbanistischen Unternehmungen illustrieren.

DER ANFANG DES BAROCKZEITALTERS

Unter den Freskenmalern gibt es einige, die zu persönlichem Ruf gelangten. Zu erinnern ist an Bril, Ventura Salimbeni, Giovanni Baglione, Giovanni Battista Ricci, Andrea Lilio, Orazio Gentileschi, Avanzino Nuzzi und andere, deren glänzende Wandmalereien oder auch kleinere Werke, wie Stuckarbeiten oder Grotesken, nach der Ästhetik eines Raffael und Giovanni da Udine schwer zu unterscheiden sind. Ausläufer der „Biblioteca" finden sich in den Sälen Pauls V. Borghese, die 1611 vollendet waren und 1620 von Giovanni Battista Ricci mit „Begebenheiten aus dem Leben des Papstes" dekoriert wurden, daneben gibt es Arbeiten aus verschiedenen Zeiten, wie die „Pläne von Rom" (Dupérac und Lafréry, 1577) und die „Heiligsprechungen" des Karl Borromäus und der Franziska von Rom.

Auf derselben Linie gewisser Ansichten der manieristischen Orthodoxie lag einer der meistgeschätzten Maler der Stadt, Giuseppe Cesari, auch Cavalier d'Arpino genannt, der Leiter des sehr bekannten Ateliers „alla Torretta" auf dem Marsfeld. Hier wohnte um 1593 für die Dauer von acht Monaten Michelangelo Merisi, der zu dieser Zeit noch nicht Caravaggio genannt wurde. Wahrscheinlich war es Arpino, der ihm zu Beginn seiner römischen Tätigkeit die ersten Kenntnisse von Symbolismus und Allegorie vermittelte, eine mehr intellektuell orientierte Malweise, als ihm bisher bekannt war, die ihm Gelegenheit bot, Blumen und Früchte „nach der Natur" zu porträtieren, die dann bei Gelegenheit in größere Werke eingefügt werden konnten (ein Wandel der Auffassung, der ihn binnen kurzem dazu führte, Blumen und Früchte in seinen Bildern mit „Figuren" gleichzusetzen, was den naturalistischen Ansatz Caravaggios und seiner Nachfolger ergibt). Mit Arpino, der schon in der Loggia des dritten Stockwerks, im „Alten Saal der Schweizer" und im „Saal der Reitknechte" gearbeitet hatte, wird die Diskussion über die Petersbasilika wieder eröffnet (von ihm stammen die Entwürfe für die Mosaiken in der Kuppel Michelangelos, 1603-12), und man tritt in das neue Zeitalter ein, das den unaufhaltsamen Fortschritt des „totalen Kunstwerks" im 17. Jahrhundert erlebt. Im Jahre 1599 sind es die vier „Zwickel" der Kuppel mit der Darstellung der „Propheten" nach Zeichnungen von Giovanni de' Vecchi, Cesare Nebbia und Pomarancio, während in der inneren Kalotte der kleinen Laterne nach Arpinos Entwurf der vom Himmel herabsteigende „Segnende Gottvater" entsteht. Es ist symptomatisch, wie sich die Praxis der Ausführung geändert hat und eine Art freiberuflichen Wettbewerbs spürbar wird (derselbe Entwurf des „Gottvater" wird auch in der kleinen Laterne der Cappella Santori in San Giovanni in Laterano verwendet, 1606-07). Die Mosaiken des „Chor der anbetenden Engel" im oberen Bereich der Kuppel sind von 1606/07, und letzte Arbeiten an den Putten und Cherubim in den Rundungen wurden 1608/09 ausgeführt. Der Rest der Dekoration wurde am 25. März 1612 unter der Leitung Arpinos und unter Mitarbeit von Künstlerpersönlichkeiten wie dem künftigen Nachahmer Caravaggios, Orazio Gentileschi, beendet. Das Mosaik (anstelle des erprobten Freskos) ist in der Basilika allgegenwärtig. Viele gemalte Altarbilder werden durch Kopien in dieser neuen Technik ersetzt, die mit der Zeit (und der Notwendigkeit minutiöser Nachahmung des Originals) genauer, ausführlicher und vielleicht auch wertvoller geworden war, da sie die bis zur mosaizistischen Epoche der Kuppel erhaltene Frische weiter erhält.

VON CARAVAGGIO ZU POUSSIN

Im 17. Jahrhundert gibt es, wie schon betont, die erste nachhaltige Revolution in der Malerei, die realistische des Caravaggio. Ihn beauftragen 1605 die „Palafrenieri di sant'Anna" mit einem Bild der „Madonna mit Kind und Sankt Anna", das für den neuen Altar der Bruderschaft in der Basilika bestimmt ist. Aber das Gemälde erregt heftigen Widerspruch (die Begründungen werden nicht ganz klar), was die „Signori Cardinali della Fabbrica" zur Ablehnung veranlaßt. Das einzige handschriftliche Zeugnis des Meisters bezieht sich auf dieses Werk. Es ist eine Quittung, in der es heißt: „Ich, Michelangelo aus Caravaggio, bin zufrieden und abgefunden in bezug auf das Bild, das ich für die Compania di sant'Anna gemalt habe, ich habe dies getreulich geschrieben und unterschrieben am 8. April 1606." Die Ablehnung geschah nach zweitägiger Ausstellung (14.-15. April), und der mißgünstige Biograph Giovanni Baglione gedenkt ihrer mit der Versicherung: „Auch machte er in San Pietro Vaticano eine Madonna, die einen Putto zwischen ihren Beinen hat, der mit dem Fuß den Kopf einer Schlange zertritt, sie wurde aber von den Herren Kardinälen des Hauses abgelehnt." Wir wissen, daß es dem Maler unmöglich gemacht wurde, sein Werk zu verteidigen, wie es in anderen Fällen geschehen ist, zumal er zwischen dem 28. und 29. Mai in einen Mordfall verwickelt war. Die Arbeit wurde am 16. Juni von Kardinal Scipione Borghese gekauft.

Abgesehen von Caravaggio, taucht der Naturalismus auch bei anderen Künstlern der ersten Garnitur auf, zum Beispiel bei Giovanni Antonio Galli, „Spadarino" genannt, der bis zu einem gewissen Grade noch heute zweideutig und schwer einzuordnen ist und zum Teil Vorbildern von Orazio Gentileschi, Cecco del Caravaggio und Carlo Saraceni verpflichtet zu sein scheint. Spadarino interpretiert Caravaggios Sprache mit Silbertönen und manchmal mit zarten Figuren, die an Caravaggios Anfänge erinnern. Im Jahre 1629/30 erstellt er in Sankt Peter die „Heiligen Valeria und Martial" (heute vatikanische Sammlungen), worin die enthauptete Heilige ihren Kopf in den Händen trägt.

Im Jahre 1629 malt der französische Naturalist Valentin de Boulogne, der auf Wunsch Kardinal Francesco Barberinis (Neffe des frankophilen Urban VIII.) den Maler Francesco Albani vertritt, eine Altartafel mit dem „Martyrium der heiligen Prozessus und Martinianus" (heute Vatikanische Pinakothek, am Ort durch ein Mosaik ersetzt), ein wahres Meisterwerk, das die Notwendigkeit der Überwindung gewisser formaler Bindungen erweist, die nunmehr nur noch ein Reflex Caravaggios sind, was durch die akademisierte Fassung des Bartolomeo Manfredi bestätigt wird. Es handelt sich allerdings um eine eigenartige konkrete Phanta-

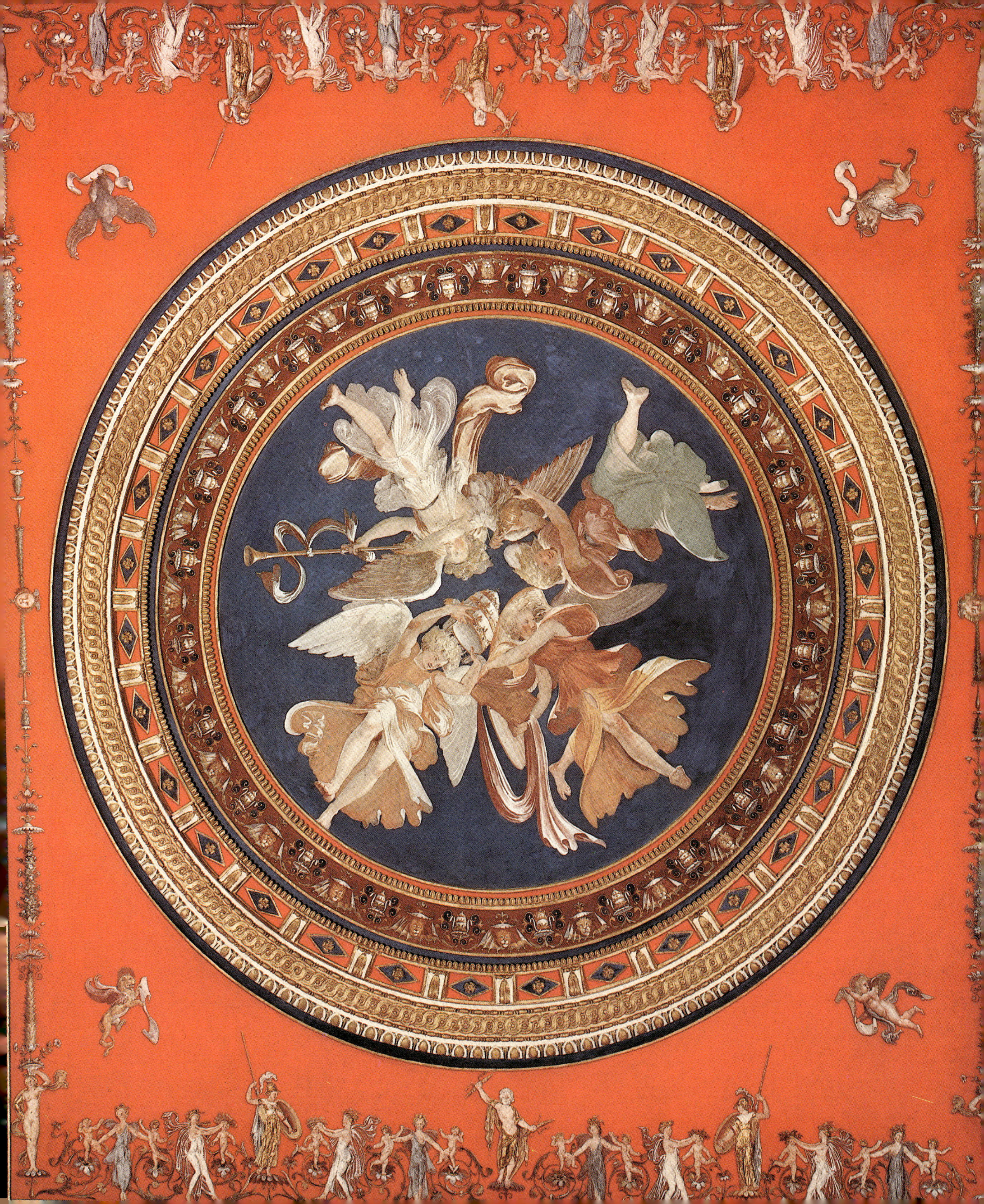

sie, die das urwüchsige Talent (Basis seiner bisherigen Arbeiten) des Malers bestätigt, der Elemente aus dem „Martyrium des heiligen Matthäus" (Rom, San Luigi dei Francesi) Caravaggios mit gewissen klaren, klassizistischen Lösungen verbindet, die vielleicht durch die Nähe des veronesischen „Martyrium des heiligen Erasmus" (1628–29) von Nicolas Poussin suggeriert wurden.

Dieser Maler ist – obwohl Franzose – der wahre Erbe der klassizistischen Kultur, die in Rom von den Bologneser Brüdern Carracci (Annibale, Agostino und Ludovico) und ihrer „Accademia degli Incamminati" eingeführt wurde und aus der viele Vertreter der malerischen Kultur des 17. Jahrhunderts hervorgingen. Einer von ihnen ist Guido Reni, von dem sich in der Basilika ein Mosaik befindet, das dem schmachtenden „Erzengel Michael unterwirft die Dämonen" der Kirche Santa Maria della Concezione in Rom entnommen ist, und in der Vatikanischen Pinakothek die „Kreuzigung des heiligen Petrus" (früher in der Kirche San Paolo alle tre Fontane), geschaffen in einem Naturalismus, der über die akademische Primitivität hinausgeht und mit dem analogen Thema Caravaggios in Santa Maria del Popolo kontrastiert. Robuster und von Anregungen Caravaggios geradezu geädert ist das „Begräbnis der heiligen Petronilla" von Francesco Barbieri, genannt Guercino, gleichfalls ein Mosaik anstelle des (in der Kapitolinischen Pinakothek befindlichen) Originals. Aus dem Umkreis der Carracci kommt Domenico Zampieri, genannt Domenichino (nach dem Tod des Annibale der wahre Erbe des Klassizismus). Nach Werken von ihm entstanden die Mosaiken „Martyrium des heiligen Sebastian" (das Gemälde befindet sich in der römischen Kirche Santa Maria degli Angeli) und die „Kommunion des heiligen Hieronymus", im ersten Drittel des 17. Jahrhunderts das berühmteste Gemälde Roms, das 1614 für die Franziskaner von Aracoeli ausgeführt wurde, dann in die Kirche San Gerolamo della Carità in Rom kam (1797 befindet es sich infolge des Napoleonischen Raubzugs in Paris, heute in der Vatikanischen Pinakothek). Hier ist die Angleichung an einen vagen akademischen Naturalismus deutlich. Die Komposition ist bis zum letzten ausgewogen durch die Verteilung der Massen und Leerstellen (siehe den Ausblick in die Landschaft in der Mitte), und die Abstufung der Farbwerte betont den ethisch-affektiven Inhalt.

Ein anderer Carracci-Epigone, Giovanni Lanfranco, malt da, wo sich Francesco Borromini mit der Pietà Michelangelos befaßt, den erstaunlichen Strom der Engel rings um das Kreuz („Triumph des Kreuzes"), der den Eindruck erweckt, als sei nunmehr das volle Klima des Barocks erreicht.

Poussin insbesondere bildet mit dem erwähnten „Martyrium des heiligen Erasmus" (der Auftrag von 1627 fand nicht nur die Unterstützung Kardinal Francesco Barberinis, sondern auch die Gian Lorenzo Berninis) das Verbindungsstück mehrerer kultureller Momente: einmal der Katholischen Reform mit der Aufwertung des Märtyrerkults der alten Kirche, dann des Humanismus mit dem Kult Raffaels, Tizians und Veroneses und, am Rande, des stoischen Dramas Caravaggios (zusammen mit Valentin), für das ein Martyrium der blutige Akt eines Mords ist. So wandelt sich in der blendenden Atmosphäre des Sonnenlichts, des authentischen Emblems des totalen göttlichen Lichtes, und in einem Hauch von Klassizismus alles in philosophische Verinnerlichung und zwingt schließlich das Publikum zu privater Betrachtung.

Während des Barocks werden Bilder und Bildzyklen durch andere Ausdrucksmittel ergänzt, durch starke, signalartige, manchmal improvisierte Werke, vom zerrissenen Klassizismus des Andrea Sacchi (erwähnt seien die Entwürfe der Mosaiken, die der Spezialist Giovanni Battista Calandra für die Cappella della Colonna ausführte – „Sankt Thomas von Aquin mit den heiligen Petrus und Paulus", 1632, und „Sankt Johannes von Damaskus", 1634–36 –, und für die Kapelle des Erzengels Michael – „Sankt Leo der Große", 1638–39, und „Sankt Dionysius", 1639–47) bis zum scheckigen Weiß des „Clair-obscur" der großen marmornen Altartafeln des Alessandro Algardi, die noch zu den glänzenden Arrangements aus Bronze und Gold der Gesamtkunstwerke des Gian Lorenzo Bernini und den ertüftelten Stuckarbeiten des Pietro da Cortona hinzukommen.

Sixtinische Kapelle, links: Detail aus dem Botticelli-Fresko „Bestrafung Korachs, Datans und Abiram". – Rechts: Detail aus der „Übergabe der Schlüssel" von Perugino.

Die Cappella Niccolina

Zwischen 1451 und 1477 ist Fra Angelico in der Kapelle Nikolaus' V., einem verhältnismäßig engen Raum mit spitzbogigen Fenstern, tätig. Die „Geschichte der heiligen Stephanus und Laurentius" verrät eine starke Anteilnahme am körperlichen und seelischen Leiden der Menschheit, während die städtischen und landschaftlichen Szenen mit einer Eindringlichkeit wiedergegeben sind, die zu den mit Gold durchwirkten Dalmatiken der beiden Diakone und zu den Lumpen der Bettler paßt. Eine wahre Chronik des Elends, ein Gegenstück zum Glanz des Humanismus.

Kapelle Nikolaus' V.: Geschichte des hl. Stephanus von Fra Angelico.
Unten: Stephanus empfängt von Petrus die Weihe zum Diakon und verteilt Almosen. – Nebenstehend oben: Predigt des Stephanus und Disput im Hohen Rat; unten: Martyrium des Stephanus.

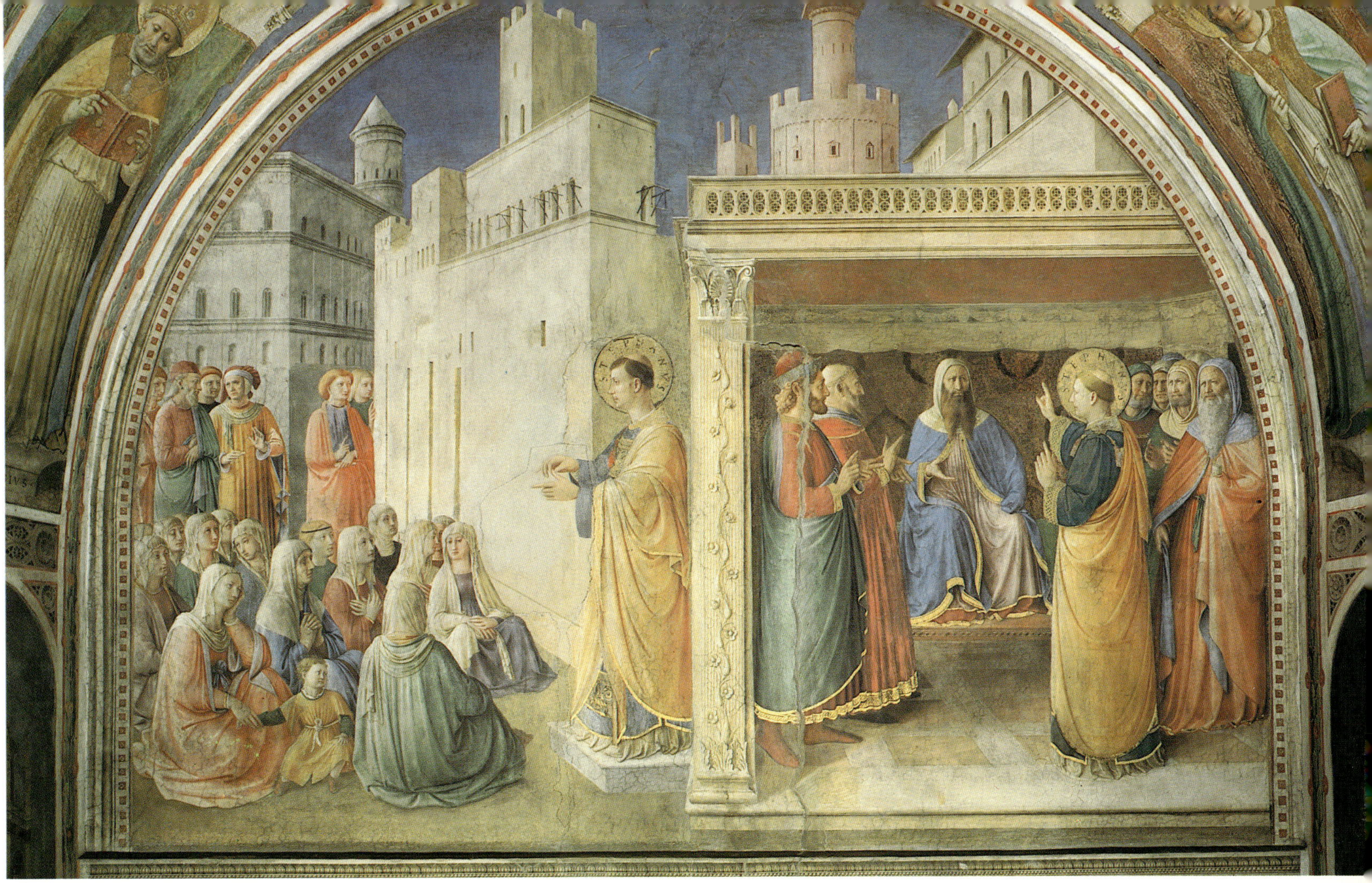

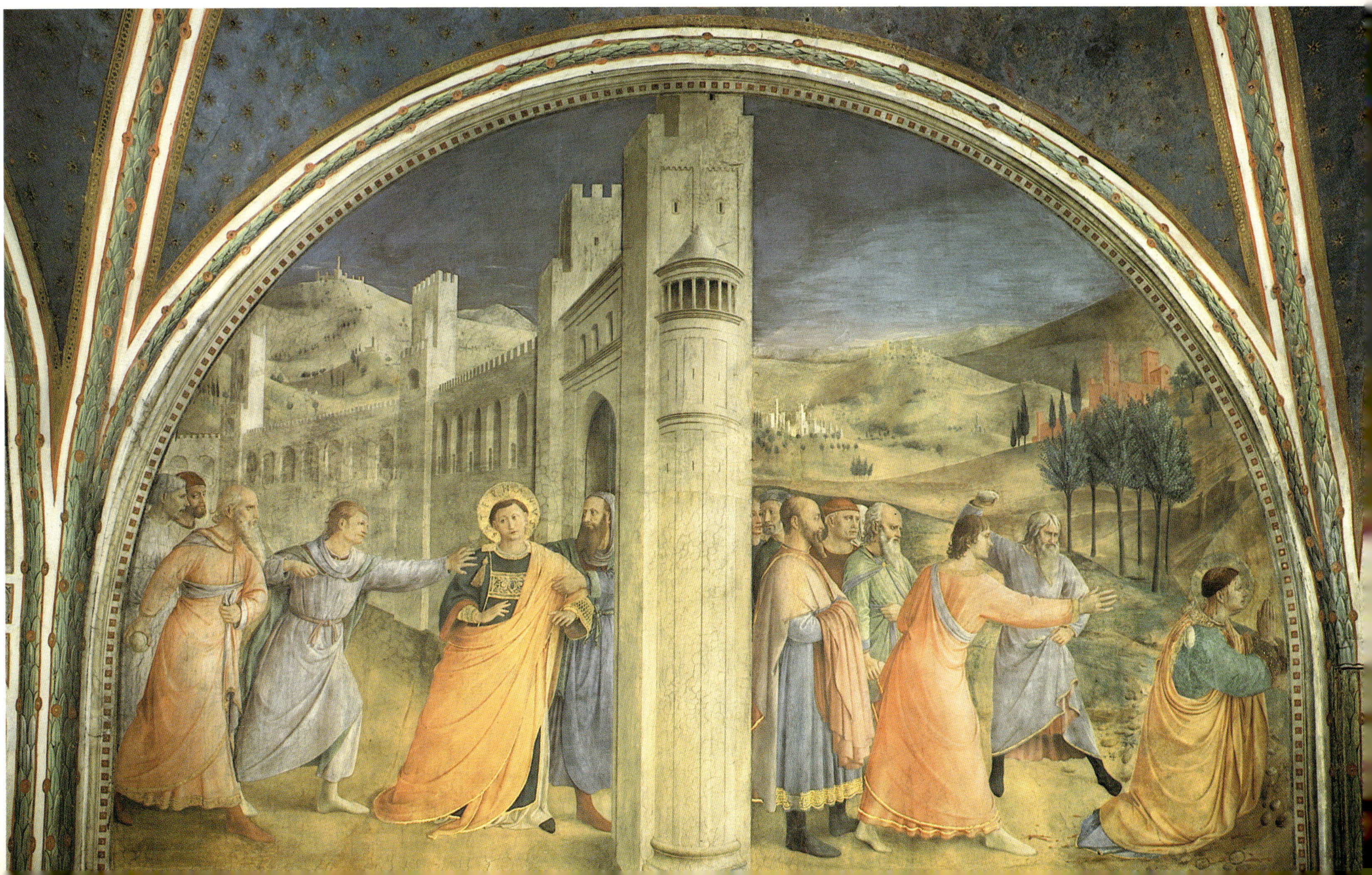

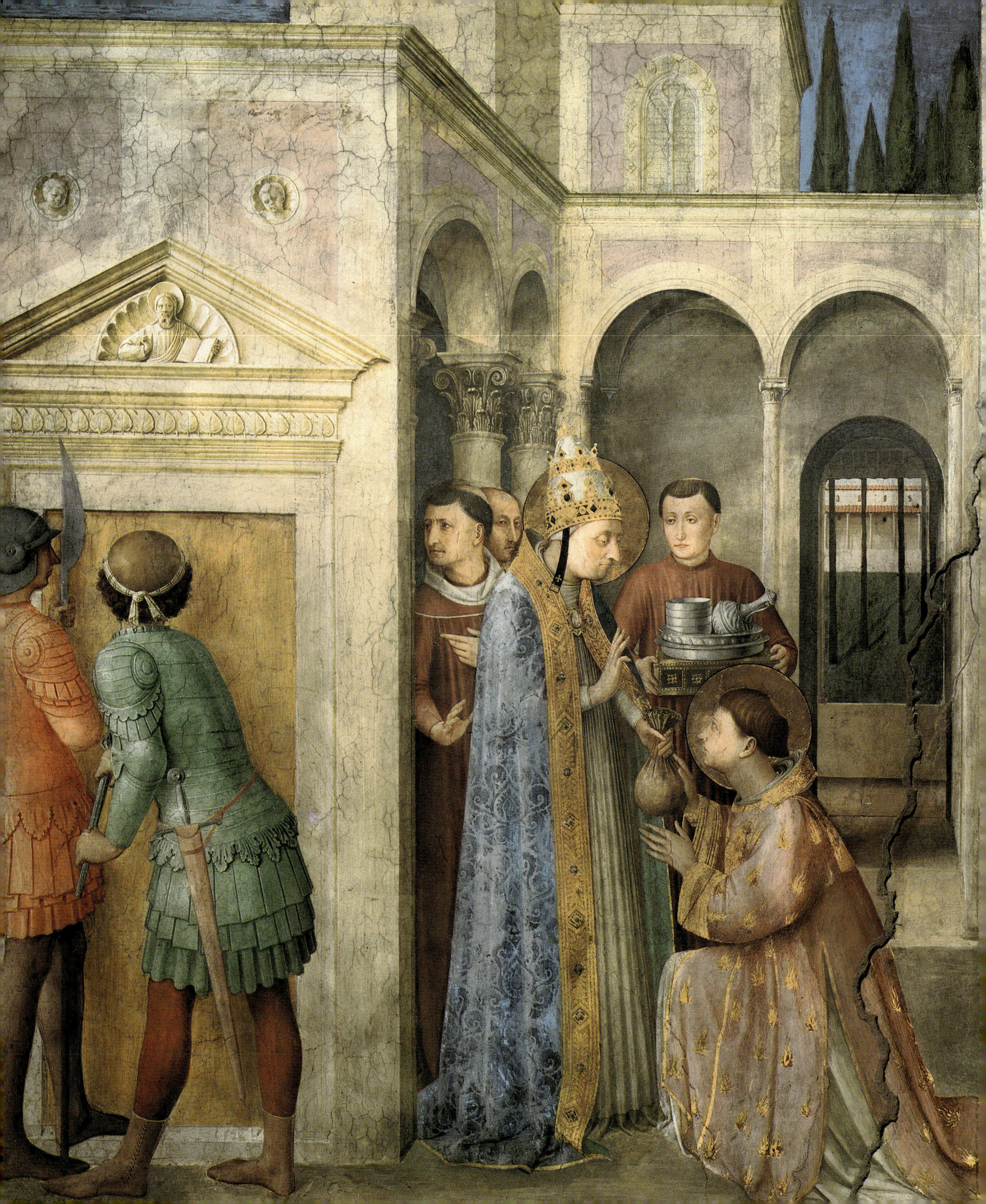

Kapelle Nikolaus' V.: Geschichte des hl. Laurentius von Fra Angelico.
Nebenstehende Seite: Laurentius empfängt von Papst Sixtus den Kirchenschatz.

Unten links: Sixtus weiht Laurentius zum Diakon; rechts: Laurentius verteilt Almosen. – Ganz unten: Laurentius vor dem Richterstuhl des Kaisers Decius und sein Martyrium.

Der Zyklus der Sixtinischen Kapelle

Die größten Maler des 15. Jahrhunderts werden mit der Ausmalung des unteren Teils der Kapelle Sixtus' IV. della Rovere betraut, die nach ihm „Sistina" genannt wird. Perugino, Botticelli, Ghirlandaio, Cosimo Rosselli und ihre Mitarbeiter (darunter Pinturicchio, Piero di Cosimo, Bartolomeo della Gatta und Luca Signorelli) schildern mit großer Erfindungsgabe die „Geschichte des Moses" und die „Geschichte Christi". Darin macht sich neben der zeichnerischen Virtuosität der umbrisch-florentinischen Schule, die von den bewegten Linien Botticellis und Ghirlandaios, den Einfällen Piero di Cosimos und der mechanischen Anatomie Signorellis beherrscht wird, vor allem die Aufmerksamkeit des Humanismus für die Landschaft geltend, und sei es auch nur als Szenarium für die Taten der Menschen (Christi oder eines biblischen Heiligen), in dem noch die klassischen Ruinen den Zweck haben, die Bedeutung der Historie zu erhöhen. Michelangelo schließt die Landschaft wieder aus, bis sie im 18. Jahrhundert erneut entdeckt wird.

Sixtinische Kapelle: Geschichte des Moses. Unten: Moses mit Ehefrau Sefora und Beschneidung ihrer Söhne. Fresko von Perugino (Città della Pieve 1448 – Fontignano 1523) und Pinturicchio (Perugia 1454 – Siena 1513). Nebenstehend oben: Durchgang durch das Rote Meer; unten: Moses auf dem Sinai und Anbetung des Goldenen Kalbs. Fresko von Cosimo Rosselli (Florenz 1439–1507).

Folgende Doppelseite: Der brennende Dornbusch, Moses tötet den Ägypter und vertreibt die Midianiter vom Brunnen, die Töchter des Jitro. Fresko von Sandro Botticelli (Florenz 1444–1510).

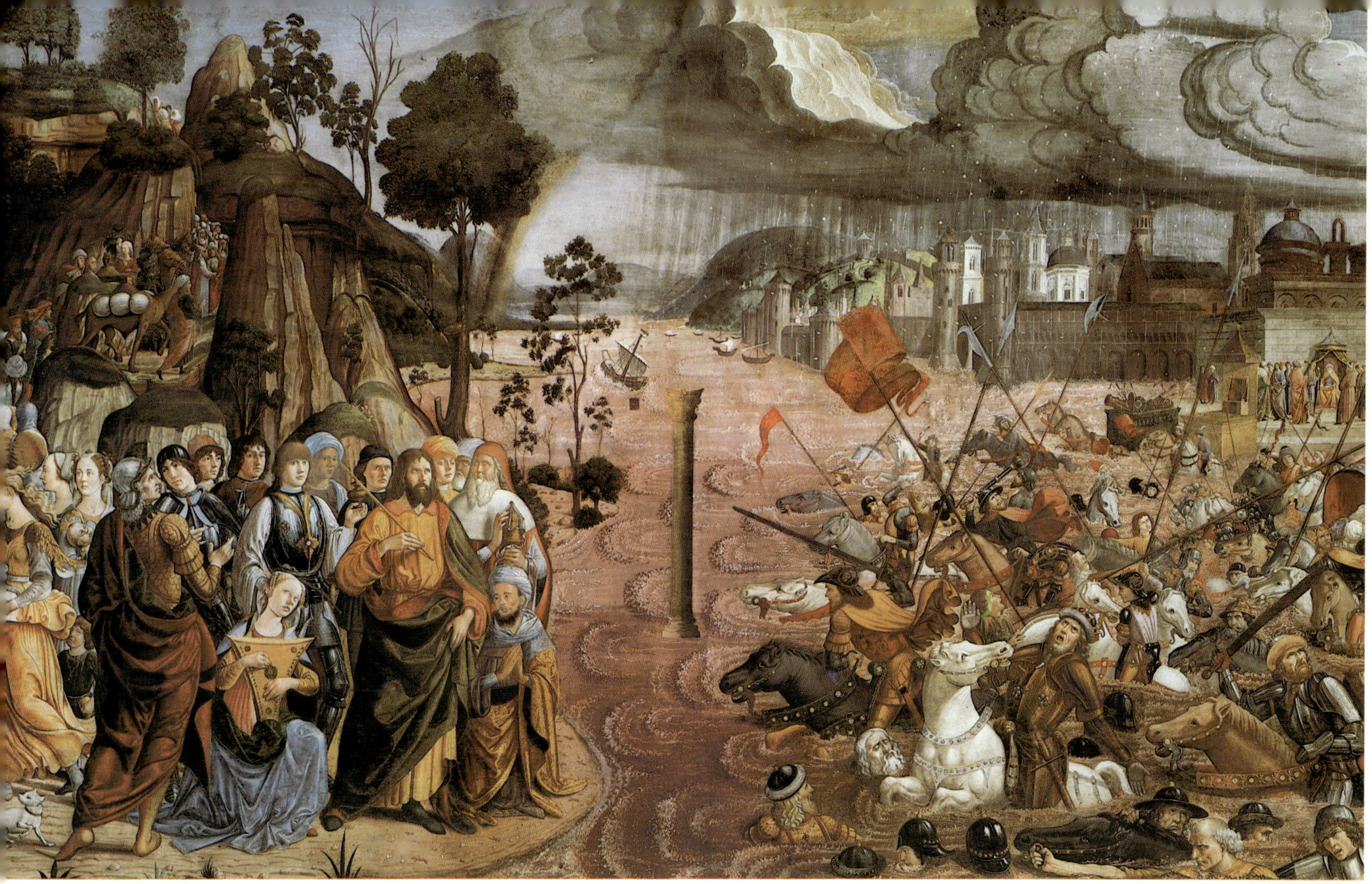

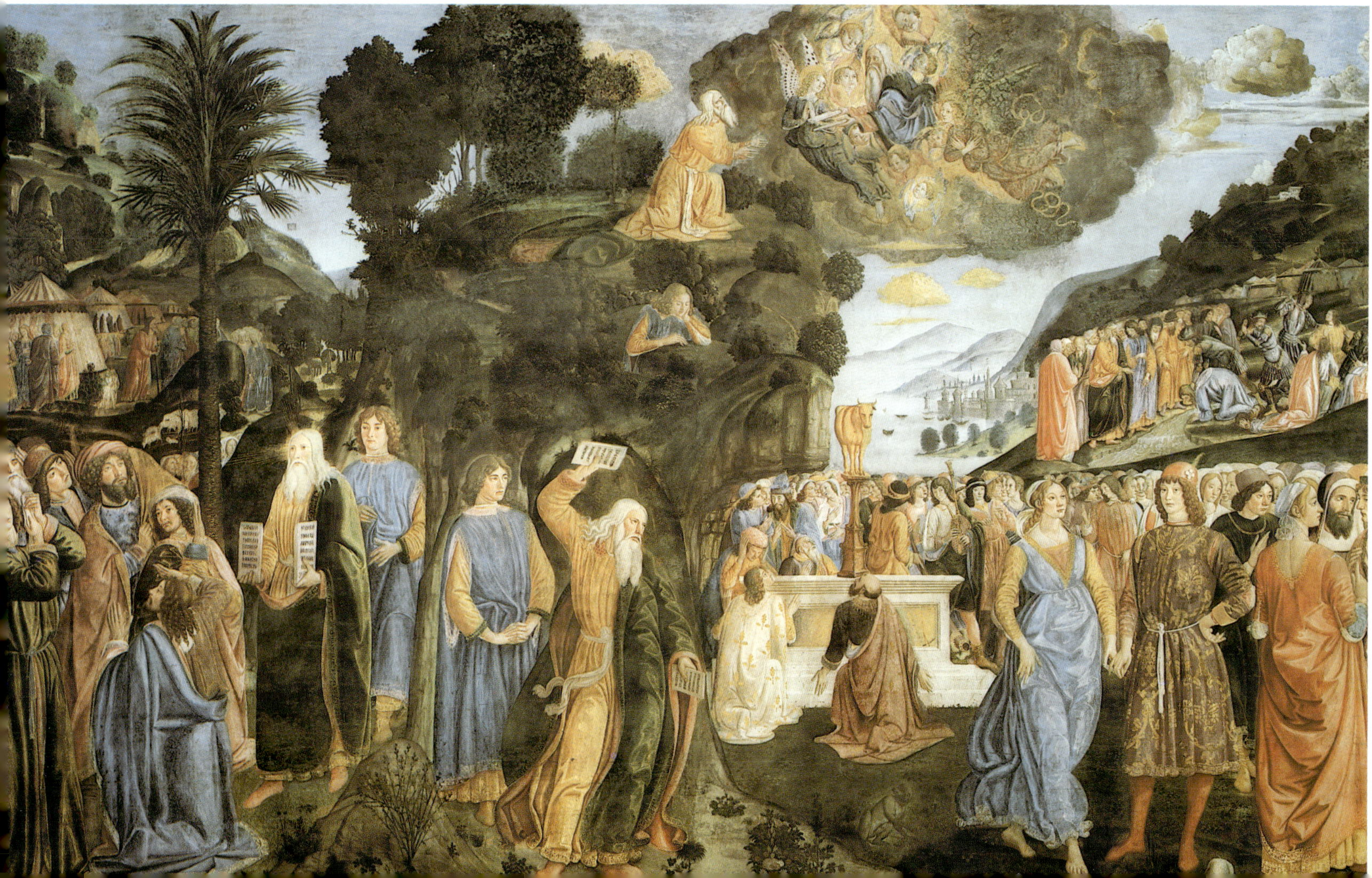

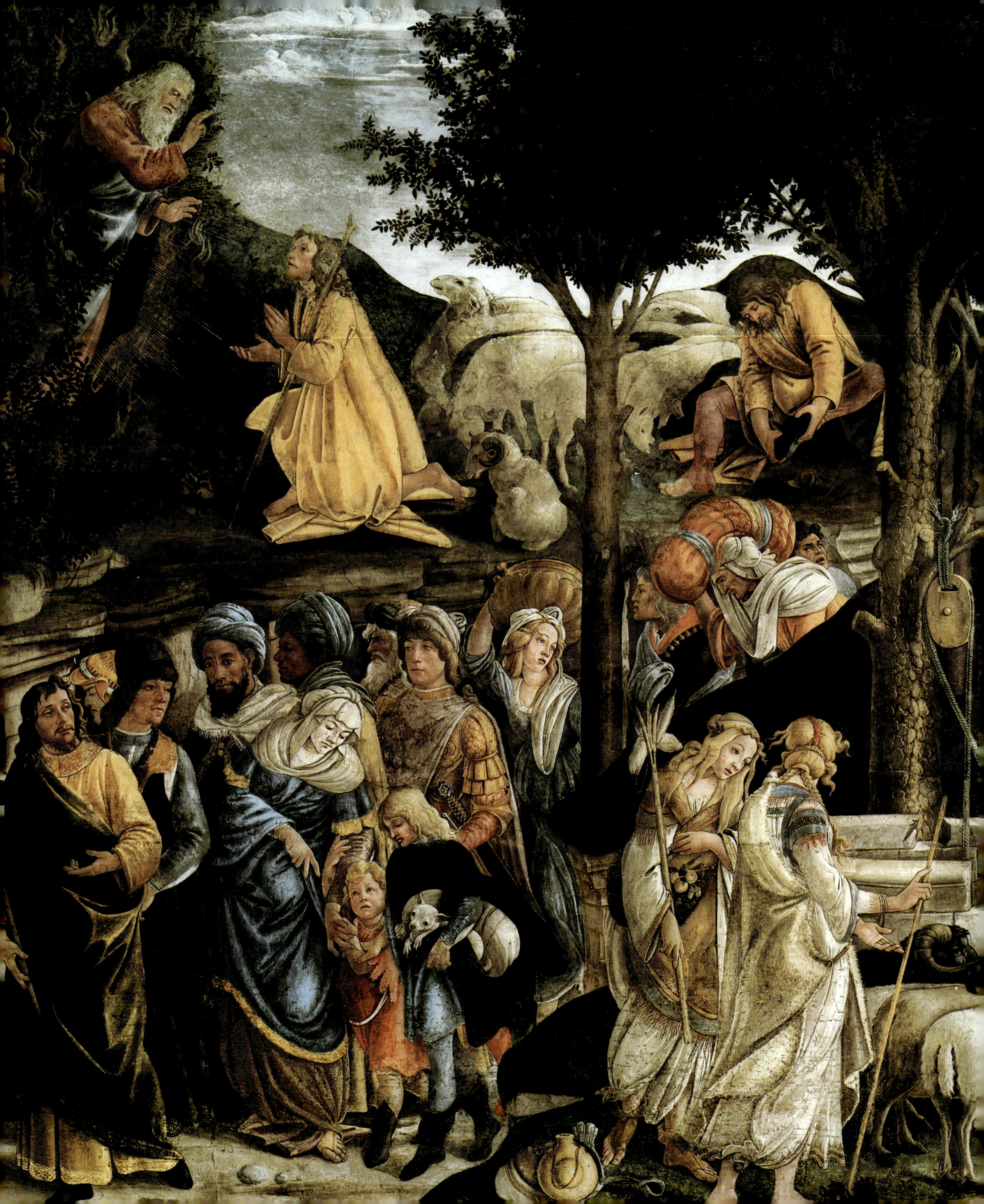

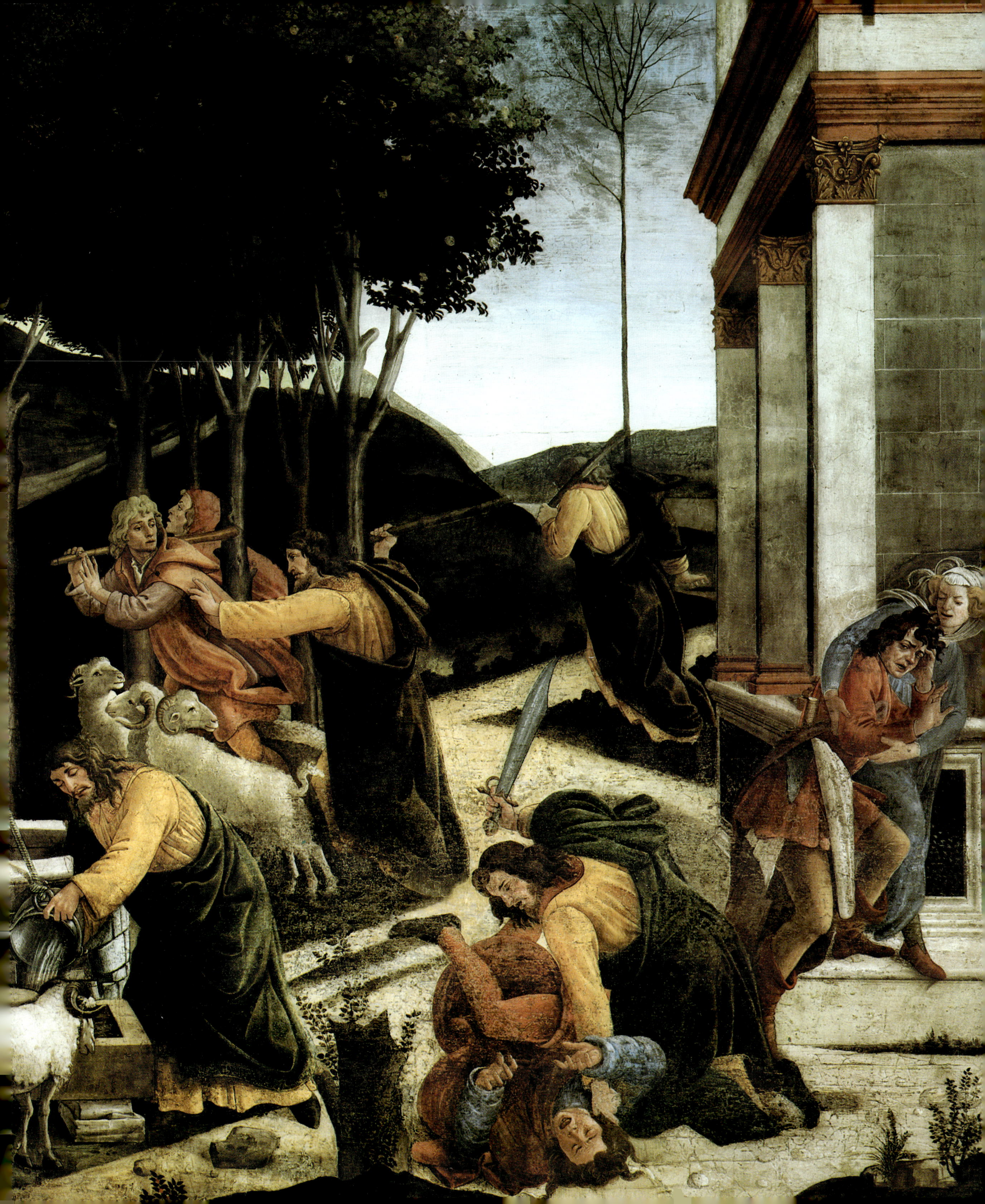

96

Sixtinische Kapelle: Geschichte des Moses. Nebenstehend oben: Moses übergibt Joschua den Stab und Tod des Moses. Fresko von Luca Signorelli (Cortona 1450–1523); nebenstehend unten: Bestrafung von Korach, Datan und Abiram. Fresko von Sandro Botticelli. – Diese Seite: Tod des Moses, Ausschnitt aus dem Fresko links oben.

Sixtinische Kapelle: Geschichte Christi.
Links: Ausschnitt aus der Versuchung Christi.
Rechte Seite oben: Taufe Christi. Fresko von
Perugino; unten: Heilung des Aussätzigen und
Versuchung Christi. Fresko von Sandro Botticelli.

Auf den folgenden Seiten, oben links: Die Berufung
des Petrus und Andreas. Fresko von Domenico
Ghirlandaio (Florenz, 1449–94); oben rechts:
Übergabe der Schlüssel. Fresko von Perugino.
Unten links: Die Bergpredigt; unten rechts: Das
Letzte Abendmahl. Fresken von Cosimo Rosselli.

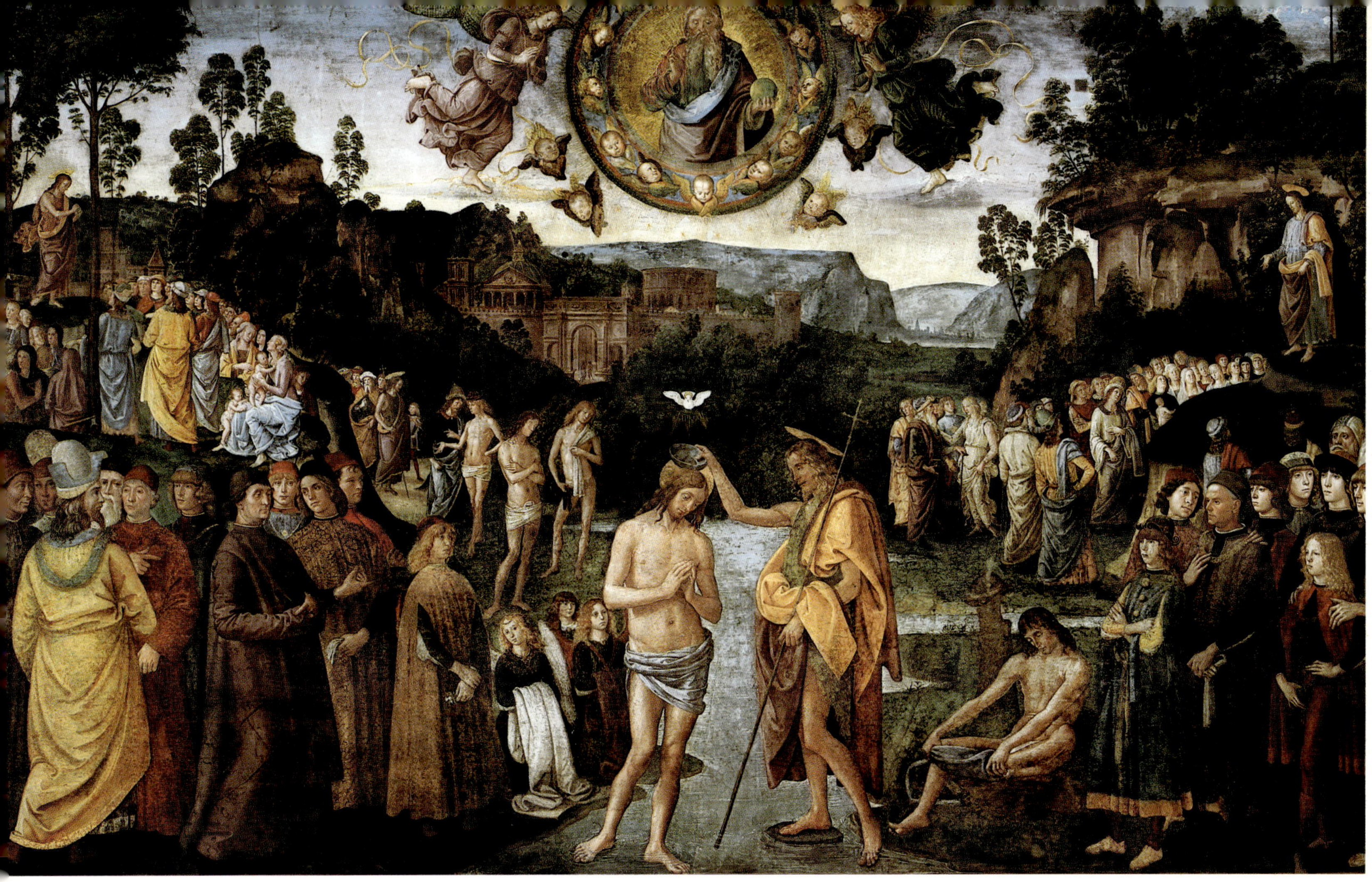

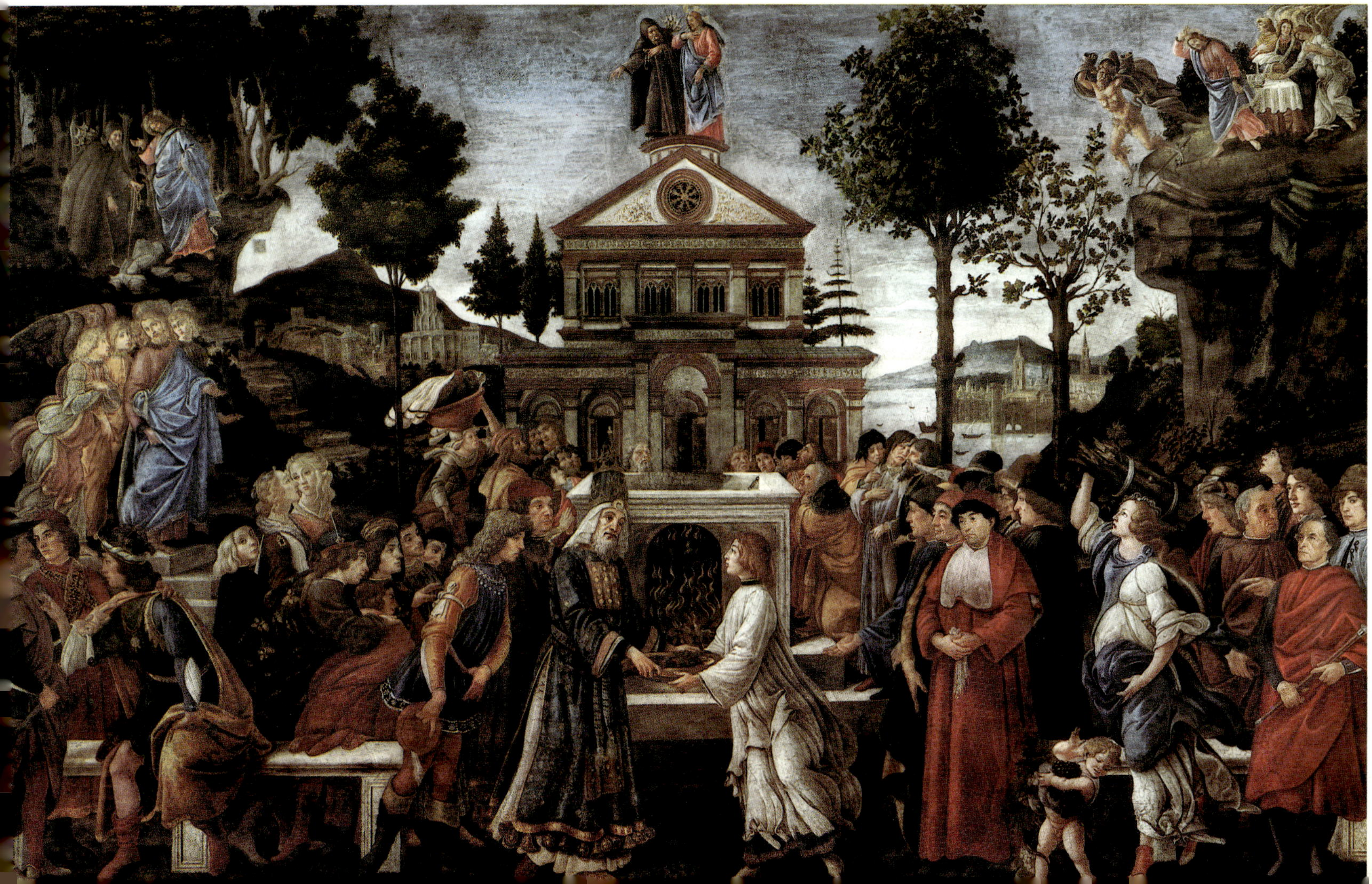

100

101

Die Wohnräume der Borgia

In ständigem Wechsel zwischen Wirklichkeit und Erdichtetem, in einer Tonlage alchemistischer Umwandlung (der Stein der Weisen, der in Gold verwandelt) schildert Pinturicchio die verwickelte Geschichte des großen Alexander VI. Borgia. Dieser identifiziert sich sozusagen gleichzeitig mit einem Zauberer und mit Alexander dem Großen, er möchte das Bild in ein Juwel, den Stuck in Gold und die Gesamtheit des heidnischen Mythos in christlichen Glauben verwandeln, also die herrscherliche Klassik seiner Kultur (Künste, Musik, Geometrie, Mythos) in eine Dimension absoluter Universalität erheben, ein Neuheidentum. Das war die Voraussetzung für die großen Schöpfungen der Renaissance, aber auch – als Gegenwirkung – des lutherischen Schismas.

Appartamento Borgia, Sala dei Santi mit Fresken von Pinturicchio.
Unten von links nach rechts: Die Legende der hl. Barbara, die Heimsuchung, Susanna wird von den Alten belästigt.
Links: Mythos von Io, Argos und Merkur.
Rechts: Madonna mit Kind und Cherubim.

Folgende Doppelseite: Disput der hl. Katharina.

PAC
CVL
R

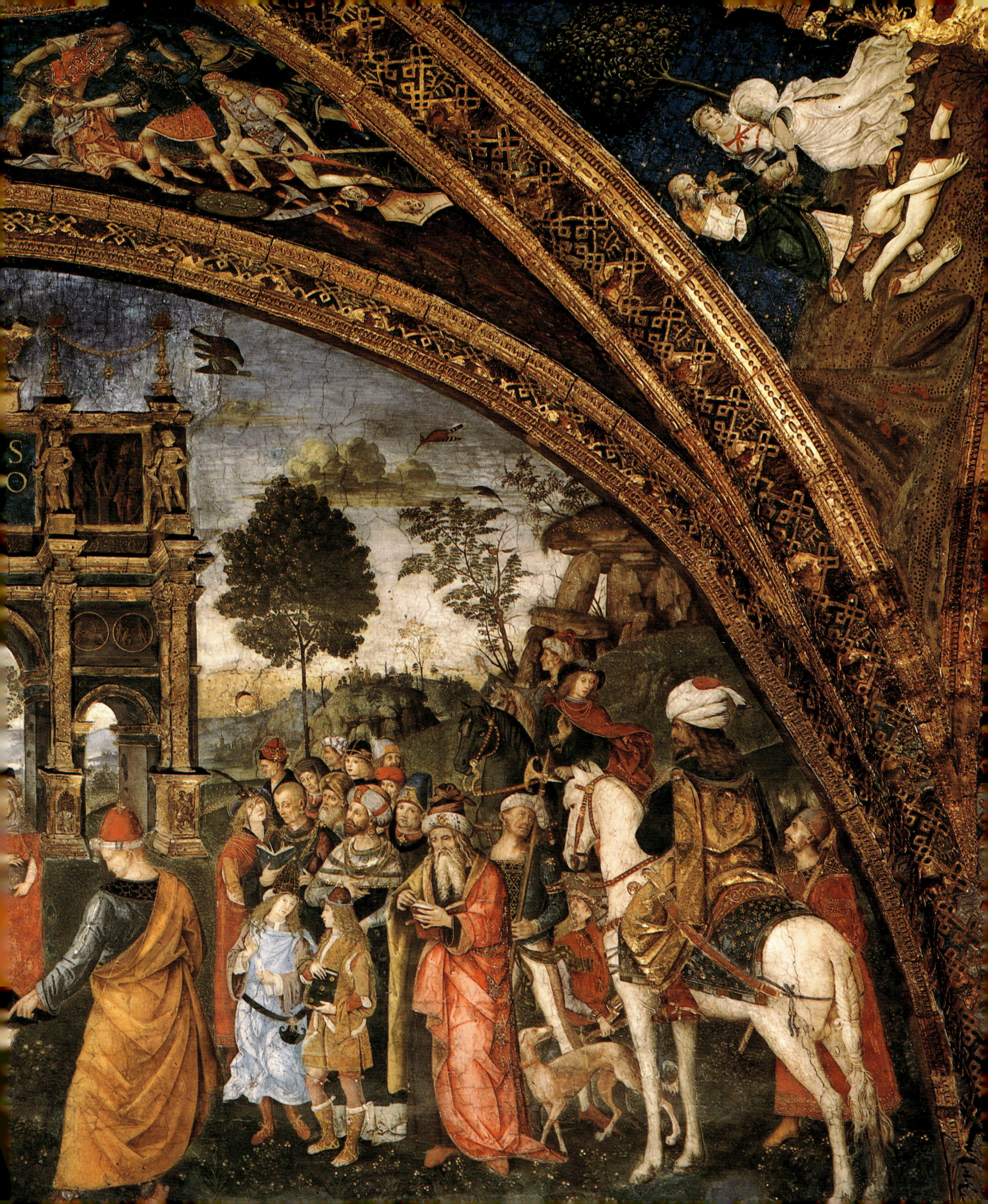

106

Appartamento Borgia, Saal der Wissenschaften und der Freien Künste, ausgemalt von Antonio da Viterbo, gen. Pastura (etwa 1450–1509/16).
Links: Dekoration der Wölbung mit dem Wappen Papst Alexanders VI.; in den Lünetten die Trivialkünste (Rhetorik und Geometrie). – Unten links und Mitte: Die höheren Künste (Quadrivium) Arithmetik und Musik.

Saal der Glaubensgeheimnisse, ausgemalt von Pinturicchio.
Unten rechts: Die Anbetung der drei Weisen.

Saal der Sibyllen, ausgemalt von Helfern Pinturicchios.
Oben rechts: Ansatz der Wölbung, in den Lünetten Ezechiel und die Kimmerische Sibylle, Jeremia und die Phrygische Sibylle.

Das Gewölbe der sixtinischen Kapelle

Im Deckengewölbe der Sistina schildert Michelangelo die frühesten Begebenheiten der Menschheitsgeschichte aufgrund der biblischen Erzählungen, wobei er materiell und ideell an die sixtinischen Zyklen des 15. Jahrhunderts anschließt. Diese werden so in eine fortlaufende Erzählung eingeordnet, die in einen vielgestaltigen Bereich von Feldern und Kapitellen, Architraven und Thronen gemalt ist und in der die menschliche Gestalt mit all ihrer Bedeutsamkeit und Ausdruckskraft mimischer oder erzählerischer Art dargestellt wird. Die „Trennung des Lichts von der Finsternis" mit der Figur des „Ewigen", die zugleich durchscheinend (in Gesicht und Armen) und von fester körperlicher Struktur erscheint (betont durch die Falten der Drapierung), die hervorstechende Festigkeit und Energie in der „Erschaffung der großen Sterne", all diese Ausdrucksmöglichkeiten erreichen ihre Vollendung in der „Erschaffung des Menschen", bei der sich Schöpfer und Geschöpfe als eine Art Widerpart in der gespannten Situation gegenüberliegen, in der sich die Zeigefinger (der Adams passiv, der des Schöpfers stark und gerichtet) fast berühren. Die neuplatonische Unendlichkeit Michelangelos hat den Mythos des vollkommenen Menschen sichtbar und unendlich gemacht. Die „Erschaffung der Eva", die „Vertreibung aus dem irdischen Paradies", die „Sintflut" und Noe, das vorchristliche Sinnbild der Erlösung, sind Beispiele für die andere Seite des von Michelangelo extrem aufgefaßten Humanismus, der so den unumgänglichen Wert des Glaubens zur Erlangung des Heils bekräftigt.

Von den Propheten bis zu den Sibyllen, welche die Ankunft Christi prophezeiten, schildert Michelangelo, manchmal in sinnbildlichen Dreiecksfeldern, die Familien der „Vorfahren Christi", die stets (wie die göttliche Dreiheit) aus drei Personen bestehen. Wie die jetzt begonnene Restaurierung beweist, sind sie ohne die Hilfe eines vorbereitenden Entwurfs unmittelbar auf den frischen Putz gemalt worden.

Sixtinische Kapelle, Gesamtansicht des Gewölbes mit den Fresken von Michelangelo Buonarroti (Caprese 1475 – Rom 1564).
Auf den folgenden Seiten: Einzelszenen aus der Genesis vom Gewölbe der Sixtina.
Oben links: Gott trennt das Licht von der Dunkelheit; rechts: Gott trennt Wasser und Erde, er erschafft die Fische und die Vögel. – Unten links: Gott erschafft die Sonne, den Mond und die Pflanzen auf der Erde; rechts: Erschaffung Adams.

109

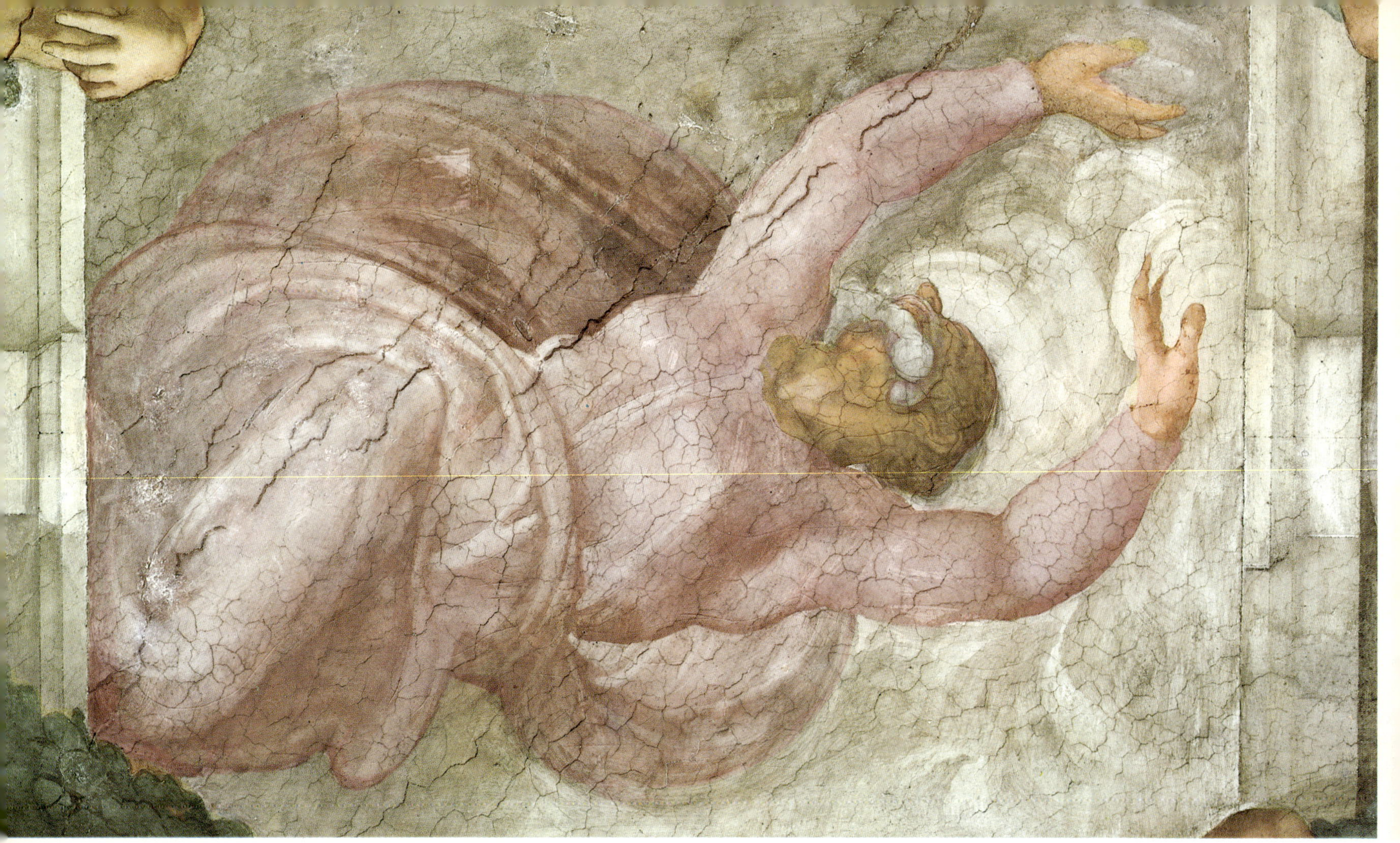
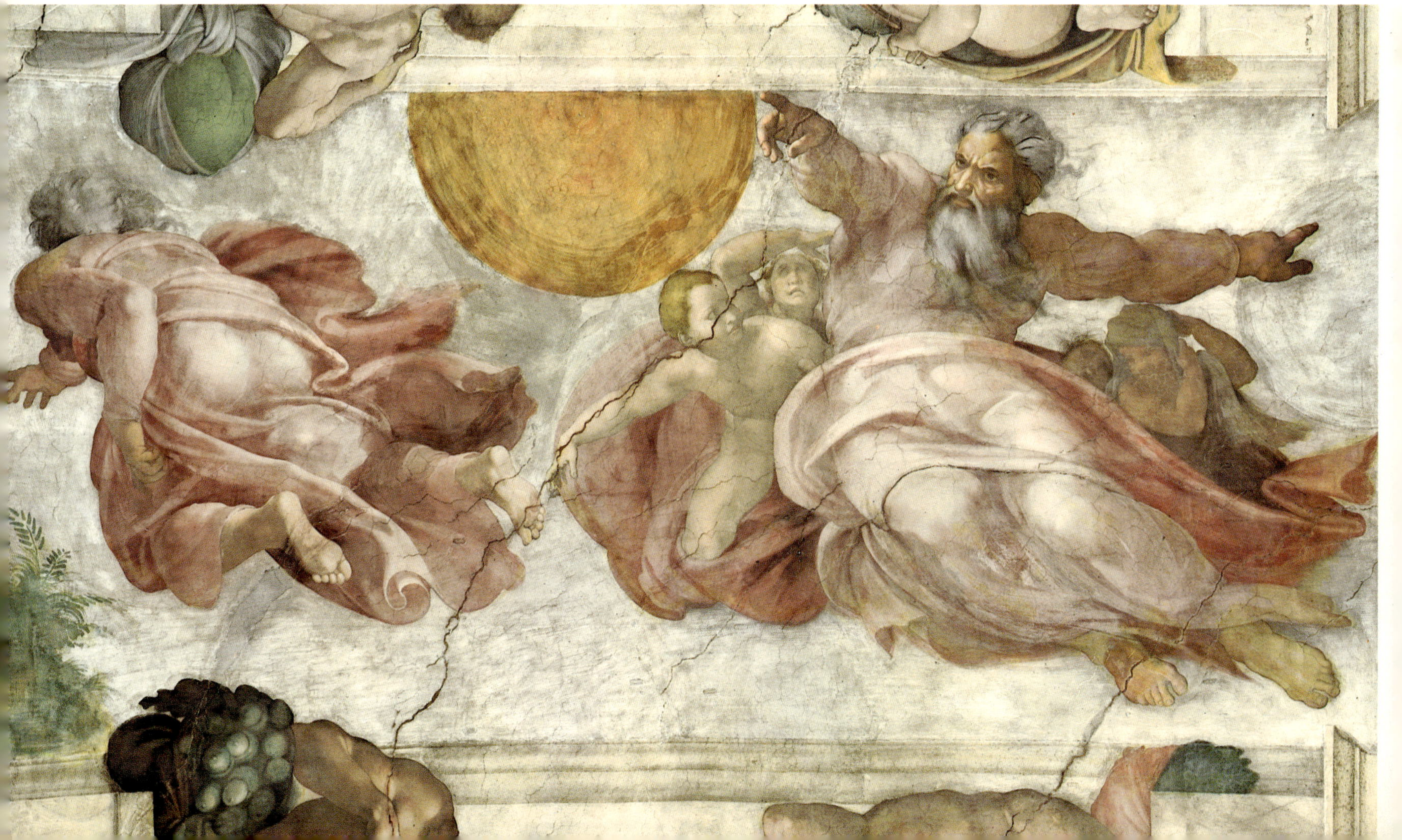

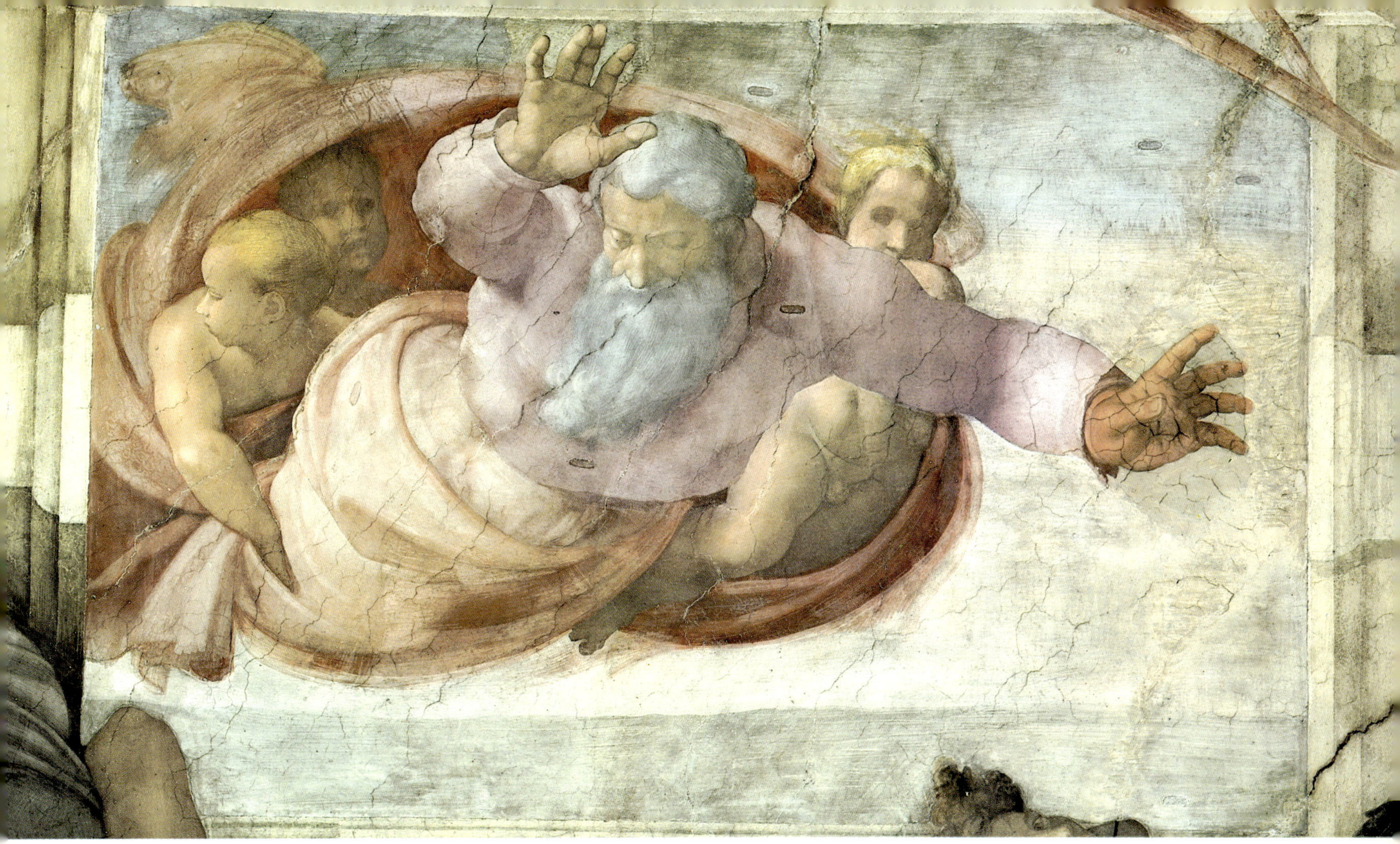

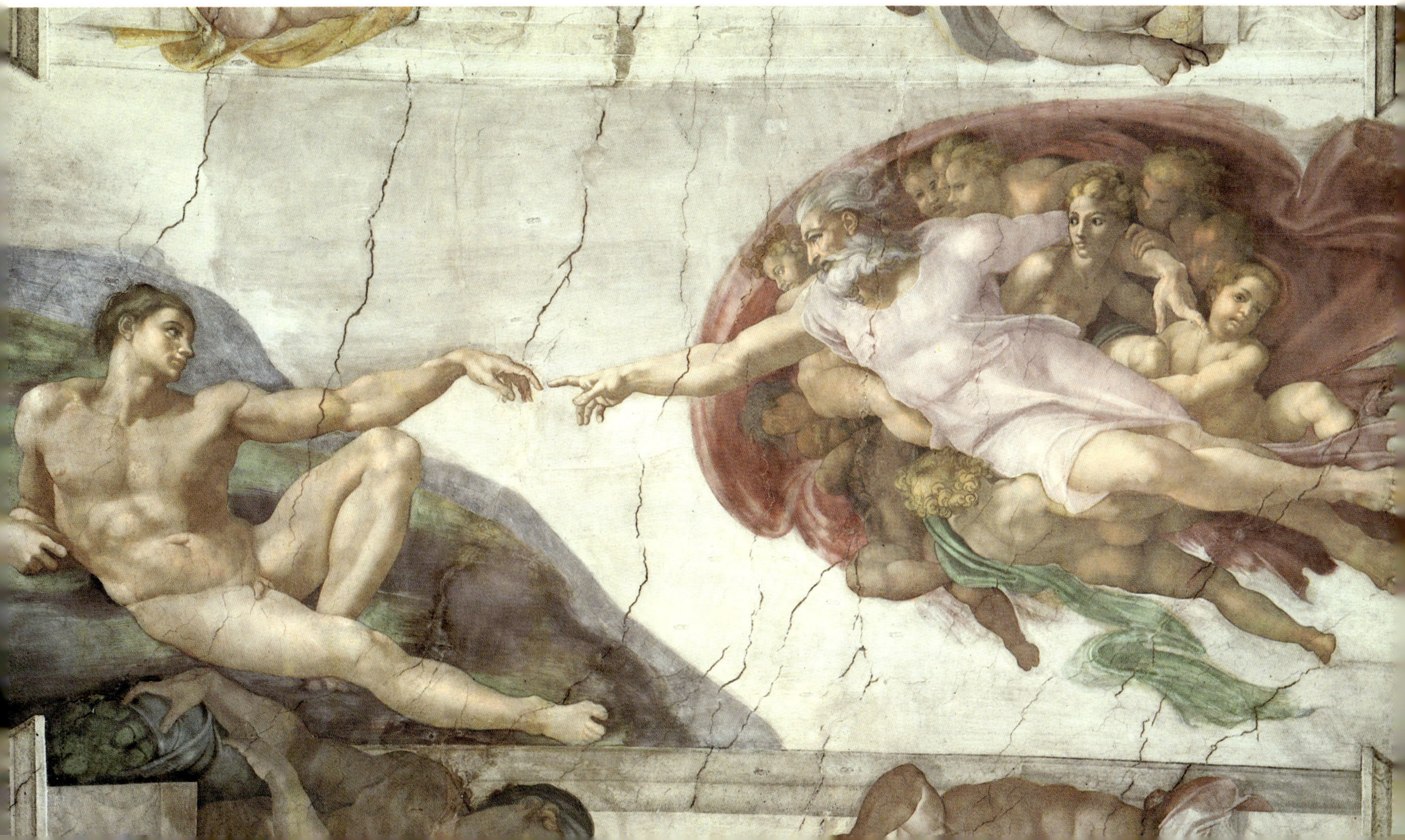

Sixtinische Kapelle: Szenen aus der Genesis vom Gewölbe der Sixtina.
Links: Erschaffung der Eva; unten: Sündenfall und Vertreibung aus dem Paradies.
Nebenstehende Seite oben: Das Opfer Noahs; unten: Die Sintflut.

Folgende Doppelseite: Noahs Trunkenheit.

113

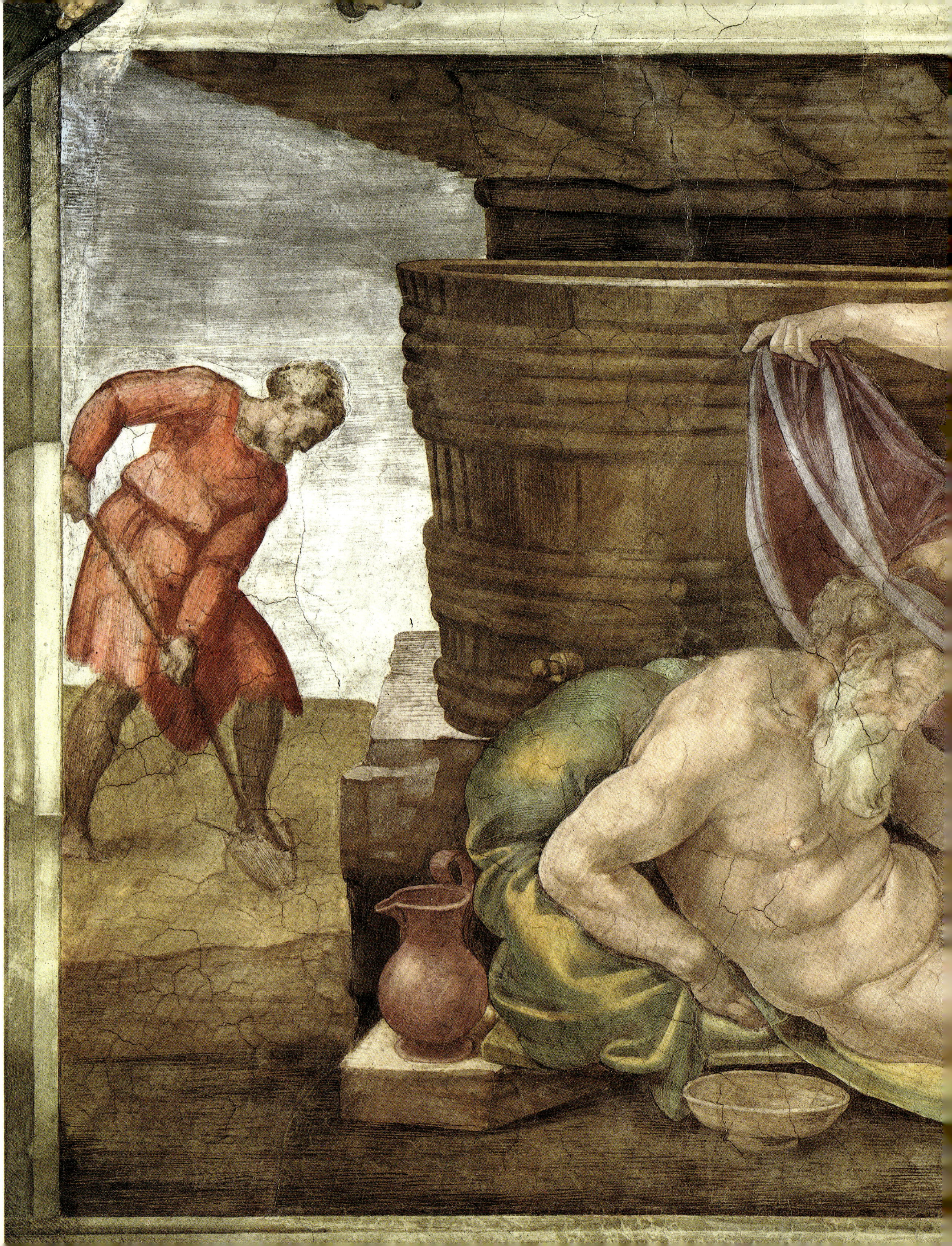

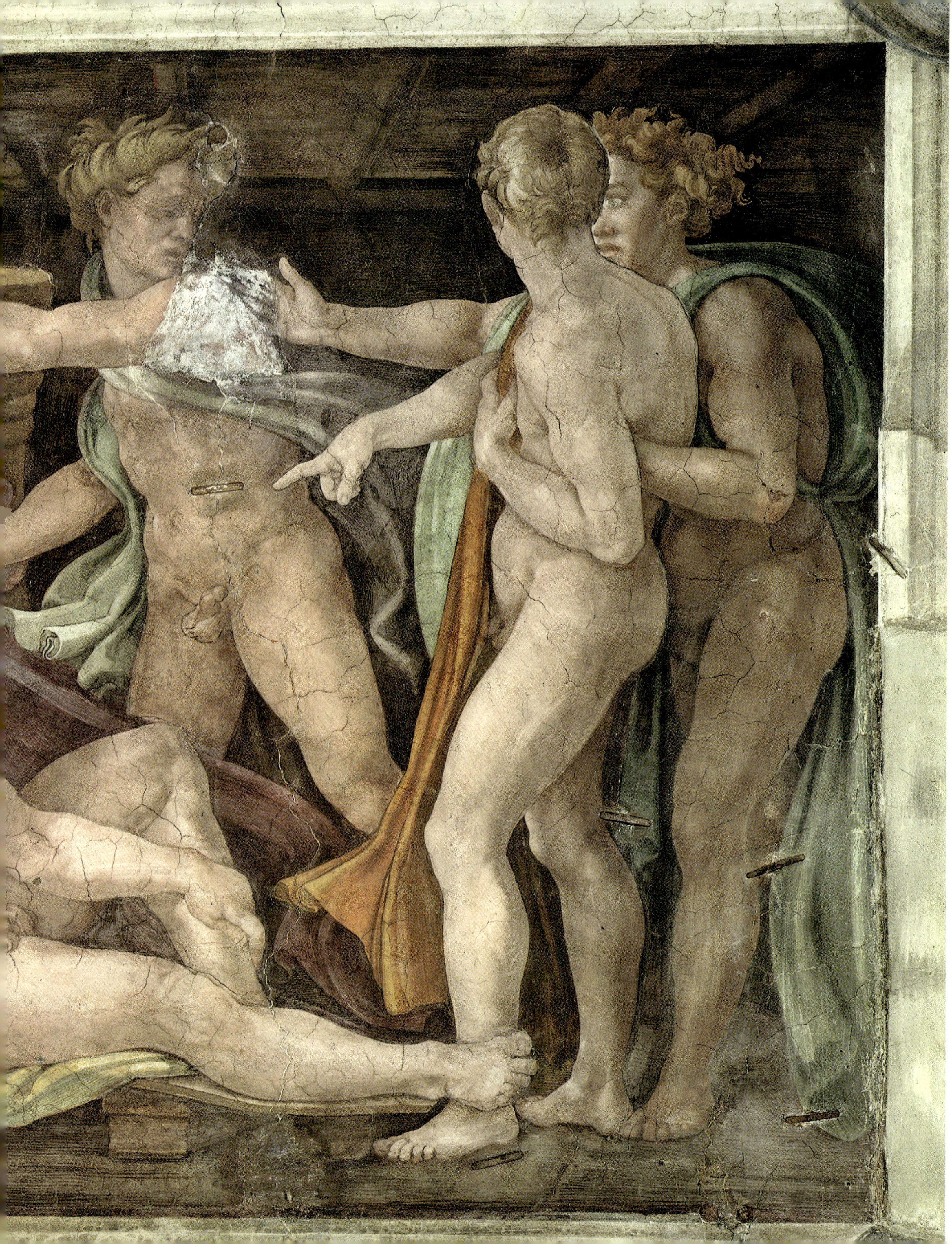

Sixtinische Kapelle: Szenen mit wunderbaren Rettungen Israels (auch S. 117) in den Zwickeln des Deckengewölbes.
Unten: Bestrafung Hamans; darunter: David erschlägt Goliat.

Unten: Die Eherne Schlange; darunter: Judit und Holofernes.

Auf den folgenden Seiten: Sibyllen und Propheten von Michelangelo.
Links: Die Erythräische Sibylle; Mitte: Die Libysche Sibylle; rechts: Die Persische Sibylle.

118

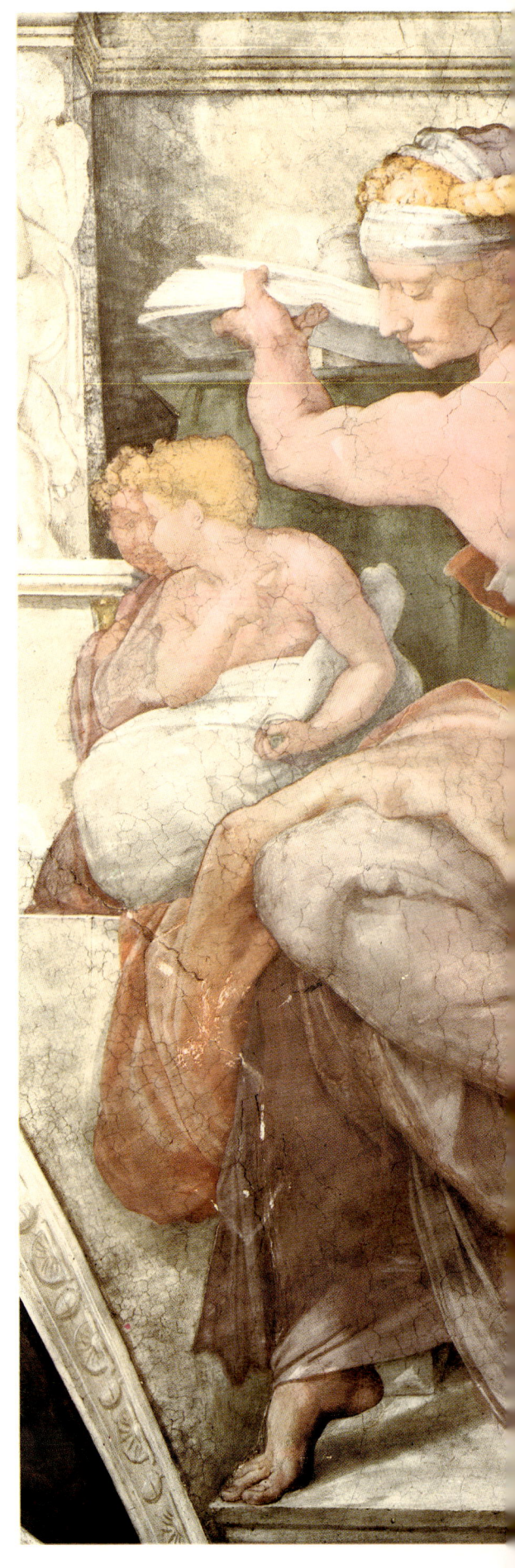

119

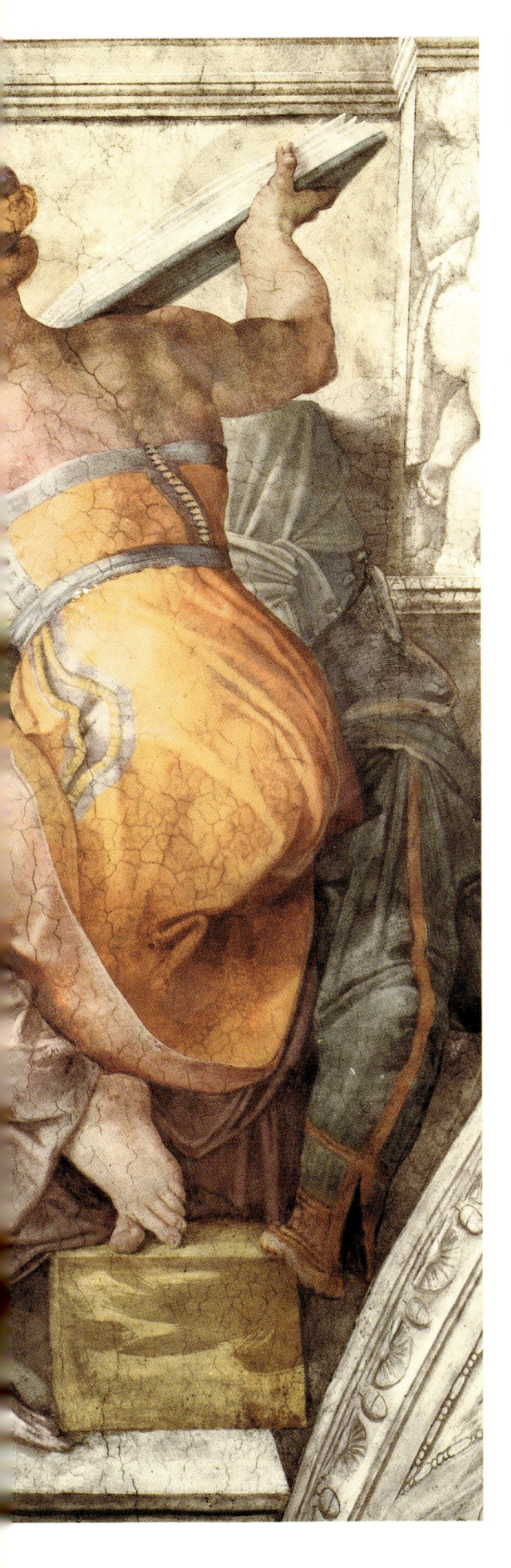

Sixtinische Kapelle: Sibyllen und Propheten von Michelangelo.
Rechts: Die Delphische Sibylle; unten: Die Cumäische Sibylle.
Seite nebenan oben: Der Prophet Jesaja; unten: Der Prophet Jeremia.

Folgende Seiten, oben: Der Prophet Joel; unten: Der Prophet Sacharja; rechts: Der Prophet Daniel.

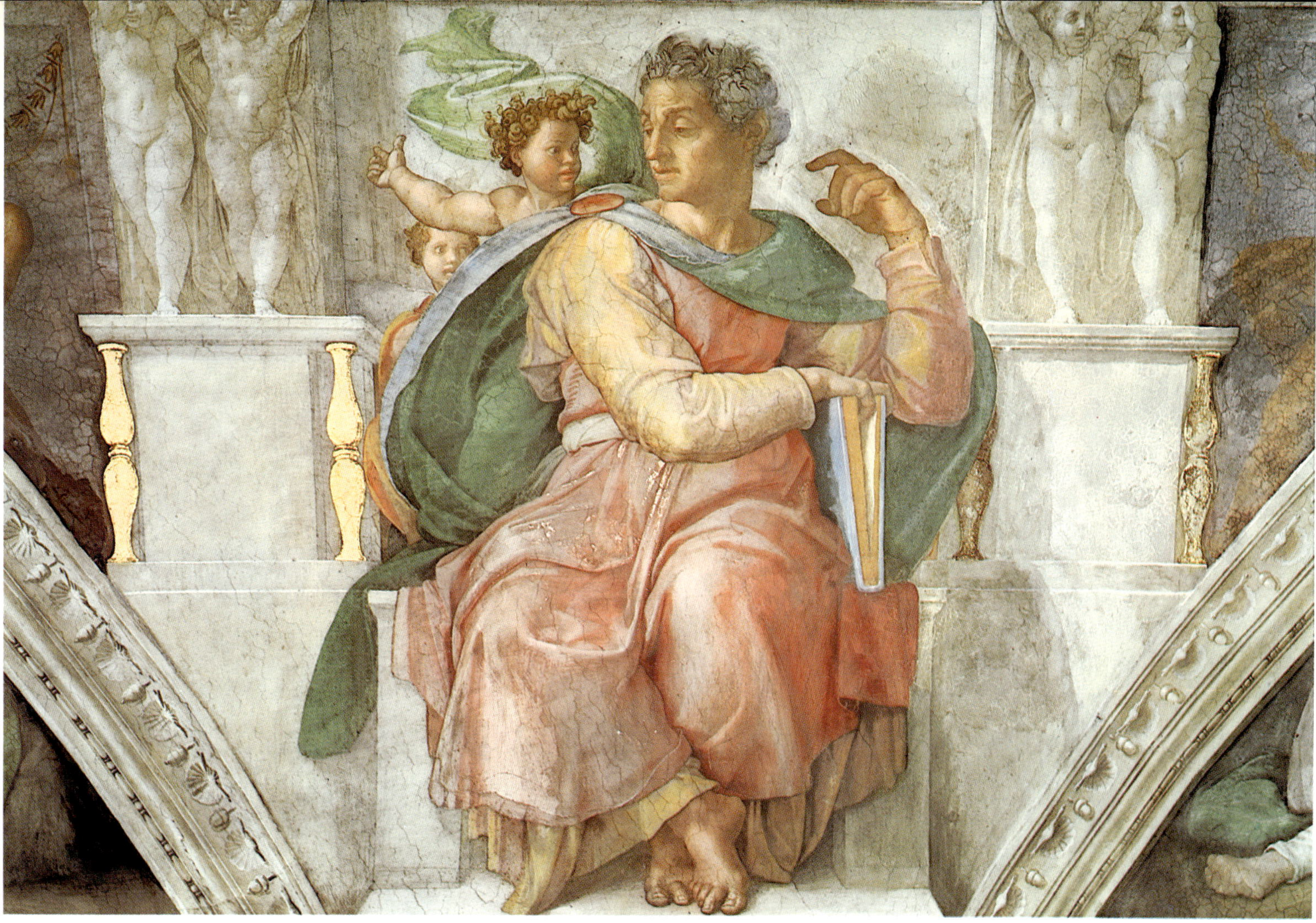

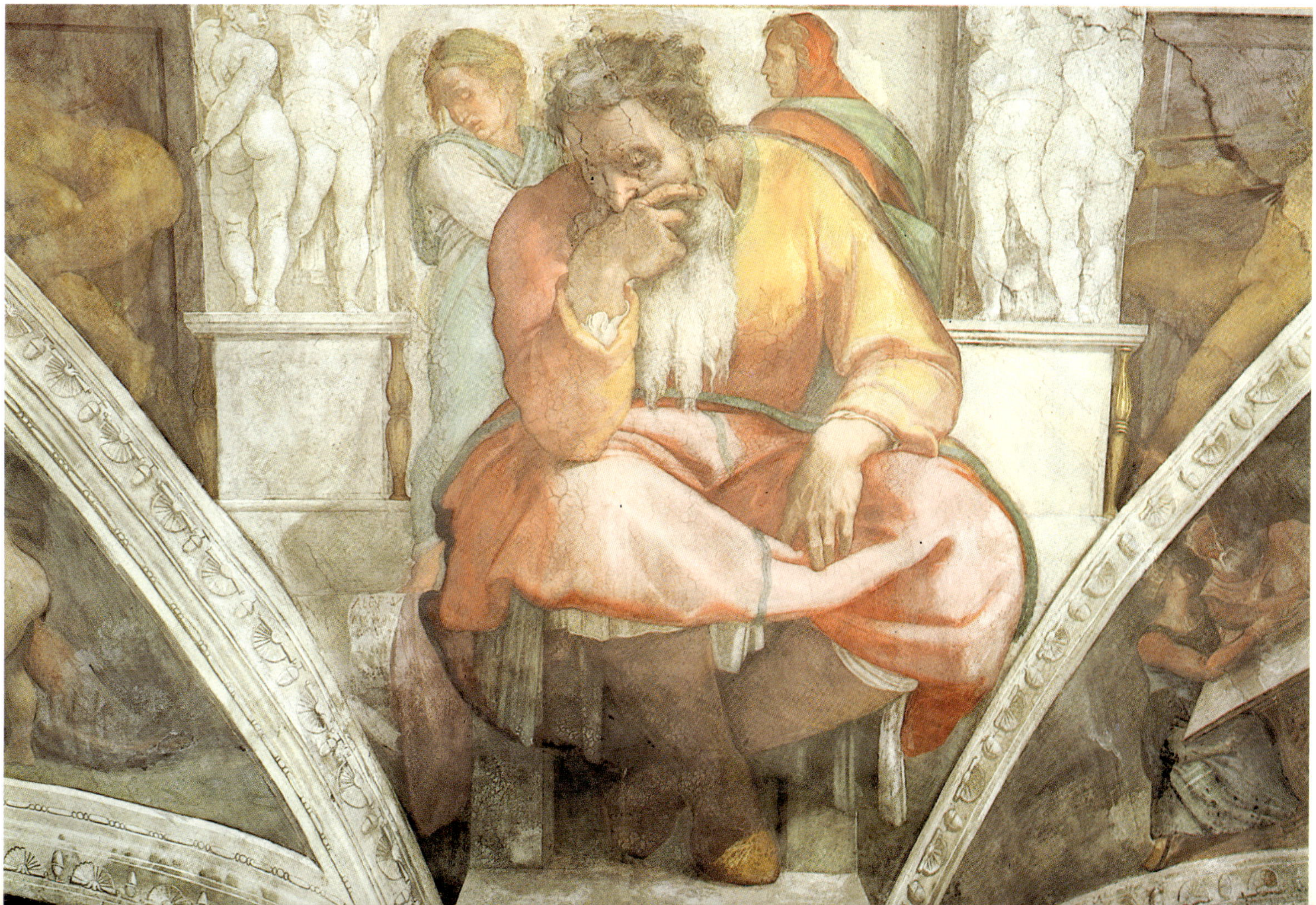

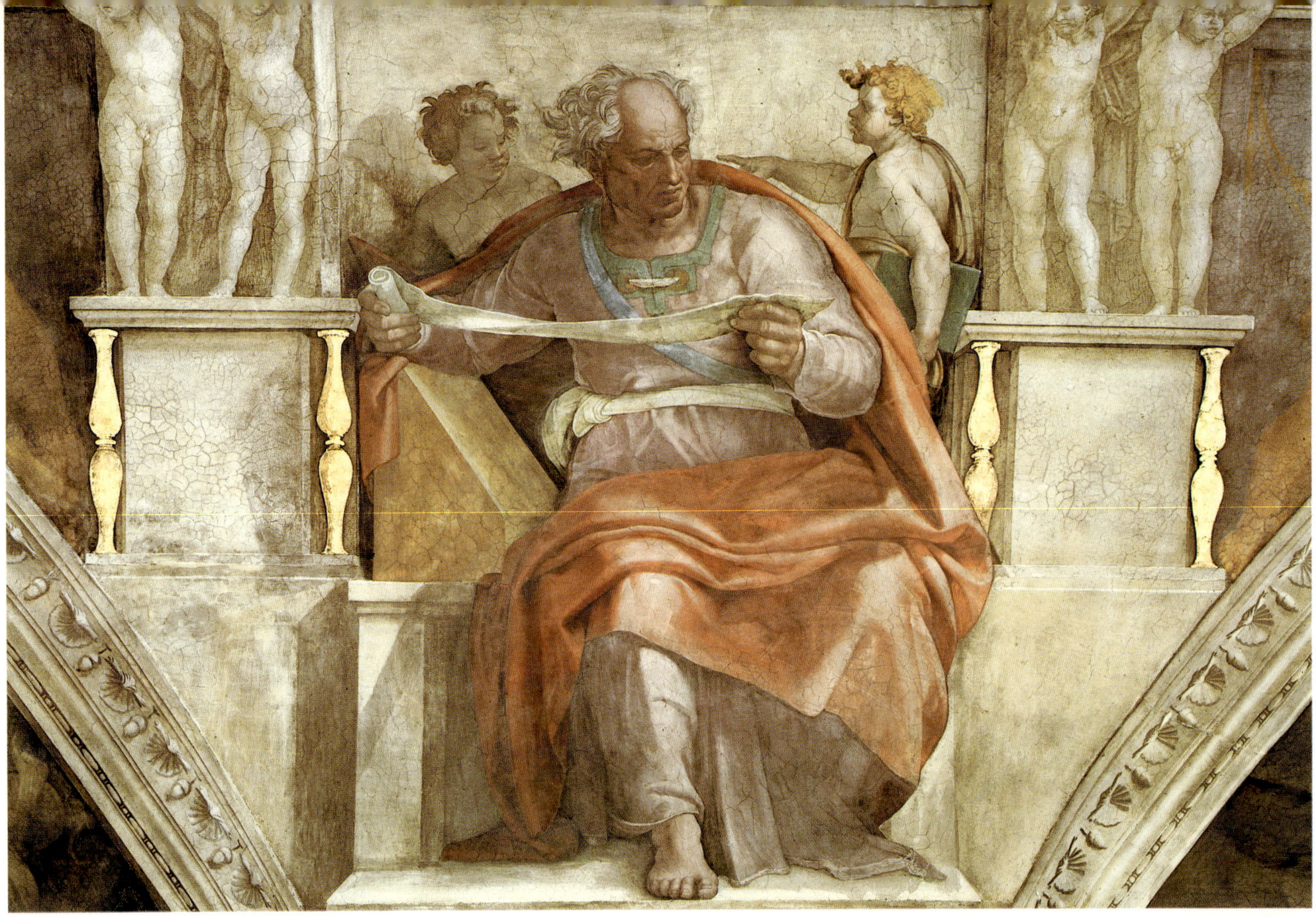

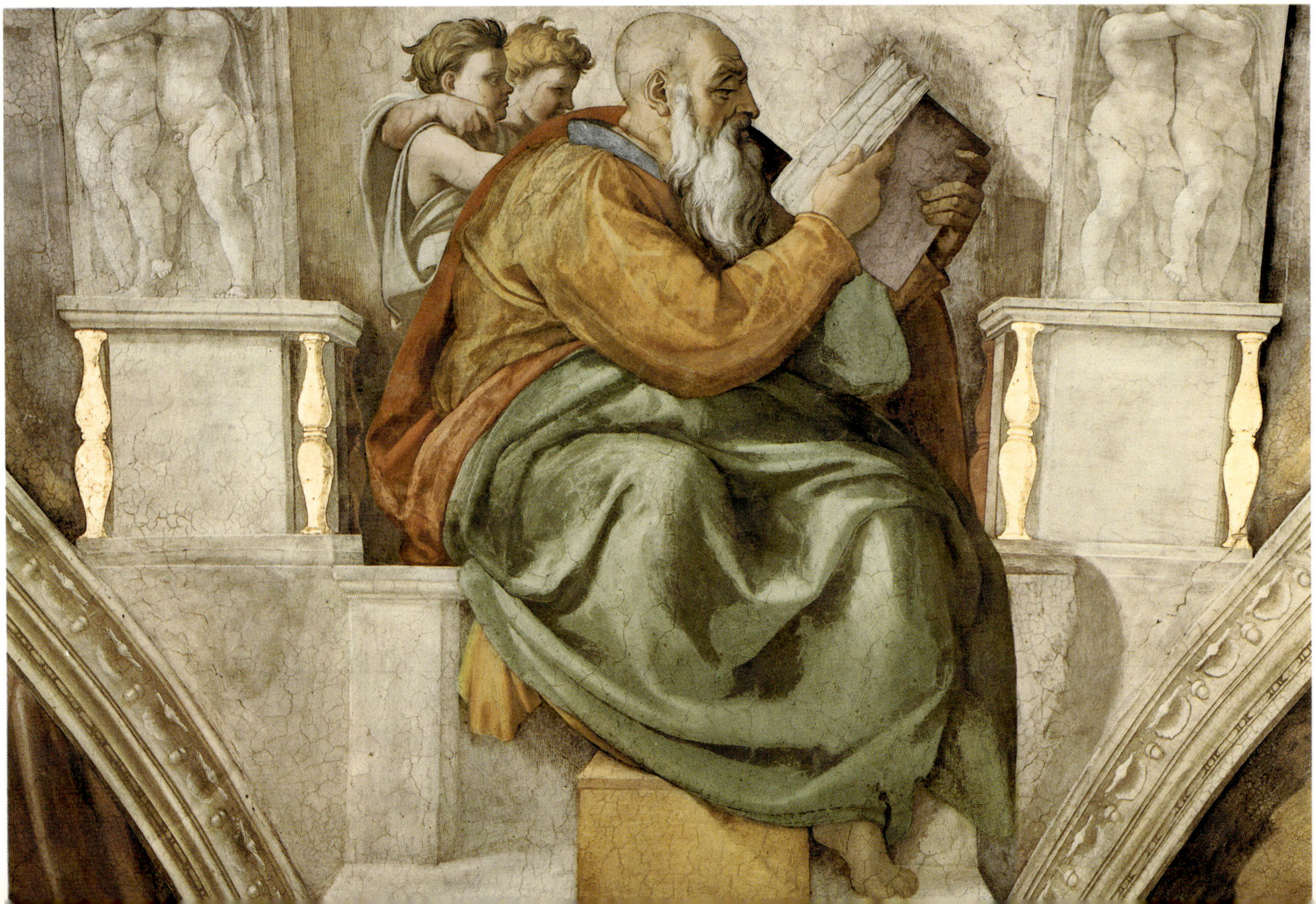

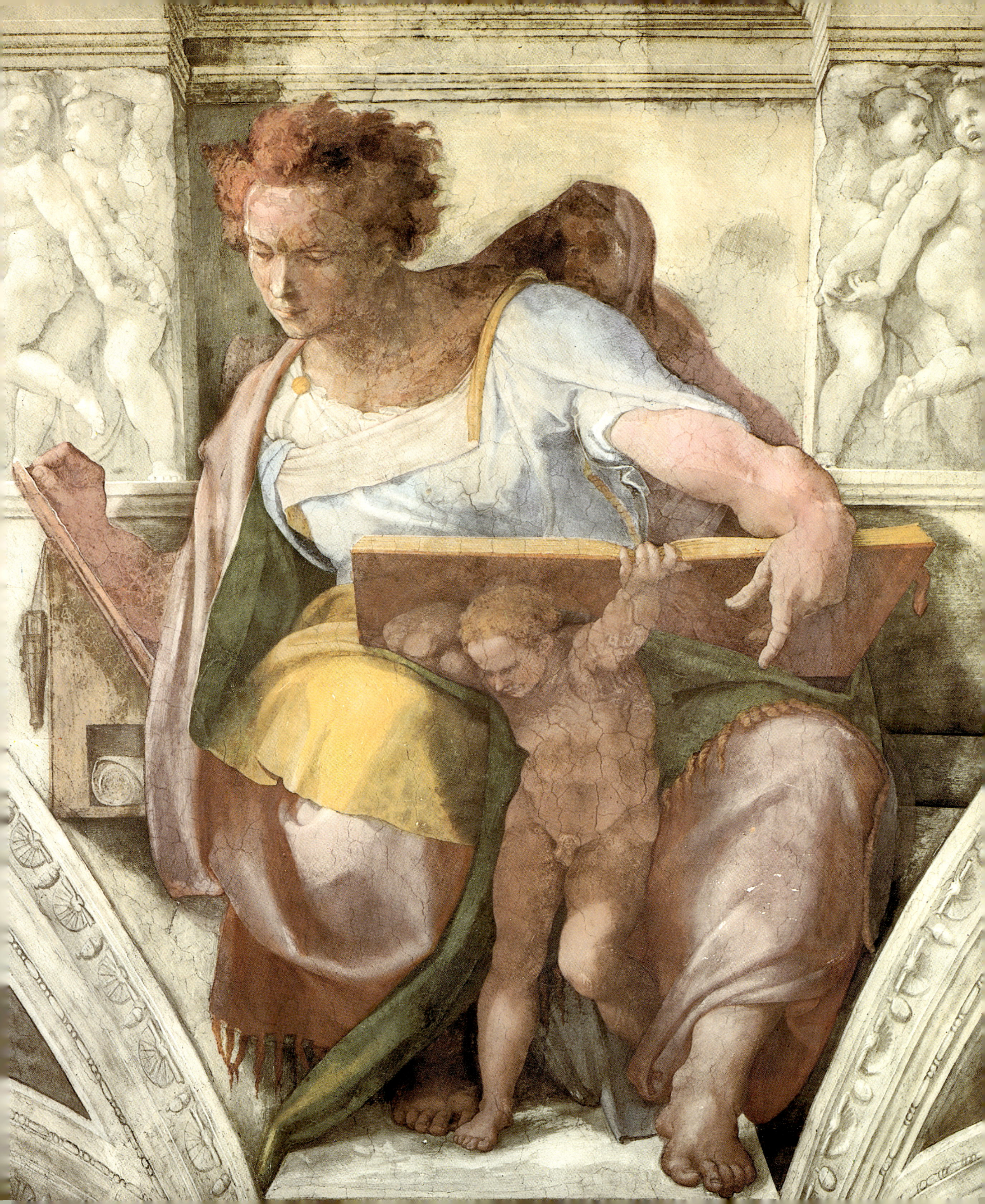

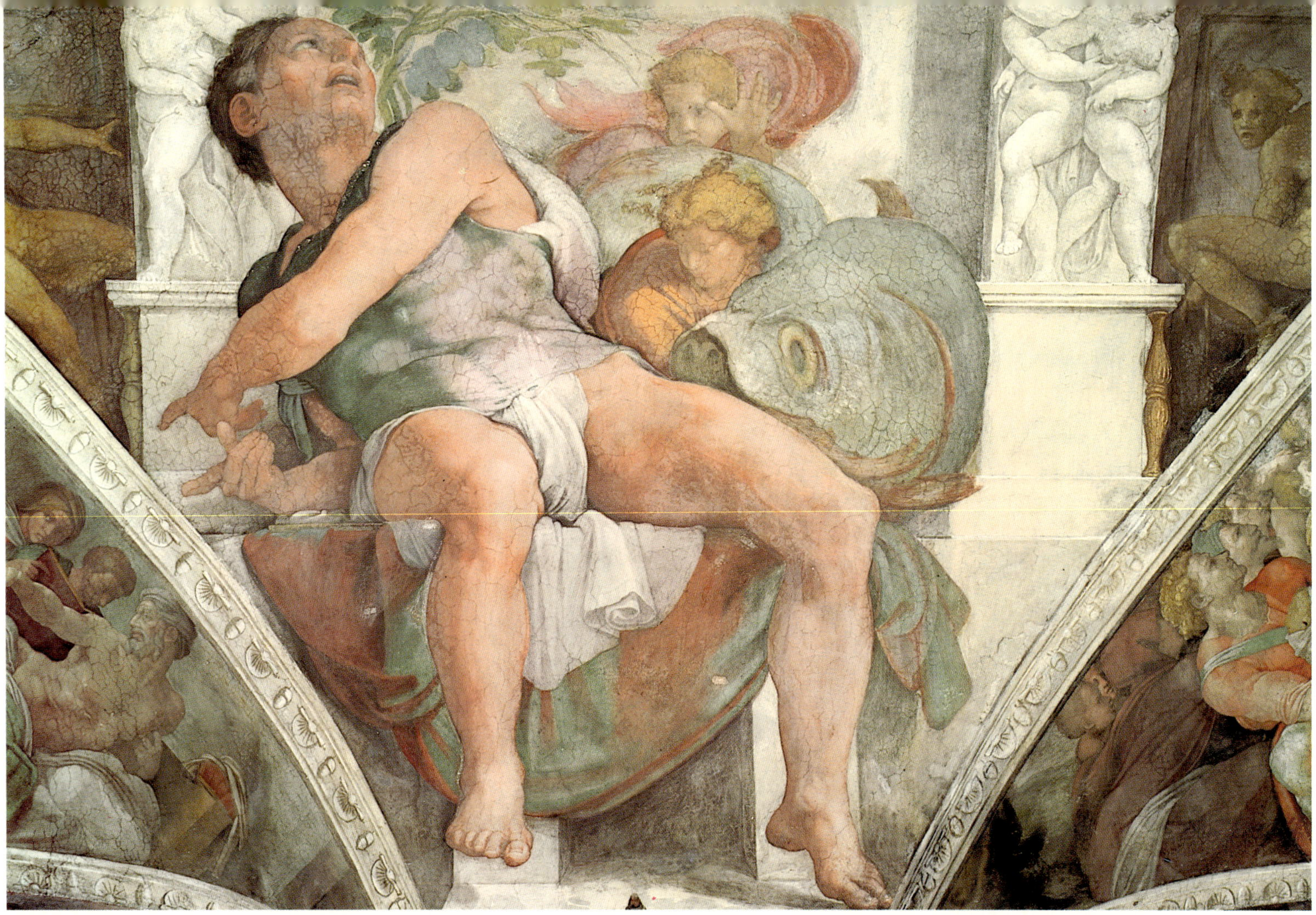

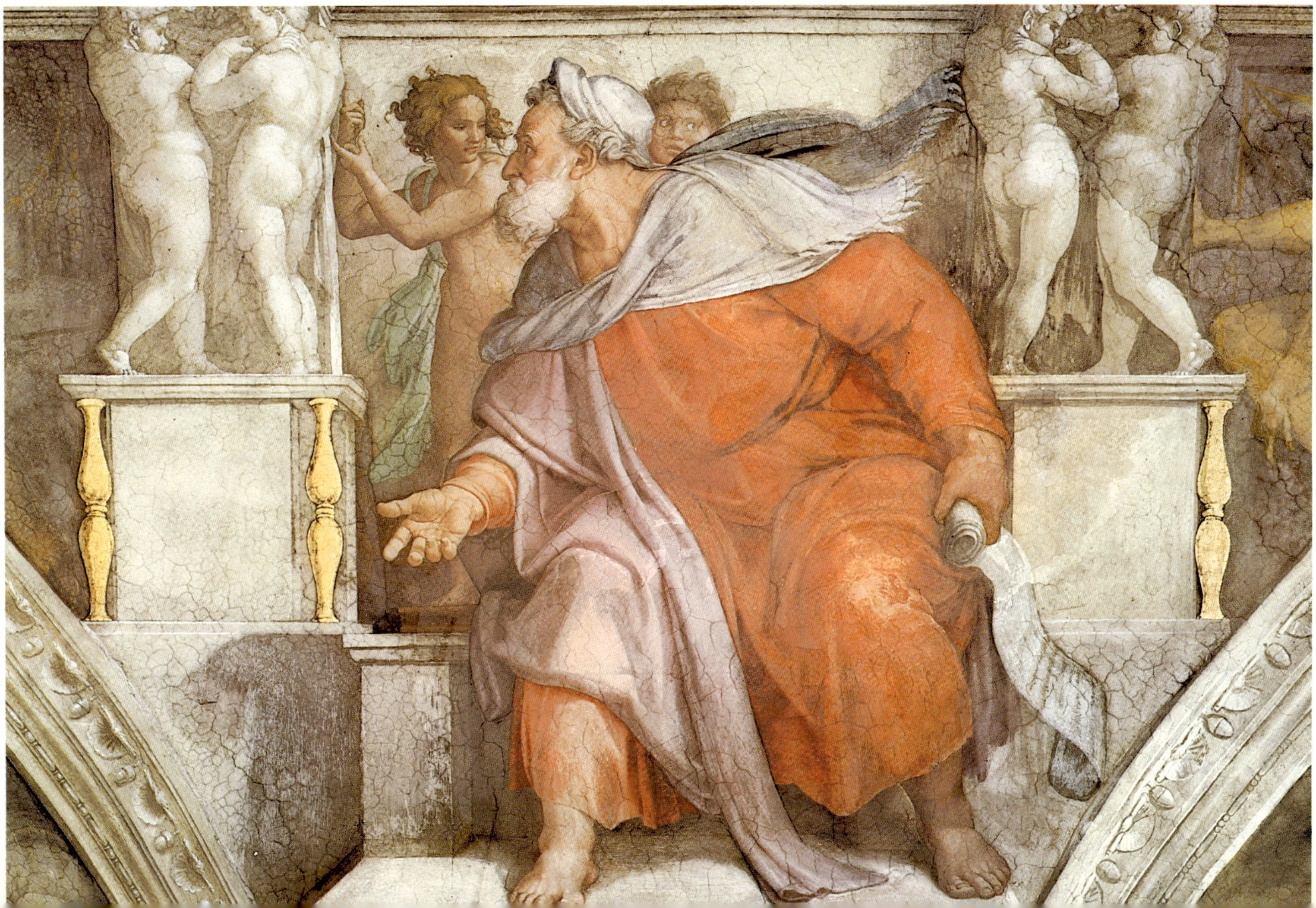

Sixtinische Kapelle.
Linke Seite oben: Der Prophet Jona; unten: Der Prophet Ezechiel.
Vorfahren Christi.
Rechts von oben nach unten: König Salomon mit den Eltern; die Familie des Königs Rehabeam; König Asa mit den Eltern.

Sixtinische Kapelle: Die Nackten von Michelangelo. Auf dieser und der Seite nebenan fünf Nackte vom Ansatz der Wölbung.

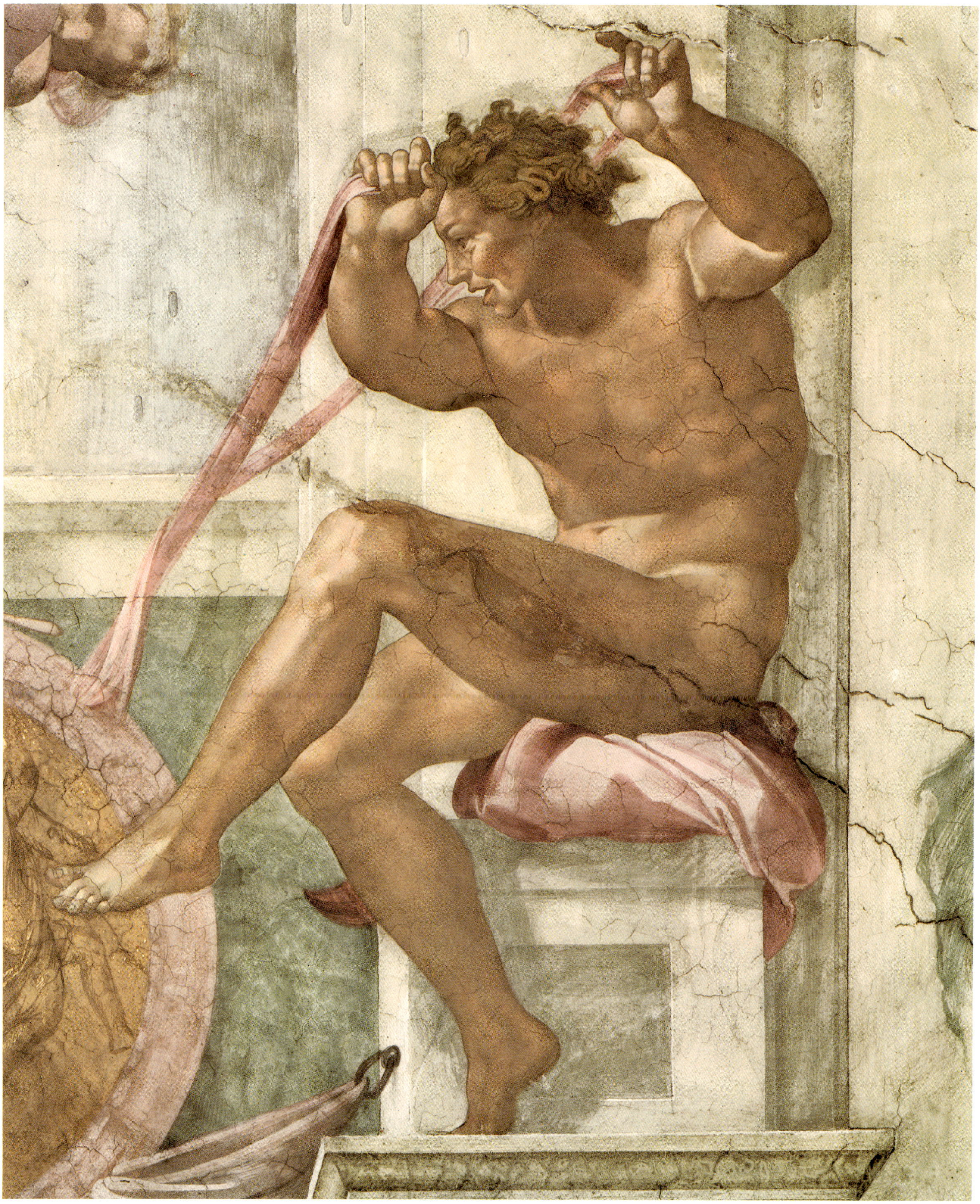

Die Stanzen Raffaels

Das Werk Raffaels kennzeichnet die kulturelle Nahtstelle zwischen Humanismus und der klassischen Welt. Die drei höchsten Kategorien des Geistes, in neuplatonischer Sicht das Wahre, das Gute und das Schöne, sind in der Bilderfolge der auf Verlangen Papst Julius' II. mit Fresken ausgemalten Räume versinnbildlicht. Die Gestalten der „Feuersbrunst von Borgo" und der anderen Szenen bilden eine wunderbare Typologie, auf welcher die Debatte über die Formalismen der künftigen Malerei beruht und in der jedes Element zugleich ein Ausdruck des Widerspruchs ist.

Bekannt ist die unterschiedliche Auffassung in den Erzählungen der Künstler, die im 15. Jahrhundert in der Sistina und in den Räumen der Borgia arbeiteten, mit dem dramatisch-provokatorischen Pol Michelangelos und des absoluten Universums gegenüber einer allegorisch-didaktischen Malerei wie in der „Schule von Athen" und dem „Parnaß". Farbe, kompositorische Struktur, Überschneidungen mythischer und realer Personen sind die Vermittler einer Synthese, die in den alltäglichen Räumen der päpstlichen Politik durch Wissenschaft, Kunst und Glauben erzielt wurde. Der Wille Julius' II., „die Barbaren" aus der kirchlichen Herrschaft zu entfernen, wird bestätigt durch die Selbstverständlichkeit der „Begegnung Leos des Großen mit Attila" und der „Vertreibung Heliodors aus dem Tempel" sowie durch die deutliche Anspielung auf die Freiheit der irdischen Kirche in der „Befreiung des heiligen Petrus."

Die Stanzen Raffaels.
Stanze der Feuersbrunst von Borgo von Raffael
(Urbino 1483 – Rom 1520).
Unten: Der Brand von Borgo.
Rechts oben: Rechtfertigung Leos III.
Mitte: Schlacht von Ostia.
Unten: Krönung Karls des Großen.

Stanza della Segnatura von Raffael.
Unten: Die Tugenden; darunter: Disput über das Altarsakrament.
Rechte Seite oben: Die Schule von Athen; unten: Der Parnaß.

Auf den folgenden Seiten, links oben: Ausschnitt aus dem Disput über das Altarsakrament; unten: Ausschnitt aus der Schule von Athen; rechts: Ausschnitt aus dem Parnaß.

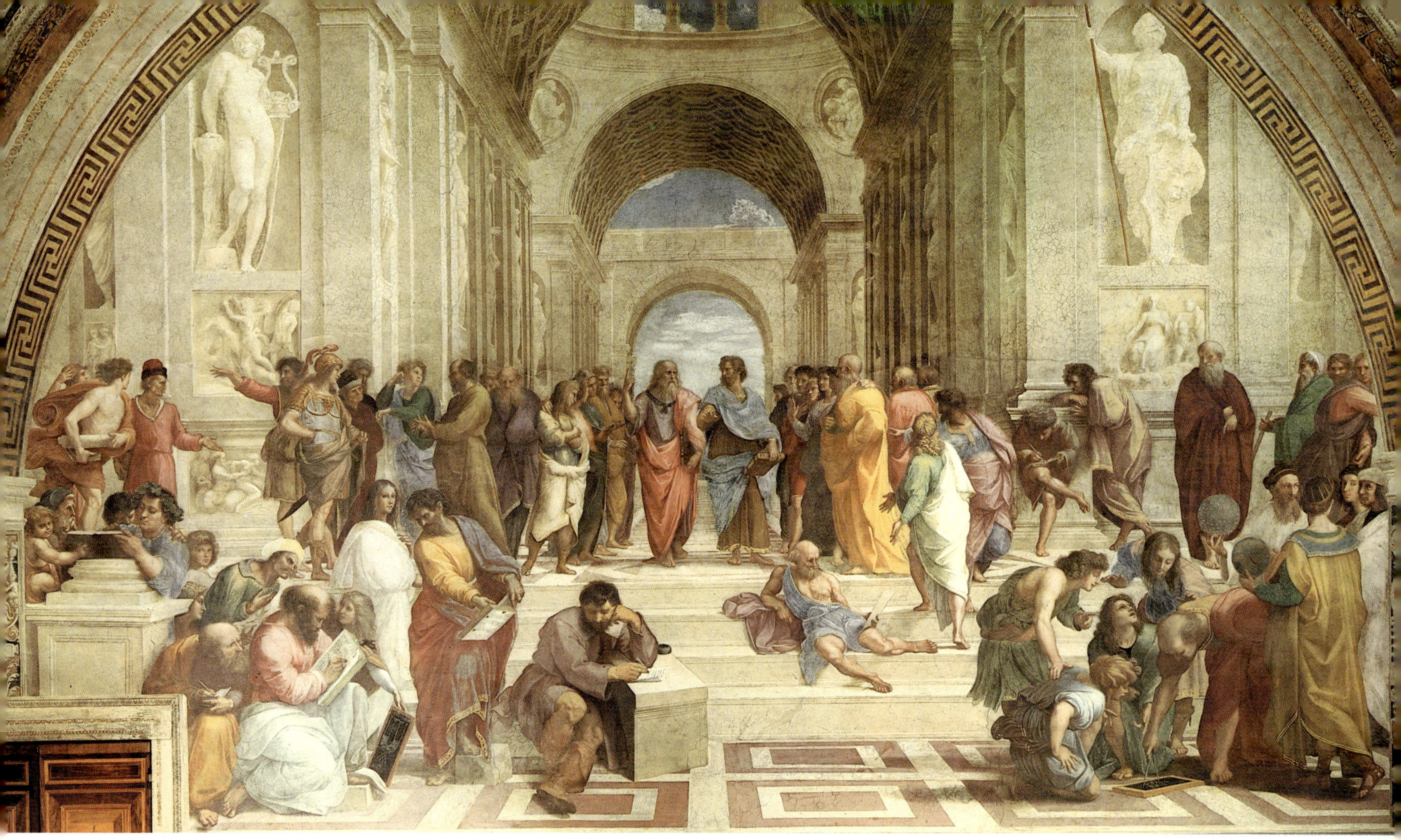

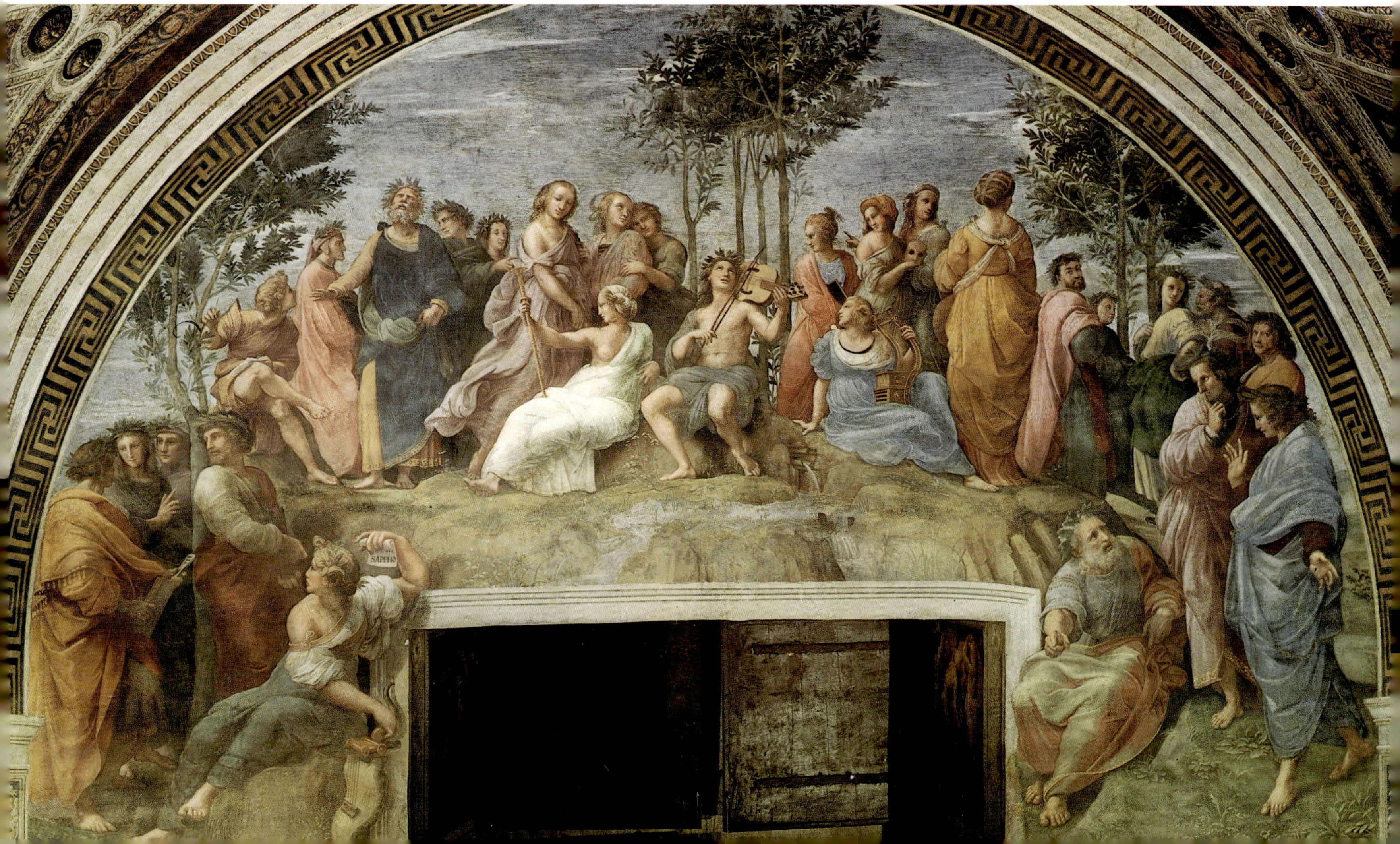
SAPPHO

132

133

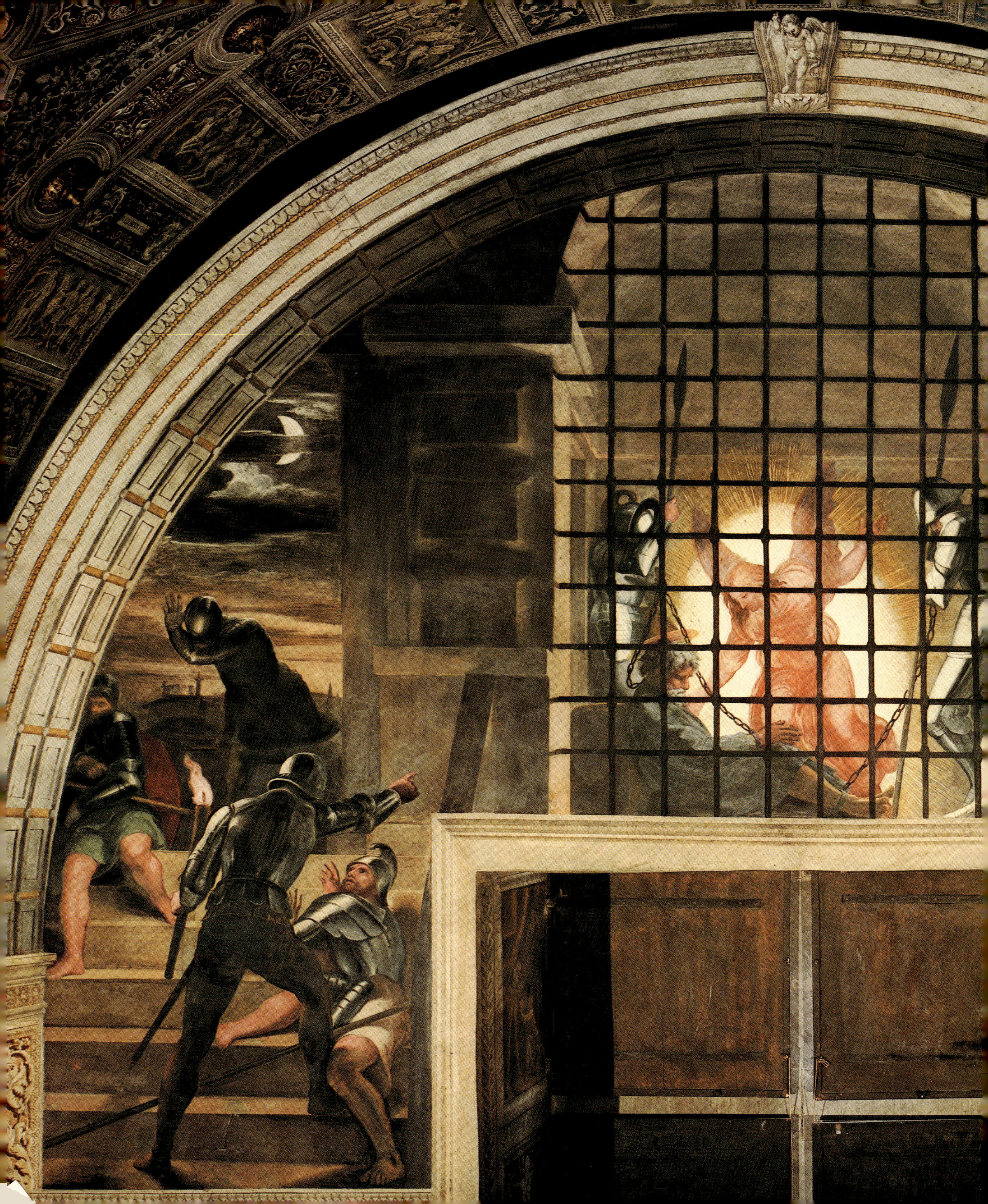

Stanze des Heliodor von Raffael.
Befreiung des hl. Petrus aus dem Gefängnis.

Auf den folgenden Seiten, links oben: Vertreibung Heliodors; unten: Begegnung zwischen Leo dem Großen und Attila.
Rechts oben: Die Messe von Bolsena; unten: zwei Ausschnitte aus der Messe von Bolsena.

NN·D·M·D·XIIII

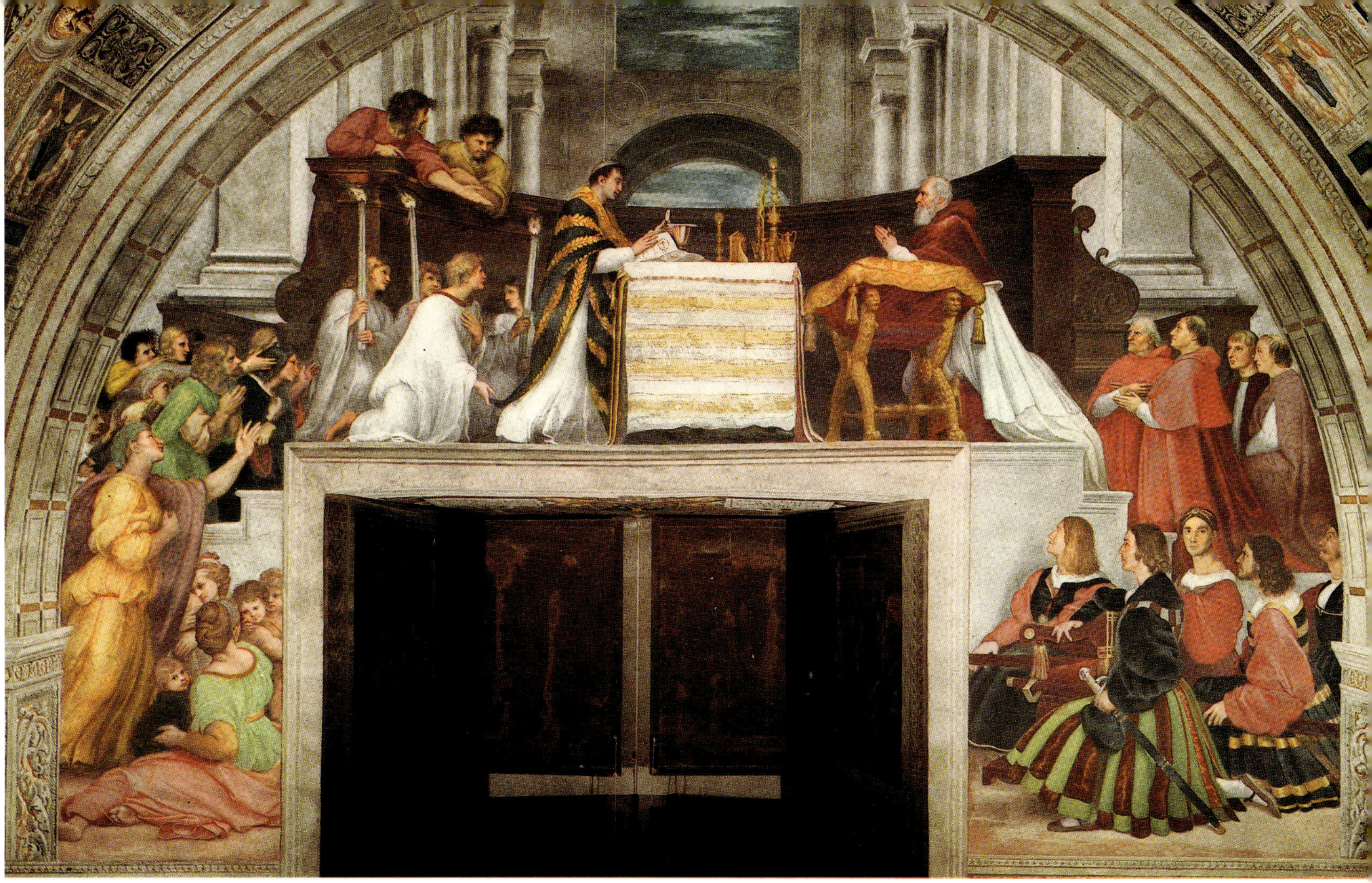
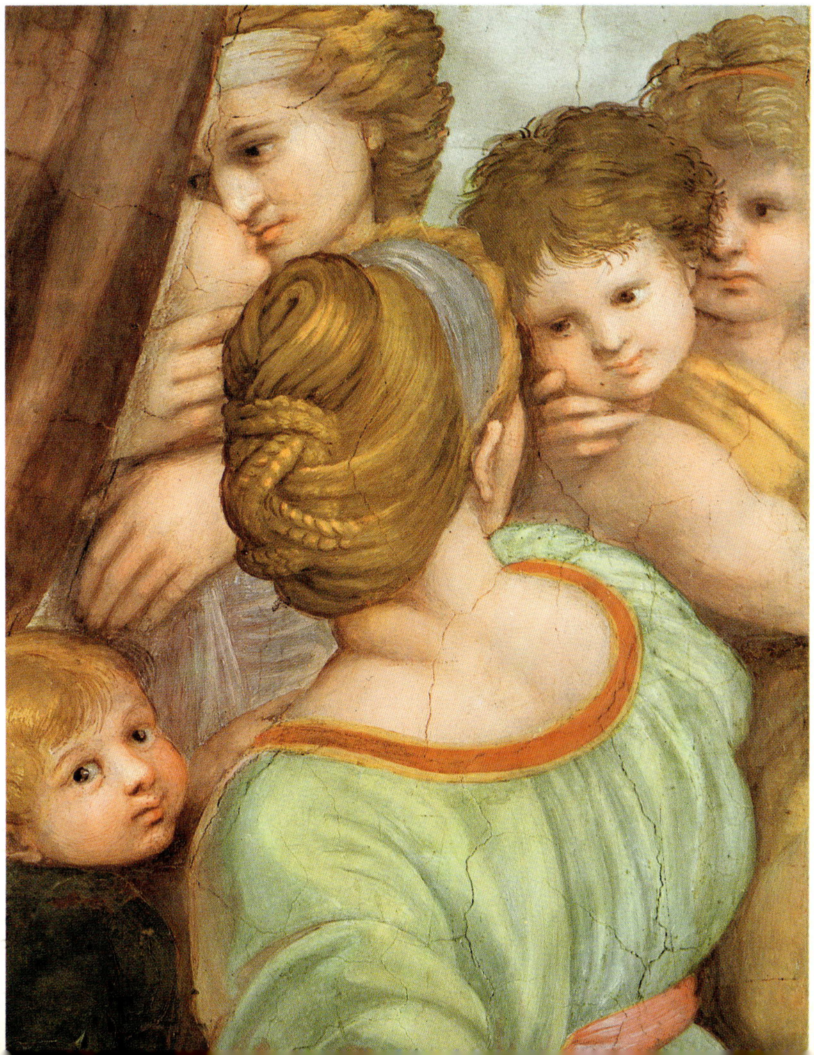
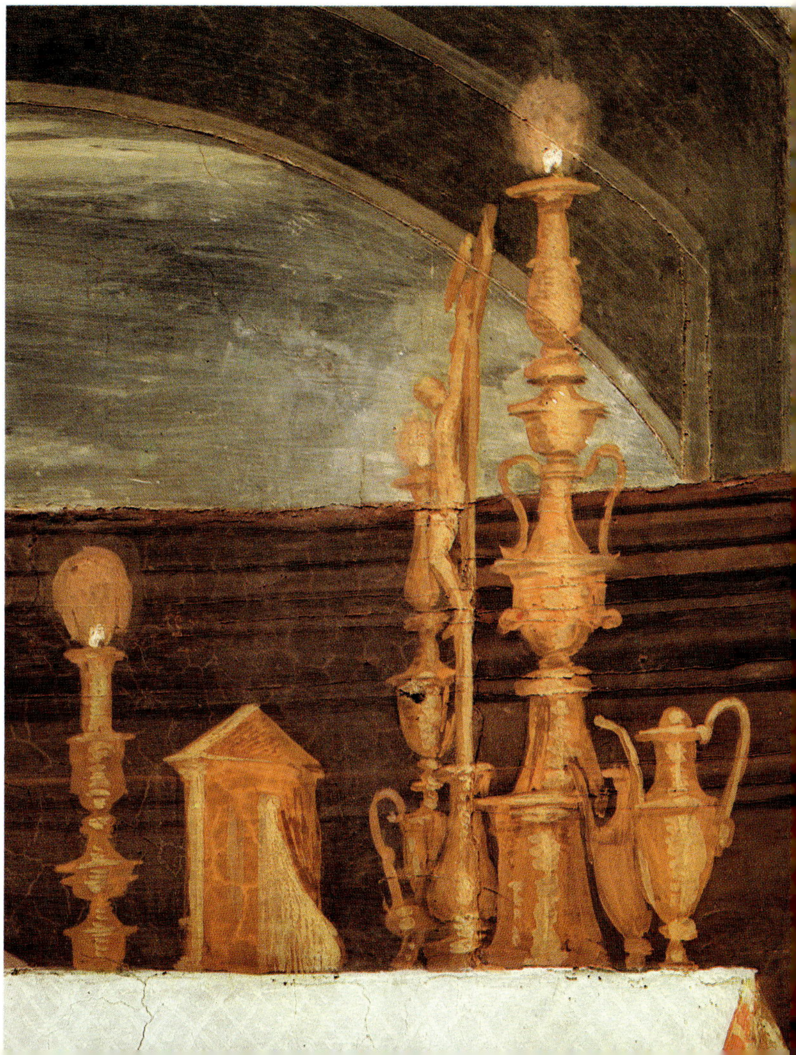

Der Konstantinsaal, ausgeführt von Giulio Romano (Rom 1492/99 – Mantua 1546), Francesco Penni (Florenz etwa 1488 – Neapel 1528) und Raffaellino del Colle (Sansepolcro etwa 1500–1566).
Rechts: Ausschnitt aus der Konstantinischen Schenkung; unten: Die Taufe Konstantins.
Nebenstehende Seite, oben: Konstantin erscheint das Kreuz; unten: Die Konstantinische Schenkung.

EN ΤΟΥΤΩΙ ΝΙΚΑ
ADLOCVTIO
QVA DIVINI
TVS IMPVLSI
CONSTANTIN
ANI VICTORIAM
MODERATIO

IAM TANDEM
CHRISTVM
LIBERE PRO
FITERI LICET
ECCLESIAE DOS
A CONSTANTI
NO TRIBVTA

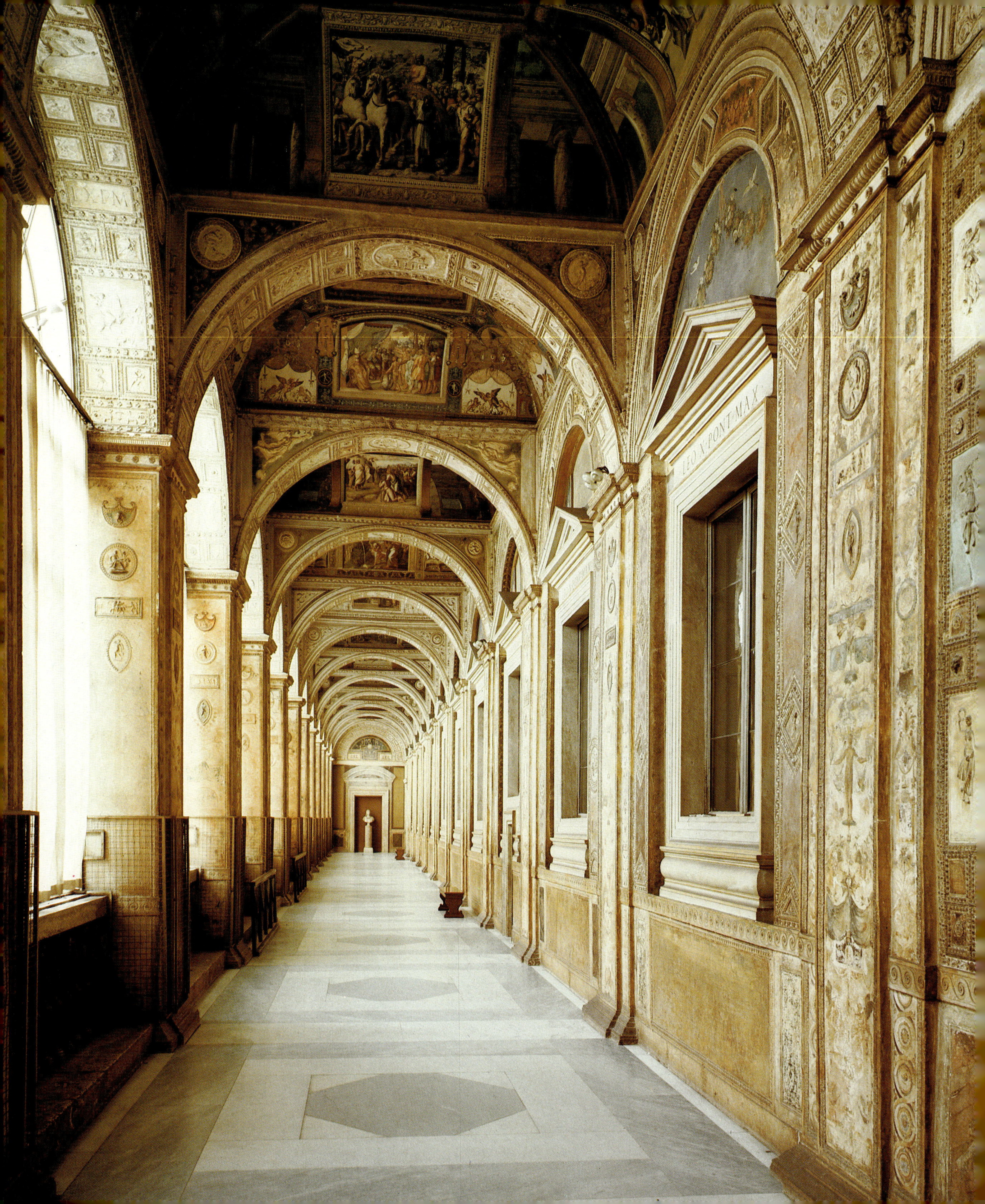
LEO.X.PONT.MAX

Die Loggien und die Loggetta

Die Loggia Raffaels, ausgemalt von Raffael und Mitarbeitern.
Links: Gesamtbild der zweiten Loggia.
Unten: Isaak und Rebekka werden von Abimelech ausgespäht (5. Bogen, Giulio Romano).

Die Loggien Raffaels im bramantischen Flügel des Damasushofes sind eines der gelungensten dekorativen Gesamtkunstwerke. Die Tätigkeit des Giovanni da Udine, der mit seinen Grotesken alle hier dargestellten biblischen Szenen zu einer Einheit zusammenfaßt, wirkt entscheidend durch das Verständnis für den Zusammenklang der klassischen Kultur mit den weniger offensichtlichen Erscheinungsformen der humanistischen Kunst. Fruchtgebinde, Musikinstrumente, Trophäen mit Waffen, phantastische Tiere und Amoretten entstammen dem ornamentalen (aber zumeist neu konzipierten) Formenschatz der von Raffael wiederentdeckten Räume der in der Nähe des Kolosseums gelegenen Domus Aurea Neros, die heute in Trümmern liegt. Da sie im Volksmund „grotte" genannt wurde, bekamen die von dorther stammenden dekorativen Formen den Namen „grottesche". Die Fresken mit biblischen Szenen, die von anderen Mitgliedern der „Werkstatt" Raffaels ausgeführt wurden, sind das Ergebnis einer provokatorischen Richtigstellung des direkten Zugriffs in der Gestaltung des Motivs. Es gibt unerwartete farbliche und graphische Effekte, Hell-Dunkel-Kontraste, landschaftliche Verkürzungen, die eine dynamische, (sozusagen beweiskräftige) Lektüre der römischen Landschaft und auch ihrer intensiven Lichterscheinungen im Tagesverlauf herausfordern.

142

Die Loggia Raffaels
Links: Erschaffung der Tiere (1. Bogen, Giovanni da Udine, Udine 1487–1564).
Unten links: Die Sintflut (3. Bogen, Giulio Romano und Francesco Penni).
Mitte: Joseph erzählt den Brüdern die Träume (7. Bogen, Giulio Romano, Francesco Penni und Giovanni da Udine).
Rechts oben: Durchzug durch das Rote Meer (8. Bogen, Giulio Romano).
Mitte: Joschua hält die Sonne an (10. Bogen, Perin del Vaga, Florenz etwa 1500 – Rom 1547).
Unten: David wird zum König gesalbt (11. Bogen, Guillaume Marcillat, Verdun 1475 – Arezzo 1537).

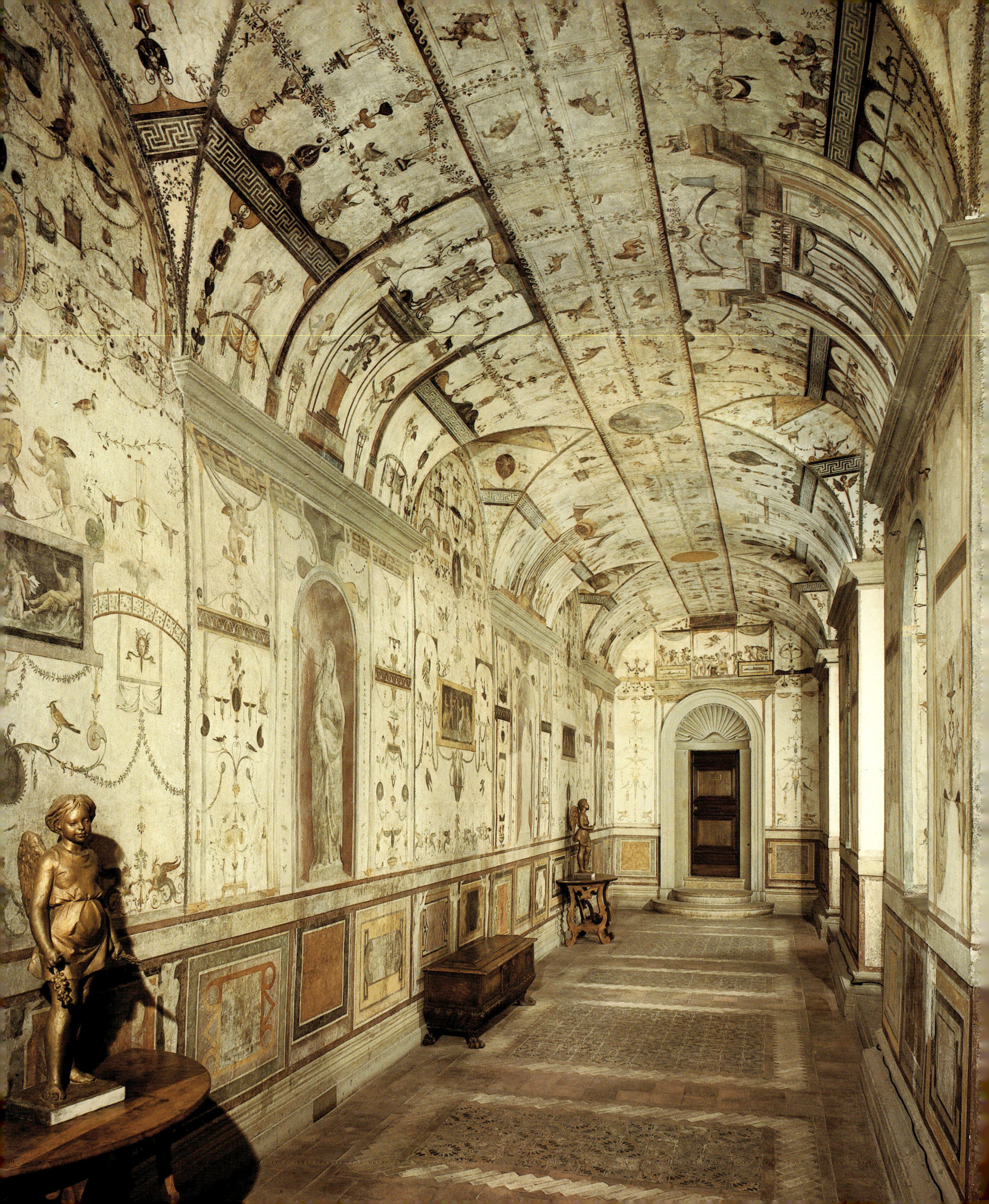

Die Loggetta Raffaels, dekoriert von Giovanni da Udine und Perin del Vaga.
Links: Gesamtansicht; unten: „Grotesken" aus der Wölbung.

Die Loggetta Raffaels.
Unten: Zwei Ausschnitte mit „Grotesken".
Darunter links: Frau an der Garnwinde; rechts: Amoretten in der Pfeilschmiede.
Nebenstehende Seite: „Groteske" mit eingeschlossener mythischer Szene.

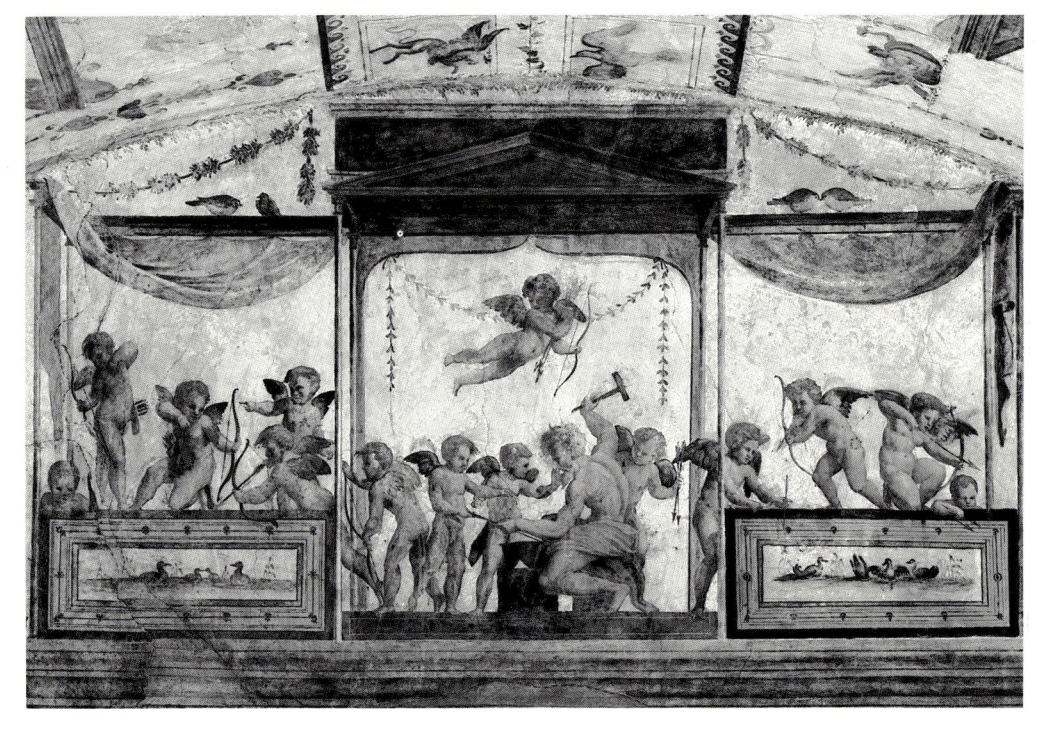

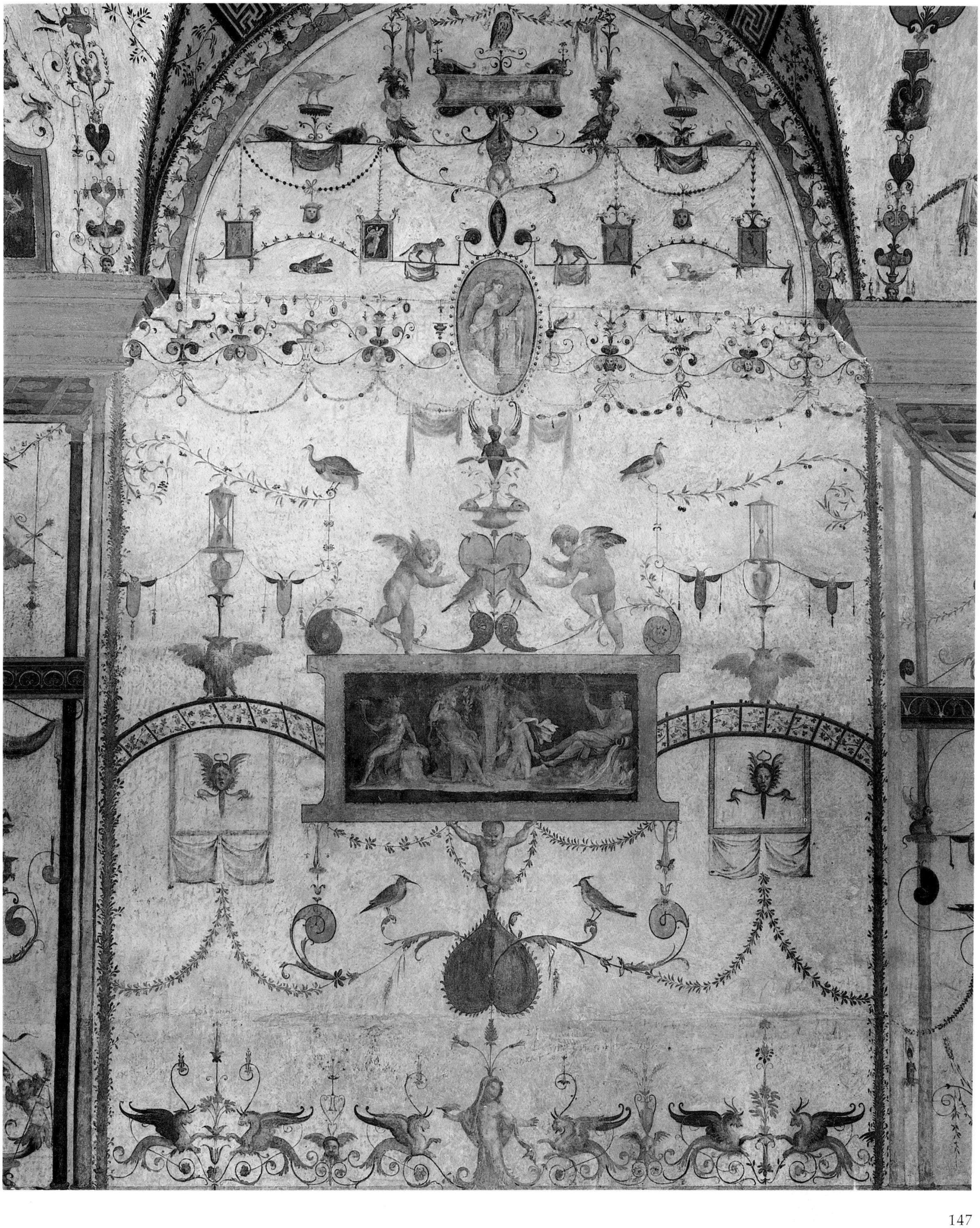

Die Gobelins Raffaels

Um die Entwürfe, die aufgrund ihrer Formbestimmtheit durch die Brüsseler Manufaktur des Pieter van Aelst in Gobelins umgewandelt werden, entwickelt sich wegen ihrer endgültigen, bewegten und schwankenden Form (anders als bei den geometrisch festumrahmten Fresken und Tafelbildern) bei Raffael und seiner Schule eine rege erfinderische Tätigkeit.

Es handelt sich um eine Reihe von Episoden in großartigen Formen und starken Farben, die mit Goldfäden durchwirkt sind, welche den Bildern eine gewisse Vibration, ein schillerndes Leuchten mitteilen. Sie sind vorzüglich geeignet zur Ausstattung für den unteren Teil der Sixtinischen Kapelle, in dem die Beleuchtung nicht besonders gut ist, aber richtig zur Geltung kommen sie erst durch die Reflexe der Fackeln und Kerzen während der Zeremonien. Die Entwürfe mit phantastischen Figuren und Mustern machen aus diesem Zyklus ein Ganzes, das den Eindruck einer Traumvision hinterläßt.

Gobelins.
Pieter van Aelst nach Entwürfen Raffaels.
Links: Paulus im Kerker und Figur des Erdbebens.
Rechts: Wunderbarer Fischzug; unten: Übergabe der Schlüssel an Petrus.

Gobelins mit Szenen aus dem Leben des Paulus.
Unten: Die Blindheit des Elymas; darunter: Das
Opfer in Lystra.
Nebenstehende Seite oben: Die Heilung des
Krüppels; unten: Paulus predigt den Athenern.

Folgende Seiten, links oben: Tod des Ananias;
unten: Bekehrung des Saulus.
Rechts: Steinigung des Stephanus.

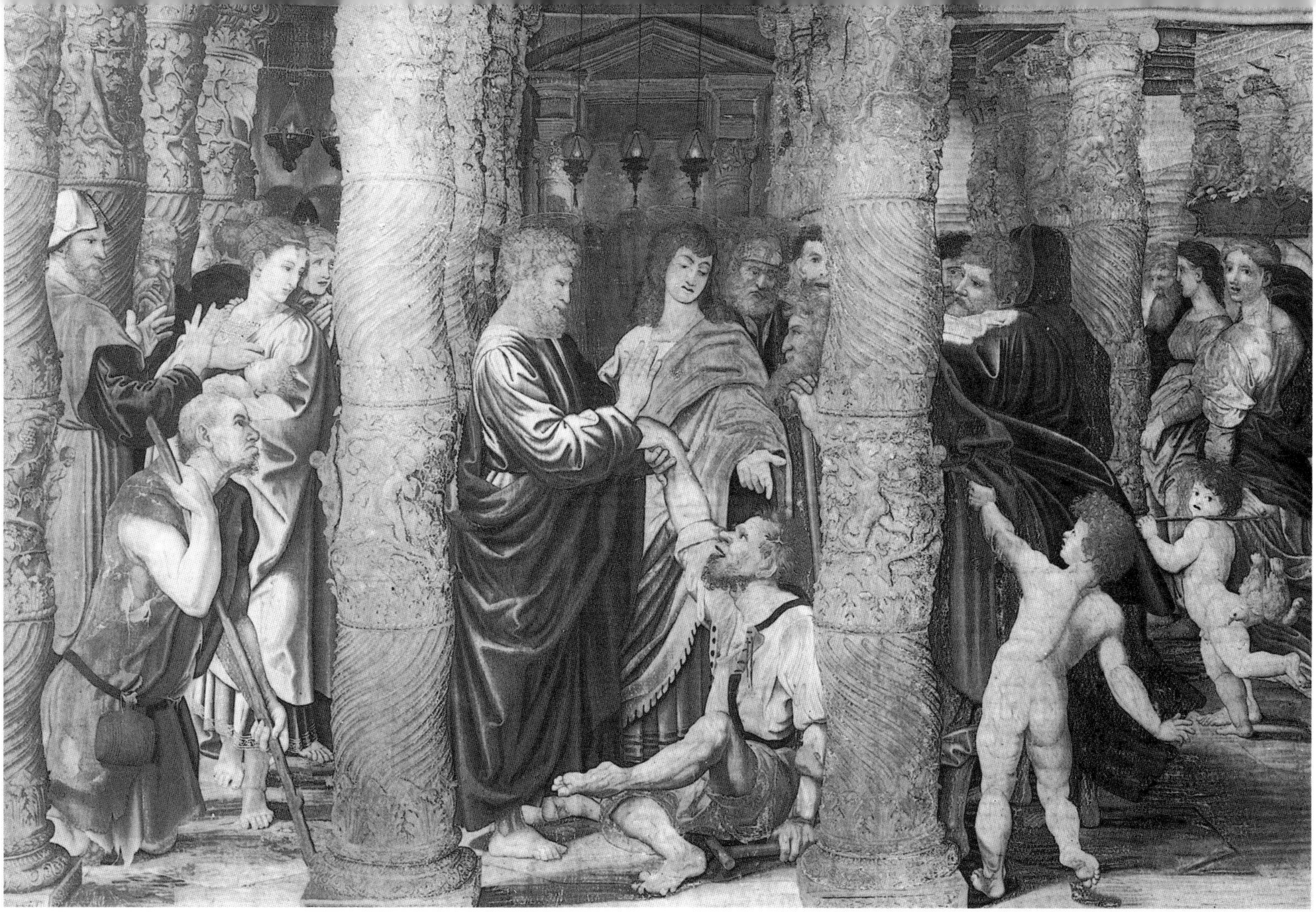

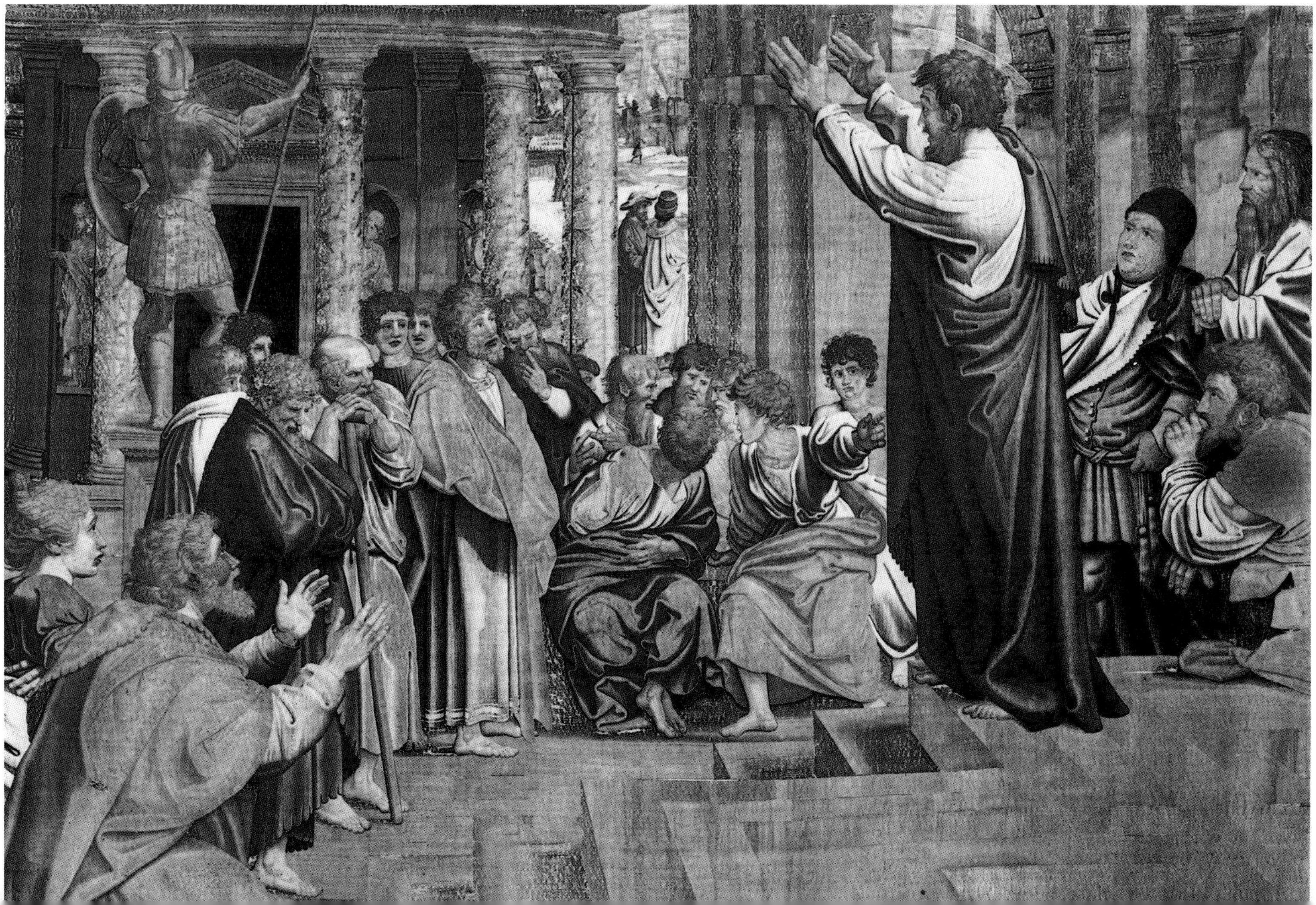

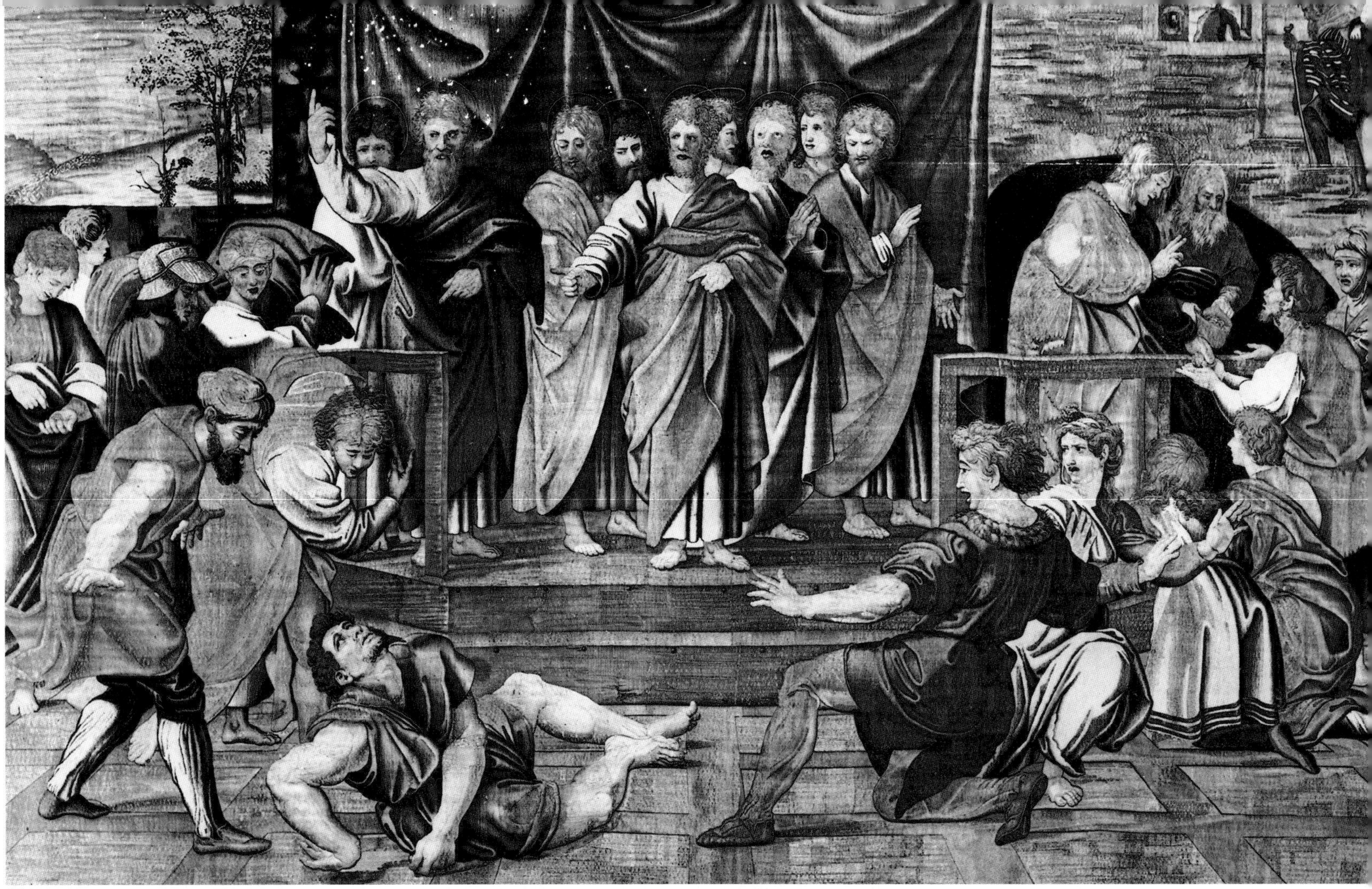

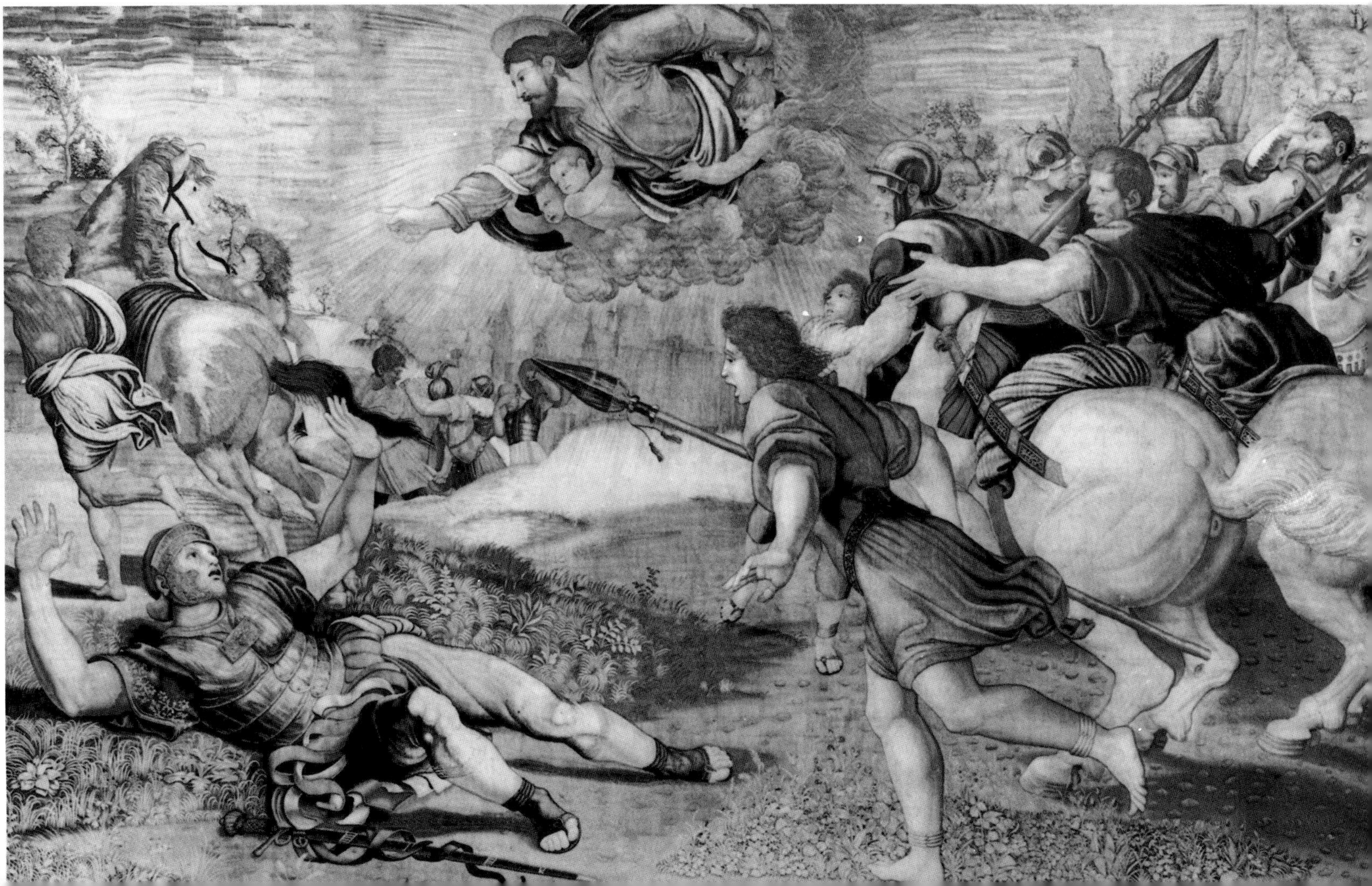

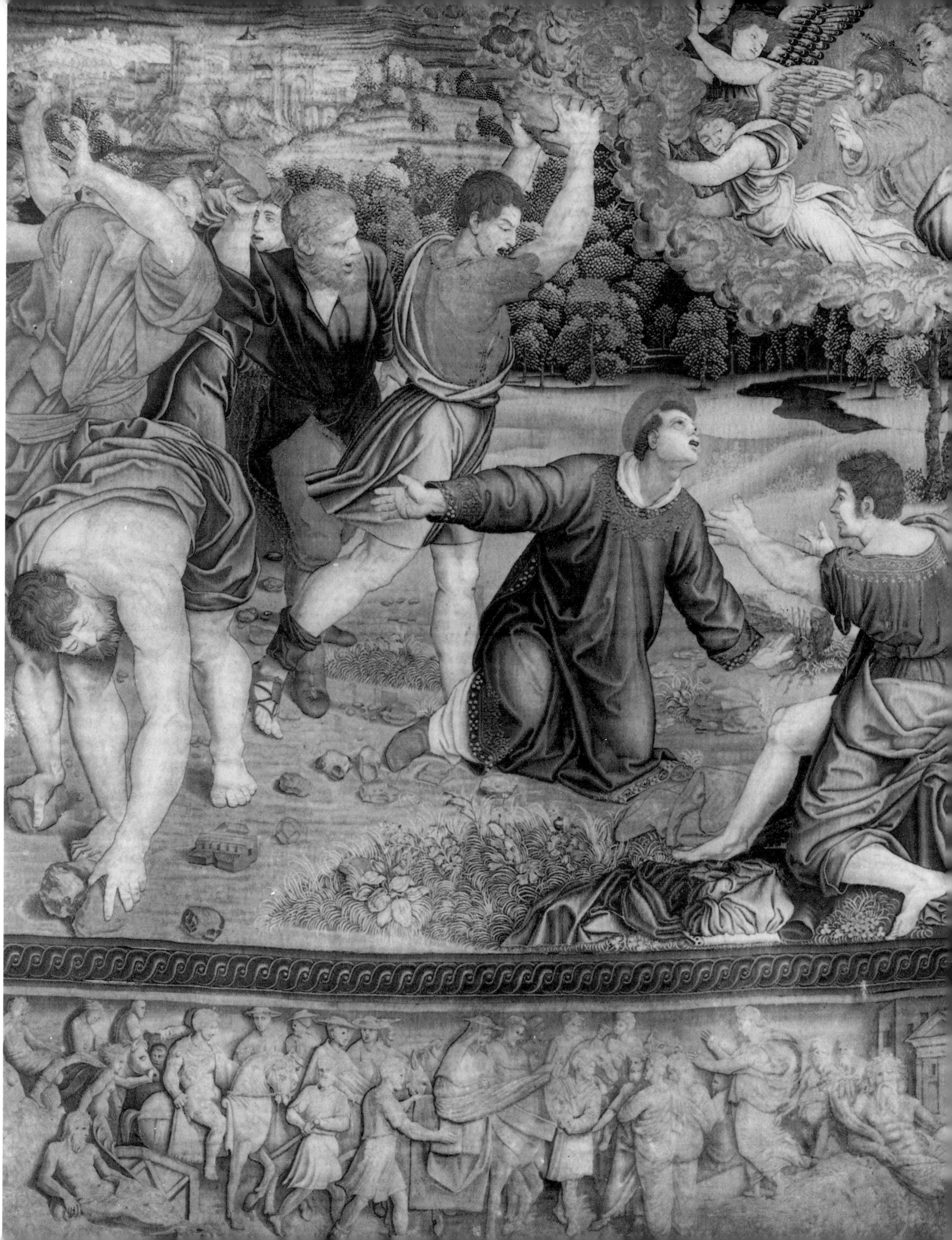

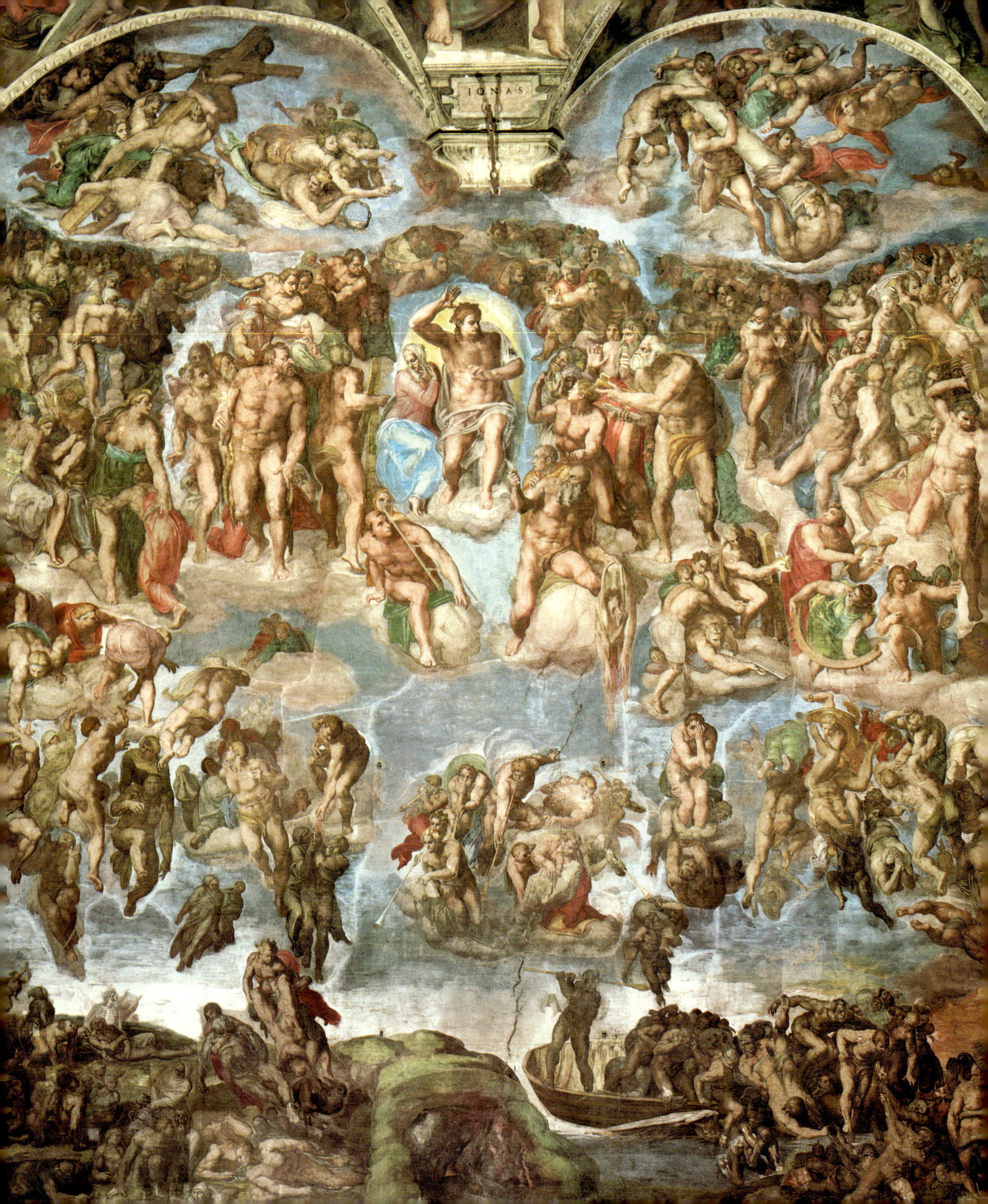
IONAS

Das Jüngste Gericht Michelangelos

Um das Jüngste Gericht malen zu können, opferte Michelangelo außer dem Fresko „Mariä Himmelfahrt" von Perugino auch zwei seiner Lünetten mit „Ahnen Christi". Aber das Bild, das heute auf der rückwärtigen Wand der Sistina erscheint, läßt kein Bedauern aufkommen. Das „Dies irae" ist ein dramatischer Wirbel von Leibern rings um den Richter-Christus. Den Hintergrund bildet ein intensiv blauer Himmel, gegen den sich gewichtslos die Seelen-Körper titanischer Heiliger abheben, diese im Sog des Paradieses, während die Verdammten der Hölle zutreiben. Die Empfindungen des Betrachters – vom Künstler klar vorhergesehen – sind seine körperliche Nichtigkeit und seine seelische Erschütterung. Der Strudel der Massen wird noch eindrucksvoller durch die Bewegung um drei ruhende Pole: unten den Trupp von Engeln, der die Toten mit der Gewalt seiner Posaunenklänge aufweckt, oben die Instrumente der Passion, die geistigen und materiellen Medien jeglicher Erlösung (unten links die von den Engeln in ähnlicher Funktion verwendeten Rosenkränze), und zwischen beiden um den entscheidenden Vermittler, Christus selbst als obersten Richter.

Sixtinische Kapelle: Jüngstes Gericht von Michelangelo.
Links: Gesamtansicht; unten: Ausschnitt mit Trompete blasenden Engeln.

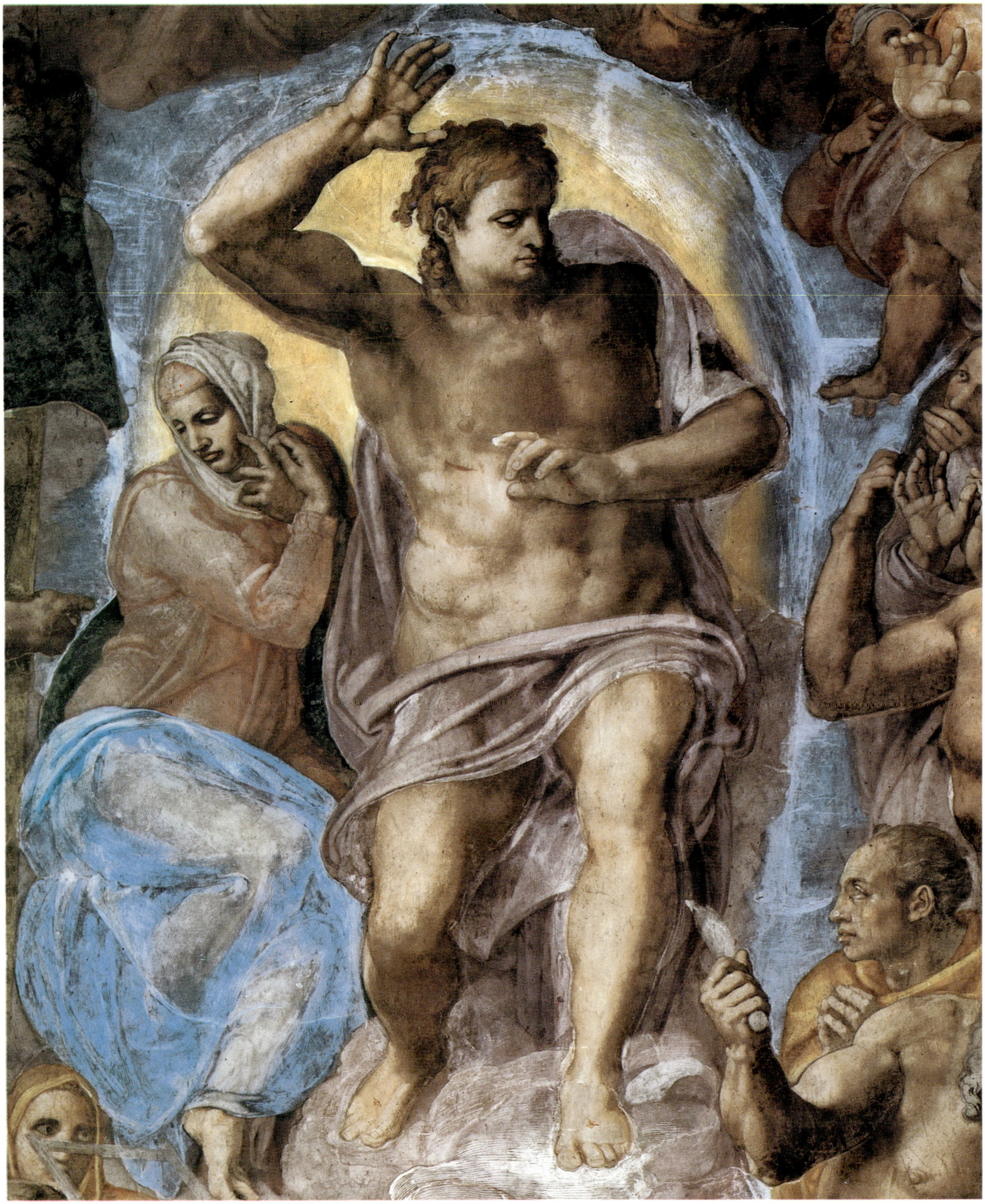

Sixtinische Kapelle: Jüngstes Gericht.
Links: Ausschnitt mit Christus als höchstem
Richter; unten: Ausschnitt mit Petrus und Aposteln.

Folgende Doppelseite: Ausschnitt mit Auferstehung
der Toten.

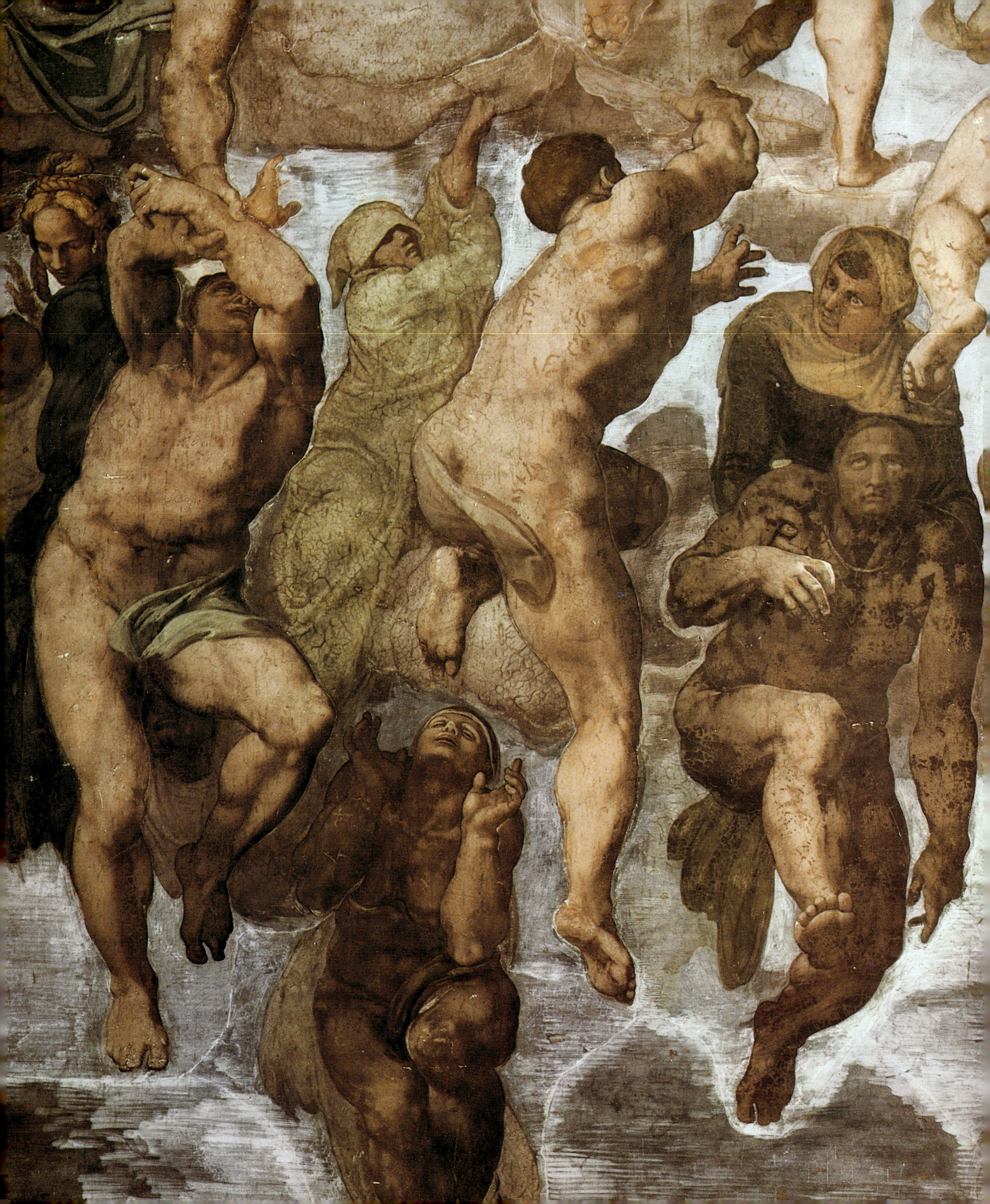

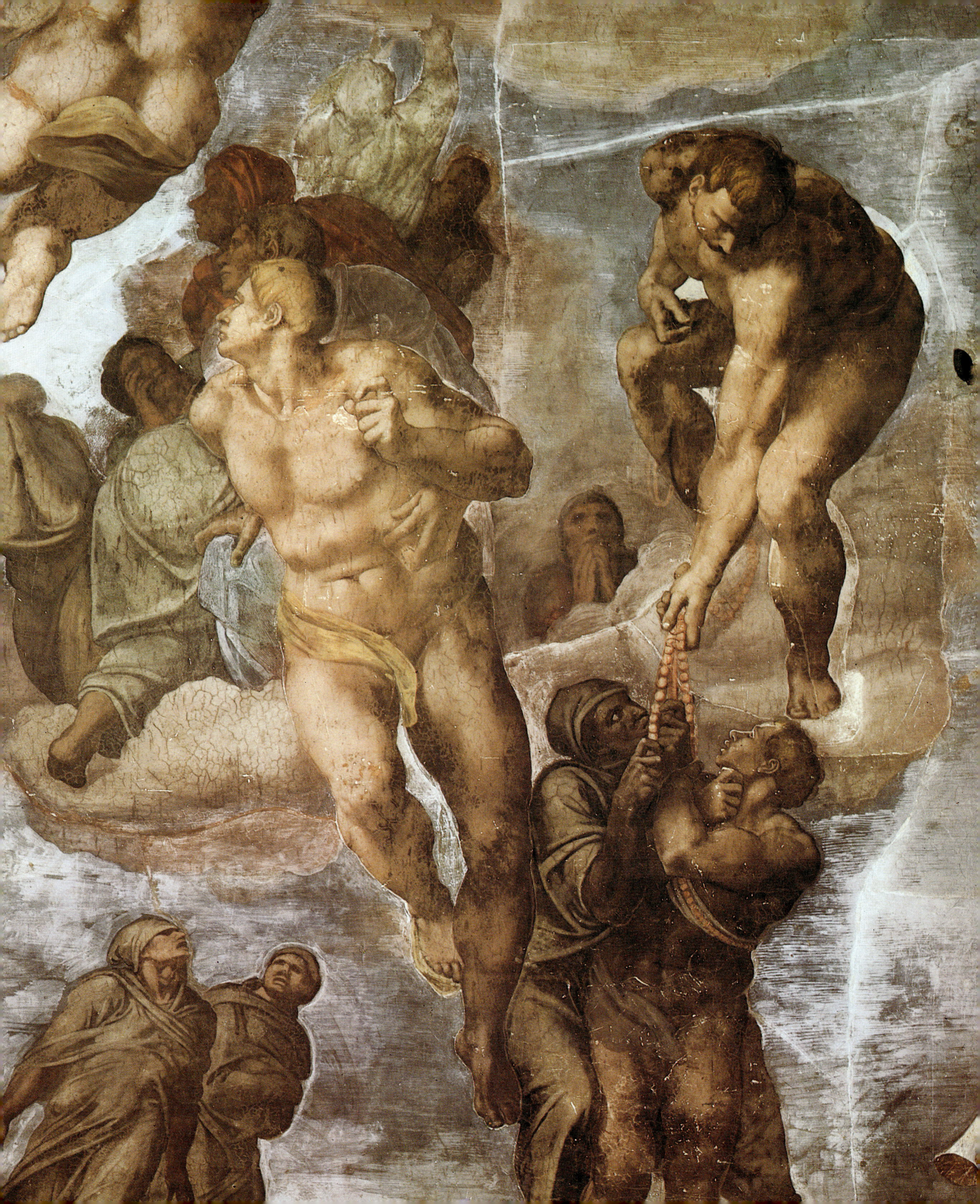

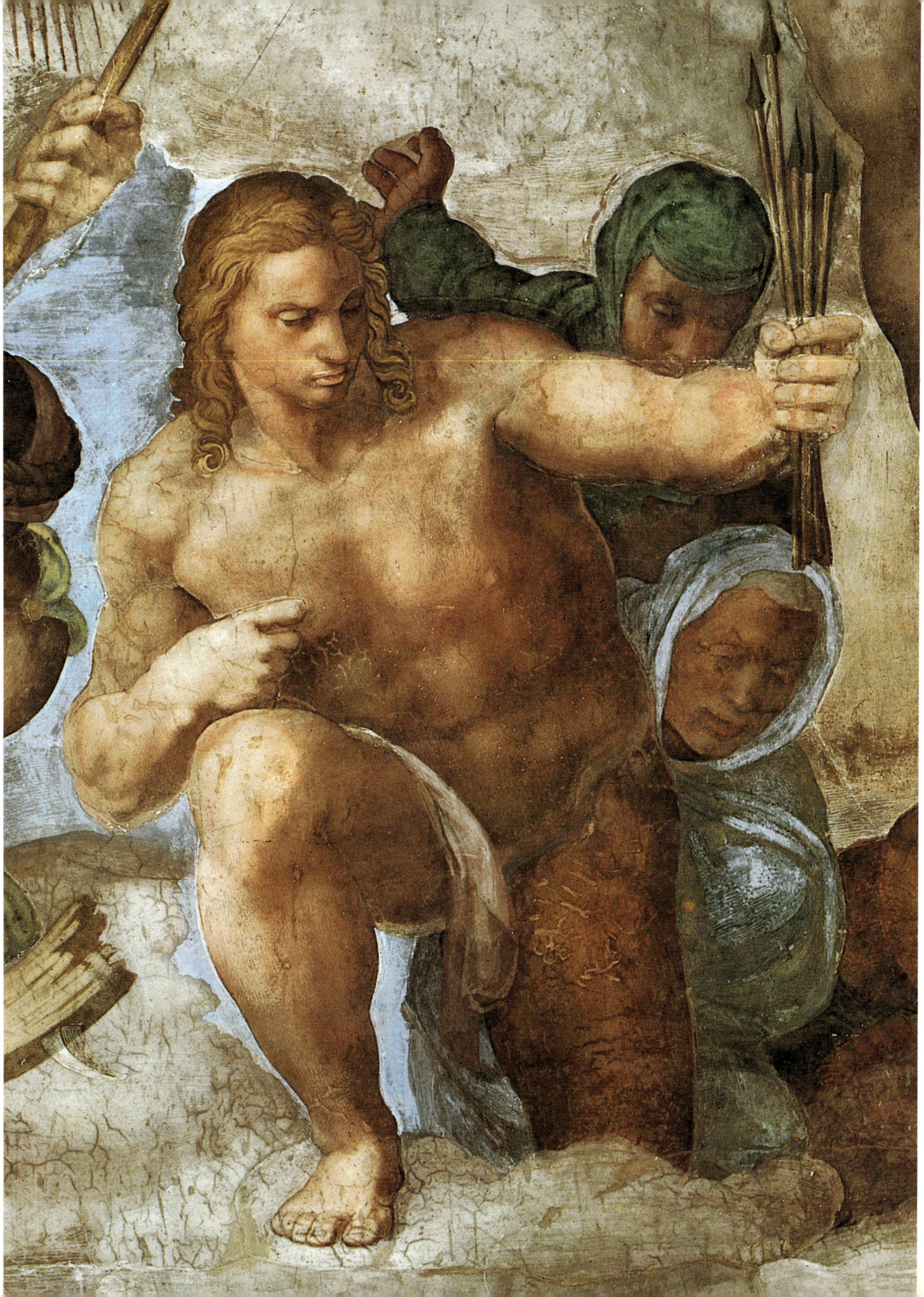

Sixtinische Kapelle: Jüngstes Gericht.
Links: Ausschnitt mit dem hl. Sebastian.
Rechts oben: Ausschnitt mit Totenschädel.
Rechts unten: Ausschnitt mit Nachen des Charon.

Die Cappella Paolina

Kapelle Pauls III. mit Fresken von Michelangelo.
Links: Kreuzigung des Petrus.
Rechts: Bekehrung des Saulus.

Die manieristische Krise, die mit dem Trauma und der künstlerisch-ideologischen Katastrophe des Sacco di Roma (1527) zusammenfällt, hat ihren Ursprung in den dunklen, rigoristischen Prinzipien der letzten Schaffensphase Michelangelos mit ihrer totalen Abstraktion des „Nicht-Vollendeten", sei es in der Bildhauerei (Pietà Rondanini), sei es in der Architektur (Umbau der Thermen Diokletians zu einer Kirche, heute

Maria degli Angeli) oder sei es in der Malerei, wo in der Cappella Paolina aus mit goldenen Blitzen durchsetzten nihilistischen Dunkelheiten zwei Bilder entstehen: die „Kreuzigung des heiligen Petrus" und die „Bekehrung des Saulus", in denen das Heilsgeschehen zum Vorwand wird, um die grundsätzliche Zweideutigkeit der menschlichen Existenz bloßzulegen. Dieses Schwanken zwischen Gut und Böse, Hell und Dunkel, Glauben und Häresie in letzter Konsequenz ist ein Teil der revolutionären Kunst Caravaggios.

Die Wandlung der religiösen Ikonographie in der Vatikanischen Basilika

Naturalismus, Klassizismus und Barock stoßen im 17. Jahrhundert aufeinander. Sie sind aber nicht frei von Überschneidungen, und es ist klar, daß der alles durchdringende Geist des Glaubens, der im 17. Jahrhundert stärker als in früheren Jahrhunderten wirkt, der Generalnenner aller Farb- und Formgestaltung ist.

Es wirken sich traumatisch die grausamen Begebenheiten aus, in denen die ersten Märtyrer des Glaubens das Heil erstrebten, von Petrus (der durch seine Kreuzigung mit dem Kopf nach unten zum irdischen Symbol der himmlischen Christ-Kirche geworden ist) bis zu dem dunklen Erasmus, zu Prozessus und Martinianus. Der von den Lutheranern erhobene Vorwurf der Weltlichkeit hat das religiöse Verständnis durch die Erinnerung an die Vorkämpfer der Kirche offensichtlich in einen Triumph des Papsttums umgewandelt.

Caravaggio, Poussin und Valentin wetteifern wie Domenichino, der den unwandelbaren Glauben des heiligen Hieronymus (einer der Angeln der Katholischen Reform) schildert, und Lanfranco mit seinem „Triumph des Kreuzes" einhellig in diesem höchsten Ziel der existentiellen Rechtfertigung.

Von den auf diesen und den beiden folgenden Seiten abgebildeten Werken sind das „Martyrium des heiligen Erasmus" von Poussin, die „Kommunion des heiligen Hieronymus" von Domenichino, das „Martyrium der heiligen Prozessus und Martinianus" von Valentin, die „Verklärung" von Raffael und die „Kreuzigung des heiligen Petrus" von Guido Reni in der Petersbasilika in Mosaik übertragen worden. Die „Madonna dei Palafrenieri" von Caravaggio war für einen Altar der Basilika in Auftrag gegeben worden, wurde aber nicht dort aufgestellt. Das Fresko mit dem „Triumph des Kreuzes" von Giovanni Lanfranco befindet sich in der Wölbung der Cappella della Pietà.

Rechts: Nicolas Poussin (Les Andelys 1594 – Rom 1665), Martyrium des hl. Erasmus.
Rechte Seite, links oben: Domenichino (Bologna 1581 – Neapel 1641), Kommunion des hl. Hieronymus; rechts: Valentin de Boulogne (Coulommiers 1594 – Rom 1632), Martyrium der hll. Prozessus und Martinianus.
Unten: Giovanni Lanfranco (Terenzano 1582 – Rom 1647), Triumph des Kreuzes.

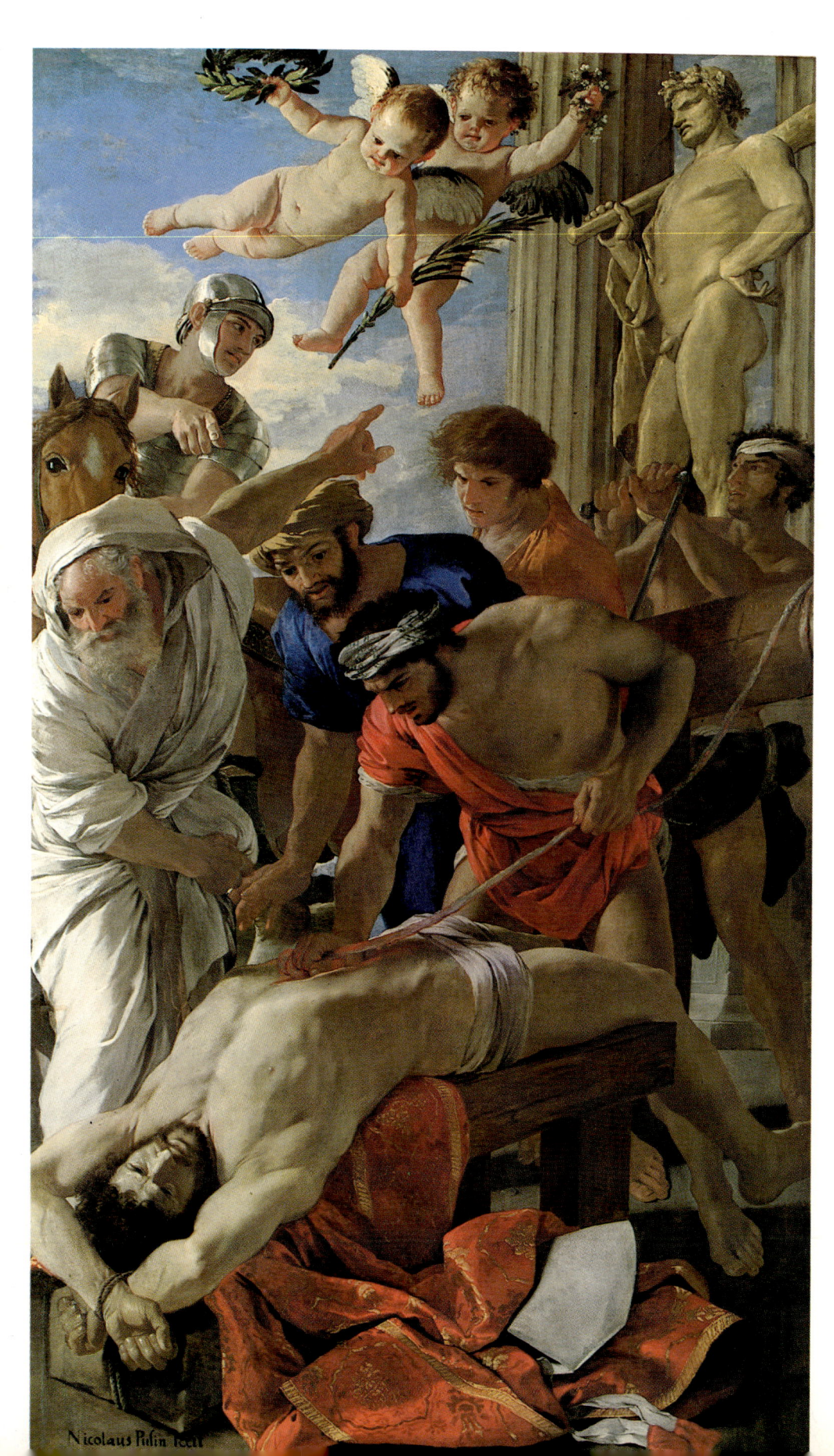

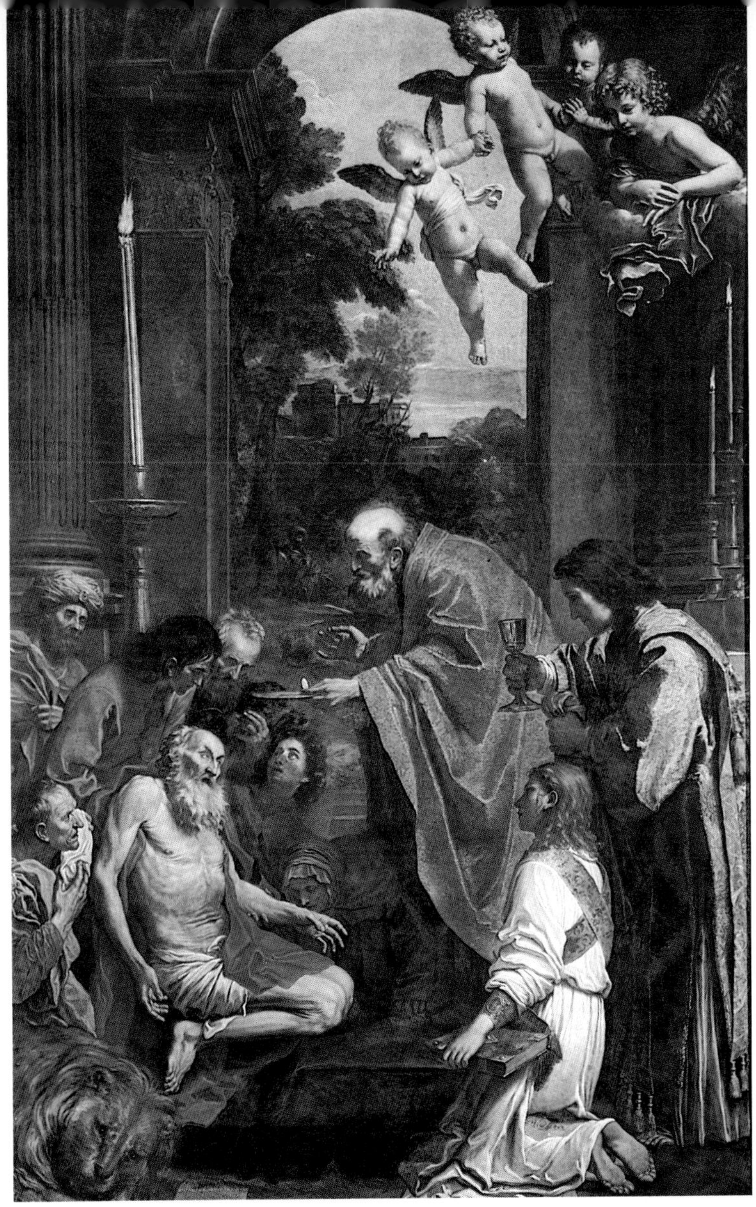

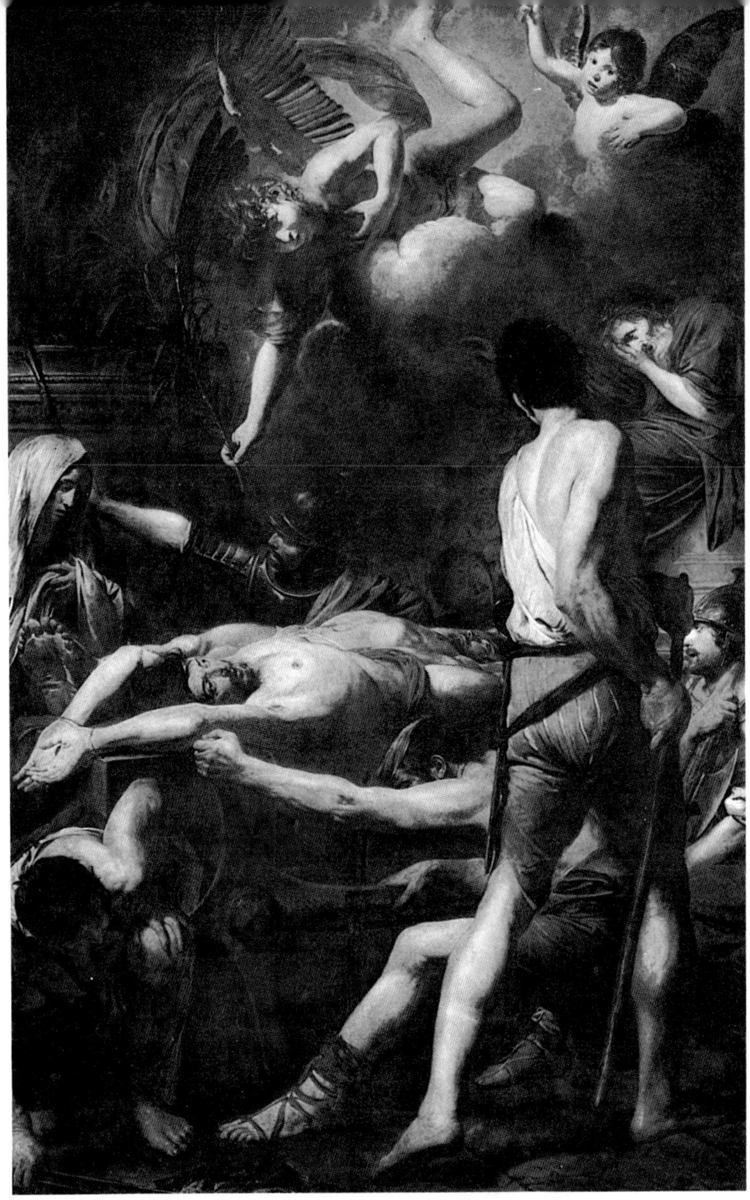

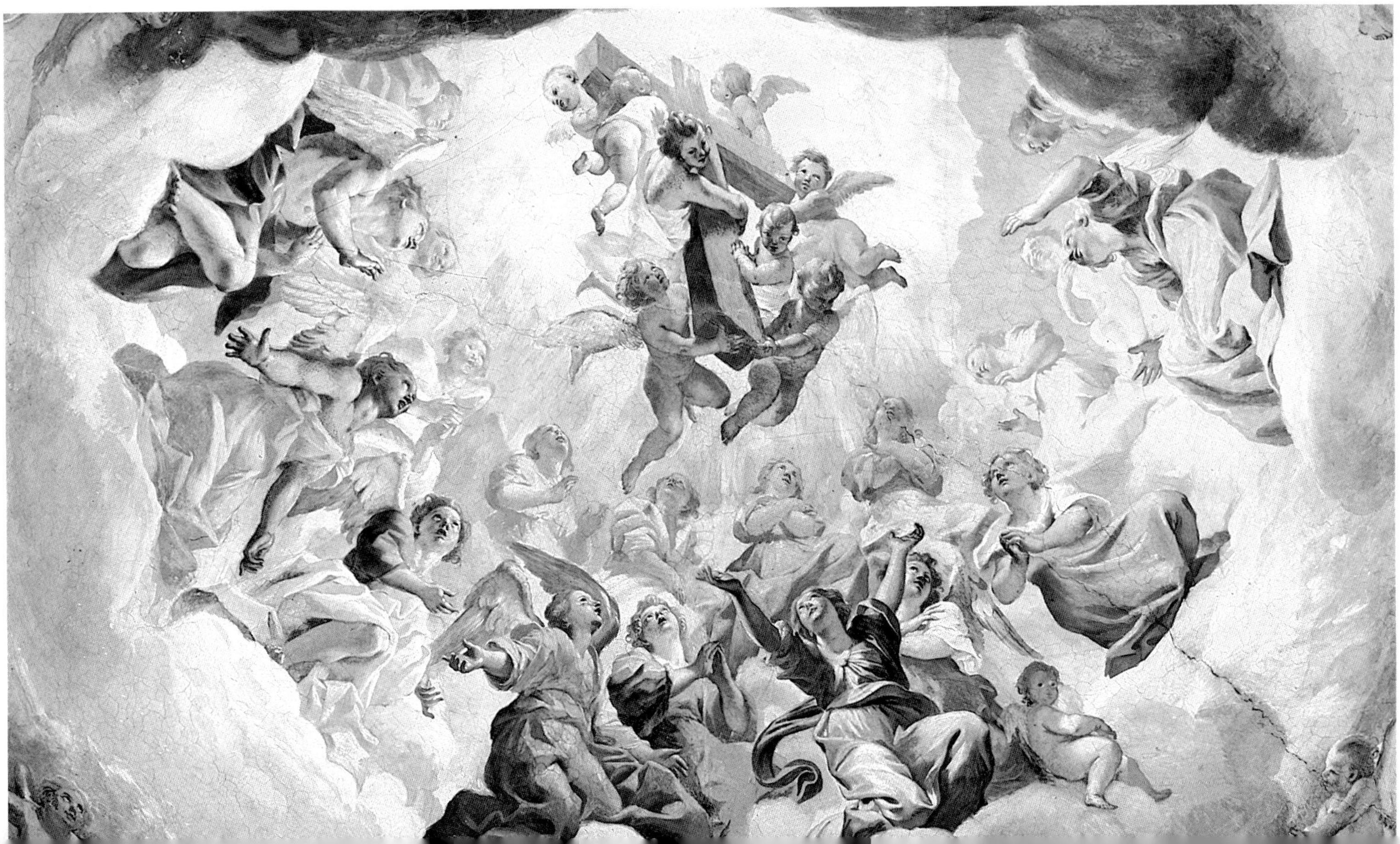

Von links nach rechts:
Raffael, Verklärung Christi.
Guido Reni (Calvenzano 1575 – Bologna 1642),
Kreuzigung Petri.
Caravaggio (Michelangelo Merisi, Caravaggio
1573–1610), Madonna dei Palafrenieri.

166

167

Die Stanze der unbefleckten Empfängnis

Im Jahre 1858 beauftragte Pius IX. den erfolgreichen Francesco Podesti mit dem Zyklus der „Unbefleckten Empfängnis". Der Künstler setzte all seine malerisch-literarischen Fähigkeiten ein in dem Bewußtsein, gezwungen zu sein, in einer Umgebung zu arbeiten, die ihm sichtlich kaum angemessen war, nämlich in einem Raum, der an den grenzt, in dem sein größter Landsmann, Raffael, gearbeitet hat („Stanze der Feuersbrunst von Borgo"). Die vielen Anleihen bei Raffael in klassizistisch-romantischem Stil und die grundsätzliche Starre der Fresken beeinträchtigen die tatsächlich vorhandenen erzählerischen Qualitäten Podestis.

Die „Definition" und die „Proklamation des Dogmas" an den Wänden, die „Sibyllen", der „Glaube", die „Theologie" und die Personen des Alten Testaments in der Wölbung und zwischen den Fenstern veranschaulichen zur Genüge seine Fähigkeit, die humanistische Malerei gemäß einer kalten, „puristischen" Auffassung in geschliffene und präzise Formen zu transponieren.

Auf einem verzierten Podest, das auf einem sehr feinen, vielfarbigen ostiensischen Mosaik aus dem 1. Jahrhundert steht, thront der große Codex des Dogmas von der „Unbefleckten Empfängnis", der von Annibale Cellini im „Renaissancestil" fein ausgemalt wurde.

Stanze der Unbefleckten Empfängnis, ausgemalt von Francesco Podesti (Ancona 1800 – Rom 1895).

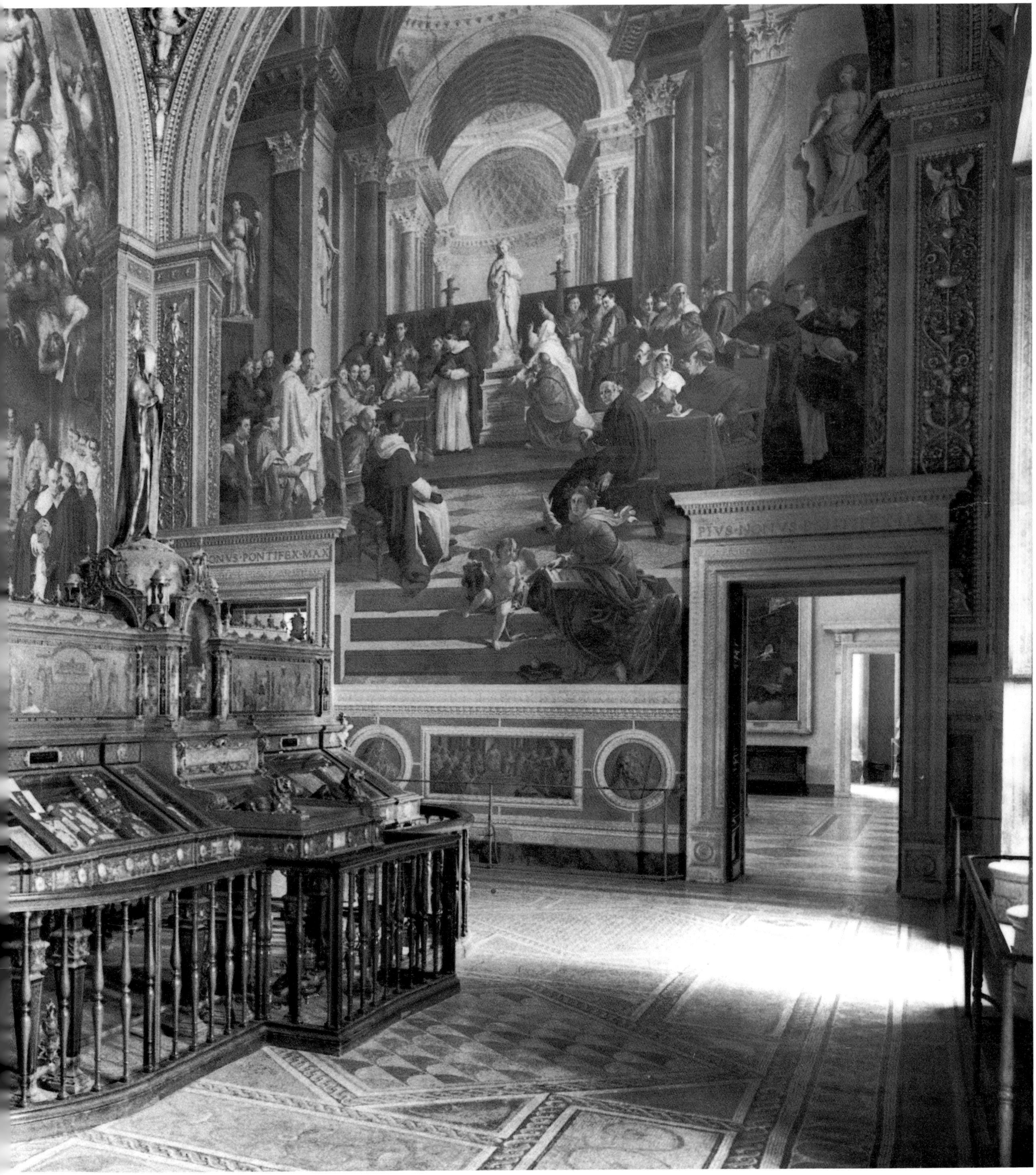

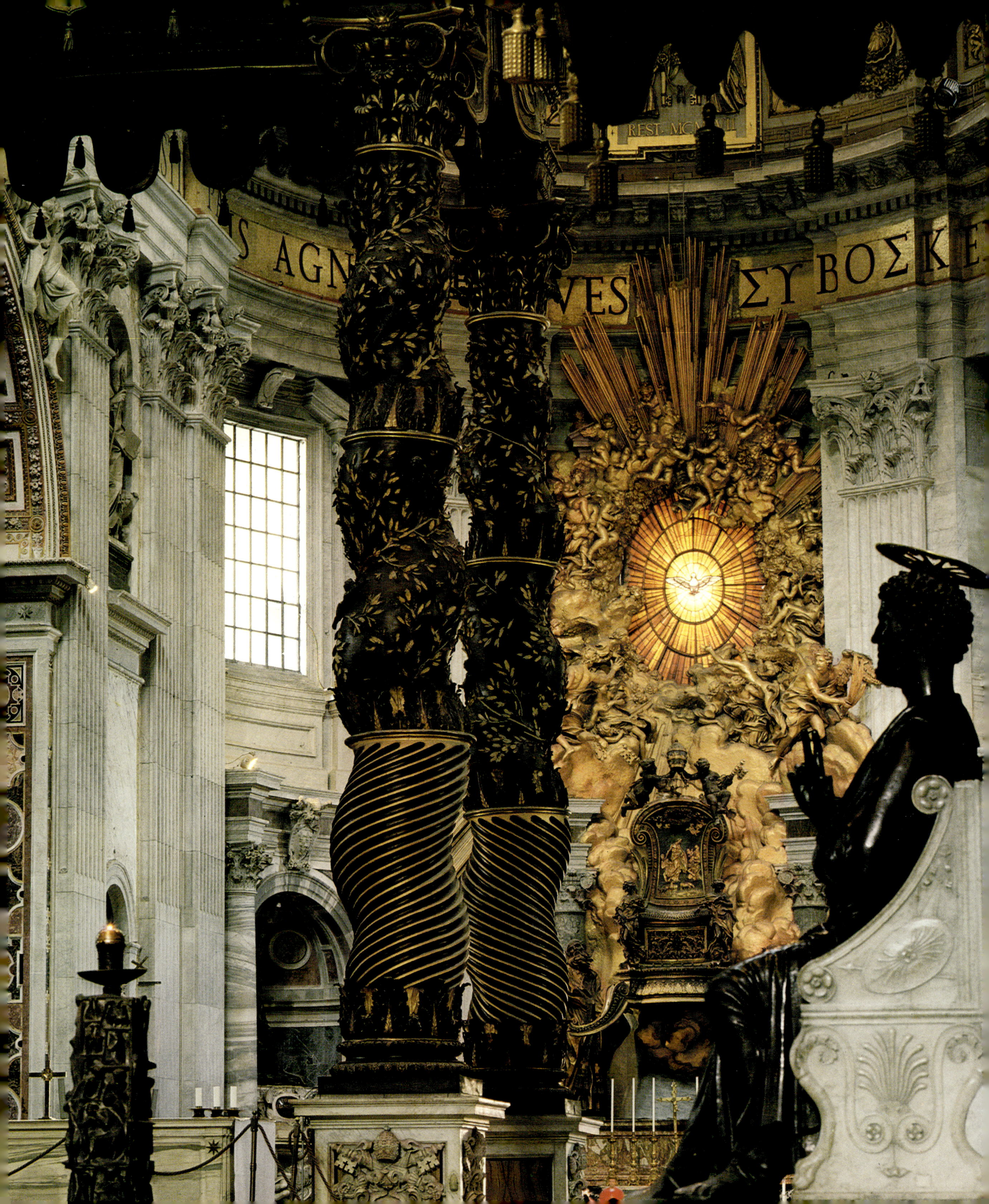
S AGN
VES
ΣΥ ΒΟΣΚΕ

DAS LEBEN DER PÄPSTE
Analyse der päpstlichen Gräber

Die Ausgestaltung der Gedenkstätten der Päpste, angefangen bei der einfachen Ädikula des Apostels Petrus mit ihren Steinplatten bis zu den späteren prunkvollen Grabmälern, spiegelt die Geschichte, die Krisen, die Infragestellungen und die Wandlungen der päpstlichen Macht und damit der römisch-katholischen Kirche von den anfänglichen Verfolgungen bis zum geistigen und irdischen Triumph mit einzigartiger Unmittelbarkeit wider.

Mit der Anerkennung der christlichen Religion wird aus der einfachen Kennzeichnung des Ortes, an dem der Gläubige in Erwartung ruht, ein Manifest des verflossenen Lebens, des irdischen Eifers, der für die Erlangung der Seligkeit aufgebracht wurde. Die Symbole, die ursprünglich auf Künftiges anspielten, verwandeln sich in Allegorien des Vergangenen, der Geschichte, allerdings erhellt von der Weisheit Gottes.

Die besondere Möglichkeit, mit dem Thema der päpstlichen Gräber synthetisch die gewaltigen geistigen und kulturellen Veränderungen zu erfassen, die in der ganzen abendländischen Welt zu verzeichnen sind und direkt oder mittelbar von der katholischen Kirche bestimmt werden, wird von vielen Gelehrten betont, die sich seit Gregorovius den päpstlichen Grabmälern und ihren typologischen und semantischen Umgestaltungen unter einander ergänzenden dokumentarisch-biographischen, historisch-kritischen oder künstlerisch-ikonologischen Gesichtspunkten widmen. Die Lesbarkeit wird noch verstärkt, wenn sich der Vergleich auf die in Sankt Peter errichteten Gräber und Grabmale beschränkt. In dieser idealen Galerie treten die Kontraste der Formen und kulturellen Wertungen besonders deutlich hervor, weil man die Charakteristika der einzelnen Epochen unmittelbar nebeneinander vor sich hat.

DAS PETRUSGRAB – LEGENDE ODER GEWISSHEIT?

Im Jahre 1940 läßt Pius XII. Ausgrabungen rings um die Confessio des heiligen Petrus durchführen, um dem Wunsch seines Vor-

Die vielverehrte Statue des segnenden hl. Petrus aus der alten Basilika, die Arnolfo di Cambio zugeschrieben wird. Im Hintergrund gedrehte Säulen vom Baldachin und der „Stuhl Petri" von Bernini.

gängers Pius XI., so nahe wie möglich beim Grab des Apostels beigesetzt zu werden, nachkommen zu können. Unterhalb der Reste der konstantinischen Basilika kommen eine heidnische Nekropole und viele christliche Gräber zum Vorschein, insbesondere aber ein kleines Grabmal, das aus zwei sich überlagernden Nischen mit einer mittleren Mauer (die berühmte rote Mauer) besteht, etwa aus der Mitte des 2. Jahrhunderts nach Christus stammend.

Diesem sehr einfachen Grabmal muß man seit den ersten christlichen Jahrhunderten größte Bedeutung zugemessen haben, denn es wurden Erhaltungsarbeiten durchgeführt und Stützmauern errichtet, schließlich errichtete man am Abhang des Vatikanischen Hügels an der Stelle des damaligen Friedhofs eine Plattform für eine Märtyrerbasilika, in deren Brennpunkt diese bescheidene Begräbnisädikula lag. Eines der wichtigsten Ergebnisse der vatikanischen Ausgrabungen ist der archäologische und historische Beweis, daß die erste, konstantinische Basilika eine Konstruktion „ad corpus" war, also die Überbauung eines Märtyrergrabes. Die Lage dieses kleinen Monuments, dieser Ädikula inmitten des Querschiffs gegenüber der Apsis ist durch alte Texte bestätigt, insbesondere ist die Existenz eines Hohlraums im unteren Teil des Monuments gewiß, in dessen Bodenbelag ein kleines Loch die Möglichkeit bot, den Grund einer darunterliegenden kleinen Aushöhlung mit einem Gegenstand zu berühren. Diese für die Verehrungsriten an Märtyrergräbern bezeichnende Einrichtung erscheint als letzter Beweis für die enge Beziehung des kleinen Monuments zum Grab des Petrus.

Abgesehen von Veränderungen durch die wechselnden Anforderungen des Kults, ist die Besonderheit dieses dem Andenken des ersten Papstes gewidmeten Ortes durch eine Reihe architektonischer Neuerungen unterstrichen worden, die ihrer Herkunft wegen anderswo übernommen wurden. Wenn zum Beispiel die konstantinische Basilika die einzige Märtyrerbasilika in Rom und im Nahen Osten mit einem kreuzförmigen Querschiff war, so erfuhr dieser Prototyp durch die karolingische Renaissance eine große Verbreitung. Und wenn Gregor der Große wegen des mächtigen Zustroms von Pilgern die konstantinische Basilika von einer Begräbniskirche in einen Ort für liturgische Feiern umwandelte, indem er das Niveau des Quer-

schiffs um etwa anderthalb Meter anhob, den oberen Teil des Monuments als Altar verwendete und den unteren mit einem halbkreisförmigen Umgang – entsprechend der Apsis – sichtbar ließ, so wurde diese Anordnung, die sich aus Grab – Altar und Presbyterium – Krypta ergab, als Prototyp sofort zum Vorbild für Kirchen, in denen der Leichnam eines Heiligen verehrt wurde, auch in Fällen, in denen das Grab nicht schon vor dem Bau der Kirche existiert hatte. So ist die „confessio scoperta", die in der Peterskirche von Clemens VIII. und Paul V. errichtet wurde, zum Modell für ähnliche Altäre in romanischen Basiliken geworden.

WECHSELNDE LEBENSUMSTÄNDE DES PAPSTTUMS UND FEHLEN EINER VERPFLICHTENDEN TRADITION VOR 1300

Hinsichtlich des Ortes, an dem die sterblichen Überreste der Päpste ursprünglich bestattet wurden, unterscheidet Montini in seiner Studie über die Papstgräber vier Hauptgruppen: a) die primitive vatikanische Grabstätte von Petrus bis Victor während der beiden ersten christlichen Jahrhunderte; b) die Friedhofsbegräbnisse bis zur Mitte des 6. Jahrhunderts; c) die Nekropole „ad Beatum Petrum" von Leo dem Großen bis in unsere Zeit; d) den lateranischen Kern, der vorwiegend zwischen dem 10. und 12. Jahrhundert entstand und dann durch die Feuersbrunst von 1308 fast gänzlich zerstört wurde. Es steht aber fest, daß bis zum Jahre 1300 etwa keine klare und fortdauernde Tradition für die Errichtung päpstlicher Grabdenkmäler besteht. Die einfachen Sarkophage mit Epitaphen aus den ersten Jahrhunderten, die es im Lauf der Zeit immer wieder gibt, da viele Päpste ohne Pomp in leeren Urnen begraben werden wollen, wie Papst Marcellus II. (1555) es während der höchsten Blüte der Renaissance bestimmte, machen in zunehmendem Maße wirklichen Grabdenkmälern Platz, von denen aber infolge der Zerstörungen im Verlauf der Jahrhunderte nur noch einige Steine mit halb erloschenen Inschriften erhalten sind.

Es sind dies die für das Leben und die Anerkennung der Autorität des römischen Papsttums so mühseligen Jahrhunderte. Politische Auseinandersetzungen werden mit religiösen Kämpfen verquickt, das Supremat der römischen Kirche wird abwechselnd verneint und bestätigt. Päpste und Gegenpäpste folgen einander zwischen Volksaufständen und Kriegen der Machthaber in einem langen, erregenden Wechselspiel der Verhältnisse bis zum Jubiläumsjahr 1300, dem ersten Jubiläum der Kirchengeschichte, proklamiert von Bonifatius VIII., von dem Gregorovius, der sicher nicht der Papstfreundlichkeit verdächtig ist, schreibt: „Er war der letzte große Papst des Mittelalters, der letzte Fürst der Kirche, der das Papsttum als Universalherrschaft auffaßte."

BONIFATIUS VIII. UND DAS JUBELJAHR. ARNOLFO DI CAMBIO UND DIE BEGRÄBNISKAPELLE

Umstritten ist die Form der Grabkapelle, die Arnolfo auf Geheiß Bonifatius' VIII. baute, um die sterbliche Hülle Bonifatius' IV. zu bergen und seinen eigenen Grabplatz vorzubereiten. Das an die Gegenfassade der Basilika angelehnte, weit vorspringende Monument sollte nach dem Brauch der Zeit aus einem Baldachin über dem Altar mit der sterblichen Hülle Bonifatius' IV. bestehen. Über dem an der rückwärtigen Mauer plazierten Sarkophag Bonifatius' VIII. sollte ein Mosaik mit zwei Heiligen entstehen, vielleicht Petrus und Paulus, die den Pontifex der Jungfrau vorstellten. Da die alte Fassade 1605 wegen der „Verlängerung" der Basilika abgerissen wurde, ist uns das Monument mehr durch zeitgenössische Graphiken als durch die wenigen Fragmente bekannt, die in den Vatikanischen Grotten aufbewahrt werden.

Am 22. Februar 1300 hatte Papst Bonifatius VIII. in einer eigenen Bulle das Heilige Jahr ausgerufen, das den Pilgern, die nach Rom gekommen waren und die vorgeschriebenen religiösen Übungen absolviert hatten, dieselben Ablässe und dieselben Gnadenerweise einräumte wie den Teilnehmern an einem Kreuzzug. Der Auftrag Arnolfos für das Grabmal scheint demselben triumphalen Klima zu entspringen wie in San Giovanni in Laterano der Bau der Loggia für die Erteilung des Segens oder die Errichtung der Bronzestatue des heiligen Petrus „in cathedra", die während des Jubeljahres von großer Bedeutung war und in ihrer ikonenhaften Strenge etwas von der mystischen Gewalt des Papsttums verkörperte.

Das Grabmal muß noch im Jahre 1300 fertiggestellt worden sein, denn im folgenden Jahr wurden die Gebeine Bonifatius' IV. überführt. Interessant ist der Text einer erhaltenen Inschrift: „Hoc opus fecit Arnolfus architectus", mit der Arnolfo die Bedeutung eines Werkes betont, von dessen architektonischem Teil nichts mehr erhalten ist, das ihm mit Gewißheit zugeschrieben werden kann. Man kann indessen die Aufmerksamkeit auf den Sarkophag mit der liegenden Figur Bonifatius' VIII. beschränken, um die Charakteristika der Kunst Arnolfos dieser Jahre zu erfassen. Das mit geometrischer Klarheit gezeichnete Gesicht des Papstes drückt eine menschliche Bewegtheit aus, die das ganze Werk durchdringt, und ist ein typisches Beispiel für Arnolfos Bildniskunst, die nicht an Äußerlichkeiten haftet, sondern ein Spiegel der Seele ist. Durch die Wiederbegegnung mit seinem früheren Schüler Giotto in Rom kann Arnolfos Werk aber auch zu einer Anregung geworden sein. Die Kirche Santa Maria del Fiore in Florenz, für deren Ausbau Giotto mehr als zwanzig Jahre

Links: Die Confessio unter dem päpstlichen Altar in der Basilika des hl. Petrus ist der Ort, an dem die Reliquien des Apostels aufbewahrt werden. Sie ist ein Werk Carlo Madernos. – Rechts: Bildnis Bonifatius' VIII., Teil des Sarkophags in den Vatikanischen Grotten, der von Arnolfo di Cambio im 13. Jh. gestaltet wurde.

nach Arnolfos Tod die Leitung übernahm, ist ein Werk, in dem – wie aus dem wenigen erhaltenen Material zu ersehen ist – die räumliche Vision des nunmehr reifen Künstlers voller und klarer zum Ausdruck kommt.

Wie das Jubiläum durch die Gleichsetzung der Pilgerschaft nach Rom mit der ins Heilige Land die mittelalterlich geprägte päpstliche Theokratie erneuert und erhöht und zu ihrer endgültigen, wenn auch mühsamen Überwindung beiträgt, so entspricht das neue räumliche Konzept Arnolfos, das sich aus verschiedenen gotischen und klassischen Auffassungen entwickelt und im Grabmal des Bonifatius im Keim schon vorhanden ist, der im Humanismus entwickelten Auffassung des Raumes.

Mit Bonifatius VIII. endet die große mittelalterliche Epoche des Papsttums, in welcher die Kirche zeitweise die Herrschaft über die abendländische Welt erlangt hatte. Im Jahre 1305 beginnt die Periode der „Gefangenschaft von Avignon", und nach siebzig Jahren markiert die Rückkehr der Päpste nach Rom eine grundsätzliche Wendung in der Geschichte der Stadt und der Kirche. In Deutschland debattieren Hus und Hieronymus von Prag ihre vorreformatorischen Theorien, in Italien weichen die örtlichen Demokratien den Tyrannen und ihren Familien. Rom insbesondere ist zu einer Ruinenstadt geworden.

Die Gräber der Päpste aus den Jahren nach der Wiederinbesitznahme des Römischen Stuhles, die im Verlauf der Arbeiten zu Anfang des 17. Jahrhunderts aus der alten Basilika entfernt wurden, sind zum Teil noch durch einige in den Vatikanischen Grotten aufbewahrte Grabplatten zu identifizieren, wie das Grab Innozenz' VII. (1404–06). Die Ikonographie ist einfach und traditionell, man erkennt darin nicht wie in anderen zeitgenössischen Gräbern das Bestreben, dem Individuum gerecht zu werden oder auch seine Persönlichkeit durch das Grabmal zu erhöhen. Völlig anders ist die bronzene Grabplatte Martins V. im Lateran, ein Werk des Donatello-Nachfolgers Simone Ghini, das nach der neuen perspektivischen Schau dem Bildnis Leben verleiht.

Das 15. Jahrhundert, das Zeitalter der Wiedergeburt von Kunst und Kultur, bezeichnet auch für das Papsttum eine neue Epoche. Es öffnet sich der Erneuerungsbewegung mit großer Energie und wird zu einem Inbegriff des Mäzenatentums. In dieser Zeit wetteifern Prälaten und Päpste darin, sich zu Lebzeiten bei den bekanntesten Meistern pompöse Grabmäler zu bestellen, und begründen damit die sich jahrhundertelang fortpflanzende Sitte, sich im Leben schon die Unsterblichkeit im Marmor zu sichern. Leider sind die wahrscheinlich großartigsten Grabmäler dieser Zeit, das Nikolaus' V. und Pauls II., fast restlos verlorengegangen. Nikolaus V., der Förderer griechischer Studien, der Manuskripte aus aller Welt in großem Umfang ankaufte, der Pontifex, der es liebte, mit Filelfo, Valle und Bracciolini zu diskutieren, der den vatikanischen Palast zur Stadt der Päpste umgestalten wollte, besaß ein großartiges Grabdenkmal mit Werken der Nachfolger Bregnos, von dem einzig der Sarkophag in den Vatikanischen Grotten übriggeblieben ist.

PAUL II. UND DIE VERURTEILUNG DES HUMANISMUS

Über das Grab Pauls II. schreibt Vasari: „Es galt als das reichste Grabmal, das je von einem Papst mit Ornamenten und Figuren ausgestattet wurde." – „Das größte und in mancher Hinsicht auch charakteristischste der Grabdenkmale mit der Ausstattung des römischen Quattrocento", sagt Seymour heute. In einer Nische oder einem Triumphbogen über einem Sarkophag mit der liegenden Statue des Toten befindet sich die von Dalmata gemeißelte „Auferstehung Christi", oben in einer Lünette das „Jüngste Gericht" des Mino da Fiesole und seiner Werkstatt. Rechts und links vom Sarkophag zwei mächtige, mit Friesen geschmückte Säulen und Pfeiler, im oberen Rund in der Mitte die „Caritas" des Mino da Fiesole und an den Seiten der „Sündenfall" und die „Erschaffung der Eva" von Giovanni Dalmata. Am äußersten Rand unter den beiden großen Säulen die Allegorie des „Glaubens" von Mino und der „Hoffnung" von Dalmata. Der untere Teil des Sockels, der aus zwei rechteckigen Platten mit Girlanden tragenden Putten und Löwenköpfen besteht, die von dionysischen Sarkophagen des 2. und 3. Jahrhunderts stammen, ist heute im Louvre. Über dem Bogen schließlich eine Mandorla mit „Christus als Weltenherrscher" und vier Engeln an den Seiten, eine

173

Gemeinschaftsarbeit des Mino da Fiesole und Giovanni Dalmata.

Dieses Denkmal ist ein eindringliches Zeugnis für die tapfere Verteidigung der katholischen Orthodoxie, die Paul II. gegen die aggressiven materialistisch-heidnischen Anschauungen unternahm, die Männer wie Platina und Pomponio Leto zur Geltung bringen wollten – also eine energische Widerlegung des Gemeinplatzes vom exklusiv humanistischen (der Zeit vor dem 16. Jahrhundert entstammenden) Charakter des päpstlichen Mäzenatentums und der zeitgenössischen Erneuerung der römischen Kunst.

Auf Paul II. Barbo folgt Sixtus IV., der mit einem großen städtebaulichen und architektonischen Programm und seinem Unternehmungsgeist mit demagogisch-feierlichem Hintergrund die Politik seines Vorgängers weiterführt.

SIXTUS IV. – DAS GRAB ALS MAUSOLEUM

Francesco della Rovere führte nach seiner Wahl zum Papst den Namen Sixtus IV. Er war diplomatisch, herrschsüchtig und der erste, der für einen seiner Neffen, Girolamo Riario, ein Fürstentum zu errichten versuchte, wodurch er die Übung begründete, dem Papsttum durch Gründung eines fami-

Antonio del Pollaiolo baute im Auftrag Julius' II. das eindrucksvolle Grabmal Sixtus' IV. (links). Das 1493 datierte und signierte Werk gruppiert um die Gestalt des Pontifex die Allegorien der Kardinaltugenden und der theologischen Tugenden. Die drei Ausschnitte (unten und rechts) zeigen die drei Freien Künste Perspektive, Astrologie und Musik.

lien-monarchischen Staates eine solide materielle Basis zu verschaffen.

Gregorovius definiert ihn als den „ersten wahren Papst-König". Aber die Persönlichkeit Sixtus' IV. ist recht kompliziert, was sein Neffe Giuliano della Rovere (der künftige Papst Julius II.) richtig erfaßt hatte, als er mit der Gestaltung des Grabmals für seinen Onkel Pollaiolo beauftragte, der bisher nur durch Goldschmiedearbeiten wie ein silbernes Kreuz und ein Pallium von San Giovanni in Florenz bekannt geworden war. Indem er diesen Künstler wählt und seiner künstlerischen Intuition vertraut, zeigt Giuliano dasselbe Geschick, das ihn später Michelangelo für die Sistina wählen läßt. Im übrigen berücksichtigt die Renaissance bei der Vergabe von Aufträgen stets mehr die Persönlichkeit eines Künstlers als seine spezielle Vorbildung.

Das Bronzegrab Sixtus' IV., das sich heute in den Schatzkammern des Vatikans befindet, kann als eine Art von niedrigem Pyramidenstumpf, als Tumulus auf einem sehr kurzen, grünen Marmorsockel beschrieben werden. Auf der oberen Plattform befinden sich das Bild des Papstes und seine Insignien sowie die Gestalten der „Theologie" und der „Kardinaltugenden". Auf den konkaven Seiten der Pyramide sind Reliefs mit den Sieben Freien Künsten angebracht, die hier zum erstenmal auf einem Grab nicht als die burgundischen „pleurants" dargestellt sind, sondern nach der von Petrarca angeregten Inspiration des Roberto il Saggio (Santa Chiara, Neapel). Die Figur des Papstes, dessen Gesicht dadurch hervorgehoben wird, daß der Kopf auf zwei Kissen ruht, ist nach einem Schema gestaltet, das in Rom schon seit Martin V. gebräuchlich ist, wird aber aus fast sechzigjährigem Abstand realistisch und mit starker Betonung der Körperlichkeit gestaltet. An den vier Ecken erscheinen die Wappen Sixtus' und Julius', auf der Tafel über dem Kopf des Pontifex die Gestalt der Caritas. Hoffnung und Glaube stehen an ihrer Seite, und längs des Sarkophags sind die Kardinaltugenden abgebildet. Im Vergleich zu den ersten Figuren erscheint der Stil bei den seitlichen Figuren reifer. Klar erkennbar ist der Einfluß von Ghibertis „Pforte des Paradieses" am Baptisterium von Florenz, die Inspiration durch klassische Vorbilder, der zwingende Vergleich mit den Drapierungen der Engel des Grabmals Forteguerri (Louvre) von Verroc-

Das Bronzedenkmal Innozenz' VIII., ein Werk Pollaiolos, ist das einzige Grabmal, das aus der alten Basilika übernommen wurde. Bei dieser Gelegenheit wurde die sitzende Figur des Pontifex, der in der linken Hand die Lanzenspitze hält, die den Leib Christi durchbohrte, in Umkehrung des üblichen Denkmalschemas oberhalb der liegenden Figur angebracht.

chio. Neu ist die innere und rhythmische Beziehung, die zwischen den fortlaufenden Figuren besteht und eine Bewegung rings um das Grab erzeugt, während die Sieben Freien Künste, aus Gründen der Raumgliederung zu zehn geworden, ein repräsentatives System der spätmittelalterlichen Gedankenwelt über menschliches Wissen und menschliche Gotterkenntnis darstellen. Im ganzen ist dies eine einzigartige Schilderung der Persönlichkeit des Papstes, den man im allgemeinen für einen Humanisten vom Typ Pius' II. hält; Sixtus IV. ist in seiner Jugend glühender Franziskaner, zur Zeit der Wahl zum Pontifex treibt er politische Studien, wobei sein humanistisches Gebaren weiter nichts ist als ein Notbehelf, um sich als kulturell fortschrittlich zu zeigen, wie aus der Liste der Bücher hervorgeht, die sich zur Zeit seines Todes in seinem Studierzimmer befanden: die Dekretalen, die „Physik" und „Metaphysik" des Aristoteles, der Kommentar des Averroes, das „De coelo" des Aristoteles sowie vor allem Texte franziskanischer Theologen. Nicht eine einzige Zeile von Platon oder neuplatonischer Philosophie.

Die erste Aufstellung des Grabmals fand in der Chorkapelle Sixtus' IV. statt, die an den Südflügel der alten Basilika angebaut war und 1605 zerstört wurde. Die Apsis dieser Kapelle war mit einem Fresko Peruginos ausgestattet: die Madonna mit Kind, der Petrus den betenden Sixtus IV. vorstellt, daneben auf der einen Seite Franziskus und auf der anderen Paulus und Antonius von Padua. Die Wappen der della Rovere kehrten auf dem intarsierten Bodenbelag und in den Ornamenten der Wandbehänge wieder. Sie war weit eher ein Mausoleum als eine Kapelle, der Papst selbst hatte darin die genaue Stelle seines Grabes in der Mitte des Raumes nahe beim Altar bestimmt, darüber das Bild Peruginos, das zum typischen Bild der Fürsprache geworden war, wie es in Grabmonumenten des 14. und 15. Jahrhunderts immer wiederkehrt. Ein Grabmal dieser Art, das in einer eben erst erbauten Kapelle errichtet wird, an dem die Wappen der päpstlichen Familie erstrahlen und das durch die Wiederverwendung zweier spätklassischer Porphyrreliefs auf das Kaisertum anspielt, ist mit Gewißheit das Denkmal eines Mannes, der sich sowohl als irdischer Herrscher wie auch als Kirchenfürst betrachtet und der am Geist der Scholastik ebenso teilhat wie auch an der Selbstbestätigung der Renaissance. Die in den Bildern zum Ausdruck kommende Kultur ist sehr nahe am „Apologeticus" Savonarolas, aber die Wappen der della Rovere erinnern daran, wie sehr derselbe Savonarola 1496 gegen die Florentiner und ganz allgemein gegen das späte 15. Jahrhundert predigte: „... du tust es, um dein Wappen zu zeigen, und du tust es zu deiner Ehre, nicht zur Ehre Gottes."

INNOZENZ VIII. UND DER HUMANISMUS DES MANIERISMUS

Nur zwei Grabmäler werden nach Vasari von der alten in die neue Basilika übernommen: die von Sixtus IV. und Innozenz VIII., beide von Pollaiolo. Während noch am Grab Sixtus' IV. gearbeitet wird, stirbt Innozenz VIII., und der Neffe beauftragt dieselben toskanischen Künstler mit der Errichtung des Denkmals, das 1498 fertig wird. Diese zweite Arbeit ist in gewissem Sinne konventioneller, Pollaiolo hat das Schema der doppelten Abbildung (sitzend und liegend) des Verstorbenen angewendet, das es schon bei den Anjougräbern in Neapel gibt. Zuerst wurde das Denkmal in die Ostwand des Querschiffs eingemauert, dann kam es 1621 an den Ort, an dem es sich heute noch befindet, wobei in einer seltsamen barocken Umkehrung der Komposition der Sarkophag, der sich ursprünglich über der vorspringenden Konsole zwischen der sitzenden Figur und der Krönungslünette befand, nach unten gesetzt wurde. Der ursprünglichen Anordnung nach waren die Tugenden aufgeteilt in die Kardinaltugenden neben dem thronenden Pontifex und die theologischen Tugenden in der Lünette, die den Schlaf der auf dem Sarkophag ausgestreckten Figur bewachten. In den ersteren sind die Entwürfe vom Grab Sixtus' IV. verwendet, wie es in Pollaiolos Werkstatt üblich war; es sind Variationen des Musters einer sitzenden Figur, die in jeder Hand einen Gegenstand hält. Seltsamer ist die Suche nach Originalität in der Wiedergabe der theologischen Tugenden, die einige Merkmale der Ikonographie annehmen, die sonst für die Lünetten der Grabmäler üblich ist, das heißt der Madonna mit Kind, Engeln und Heiligen oberhalb der auf dem Sarkophag ausgestreckten Gestalt des Toten. So sitzt also die Caritas in der Mitte, Glaube und Hoffnung sitzen an den Seiten auf Wolken, die von Cherubim getragen werden.

Aber der Schlüssel für die Lektüre des ideologischen Programms dieses Monuments liegt im Gegensatz zwischen den beiden Bildnissen des lebendigen und des toten Pontifex. Der Kopf des thronenden Papstes ist lebendig und trägt charakteristische Züge, so daß man an eine Arbeit nach einer Zeichnung des Lebenden denken könnte. Der andere ist dagegen betont starr, wahrscheinlich nach einer Totenmaske modelliert. Das traditionelle Mauergrab ergänzt Pollaiolo durch den Pontifex „in cathedra", der den Segen erteilt wie in jenen Statuen, die seit Ende des 13. Jahrhunderts in Italien überall errichtet wurden, um an Besuche oder besondere Wohltaten eines Papstes zu erinnern. In der linken Hand aber hält und zeigt Innozenz VIII. eine besonders kostbare Reliquie, die Spitze der Lanze des Longinus, die er wenige Monate vor seinem Tod von Sultan Bajasid als Geschenk erhalten und bis zuletzt in seinen Privatgemächern aufbewahrt hatte. Die so triumphal erhöhte Reliquie verleitet zum Nachdenken über das Pontifikat Innozenz' VIII., des Papstes der Verschwörung der Barone und des endgültigen Sieges Ferdinands von Aragón über die Mauren, der geographischen Entdeckungen des Diaz und der Inquisition. Die Überzeugung dieses Papstes von einem Triumph, der größer war, als die weltliche Macht eines Papstes ihn je errungen hat, äußert sich in dieser Erhebung durch ein Monument, dessen Typologie traditionelle Muster aufgreift, das selbst aber wieder zum Prototyp ähnlicher, künftiger Grabmäler wird von della Porta bis Bernini und Canova, die alle auf der Linie einer Erhöhung der kirchlichen Mission in der materiellen Welt liegen.

PAUL III. – DAS NEGIERTE DENKMAL

Wie der Farnese-Papst Repräsentant zweier kontrastierender Epochen ist, deren eine auf die Sicherung der weltlichen Macht, die Festigung der Kirche, aber besonders auf die Familienpolitik gerichtet ist, während die andere vom Streben nach geistiger Erneuerung und vom Kampf gegen innere und äußere Häresien erfüllt ist, so ist sein Grabmal als Spiegel zweier zeitgenössischer Welten schon seit der ersten Planung unterschiedlich beurteilt worden.

Guglielmo della Porta hatte schon zu Lebzeiten Pauls III. die Vorstellung eines isoliert stehenden Grabes, einer Art Kapelle in

177

Unter der Leitung Michelangelos baute Guglielmo della Porta das Mausoleum Pauls III. in der Nische links von der Apsis. Das Monument befand sich ursprünglich in der rechten Nische; es wurde auf Befehl Urbans VIII. verlegt, um Platz für sein eigenes zu machen, mit dem Bernini beauftragt war. Der Plan sah noch die Statuen des Überflusses und des Friedens vor, ausgeführt wurden aber nur Gerechtigkeit und Weisheit; in der ersteren will man Julia Farnese, die Schwester des Papstes, wiedererkennen, in der zweiten dessen Mutter.

Pyramidenform mit der Begräbnisstätte im stolzen Mittelpunkt vor der Apsis, aber die ablehnenden Gutachten vieler Zeitgenossen, darunter nicht zuletzt Michelangelo, hatten die Dimensionen verringert, so daß von den vier beim Tod des Papstes schon geplanten allegorischen Figuren nur zwei neben dem Grab übrigblieben, während zwei weitere bei der Verlegung des Grabes im Jahre 1599 in den Palazzo Farnese verbracht wurden.

In der Nische links von der Tribüne des heiligen Petrus, wo es auf Anordnung Urbans VIII. im Jahre 1628 aufgestellt wurde, erweist das unterbrochene Projekt auch in diesem Zustand noch heute seine Bedeutsamkeit. Es ist eine Synthese aus Vorschlägen, die Michelangelo schon für die Kapelle der Medici vorsah, und eine Vorwegnahme barocker Vorstellungen. Der Gesamtentwurf ähnelt den ersten Ideen Michelangelos für das Grab Julius' II., er wird aber dann ohne großen Widerstand auf Andeutungen und Teile des ursprünglich sehr umfangreichen Planes reduziert. Über dem weißen Marmor des Sarkophags erhebt sich die auf einem Thron sitzende Bronzefigur des Papstes. Er ist alt, gebeugt von der Last der Jahre, trägt Mantel und Pallium, aber seltsamerweise keine Kopfbedeckung und erhebt die rechte Hand in der Geste des Segnens. Auf der schwarzen Tafel darunter in klassischer Kürze: „Paulo III Farnesio Pont. Opt. Max." Die Dekoration des Thrones besteht aus farnesischen Lilien. Die vier bronzenen Reliefs an den Seiten mit Hoffnung und Glaube links, Mäßigung und Stärke rechts sind durch Girlanden und Masken eindeutig archäologischer Herkunft getrennt. Zwischen dem Sockel aus dunklem Marmor mit farbiger Äderung und dem auf Voluten ruhenden Sarkophag liegen in weißem Marmor die allegorischen Figuren der Gerechtigkeit und der Weisheit, deren erste ursprünglich nackt war wie die Aurora Michelangelos. Man ließ sie 1595 mit einer unpassenden Hülle bedecken. In der Diskussion der Gegenreformation war der wichtigste Streitpunkt zwischen Kirche und Künstlern die Frage der Nacktheit, die durch die humanistische Heroisierung des Menschen und die Archäologie entstanden war. Das Denkmal, das in den Jahren entworfen wird, in denen als Folge der protestantischen Reformation die katholische, die Gegenreformation, beginnt, scheint bewußt zum Bezugs-

Camillo Rusconi verdanken wir das Grabmonument für Gregor XIII. Es wurde ihm von Clemens XI. in Auftrag gegeben, und Rusconi richtete sich bei der Ausführung nach dem Grabmal Leos XI. von Algardi. Zwischen den Allegorien der Religion und des Mutes spielt ein Relief auf dem Sarkophag auf die Kalenderreform an, die von Gregor XIII. im Jahre 1582 durchgeführt wurde.

objekt gemacht worden zu sein, das die Selbstkontrolle, die kalt und streng wirkt, in Form und Ausdruck dem barocken Überschäumen entgegensetzt. Denn dies ist eine Folge der Rationalisierung des Menschen und seines Glaubens an die Möglichkeit einer unmittelbaren Beziehung zwischen Gott und Mensch ohne andere Vermittlung und Führerschaft als die eigene Ratio. Das ist die letzte Konsequenz der geistigen und kulturellen Bewegung, die man, historisch gesehen, „Renaissance" nennt, ein Ausdruck, der die barocke Thematik, wie sie sich in der Wahl der Farben und der realistischen Behandlung der Papstfigur äußert, auf erstaunliche Weise vorwegnimmt.

URBAN VIII. – DIE BELEBENDE KRAFT DES TODES

Es ist ganz offensichtlich, daß die Planung des Grabmals für Urban VIII. vom Monument des Guglielmo della Porta für Paul III. Farnese beeinflußt worden ist. Im Jahre 1629, während der ersten der beiden Arbeitsphasen an dem berninischen Monument, als gleichzeitig Borromini an der Marmorverkleidung der zur Tribüne des heiligen Petrus gehörenden Nischen arbeitete, wird das farnesische Monument in die linke Nische verlegt. Bernini kann um diese Zeit nicht Leiter der Arbeiten gewesen sein. Kein anderes Grabmal eignet sich also mehr zu einer Gegenüberstellung mit den kurz vorher entstandenen Papstgräbern von Santa Maria Maggiore.

Enorm ist jedenfalls der Abstand zwischen den beiden Denkmälern, nicht nur was die konstruktiven Unterschiede betrifft (die beiden Tugenden sind am Grabmal Pauls III. auf den Voluten ausgestreckt, in dem Urbans VIII. stehen sie neben dem nach hinten gerückten Sarkophag sozusagen vor der Nische), sondern besonders auch betreffs der grundlegenden formellen Abweichungen, die in der verschiedenen Auswertung der Erfahrungen Michelangelos an den Gräbern der Medici zum Ausdruck kommen. Und außerdem sind bei Bernini die Tugenden nicht mehr absolut symbolische, also abstrakte Wesenheiten, sondern im räumlichen und moralischen Sinne lebendige Vermittler zwischen dem Papst und den Gläubigen. Die Gleichartigkeit des Materials, das für die verschiedenen einander entsprechenden Teile verwendet wurde – Bronze für den Papst, den Sarkophag und den Tod, Marmor für die allegorischen Figuren –, betont die unterschiedliche Funktion der verschiedenen Teile.

Die gesamte Anlage ist darauf ausgerichtet, Denkmal und Grabmal in einem einzigen Komplex zu vereinen, wie Pollaiolo es in anderem kulturellen Klima beim Grab Innozenz' VIII. schaffte, eine Verbindung der „überpersönlichen Gedächtnisstätte" (der Ruhm des Pontifex) mit dem „persönlichen Grab" (Ausdruck menschlicher Vergänglichkeit in der erschöpften Geste des Pontifex). Das Monument wird zu einer Realität des Tages, wird zum Bild der Natur trotz symbolischer oder jenseitiger Gestalten, der schreibende Tod ist ein lebendiger pulsierender Ersatz für die banale epigraphische Schrifttafel und eine Anspielung auf den Nachruf, die Geschichte und die poetische Tätigkeit des verstorbenen Papstes, der über die Relativität des menschlichen Lebens meditierte und über eine „nigra mors alata" schrieb.

LEO XI. – DAS DYNASTISCHE GRABMAL

Weit davon entfernt, eine der Klassik zuneigende Imitation der berninischen Formeln Urbans VIII. zu sein, erweist sich die erste römische Arbeit Algardis, das Grabmal für Leo XI., sofort als ein spezifisches Monument der Medici mit eigener Ikonographie und stilistischer Tradition. Die Gegenüberstellung mit dem Grabmal Urbans VIII. ermöglicht eine vertiefte Beurteilung der dramatischen Bewegung und der Elemente, die auf Erfindungen Berninis zurückgreifen.

Und wenn der Entwurf Algardis in der Edinburgh National Gallery – der abweichend vom fertigen Werk eine stärkere Gestik des Papstes, zwei Voluten und einen Schädel aufweist – auch die Hypothese berninischen Einflusses erlaubt, so ist es umgekehrt nicht weniger wahrscheinlich, daß sich der Einfluß Algardis in der Vereinfachung, der Bernini in den dreißiger Jahren des 17. Jahrhunderts seinen ersten Entwurf für das Grabmal der Gräfin Mathilde unterzieht, oder in den Grundmotiven der Raymondi-Kapelle von San Pietro in Montorio auswirkt.

Von links nach rechts: Bildnis Papst Urbans VIII. auf seinem Grabmal von Bernini. – Die Barmherzigkeit, Ausschnitt vom Grabmal für Innozenz XII. von Filippo Valle nach Entwurf von Fuga. – Marmorstatue Leos XI. von Algardi.

Der Originalvertrag für das Grabmal Leos XI. von 1634 verpflichtet Algardi, es in weißem Marmor auszuführen: die Statue Leos XI., der segnend auf der seine Überreste enthaltenden Urne sitzt, zwei an den Seiten der Urne stehende Figuren, die Großmut und Freigebigkeit darstellen, dazu auf den Postamenten das Emblem des Papstes in Relief (ein Rosenstrauß: „sic florui"), ein Relief mit zwei Episoden auf der Frontseite der Urne und zwei den Vorhang haltende Putten oben im Bogen der Nische.

Die Personifizierung der „Tugend" links als Athene hängt mit der Restaurierung der Athene (heute im Thermenmuseum) zusammen, die Algardi durchführte, aber vor allem mit Leo X. Medici, der sich als Beschützer der Künste mit Minerva identifiziert hatte.

Panofsky verbindet die Allegorie der Freigebigkeit, eine der schönsten Erfindungen dieses Bildhauers, der sich gewissenhaft an die Ikonographie Ripas hält, mit dem Medici-Konzept der Großmut von den Gräbern in San Lorenzo. Die Aufnahme zweier Szenen in Relief mit Episoden aus dem Leben des Papstes in den Vertrag für das Grabmal scheint eher durch ähnliche Reliefs an den Grabmälern Leos X. und Clemens' VII. Medici begründet zu sein als in den Reliefs Berninis für das Grab der Gräfin Mathilde. Dieses Monument, das im wesentlichen in Zusammenhang mit der besonderen Ikonographie der Familie Medici zu erklären ist, der es Tribut zollen will, ist eine künstlerisch geschlossene, starke Arbeit. Algardi, der in Bologna bei den Carracci studiert hatte, erweist seine Verwandtschaft vor allem zur „Madonna mit Kind" und den „Heiligen Johannes und Katharina" (Bologna, Pinacoteca Civica) von Annibale Carracci hier durch die Aufhebung der Unterschiede in den Dimensionen der verschiedenen Personen und die auf parallelen Ebenen durchgeführte Komposition aus einer Auffassung heraus, die vom Klassizismus eines Duquesnoy ebenso weit entfernt ist wie von der barocken Dialektik Berninis.

ALEXANDER VII. – DER WERT DES GEBETS

Das Grabmal Alexanders VII. in Sankt Peter, das der Papst selbst in Auftrag gab, wurde nach seinem Tod zwischen 1671 und 1678

Unten: Das Grab Alexanders VII., ein pompöses Werk, das von Bernini und einigen Mitarbeitern zwischen 1672 und 1678 errichtet wurde. Zu Füßen des im Gebet knienden Papstes stehen die Statuen der Gerechtigkeit, Weisheit, Barmherzigkeit und Wahrheit, während der Tod, der eine Sanduhr trägt, den Saum eines kostbaren Prunktuches hebt, sozusagen als Einladung, in das ewige Leben einzutreten.
Rechte Seite: Zwei Details vom Grabmal für Clemens XIII., einem berühmten Werk Canovas, das zwischen 1787 und 1792 entstand: die betende Figur des Pontifex (links) und der Geist des Todes an der Pforte der Kapelle (rechts).

fertiggestellt. Die wesentliche Änderung zwischen diesem und dem vorherigen Monument Berninis für Urban VIII. geht auf Anweisungen des Papstes zurück. Während Papst Urban als Triumphator erscheint, kniet der „servus servorum Dei" Alexander VII. im Gebet.

Während die Religiosität des frühen Bernini, wie Calvesi geschrieben hat, bilderreich, mit der pantheistischen Ideologie und dem kosmischen Naturalismus Giordano Brunos verknüpft war und im Wort des Ignatius von Loyola den einen Weg fand, Gott zu besitzen, wurde sie in den letzten Jahrzehnten des Jahrhunderts dramatisch und ergeben gläubig. Seine Form der Rhetorik wird noch „spanischer", sie wechselt zwischen volkstümlichem Geschmack und höfischer Anbetung, zwischen Überredungskunst für die Masse und Anspruchsvollem für Eingeweihte.

Der im Gebet versunkene Alexander VII. hat nicht mehr die Tiara, die Urban VIII. noch trug. Die Auswahl der Materialien betont seine Lebendigkeit. Die Tugenden und der Papst sind in Marmor gemeißelt, während das Skelett allein aus Bronze ist. Der Papst ist keine Erscheinung, sondern eine lebende Gestalt unter Lebenden, zum Beispiel den ihn umgebenden Tugenden. Und deren sind es nicht mehr zwei, sondern vier. Sie haben die Aufgabe, die „Lektüre" des Grabes zu fördern und es je nach Blickpunkt in anderem Licht erscheinen zu lassen, aber sie haben auch als die den Papst umgebende Menge die Bedeutung von „Handlung". Wenn die Tugenden vom Grab Urbans VIII. die idealisierten Charakteristika seines Pontifikats waren, so erscheinen die Tugenden vom Grabmal Alexanders VII. als Charakterisierungen menschlicher Seiten, und sie wenden sich den Menschen freundlich und hilfreich zu.

Der Tod gehört einer anderen Welt an, tritt aus dem Grab hervor und ist durch eine Drapierung vom Leben getrennt. Drohend, mit der Sanduhr in der Hand, scheint er die traditionelle Rolle des Zerstörers zu übernehmen, nicht, wie im Grabmal Urbans VIII., die eines Rächers. Im Monument Alexanders VII. ist die Gruppe der drei Tugenden Caritas, Gerechtigkeit und Weisheit durch die Wahrheit ergänzt, die nicht eigentlich eine Tugend, sondern nach Thomas von Aquin „Gegenstand oder Ziel der Tugend" ist. Für Panofsky ist das Auftreten der Wahrheit, das im Vergleich zu den Tugenden ursprünglich durch ihre Nacktheit betont war, eine persönliche Anspielung auf die letzten Jahre des Papstes, der von Ludwig XIV. in seinem Streben nach Festigung der Macht des Heiligen Stuhles und nach Einigung aller christlichen Nationen gegen die Türken enttäuscht worden war.

Mit diesem Schlüssel kann man auch die Gestalt des Todes erklären, der so betont auf derselben Ebene steht wie die Wahrheit. Seine Sanduhr spielt also nicht nur auf das Ende der Zeit des Lebens, sondern auch auf die von der Zeit enthüllte Wahrheit an. Die Tatsache, daß sein Haupt hinter dem gelben Tuch verborgen ist, muß man nicht nur wie die zeitgenössischen Biographen Berninis als Scham darüber deuten, daß er die Welt eines so großen Papstes beraubt hat, sondern auch als Verbannung des Todes – nicht seiner Sanduhr – in die Dunkelheit, so wie der Mond durch die Sonne in die Dunkelheit verjagt wird, von einer Macht also, die noch größer ist als die Tugend, von der Sonne der Wahrheit.

Ein feierliches Denkmal also, das sich durch eine Voraussage Bedeutung gibt: nicht nur ein Grab, sondern ein Triumph. Und Fagiolo betont den Wert, den man dem Gebet als einzigem Weg des Heils zugeschrieben hat. Die Pforte des Grabes ist in erster Linie eine Mahnerin, und der Tod als Fänger bleibt selbst hinter dem Vorhang verborgen, den er lüftet. Heben wir aber die Augen, so finden wir die Läuterung des Gebetes und den reinigenden Himmel der Apsis, dessen goldene Sterne aus dem Wappen der Chigi-Päpste die endgültige Rettung des gerechten Menschen bestätigen. – Nach Bernini, so betont Panofsky, gibt es für die Bildhauer der Grabmäler das Dilemma – besser Trilemma – der Abwägung zwischen Pomp, Sentimentalität und betontem Archaismus.

Links: Die Statue des betenden Pius VI., ein Werk Canovas, das nach dem Tod des Künstlers von Adamo Tadolini fertiggestellt wurde. Rechte Seite: Das Grabmal für Pius VII., ein neoklassizistisches Werk von Albert Thorwaldsen.

GREGOR XIII. – SYNTHESE VON KLASSIZISMUS UND BAROCK

Für das ganze 18. Jahrhundert bleibt das Papstgrab das wichtigste künstlerische Zeugnis zum Verständnis des tiefen geistigen und kulturellen Wandels. Im Jahre 1704 errichtet Pierre-Étienne Monnot das Grab für Innozenz XI. (1676–89) in der Nische gegenüber dem Grabmal Leos XI. von Algardi, wobei er Muster von Algardi und Bernini verschmilzt. Für die Vielfarbigkeit richtet er sich mit der Verwendung unterschiedlicher Materialien nach Urban VIII., das erzählende Relief und der Typ der Allegorien stammt von Leo XI. Der Abstand zwischen erstem und zweitem Barock wird durch die zunehmende Bedeutung der dekorativen Elemente auf Kosten der Figuren gekennzeichnet.

Dieselben Beobachtungen kann man am Grabmal Alexanders VIII. (1691–1725) von Angelo de' Rossi machen, der dem Schema vom Monument Urbans VIII. folgt, nur einen hohen Sockel für die Figur des Papstes mit einem erzählenden Relief hinzufügt, dessen Figuren durch die Betonung der architektonischen und dekorativen Elemente empfindlich reduziert sind.

Das Schema des Grabmals Gregors XIII., eines Werkes Camillo Rusconis, das im rechten Flügel symmetrisch zum Werk Monnots errichtet wurde (nach einem Entwurf von Maratta), scheint zutiefst von der berninischen Auffassung der Skulptur beeinflußt und borgt außerdem Formelemente bei Algardi und Monnot. Die Allegorien und ihre Stellung auf Voluten stammen vom Grab Innozenz' XI., während die ausschließliche Verwendung weißen Marmors, der trapezförmige Sarkophag und das Fehlen eines Sockels für die päpstliche Figur eindeutig an das Leos XI. erinnern. Aber genial und absolut neu ist die schräge Stellung der Figur im pyramidischen Aufbau. Der Papst befindet sich nicht auf der Mittelachse, und die allegorischen Figuren folgen nicht der gewohnten Ikonographie. Das Grab ist offensichtlich dazu angelegt, von einem seitlichen Standpunkt aus betrachtet zu werden, was auch durch die Richtung des realistischen Drachen aus dem Wappen der Boncompagni bestätigt wird. Der „Mut" hebt mit einer weiten Geste den Bischofsmantel, der den Sarkophag bedeckt, und erzeugt so eine diagonale Linie, die den Papst mit der allegorischen Figur verbindet. Es ist festzustellen, daß diese Anordnung, die dem Künstler vorgeschrieben war, weil für eine frontale Betrachtung nicht genug Raum zur Verfügung stand, die bewußte Entscheidung für eine „Lektüre im Vorübergehen" ist, obwohl ein solches Monument seiner Natur nach eine frontale und meditative Betrachtungsweise herausfordert. Diese Komposition, ein Zusammenwirken verschiedener barocker Tendenzen, ist ein beachtlicher Ausgangspunkt späterer Entwicklungen. Mit dem Grab Gregors XIII. wandelt sich die Art der Wahrnehmung, zu der sich der Gläubige vor solchen Monumenten veranlaßt sieht, so wie sich auch die allegorischen Figuren ändern, die über die Bedeutung ihrer Anwesenheit in der Nähe des Verstorbenen hinaus ein Eigenleben gewinnen.

Im Verlauf des 17. Jahrhunderts hat der politische Einfluß des Papsttums zusehends abgenommen, was sich um so deutlicher in den Papstgräbern spiegelt, als diese zusammengehörige Gruppe von Monumenten einen eminent politischen Charakter hat. Die herrscherliche Gebärde der Päpste wird fortwährend schwächer bis zu Innozenz XII. (1691–1700) von Filippo della Valle (1746) nach einem Entwurf von Ferdinando Fuga. Dieser schwächliche Greis, kaum mehr als das symbolische Oberhaupt der Christenheit, ist vom berninischen Drama Alexanders VII. inspiriert, jedoch „bewegungslos", in einer ruhigen „Anmut" nach dem Geschmack des Rokokos wiedergegeben.

Im Zusammenhang mit dem Grabmal Alexanders VII. tritt noch ein weiterer Schüler Rusconis auf, Pietro Bracci, der 1759 das Grabmal Benedikts XIV. (1740–58) gestaltet. Einem neuen, ungewöhnlichen Konzept gemäß wird der Papst stehend dargestellt, den linken Arm auf die Lehne des Thrones gestützt und die Rechte segnend erhoben. Ber-

185

ninisch sind unverwechselbar die Themen des Sockels, der durch ein Portal und die Urne, die als Piedestal für die Figur des Papstes dient, in zwei Flügel geteilt wird. Die symmetrische Anordnung der drei Figuren in der Nische zu einer rhythmisch ausgeglichenen Komposition beweist den großen Abstand zur barocken Poetik, und wenn die stehende Gestalt des Papstes der üblichen Komposition in Pyramidenform auch eine neue Bewegtheit in Längsrichtung mitteilt, so bezeugt das Werk mit den Gestalten der „Heiligen Weisheit" und der „Uneigennützigkeit" in seiner Gesamtheit doch eine Störung des Gleichgewichts zwischen barocken Impulsen und klassizistischem Maß, das die besten Werke dieser Periode auszeichnete.

CLEMENS XIII. – DIE NEOKLASSIZISTISCHE ENTWICKLUNG

Das Grabmal für Clemens XIII., mit dem sein Neffe Canova beauftragte, wird zwischen 1787 und 1791 langsam ausgebaut. In dieser klassischen Komposition in Pyramidenform besteht alles aus weißem, carrarischem Marmor, bis auf die Basislöwen aus Travertin und den Sockel aus Muschelkalk. Canova ist hier offensichtlich weniger am Spiel des Helldunkels der Massen interessiert als an den malerischen Effekten, an den feinen koloristischen Abstufungen der Skulptur, weshalb auch ein farbiges Modell am Ort der endgültigen Aufstellung ausgeführt wurde. Auf die erste Vorstellung eines kreisförmigen Tumulus mit einem Mittelportal folgte diese lineare Komposition mit der ständigen Suche Canovas nach einem „geometrischen Absolutum", das die abstrakte Dimension der Ewigkeit, das Geheimnis des Todes darstellt. Der Gebrauch der Allegorie ist formell sehr verschieden von der barocken Auffassung. Der triumphierende Glaube und der Todesengel sind den Löwen des Fundaments näher als der Gestalt des Pontifex und besetzen mehr in geistiger als in kompositioneller Hinsicht eine gänzlich andersartige Zone. Die barocke Gewohnheit, abstrakte Vorstellungen durch Figuren auszudrücken, ist hier ganz verschwunden. Hervorstechend ist die in keiner Hinsicht heroisierte Figur des ins Gebet versunkenen Papstes, des Glaubenshüters. Dieselbe Veränderung findet sich in der Schilderung „historischer" Episoden verschiedener Pontifikate. Bei Canova ist die Vergangenheit nicht Erinnerung, sie wird durch eine reale und historisierende Gebärde des Papstes in einem besonders bedeutsamen Augenblick zum Symbol erhoben.

Die religiöse Grundauffassung hat sich zutiefst gewandelt. Der Gewißheit der Auferstehung, die den barocken Künstler erfüllt, setzt Canova seine persönliche Auffassung entgegen, daß ein Gläubiger nur hoffen und beten kann. Wenn der Tod im Monument Alexanders VII. weniger furchteinflößend erscheint wegen der Gegenständlichkeit des Tuches, das ihn noch verhüllt, und wenn für Bernini das Heil und das ewige Leben Gewißheiten sind, so zeichnet Canova den Tod mit melancholischer christlicher Resignation. Clemens XIII. ist kein schon in den Himmel aufgenommener Seliger, sondern ein betender Mensch auf der Schwelle zwischen irdischer Welt und Jenseits. Bernini hatte alles darauf verwendet, die Grenze zwischen dieser und der anderen Welt einzureißen, Canova hingegen besteht darauf, daß das himmlische Reich nicht mit räumlichen und zeitlichen Mitteln dargestellt werden kann, gleichzeitig versucht er, zu erklären, daß die alten Auffassungen von Raum und Zeit nicht mehr existieren.

Das letzte und äußerste Ziel der Beziehungen zwischen figurativer Kunst und katholischer Religion konnte in Hinblick auf die Papstgräber nur eine Rückkehr zu den Quellen sein, von denen das erste figurative Repertoire des Katholizismus seinen Ausgang genommen hatte, der griechisch-römischen Formensprache, die von der neoklassizistischen Kultur wiederentdeckt wird. Canovas Skulptur ist dafür eines der typischsten und ausführlichsten Beispiele.

VON PIUS VII. ZU PIUS XII. – DAS ZEITALTER DER BANALITÄT

In seinem Testament vertraut Staatssekretär Kardinal Consalvi für den Fall des Todes Canovas Thorwaldsen die Ausführung des dem Chiaramonti-Papst gewidmeten Grabmals an. Das im Jahre 1831 errichtete Monument gehört gewiß nicht zu den gelungensten Werken der Bildhauerkunst. Es sind siebenunddreißig vorbereitende Skizzen bekannt, aber der Ausdruck der Büste Pius' VII. (von Thorwaldsen selbst ausgeführt) ist darin weitaus unmittelbarer und menschlicher als der des segnenden Papstes im Grabmal. Die ganze Komposition erscheint – vielleicht infolge falscher Einschätzung der Größe der Nische, in der sie Aufstellung finden sollte – eher eine Folge ständiger Eingriffe und Änderungen zu sein als ein einheitlicher Entwurf. Die allegorischen Figuren der „Himmlischen Weisheit" und der „Göttlichen Macht" sind von trockener Konventionalität, sogar ohne jenen Anhauch von Alltäglichkeit, der solche Arbeiten auszeichnen kann.

Da die Möglichkeiten einer neoklassizistischen Erneuerung – die übrigens von der Idee moralischer Erneuerung der aufklärerischen Ideologie bis zum propagandistischen Instrument der napoleonischen Rückkehr zur Ordnung das europäische Leben durchtränkt hatte – erschöpft waren, wurde die Kluft zwischen figurativer Kunst und katholischer Kirche immer breiter. Die Kunst einer Gesellschaft, die aus der Französischen Revolution, dem Liberalismus und der ständig zunehmenden Industrialisierung hervorgegangen ist, kann, wie Zeri schreibt, nichts anderes als eine Laienkunst sein, der eine an religiöse Vorstellungen gebundene Thematik, zumal wenn sie in der Kirche beheimatet ist, zutiefst fremd bleibt. Gewiß kann die religiöse Gegebenheit auch in der veränderten Gesellschaft des 19. Jahrhunderts ein authentischer Faktor des figurativen Ausdrucks sein, aber die Thematik des jüdisch-christlichen Credo gemäß den durch die Gegenreformation festgelegten Formeln ist absolut nicht mehr vorhanden. Anderseits verliert die Kunst des Katholizismus angesichts der stets wechselnden, verschiedenartigen Kunsttheorien die Fähigkeit, „in der Historie zu bleiben", und verkapselt sich in akademischen Formeln, die immer mehr der realen Motivation entbehren, in rhetorischen Übungen oder ideologischen „Collagen", die außerhalb der Wirklichkeit des Lebens bleiben.

In unserem Jahrhundert vertiefen sich die Kontraste immer mehr, ungeachtet einiger ernsthaft kritischer Versuche von Künstlern wie dem Architekten di Fausto und dem Bildhauer Astorri am Grabmal für Pius X. (1903–14). Hierher gehört auch das kalkulierte professionelle Geschick eines Kunst-

Die Bronzestatue Pius' XII. von Francesco Messina.

handwerkers wie Pietro Canonica am Grabmal Benedikts XV. (1914–22), das 1928 begonnen wurde und in dem die Banalität der Symbolik des großen Bronzereliefs im Hintergrund in keiner Weise durch die kalte Figur des knienden Pontifex aufgelöst wird. Das auf dem Kissen liegende Buch, das auf die Verkündigung des „Codex Iuris Canonici" anspielt, trägt nicht zur Belebung des Bildes bei, sondern ist mehr eine gelehrte Andeutung aus einem kalten, didaktischen Kalkül als ein Beitrag zum Gesamtbild der Persönlichkeit dieses einen Papstes.

Zu betonen ist für diese Gruppe jüngerer Grabmäler noch die Trennung des eigentlichen Grabes, das gewöhnlich seinen Platz in den Vatikanischen Grotten mit einem einfachen Sarkophag oder einer Urne und der liegenden Gestalt des Papstes findet, von dem feierlichen Grabmonument in der Basilika: in den Grotten der Ort der Sammlung und des Gebetes, in der historischen Basilika einzig die Stätte irdischer Huldigung.

Diese spezielle Funktion der Grabdenkmäler in Sankt Peter hat vielleicht dazu beigetragen, daß die jüngeren Beispiele überzeugender geraten sind. Da die vorwiegend religiöse Betrachtungsweise ausgeschaltet ist, erscheint der Papst in dem Denkmal des Francesco Messina für Pius XII. und dem des Emilio Greco für Johannes XXIII. wieder als Mensch, als ein Mensch des Glaubens, der das Symbol, nicht aber die Inkarnation einer universalen Macht ist, die vom Geistigen ins Materielle übergreift.

Messinas Arbeit am Denkmal Pius' XII. bestätigt diese Auffassung damit, daß er zwischen dem ersten und zweiten Entwurf auf den Marmor und die päpstliche Tiara verzichtet und sich statt dessen für die problematischere Bronze und die einfache Mitra entscheidet. Es ist, als habe der Künstler den Versuch Pius' XII., die „geistliche Monarchie" eines Urban VIII. und eines Sixtus V. neu zu erwecken, durch das Bewußtsein des in der Geschichte zurückgelegten Weges ergänzt und damit die Bemühungen einer ganzen Generation geklärt. Heute betont Zeri, daß die Düsterkeit dieser Bronze ein grandios befreiender Versuch ist, der nach strengen formalen Regeln die schreienden Widersprüche zwischen paternalistischen Bestrebungen und einer stolzen, aristokratischen Verweigerung bloßlegt, zwischen der segnenden Geste und der gebundenen Hand, die sie ausführen sollte.

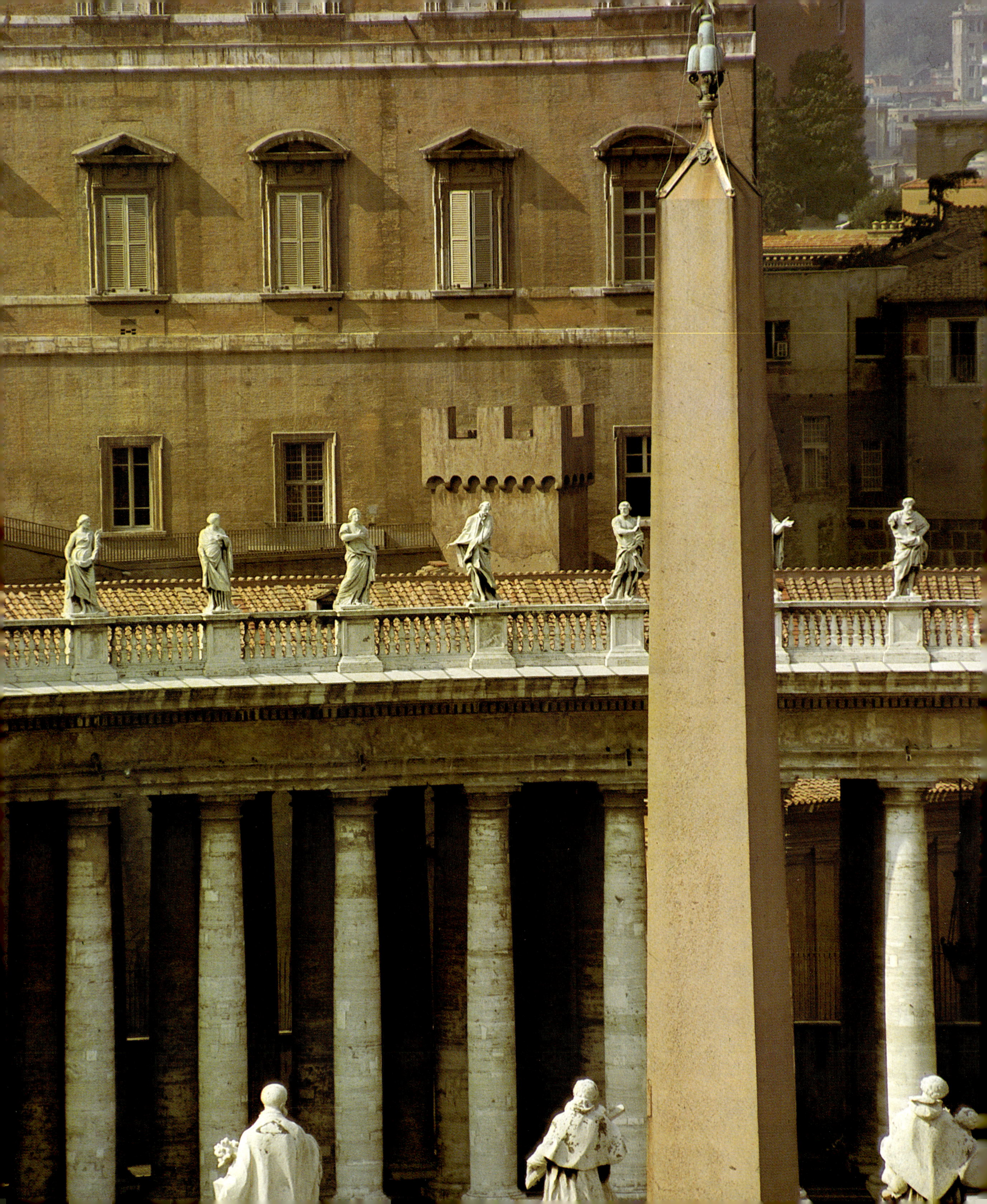

VON DEN PALÄSTEN ZU DEN GÄRTEN
Der Vatikan als weltliche Residenz

Zwei Ereignisse in karolingischer Zeit kennzeichnen die Bestimmung des Vatikans als politisch-religiösen Mittelpunkt und als Zitadelle: die Krönung Karls des Großen im Jahre 800 und die Antwort auf die sarazenische Plünderung des Jahres 846 mit der Errichtung der Leoninischen Mauer.

Zuvor hatte der Vatikan fast ausschließlich die Rolle eines geistlichen Zentrums gespielt – als Heiligtum und Tropaion Petri und als „Aula" Christi: die Basilika war ursprünglich eher ein Ort des Gedenkens als eine Kultstätte, das Grab war noch kein Altar (der wurde zum erstenmal gegen 600 errichtet). Wie San Giovanni in Laterano war auch die Basilika grundsätzlich dem Erlöser geweiht, und zwar als Dank für den Sieg von 312; im Mosaik des Triumphbogens bot der von Petrus vorgestellte Konstantin Christus das Modell der Basilika dar. „Da sich die Welt unter deinem Befehl zu den Sternen erhob, gründete der Sieger Konstantin bei seinem Triumph diese Aula zu deiner Ehre." Die Gründungszeremonie hatte einen erbaulichen Charakter: nach dem „Liber Pontificalis" soll der „dreizehnte Apostel" Konstantin selbst die Hacke des Stifters ergriffen haben und zur Ehre der zwölf Apostel zwölf Gefäße mit Erde auf der Schulter transportiert haben. Die umfangreichen Arbeiten der Auflösung der vorher bestehenden Nekropole und der Einebnung des Hügels waren das Sinnbild der schweren Arbeit der Gründung der Kirche auf dem Felsen (Petri). Auch materiell erwächst die Basilika aus den Resten der antiken Zivilisation, und es ist bedeutsam, daß aus der eingeebneten Nekropole nur das Grabmal Petri erstand. Über dem Grab ließ Konstantin einen Baldachin errichten, zu dem er die Säulen stiftete, die als aus dem Tempel Salomos stammend identifiziert waren. Dieser Baldachin war ein Symbol sowohl des kaiserlichen Schutzes als auch des Himmelsgewölbes (über dem Grab hing eine Lampe in Gestalt einer goldenen Krone, die wie die Sonne am Himmel leuchtete) und des mystischen Weinbergs Christi.

Am Tag seiner Krönung in Sankt Peter präsentiert sich Karl der Große als „neuer Konstantin", aber Leo III. kehrt – zumindest formell – die Unterwerfung Silvesters unter Konstantin um. Die Wahl des Vatikans für die Zeremonie erklärt sich aus einer Reihe von Begleitumständen. Vor allem soll das Grab des heiligen Petrus, der Eckstein der neuen Herrschaft, als Fundament des Rechtes, als Ort der königlichen und kaiserlichen Legitimation, als Nabelschnur zwischen dem antiken und dem erneuerten Reich verstanden werden. Der Papst verzichtete auf die Krönung im Lateran, weil dieser Ort zu sehr an die Vormachtstellung Konstantins erinnerte und weil Karl der Große selbst eine Krönung im Zentrum der päpstlichen Macht nicht gewünscht hätte. Der Vatikan war hingegen – vor und nach 800 – öfters ein alternativer Wohnsitz oder auch eine Fluchtburg gewesen (manchmal Sitz der Gegenpäpste oder der von äußeren und inneren Feinden bedrohten Päpste), außerdem war der Papst hier von den dichtbevölkerten Vierteln Roms isoliert. Schließlich mußte der Vatikan auch geeigneter erscheinen, einen Frankenkönig und sein Gefolge zu empfangen: er lag an der Ausmündung der „ruga francigena" (fränkische Straße), war die unmittelbare Krönung des langen Weges der Rompilger, die zum Apostelgrab wallfahrteten, ohne daß der Tiber überschritten wurde oder gefährlich bewaffnete Trupps durch die Stadt zogen. Die Quellen sprechen von einem „palatium" Karls des Großen im Vatikan, vielleicht auf dem Gebiet des heutigen Deutschen Friedhofs. Wahrscheinlich handelte es sich um ein älteres Gebäude, das als vorübergehender Aufenthalt für Kirchenfürsten oder berühmte Gäste diente.

Als im Jahre 846 die Sarazenen bis zu den Toren Roms vordrangen und auch die vatikanische Basilika plünderten, die sogar von dem „Barbaren" Alarich verschont worden war, beschloß Leo IV. die Durchführung eines Planes, den schon einer seiner Vorgänger zu Beginn des Jahrhunderts entworfen hatte (es handelt sich um Leo III., der Karl den Großen gekrönt hatte): den Plan, das Viertel jenseits des Tibers von der Engelsburg bis zum Vatikan mit einer Mauer zu umgeben. Damit wurde eine eigene, selbständige Stadt gegründet, die „Civitas Leonina", mit einem durch vier Tore unterbrochenen Mauergürtel, der 847 begonnen und am 27. Juni 853 eingeweiht wurde. So wurde der Vatikan zu einer Festung, zur Zitadelle des Glaubens: zugleich wurden in dieser Zeit die Ungläubigen durch den Sieg von Ostia (849) zurückgeschlagen und in der Folge eine zweite Zitadelle (880) rings um das Grab des Apostels Paulus gegründet (Giovannipoli, nach Johannes VIII. genannt). Damit war es also möglich geworden, im Vatikan eine feste Residenz zu errichten, aber die „Civitas Leonina" blieb noch für Jahrhunderte ein Außenposten Roms.

Im Verlauf des 13. Jahrhunderts wurden bedeutende Bauten ausgeführt, deren Plan Redig de Campos rekonstruiert hat. Nach einer Chronik des Jahres 1208 erbaute Innozenz III. neue Häuser für die Kurie und für die Dienste. Es muß sich um ein wahres „palatium" mit Mauern und Türmen gehandelt haben, die sich an die Leoninische Mauer anschlossen (ein Turm in der Nähe der Kapelle Nikolaus' V. ist heute noch auszumachen). Der solide befestigte Kern, den derselbe Papst geplant hatte, der auch die imponierendste mittelalterliche Befestigung, die Torre dei Conti, errichtete, schützte die vatikanische Basilika, die jetzt endgültig den Vorrang gegenüber der Lateranbasilika erworben hatte: im Mosaik der Apsis von Sankt Peter bezeichnete Innozenz III. die Basilika mit dem Titel, der bisher San Giovanni vorbehalten war: „Mutter und Glorie aller Kirchen."

Einem anderen Papst aus einer großen römischen Familie, Nikolaus III. Orsini (1277 bis 1280), sind nicht nur für die Geschichte des Palatium bedeutende Bauten zu verdanken, sondern auch die Absicht, sich endgültig im Vatikan einzurichten (nur während der Sommermonate hielt sich Nikolaus III. im Lateran auf). Diese Unternehmung wird durch eine Inschrift aus dem Jahre 1278 bestätigt: „Nicolaus Papa III fieri fecit palatia et aulam maiorem et capellam. Et alias domos antiquas amplificavit pontificatus sui anno prima. Et anno secundo fieri fecit circuitum murorum pomerii huius." Mit dieser zweiten, ergänzenden Befestigung der „Civitas Leonina" bekam der Palast eine Anzahl wichtiger Funktionen, die unwiderruflich sein Schicksal und seine Aufgabe als „Palast in Gestalt einer Stadt" prägen. Am Ausbau dieses Komplexes sind zwei bedeutende dominikanische Architekten beteiligt, Fra Sisto und Fra Ristoro, die Baumeister von Santa Maria Novella, die für den Bau der Mutterkirche Santa Maria sopra Minerva von Florenz nach Rom beordert worden waren.

So wird im Rahmen der Festung das „pala-

Obelisk und Kolonnade von Bernini, dahinter der Apostolische Palast.

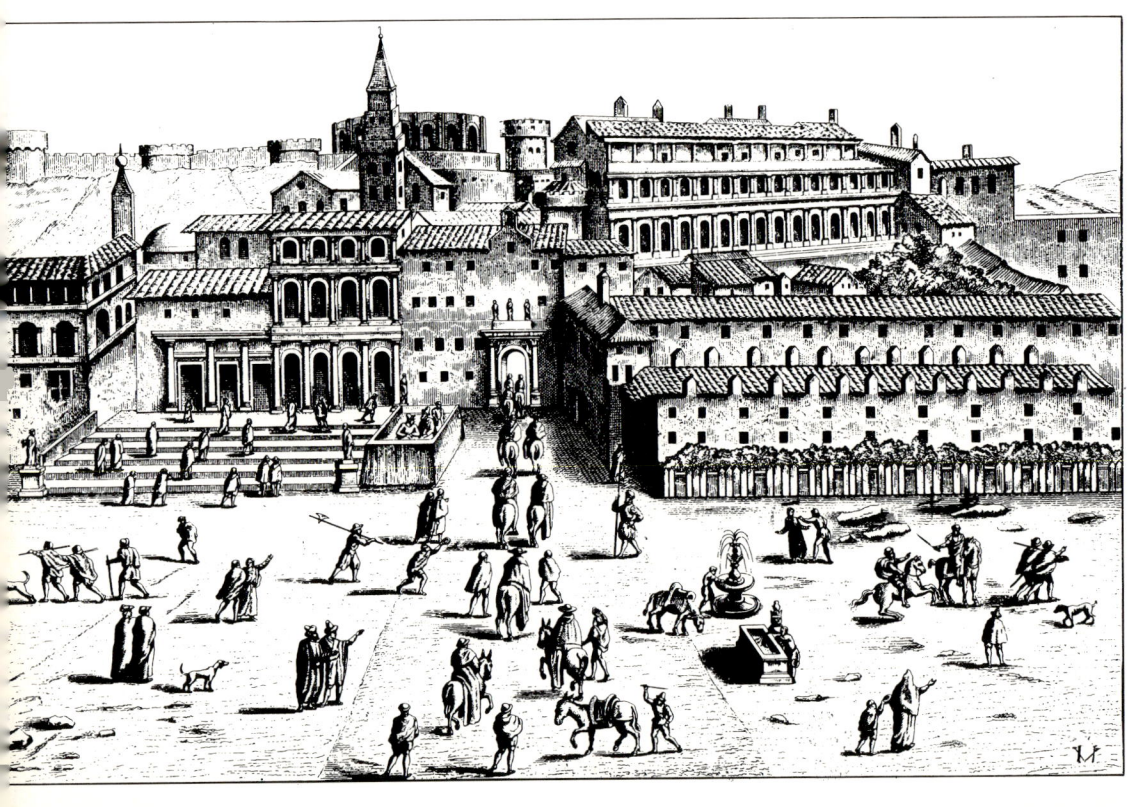

Rechte Seite: Der Komplex der vatikanischen Paläste, von der Kuppel der Peterskirche aus gesehen. – Links: Die Paläste während des Baus der neuen Basilika. – Links unten: Ansicht der Basilika und der Paläste vom Gianicolo aus in einem Stich von etwa 1775. – Unten: Detail vom Hof des Belvedere mit dem Appartamento Borgia.

tium" fest mit der Engelsburg verbunden: die Leoninische Mauer dient als „passetto", ein sicherer Weg über den normalen Verkehrswegen zwischen Vatikan und Kastell. Eingedenk der antiken Stadt entstehen imponierende Bauwerke, darunter große neue Repräsentationssäle: die „aula secunda" (Teil der Sala Ducale) und die „aula magna vel prima" (später Sala Regia). Eine neue Palastkapelle entsteht an der Stelle, an der später die Sixtinische Kapelle errichtet wird.

Es entsteht ein Bauwerk von besonderem Interesse, die Loggien (beim Bau der Loggien Bramantes im Damasushof teils zerstört, teils übernommen), die vielleicht der erste „Belvedere" auf dem Vatikan sind. Sie entsprechen in der Hauptsache den Bauten des antiken Kapitols (mit den Bogengängen des Tabularium) und des modernen Kapitols

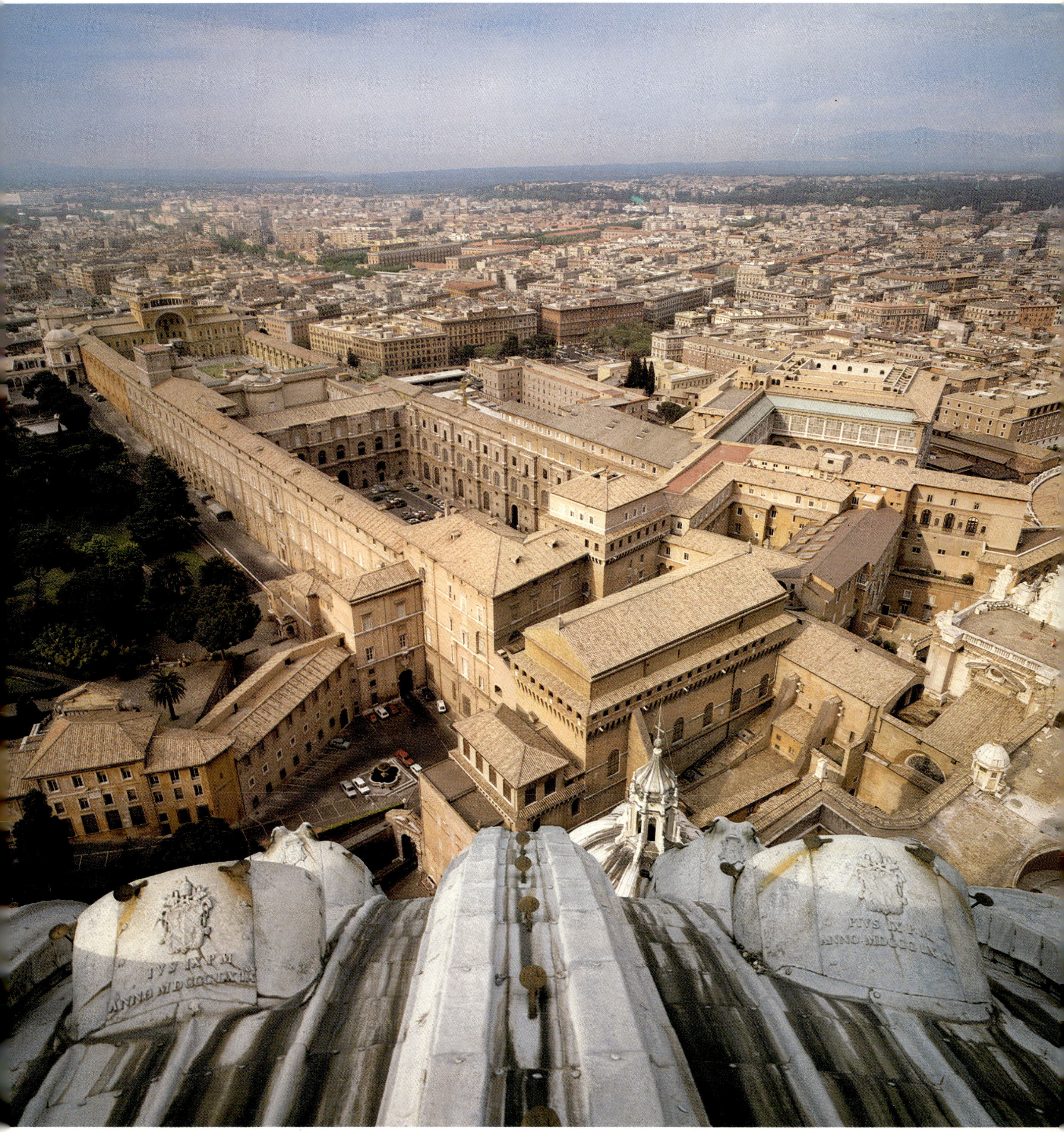

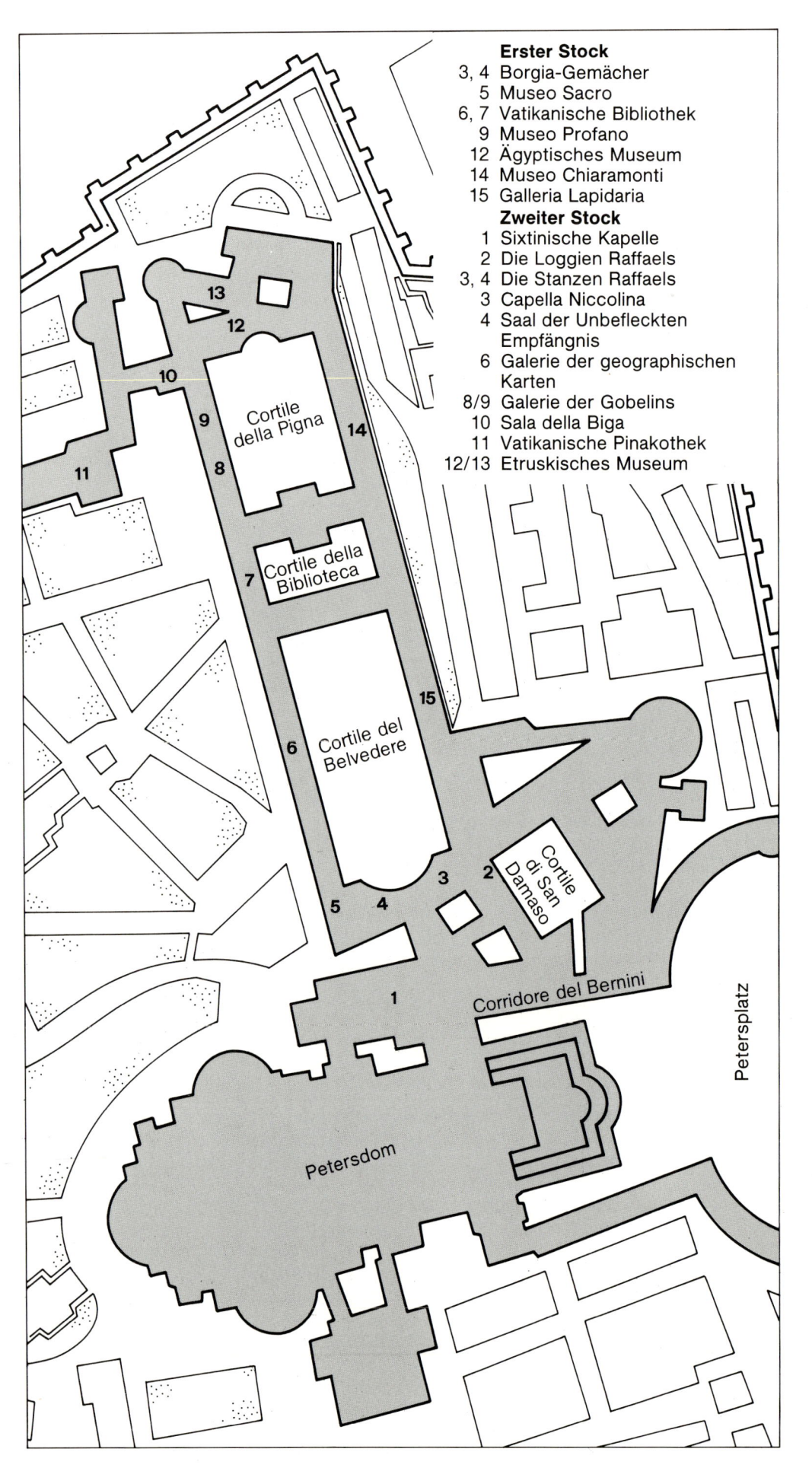

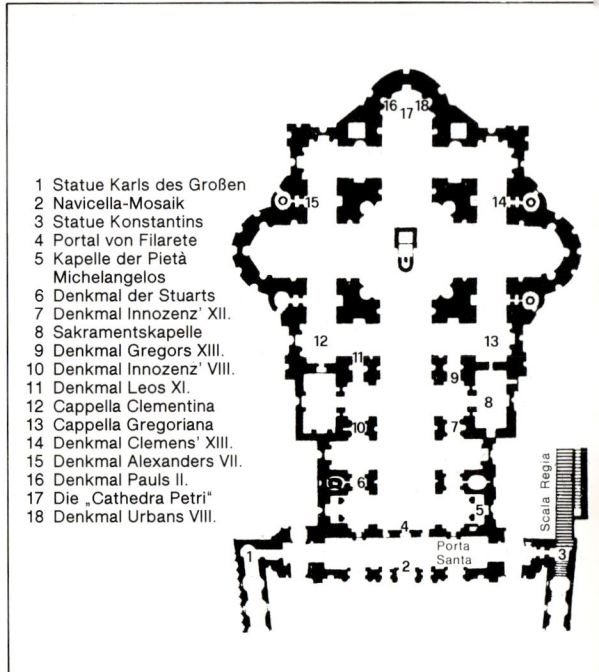

Erster Stock
- 3, 4 Borgia-Gemächer
- 5 Museo Sacro
- 6, 7 Vatikanische Bibliothek
- 9 Museo Profano
- 12 Ägyptisches Museum
- 14 Museo Chiaramonti
- 15 Galleria Lapidaria

Zweiter Stock
- 1 Sixtinische Kapelle
- 2 Die Loggien Raffaels
- 3, 4 Die Stanzen Raffaels
- 3 Capella Niccolina
- 4 Saal der Unbefleckten Empfängnis
- 6 Galerie der geographischen Karten
- 8/9 Galerie der Gobelins
- 10 Sala della Biga
- 11 Vatikanische Pinakothek
- 12/13 Etruskisches Museum

1. Statue Karls des Großen
2. Navicella-Mosaik
3. Statue Konstantins
4. Portal von Filarete
5. Kapelle der Pietà Michelangelos
6. Denkmal der Stuarts
7. Denkmal Innozenz' XII.
8. Sakramentskapelle
9. Denkmal Gregors XIII.
10. Denkmal Innozenz' VIII.
11. Denkmal Leos XI.
12. Cappella Clementina
13. Cappella Gregoriana
14. Denkmal Clemens' XIII.
15. Denkmal Alexanders VII.
16. Denkmal Pauls II.
17. Die „Cathedra Petri"
18. Denkmal Urbans VIII.

Oben: Grundriß des Petersdoms mit Bezeichnung einiger Kapellen und Monumente. – Links: Grundriß der Basilika und der vatikanischen Paläste mit Bezeichnung der wichtigsten Kunstsammlungen. – Unten: Die Verbindung zwischen Basilika und Engelsburg in ihrem heutigen Zustand. – Rechts: Übersichtsplan der von der Mauer umschlossenen Vatikanstadt. An den Bereich der Basilika und der vatikanischen Paläste schließen die Gärten an, in denen die modernen „Dienste" des Staates Raum gefunden haben.

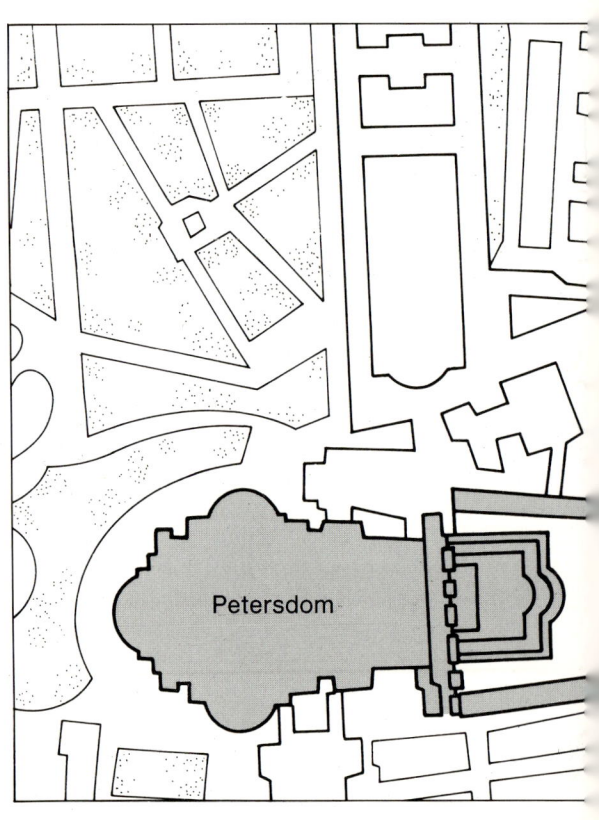

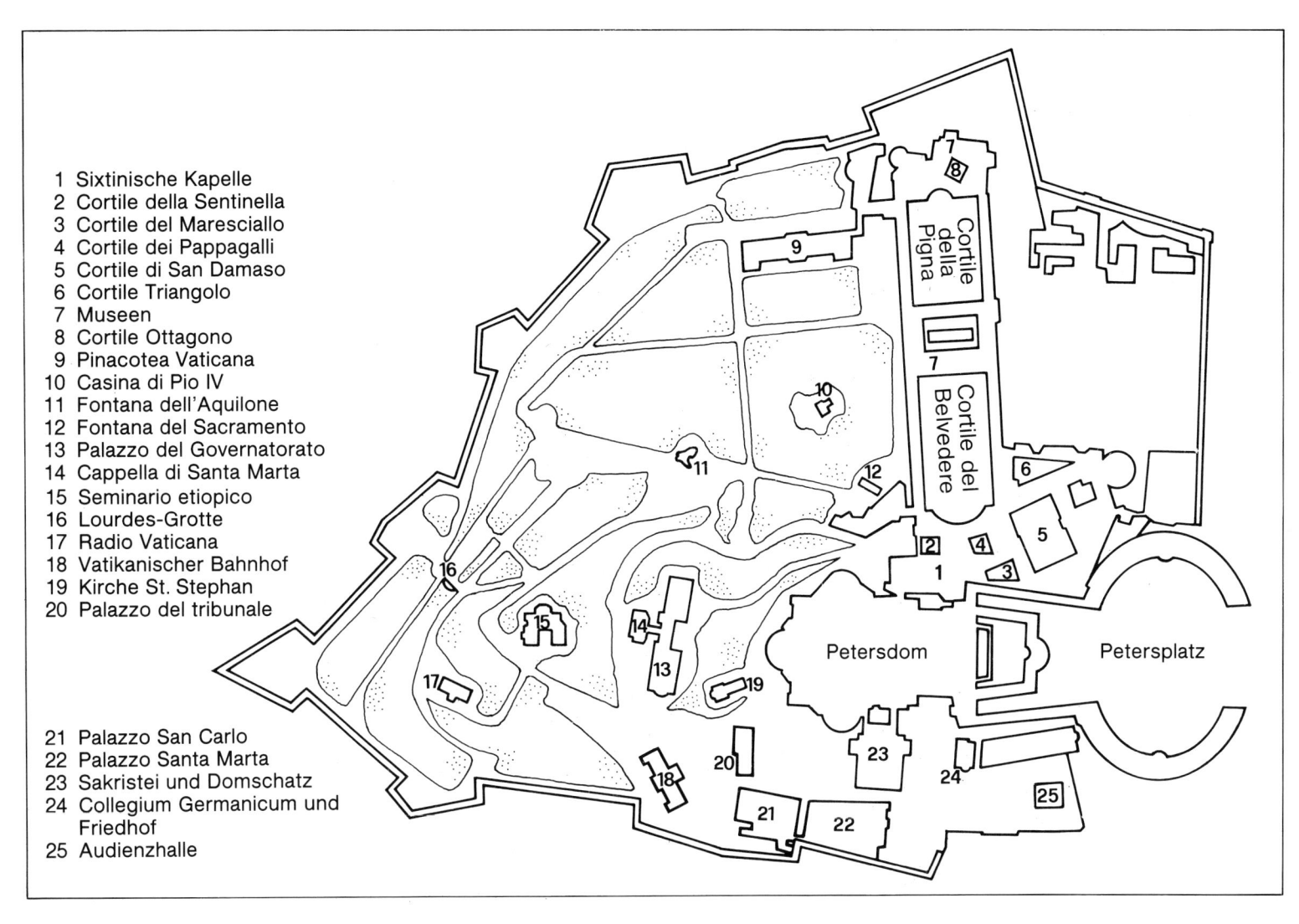

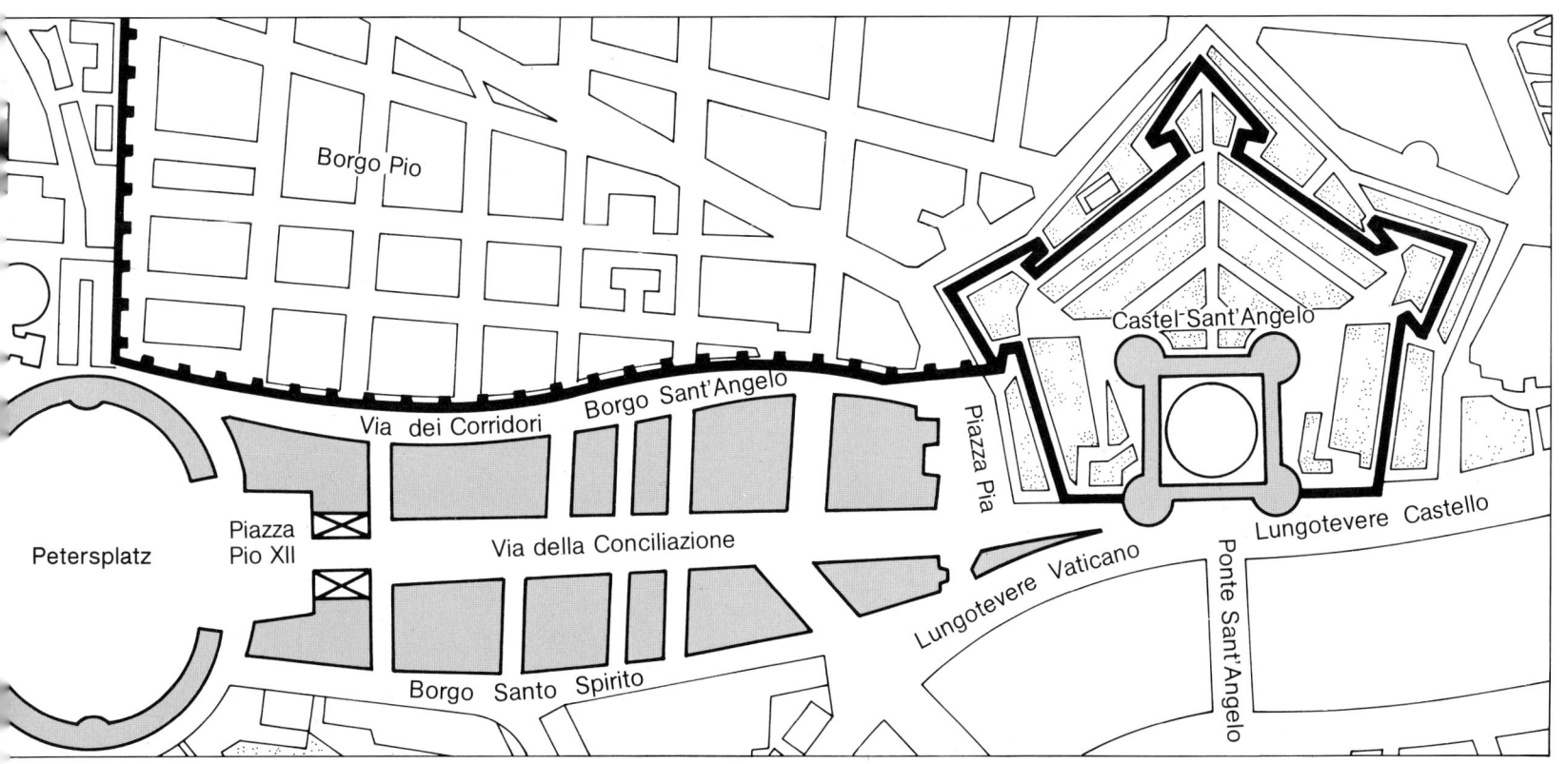

1 Sixtinische Kapelle
2 Cortile della Sentinella
3 Cortile del Maresciallo
4 Cortile dei Pappagalli
5 Cortile di San Damaso
6 Cortile Triangolo
7 Museen
8 Cortile Ottagono
9 Pinacotea Vaticana
10 Casina di Pio IV
11 Fontana dell'Aquilone
12 Fontana del Sacramento
13 Palazzo del Governatorato
14 Cappella di Santa Marta
15 Seminario etiopico
16 Lourdes-Grotte
17 Radio Vaticana
18 Vatikanischer Bahnhof
19 Kirche St. Stephan
20 Palazzo del tribunale

21 Palazzo San Carlo
22 Palazzo Santa Marta
23 Sakristei und Domschatz
24 Collegium Germanicum und Friedhof
25 Audienzhalle

Der Portikus der Basilika, Aquarell von Louis Hage. Im Hintergrund, wo sich die Konstantinstatue von Bernini (1670) befindet, ist das Vestibül, von dem aus man zur Scala Regia gelangt.

(die Loggien des Senatspalastes), womit der Papst endgültig die Senatorenrolle übernimmt und nun außer der geistlichen und weltlichen auch noch die „dritte Gewalt", die Stadtverwaltung, in seiner Person vereint. So hat der Papst die drei wichtigsten Schlüsselpunkte der heiligen Achse Roms in seiner Eigenschaft als Senator besetzt: den Vatikan, das Kapitol (auf dem die künftigen Papst-Senatoren Aracoeli als Palastkirche errichten) und den Lateran (in dem Nikolaus III. unter anderem die Kapelle Sancta Sanctorum neu errichten läßt).

Schließlich muß neben dem Charakter der Stadt-Festung auch die Funktion des neuen Gartens oder „hortus conclusus" betont werden (der Ausdruck „pomerius" scheint auf dem Gleichklang von „pomario", Obstgarten, und „pomerium", heilige Stadtgrenze des antiken Rom, zu beruhen). Jenseits des Tibers entwickelt sich so neben Sankt Peter der erste Kern einer Palast-Stadt: in den folgenden Jahrhunderten wird der Vatikan, wie formuliert wurde, zu einer Art Domus Aurea, was gewissermaßen auch durch die Erinnerung an den Zirkus und die Naumachie des Nero heraufbeschworen wird. In der Ansicht von Rom des Fra Paolino da Venezia (1323) scheint der „hortus conclusus" durch Grundtypen wie die „Domus Aurea" und den Zirkus repräsentiert zu sein: der langgestreckte, gleichsam zirzensische Raum hat in der Mitte eine Reihe wie Fischgräten angeordneter Bauwerke, um die Tiere frei herumlaufen oder von Kriegern und Kavalieren in einer Art antiker Wildhetze verfolgt werden. Es ist das erste Bild des vatikanischen Parks oder „Belvedere". Die Einfriedung erstreckte sich bis zum nördlichen Rand des Hügels, wo die Villa Belvedere Innozenz' VIII. entsteht, die auf das Panorama der römischen Campagna blickt und nach der Typologie mit Loggien errichtet wurde, wie Nikolaus III. sie pflegte.

Wollen wir die Geschichte der Entstehung der wichtigsten Baudenkmale weiterverfolgen, so können wir einen Sprung von fast drei Jahrhunderten machen, um zwischen dem 15. und dem Anfang des 16. Jahrhunderts zu den Plänen und Werken dreier großer ligurischer Päpste zu gelangen: Nikolaus' V., Sixtus' IV. und Julius' II. (wobei der vierte ligurische – genuesische – Papst, Innozenz VIII., gar nicht berücksichtigt ist).

Nach der „babylonischen Gefangenschaft" von Avignon, nach den ersten turbulenten Jahren der Rückkehr nach Rom (zwischen Schismen, Aufständen und politischen Schwierigkeiten) scheint das Programm Nikolaus' V., das nur zum kleinsten Teil verwirklicht wurde, plötzlich wieder die imperiale Gesinnung des Papsttums zu bestätigen. Der Palast des Vatikans ist nach einem päpstlichen Biographen „für einen jener römischen ‚imperadori' erstellt, welche die ganze Welt bezwingen": die großen Dimensionen der fertigen und vor allem der geplanten Bauwerke sollen nach der Lobrede Giannozzo Manettis die sieben Weltwunder der Antike übertroffen haben (denen man zwei römische Bauten, das Kapitol und den Tempel des Hadrian in Kyzikos, hinzugefügt hatte) und den beiden biblischen Wundern, dem Tempel und dem Palast des Salomon, gleichgekommen sein. Und um die „objektive Überlegenheit" des nikolinischen Komplexes zu beweisen, versteigt sich der Stolz des Biographen zu der Behauptung, Sankt Peter überrage den Salomonischen Tempel ebenso sehr wie das Christentum die Religion des Alten Testamentes. Nikolaus V. ist auch der erste, der die alte konstantinische Basilika „profaniert" unter dem Vorwand, sie zu vergrößern und zu vervollkommnen: dem Symbol des Kreuzes werden das Bild und die Proportionen des menschlichen Körpers als Maß aller Dinge und Spiegel des Makrokosmos überlagert (so wird durch die Arbeit Rossellinos das „caput" der Tribüne hinzugefügt, und über der Vierung sollte sich eine Kuppel erheben).

Von der menschlichen Dimension gelangt man zum Archetyp der Arche Noah, der seinerseits wieder auf dem anthropomorphen Kanon beruht und von den Kirchenvätern als Sinnbild Christi und des Kreuzesholzes interpretiert wird, also Tod und Wiedergeburt des Menschengeschlechts durch die Auferstehung bedeutet. In der „Civitas Nicolina" herrscht eine Atmosphäre der Regeneration nach der Sintflut oder des Jahres Null nach Krisen und Stürmen. Die Arche und das Schiff der Kirche sind nach stürmischer Seefahrt in feste Hände gelangt (man erinnere sich, daß Giottos Mosaik des „Navicella" eine bestimmte Forderung auf die Rückkehr des päpstlichen Schiffes von Avignon nach Rom zu enthalten schien).

Nikolaus V. gedachte durch die Befestigungen den Staat zu festigen und so eine Ära des Friedens und der Sicherheit einzuleiten; daher die Verstärkung der Aurelianischen Mauer und neue Verteidigungstürme für die vatikanische Zitadelle. Der großartige Turm bei der Porta San Pietro sollte

Die Scala Regia, der Eingang zum vatikanischen Palast bei feierlichen Anlässen. Sie wurde zwischen 1663 und 1666 in einem wunderbaren Zusammenspiel von Perspektiven von Bernini als imponierender Zugang zu den päpstlichen Gemächern geschaffen. Über dem Bogen Gestalten von Engeln, welche die Tiara, die Schlüssel und das Wappen Alexanders VII. halten.

PAVLVS·III·
PONT·MAX·
PAVLVS·III·
PONT·MAX·
PAVLVS·III·
PONT·MAX·
PAVLVS·III·
PONT·MAX·

Links die Kassettendecke der Sala Regia mit Stuckarbeiten von Perin del Vaga nach Entwurf von Antonio da Sangallo. In dem unter Paul III. errichteten Saal wurden Audienzen für Könige abgehalten, woher er den Namen bekam. Rechts: Zwei Photographien aus der Sala Ducale, die von Bernini gestaltet wurde.

hundert Ellen hoch werden wie die höchsten Bauwerke des Palatium und wie die nicht zu Ende gebauten Türme am Petersplatz. Nach dem Kreuz, das Konstantin erschien, ist die „Fortezza" das „signum", das Nikolaus V. den um sein Totenbett versammelten Kardinälen als Testament vermacht: „Niemals hätten die römischen Päpste die alten und neuen Verfolgungen erduldet müssen, wenn sie sich durch neue, uneinnehmbare Festungen besonders in der Stadt geschützt hätten: denn nie werden äußere oder innere Feinde, so begierig sie sein mögen, die soziale Ordnung zu zerstören, bei Gefahr ihres eigenen Lebens etwas unternehmen, das einen ungewissen Ausgang hat. Wenn sie auch zu noch so großer Frechheit aufgestachelt wären, so würden ihre Anschläge zunichte. Auf diese Art geschützt, hätten sich die Päpste in Ruhe und Sicherheit des fortgesetzten Friedens des Apostolischen Stuhles erfreuen können, höchste Autorität, größte Machtvollkommenheit und unendliche Würde erlangt."

Die Epoche der „pax romana" sollte durch das neue, mächtige Festungssystem verstärkt werden, das die Abwehrkraft des Kastells und der „Civitas Leonina" erhöhte und den Vatikan in ein uneinnehmbares künstliches Gebirge verwandelte, das die Erinnerung an die „Arx Capitolina" und die „palatia" auf dem Palatin in den Schatten stellen konnte. Die Navicella (kleines Schiff) wurde also zu einem mächtigen Nave (Schiff), aber in den folgenden Jahrhunderten hat das Machtstreben der neuen Monarchien das Schiff öfters in Seenot gebracht – bis zum Schiffbruch von 1870, in dem die weltliche Macht der Päpste unterging. Auf einer Medaille Nikolaus' V. sieht man den Papst am Steuer des Schiffleins der Kirche. Die Medaille „Felix Roma", die anscheinend auf den Vatikan beschränkt war, zeigt unverwechselbar die Umrisse eines Schiffes. „Mit Sicherheit gab es zur Zeit der Sintflut nur eine Arche Noah", hatte Bonifatius VIII. verkündet, „und diese Arche versinnbildlicht eine einzige Kirche, nur mit Noah allein als Steuermann und Kapitän. Und wie wir in den heiligen Schriften lesen, wurden alle Wesen, die sich außerhalb der Arche befanden, vernichtet." So läßt sich bekräftigen, daß der einzige Weg des Heils im Schiff der Kirche ist und daß dieses immer fester auf dem „Felsen" gegründete Schiff bei Sankt Peter verankert liegt und vollständig dem

Nachfolger Petri und Statthalter Christi anvertraut ist.

Jenseits des kirchlichen Symbolismus sucht Nikolaus V. also eine organische und in all ihren Teilen funktionsfähige „Stadt" zu gründen, die „caput" eines modernen Staates sein soll. Der kosmopolitische Borgo sollte auf diese Weise als „Hof", als Quartier der Kurie, als „vicus curialis" wiederbelebt werden. Drei neue, geradlinige Straßen sollten die Wirbelsäule des Viertels bilden und das Kastell mit drei bedeutsamen Orten verbinden: dem Zugang zur Basilika, den neuen Pfarreien, die links von Sankt Peter erbaut werden sollten, und der Pforte des „palatium" zur Rechten. Es werden also alle Probleme angegangen, die in den folgenden zwei Jahrhunderten gelöst wurden. Vor der Basilika sollte sich eine Piazza auftun mit einem Portikus in der charakteristisch breiten, zirzensischen Ausdehnung (100 × 500 Ellen mit einer Tiefe 1:5). Im Mittelpunkt der Piazza sollte der Obelisk des Neronischen Zirkus aufgestellt werden, der jetzt als „summa" des Neuen Testaments interpretiert wurde. Der Obelisk, das Symbol der Sonne, Abbild der Künste und der antiken Wissenschaften, sollte von vier Bronzestatuen der Evangelisten gehalten werden – ähnlich den römischen Schneckensäulen

Links die Sala dei Palafrenieri, die von Giovanni und Cherubino Alberti dekoriert, dann von Taddeo und Federico Zuccari mit Fresken von Heiligen und Aposteln ausgemalt wurde. – Unten: Die Pforte, die in die Kapelle Nikolaus' V. führt. – Rechts: Die Sala Clementina, deren Decke von den Brüdern Alberti Ende des 16. Jh. mit Fresken ausgemalt wurde.

oder der Säule von Konstantinopel – und oben die Statue des höchsten Souveräns – des Erlösers – mit einem goldenen Kreuz tragen.

Die allegorische Angleichung der Basilika an den Tempel Salomons und an das Palatium im Palast Salomons beruht auf der traditionellen Annahme der Herkunft der christlichen Raumordnung von biblischen Archetypen, besonders von dem einen Gebäude, dem Tempel, von dem man annahm, er sei von Gott inspiriert. Interessanter aber ist – neben der Anerkennung Roms als „Neues Jerusalem" – die Absicht, den gesamten salomonischen Gebäudekomplex nachzuahmen. In diesem Licht erscheint die größte Basilika in ihrer Stellung zum Palatium als eine Palastkapelle (trotz der kolossalen Abmessungen, der umfassenderen Bedeutung, und obwohl es schon die Cappella Palatina Nikolaus' III. gibt). Das Primat der Basilika soll dem Primat des Apostolischen Palastes gleichgestellt werden. Die Herrschaft Salomons war übrigens von den byzantinischen Kaisern als politische und priesterliche Macht anerkannt (von Konstantin bis Justinian, der beim Baubeginn der Sophienkirche ausgerufen hatte: „Ich habe dich besiegt, Salomon!"), desgleichen von Karl dem Großen, der laut einem Biographen seinen Hof in Aachen „nach dem Beispiel des Salomon" erbaut hatte. Ein Jahrhundert später erhebt Philipp II. von Spanien, „König von Jerusalem", den Anspruch, den Königstempel des Escorial als Rekonstruktion oder eine späte Reinkarnation des Salomonischen Tempels wieder aufzurichten.

Von Manetti wird der Apostolische Palast etwas zu sehr aufgrund von Äußerlichkeiten auch „laberynthus" oder „paradisus" genannt. Letztere Bezeichnung scheint – eher als durch die Vorstellung einer Civitas der Erwählten – durch die „paradiesisch" genannten Räumlichkeiten der Basilika (zum Beispiel wurde der Quadriportikus mit der „fons salutis" des Pinienhofes geradezu „das Paradies" genannt) und des Palastes entstanden zu sein: außer an das „pomerium" Nikolaus' III. erinnere man sich an die von Manetti geschilderten, mit Springbrunnen geschmückten Innenhöfe und an die parkähnlichen Gärten vor den Loggien Nikolaus' III. Interessanter ist noch die Bezugnahme auf das Labyrinth, dessen negativer Aspekt von vornherein ausgeschaltet ist:

Rechts oben: Die Loggia im dritten Stockwerk am Damasushof, eine Illustration aus dem Buch „Décorations des palais et des églises en Italie" von Louis Gruner, 1854.

Unten: Die Treppe Bramantes aus den ersten Jahren des 16. Jh. in einem viereckigen Turm. Sie besteht aus schraubenförmigen Rampen und Granitsäulen und führt in fünf Wendungen zum Etruskischen Museum.

„pulcherrimus et distinctus, et non intricatus, ac involutus, ut a poetis fingebatur" (sehr schön und abwechslungsreich, aber nicht kompliziert und verworren, wie es von den Dichtern geschildert wurde). Dieses klare und überschaubare Labyrinth hat also den Glanz des Paradieses und ist nicht als peinigender Irrweg zu verstehen, wohl aber im ursprünglichen Sinne einer dädalischen Palastfestung – ein architektonischer Urtyp, der manchmal in die Liste der Weltwunder aufgenommen wurde. Interessant ist die Feststellung, daß das Labyrinth – wenn überhaupt – als türmereiche Festung abgebildet wird, als Zitadelle, deren Ikonographie dem „Himmlischen Jerusalem" ähnelt. Die Idee des Palastlabyrinths, die vielleicht im albertinischen Bereich gereift ist, findet sich mit einigen Variationen in den Bildern Filaretes mit Felsen und Burgen in labyrinthischer Anordnung.

Schaufront und programmatische Verkündigung des „palatium" sollte eine neue Triumphpforte sein: „Am Ende der Mauer erhoben sich zwei große Türme, in deren Mitte ein Triumphbogen war, durch den man in den Palast eintrat." Es handelt sich um ein Aufgreifen des Bautyps der Porta Romana zwischen runden oder polygonalen Türmen: eher als an die römischen Vorbilder (wie Porta Pinciano oder Porta Ostiense) ist da an die großartigen Beispiele wie die Tore von Turin oder Trier oder auch an die drei Tore des Palastes von Split zu denken. Die Ruhmespforte wurde bekanntlich im Mittelalter durch die Porta Friedrichs II. in Padua kurz wiederbelebt. Sie kann Bauwerke wie den Bogen des Alfons von Aragón in Neapel oder auch die „facciata dei torricini" des Palastes von Urbino beeinflußt haben und als die reinste Interpretation des salomonischen Tempel-Palastes wahrscheinlich auch das nikolinische Projekt. Hier ist an die klassische Bedeutung des Tores als Symbol und Ausdruck des Palastes, der Stadt, der staatlichen Gewalt zu erinnern, eine Tradition, die durch Serien von Monumenten und repräsentative Abbildungen, zum Beispiel auf den Geldstücken antiker und mittelalterlicher Städte, bestätigt wird. Rom selbst erscheint in der mittelalterlichen Ikonographie als „Porta", vom kaiserlichen Siegel Karls des Großen mit „Rom" als einem mit einem Kreuz gekrönten Tor und der Inschrift „Renovatio Roman. Imp." bis zum Siegel Karls IV. mit einem Tor zwischen zwei runden Türmen und der einrahmenden Inschrift „Aurea Roma". Auch einige Fassaden von Kathedralen werden als herrscherliche Pforten oder „Himmlstore" zwischen zwei Türmen gedeutet: als solche Porta erscheint die Neufassung der Front an der vatikanischen Basilika, die nach dem nikolinischen Plan von zwei Türmen eingerahmt war (diese „turres e pulchris marmoribus", Türme aus schönem Marmor, die Manetti unwillig mit dem vulgären Ausdruck „campanili" belegt).

Unter den Neuerungen des Palastes erwähnt Manetti eine „Cappella maxima", einen Zeremoniensaal, ein Theater „super columnis marmoreis fornicatum" (aus Bogen auf Marmorsäulen), eine Bibliothek und verschiedene Diensträume. In seinem Testament wendet der Papst sich schließlich folgendermaßen an die Kardinäle: „Wir ermahnen euch im Namen Gottes, ihr wollet die von uns begonnenen Bauwerke fortsetzen und zu Ende führen, damit unsere Nachfolger, befreit von der Gefahr eines äußeren Angriffs oder eines inneren Zerwürfnisses, fürsorglich und in Frieden die Herde des Herrn erziehen und auf den Weg des ewigen Heils führen können." Der Papst vertraute also die Vollendung seines „opus" den Nachfolgern an, die „città vaticana" sollte nach seinem Plan eine Aufgabe der Gemeinschaft sein und nicht das Werk eines einzelnen. Mit dem zweiten Genueser Papst, Sixtus IV., verbindet sich – außer dem Ruhm der Sixtinischen Kapelle, der endgültigen Palastkapelle – die Vollendung der Palastbibliothek, die nach dem idealen Vorbild des Augustus die wertvollen Codices Nikolaus' V. sammelte.

Die Sixtinische Kapelle erscheint trotz ihrer geräumigen Überschaubarkeit infolge der Typologie oder der Bedeutung des malerischen Zyklus als ein ziemlich verwirrendes „Sancta Sanctorum" der humanistischen Kunst. Beim ersten Anblick präsentiert sich die Kapelle als ein hoher Turm (die Höhe entspricht der Länge) im Bereich der vatikanischen Befestigungen, also als Bild der Festung „Ecclesia militans" (Castrum fidei) und des „elfenbeinernen Turms", der „Madonna assunta", der sie 1484 feierlich geweiht wurde. Zu ihrer Planung wurde in einem Augenblick besonderer innerer und internationaler Spannungen zweifellos ein Militärbaumeister berufen, vielleicht Baccio Pontelli: die Turm-Kapelle stimmt im ganzen mit den von Nikolaus V. geplanten hohen Türmen überein und ist ihrerseits das Modell für den von Alexander VI. in geringem Abstand erbauten Borgia-Turm.

Das regelmäßige Prisma mit dem von Zinnen gekrönten Balkon darüber erinnert im übrigen an die Ikonographie jener Arche Noah, die das Emblem der Basilika und des neuen nikolinischen Vatikans war. Eine gewisse Analogie zur Curia senatus ist selbstverständlich, wenn man an die Funktion einer Kapelle denkt, die vorwiegend dem Papst und dem „Senat" der Kardinäle vorbehalten war.

Eugenio Battisti hat bewiesen, daß die Absicht bestand, den Salomonischen Tempel wiedererstehen zu lassen. Von diesem Archetyp hat die Kapelle ihre Dimensionen und inneren Proportionen (Grundriß 13,41 × 40,23 m, Höhe 20,7 m) und den Charakter eines der Herrschaft verbundenen Palasttempels (an die Kapelle schließt sich mit analogen Proportionen die „aula maior" und dann die Sala Regia an). Zur Idee des eventuell schon im nikolinischen Plan vorgesehenen Salomonischen Tempels gesellt sich vielleicht die Vorstellung des von Ezechiel beschriebenen „Neuen Tempels" mit seinen übereinanderliegenden Stockwerken und der mit Türmen besetzten orientalischen Fassade (die Sixtinische Kapelle hat zwei Stockwerke unter der Aula und darüber einen großen, für das Militär reservierten Raum).

Der malerische Zyklus der Kapelle (1481–83) bietet eine Synthese, eine „summa" aus Religion und Geschichte, die in die beiden Kategorien der Vergangenheit und der Zukunft unterteilt ist. Die Vergangenheit wird dargelegt durch die „parallelen Viten" des Alten und Neuen Testaments (Moses und Christus) und durch die „Vorgeschichte" der ersten Päpste und bis zur Zeit Konstantins und vor dem Sieg von 312 (der letzte dargestellte Papst ist der Römer Marcellus I., 308–309). Die Gegenwart ist durch die selbstverständliche Funktion des Raumes im Palastverband gegeben. Die Zukunft mit einer offensichtlich eschatologischen Bedeutung war durch die Firmamentwölbung repräsentiert, in der am blauen Himmel goldene Sterne leuchteten.

Den Sinn der Kapelle erfaßt man also, wenn man ihre Widmung und ihre Aufgabe als Bastion und „Festung der Kirche" bedenkt. Die „Madonna assunta" kann man im allegorischen Sinne als „assunta in cielo" (aufgefahren in den Himmel) und sozusagen „consecrata" unter den Sternen verstehen, wie man die Frau der Apokalypse interpretiert: „eingehüllt in die Sonne, den Mond unter ihren Füßen und auf dem Haupt eine Krone von zwölf Sternen". Das Fehlen von Darstellungen aus der Geschichte der nachkonstantinischen Kirche bestätigt lückenlos die Heiligkeit des kirchlichen Ursprungs: nicht nur die ersten dreißig hier abgebildeten Päpste, sondern sogar die ersten vierundfünfzig Päpste waren ausnahmslos Heilige. Vielleicht waren die ersten Figuren dieser Serie – oberhalb des steinernen Altars, an der Wand, an der dann das Gericht dargestellt wurde – Christus und Petrus, um das Konzept der „Traditio legis" und der Gründung der Kirche deutlich zu machen, das auch im Zyklus der Fresken zum Ausdruck kommt.

Der Plan Nikolaus' V. findet eine fast buchstäbliche Fortsetzung sogar in der Zeit Alexanders VI., des großen Gegners des Papstes Giuliano della Rovere (des künftigen Julius II., des Neffen Sixtus' IV. und der „grauen Eminenz" Innozenz' VIII.). Im zehnjährigen Pontifikat des Borgia (1492–1503) gibt es dramatische Begebenheiten offener Anfechtung und frontaler Gegensätze: zu erinnern ist an die Opposition des kurialen Flügels um den della Rovere, dann an den Gegensatz zu den großen römischen Familien und schließlich an die Besetzung Roms durch die französischen Truppen Karls VIII.

Daher die Forderung nach Ordnung und Stärke gemäß den Richtlinien Nikolaus' V. bei der Wiederherstellung der päpstlichen Macht zumindest innerhalb des Vatikans. Die wichtigsten städtebaulichen Arbeiten konzentrierten sich auf die Engelsburg und das Viertel von Borgo durch Einbeziehung der Porta San Pietro und der Porta Cavalleggeri und die Eröffnung der Via Alessandrina.

Die Engelsburg wurde durch einen Wassergraben gesichert und bekam unter anderem den Beobachtungsturm, der die Mündung der Brücke beherrschte. Das Kastell, der Schlußstein des militärischen Systems von Rom und das Scharnier zwischen den beiden Städten diesseits und jenseits des Tibers, qualifizierte sich auf diese Art im Sinne einer Burg des Tyrannen, wie sie Leon Battista Alberti beschreibt: „Die Wohnung des Tyrannen steht da wie eine Burg, von der

Der Cortile della Pigna (unten und Mitte) hat seinen Namen von einem gewaltigen römischen Pinienzapfen aus Bronze, der bei den Thermen des Agrippa gefunden wurde. Er diente im Atrium der konstantinischen Basilika zur Verzierung eines Springbrunnens. Jetzt befindet er sich in dem von Pirro Ligorio 1560 errichteten „Nicchione", der aus

man nicht sagen kann, ob sie Teil der Stadt ist oder außerhalb liegt... sie muß ein gutes Stück von allen Gebäuden im Umkreis ferngehalten werden... Sie darf nicht so abgelegen sein, daß sie als Gefängnis oder Aufenthalt eines edlen Fürsten erscheint... In der Antike war hier eine Kultstätte, die man gewöhnlich ‚auguraculum' nannte... aber ihrer bemächtigten sich in der Folge die Tyrannen und verwandelten sie aus einem Ort religiöser Verehrung in Höhlen der Brutalität und Ruchlosigkeit."

Nicht viel anders ist die Geschichte des Kastells: zunächst ein Grab und eine Weihestätte, dann ein dem Erzengel Michael geweihter Berg-Tempel, schließlich Palast-Gefängnis-Festung. Alberti, der vielleicht die Situation der Engelsburg im Auge hatte, fährt so fort: „Die Burg liegt weder in der Stadt noch außerhalb; wollte man ihre Situation genau definieren, so müßte man sagen, sie ist eine allseits hervorragend befestigte Hintertüre der Stadt." Tatsächlich spielt „Castello" die Rolle eines Stadttors von Borgo, und Alexander VI. legt großen Wert darauf, die Verbindung zum eigentlichen Stadttor, der Porta Sancti Petri, herzustellen.

Die Via Alessandrina oder Borgo Nuovo, die vor dem Jubiläumsjahr 1500 in Angriff genommen wurde, ist das einzige, was von den Straßenplänen Nikolaus' V. verwirklicht wurde. Sie ist die Verbindung zwischen „castrum" und „palatium", ein für alle offener Verkehrsweg, parallel zum „passetto" von Borgo, dem erhaben verlaufenden, für den Hof reservierten Verbindungsweg, der von Alexander VI. instand gesetzt wurde. So sind die Bindungen zwischen Palast und Burg auch sichtbar gefestigt. Alberti schreibt: „Es ist erforderlich, daß der Palast an die Burg angeschlossen wird, damit der König sich in unvorhergesehenen Fällen, oder wenn er sich zerstreuen will, der Burg bedienen kann." Der Papst-Tyrann will den „passetto" nicht nur restaurieren, sondern den Zusammenhang zwischen Palast und Burg auch dadurch deutlich sichtbar machen, daß man sich ersterem auf einer langen, geradlinigen Strecke nähert.

Die Straße wurde am 24. Dezember 1499, dem Eröffnungstag dieses bedeutsamen Ju-

einer schon von Bramante geplanten und von Michelangelo abgewandelten Säulenhalle entwickelt wurde. Der Hof des Pinienzapfens ist der nördliche Teil des Belvederehofes, den Bramante zwischen dem kleinen Palast Innozenz' VIII. im Norden und dem Päpstlichen Palast im Süden anlegen ließ. Er ist 300 m lang und hat drei abgestufte Terrassen. Ende des 16. Jh. wurde der Hof durch einen Querflügel der von Domenico Fontana errichteten Bibliothek unterbrochen. Zu Beginn des 19. Jh. wurde dazu parallel ein weiterer Flügel erbaut, so daß der Hof jetzt aus drei Teilen besteht mit den Namen Cortile del Belvedere, Cortile della Biblioteca und Cortile della Pigna. – Rechts unten: Ausschnitt vom Hof des Belvedere mit dem Springbrunnen von Maderno.

beljahres 1300, eröffnet. Hier ist ein wichtiges Ereignis zu betonen: bei dieser Gelegenheit wurde der Porta Santa von Sankt Peter die ehrenvolle Rolle zugeteilt, die zuvor die Porta Santa von San Giovanni ausgefüllt hatte. Der unerwartete Entschluß war nicht nur von religiösen und strategischen Überlegungen bestimmt, sondern auch von der Notwendigkeit, für die Via Alessandrina eine „prachtvolle" symbolische Ausmündung zu finden. Die Eröffnungszeremonie der neuen Straße (nach Zerstörung der alten) als Zugang zum Vatikan entspricht vollkommen der Öffnungszeremonie der Heiligen Pforte, die vom Papst mit einem Hammer vorgenommen wird, der symbolisch die trennende Mauer zerstört. Der durchlaufene Weg führt also außer zur Pforte des „palatium" auch zur einzig wahren „ianua coeli", zur Heiligen Pforte, die durch Jahrhunderte die in einem Wort Christi verkündete Aufgabe hatte: „Ich bin die Pforte, wer durch mich eintritt, wird gerettet." Der Vers der Apokalypse: „Er öffnet, und keiner schließt; er schließt, und keiner öffnet", der die Eingangszeremonie begleitet, ist also in höchstem Maße dem Augenblick der Verherrlichung der geistlichen und weltlichen Macht des Papst-Tyrannen angemessen.

Das Pontifikat Julius' II. (1503–13) bedeutet nicht nur die Krönung der Pläne Nikolaus' III. und Nikolaus' V. durch Verwirklichung des Palatium „in Form einer Stadt" (moderne Stadt und Stadt der Alten zugleich), sondern ist vor allem die Verwirklichung der herrscherlichen Ideologie, die wir „Cäsaropapismus" nannten. Nicht zufällig nimmt der Pontifex den Beinamen Julius Caesar an (in der Gedenkmedaille an den Sieg von Bologna liest man „Julius Caesar Pontifex II"). Nicht zufällig denkt Bramante daran, die Fassade der neuen Peterskirche um 90° zu schwenken, um sie nach dem Obelisken auszurichten, von dem es hieß, er enthalte die Asche Caesars.

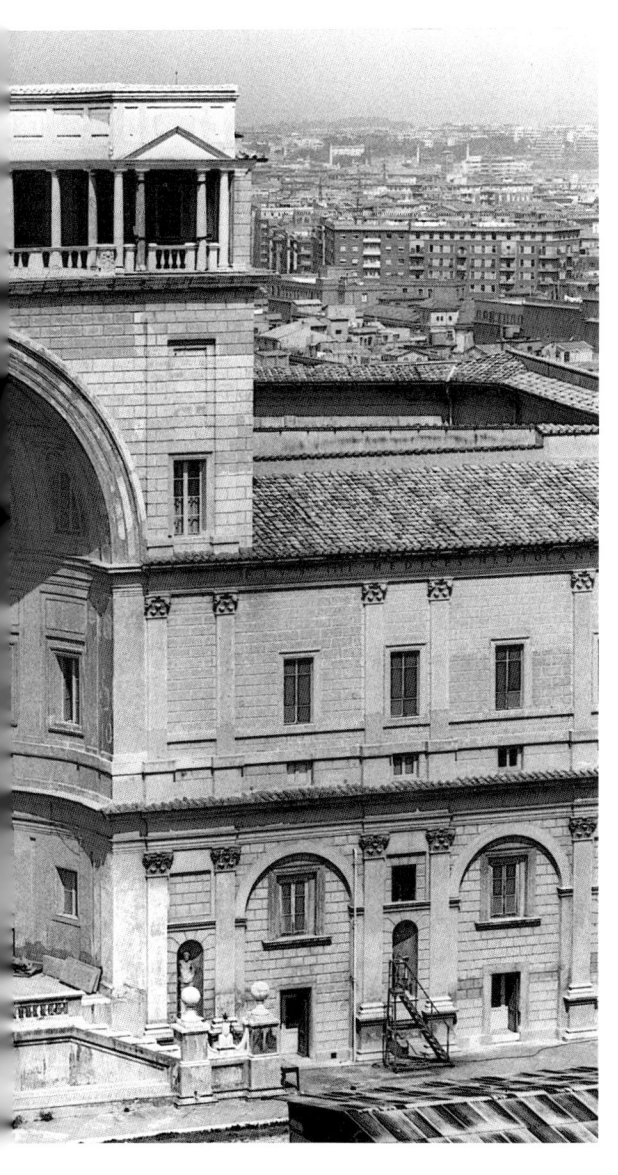

Wir können hier nicht über die Neuerrichtung Sankt Peters sprechen, die 1506 mit dem Opfer der vielbewunderten konstantinischen Basilika eingeleitet wurde, ein Werk des vom neuen Vatikan vorurteilslos akzeptierten Architekten Bramante. Es ist aber zu betonen, daß Julius II. besonders heidnische Bauten als Modelle auswählt, wobei er die zwei großen römischen Werke der Antike verbindet, die „Rotunde" des Pantheon und die großen Wölbungen des „templum Pacis" (so wurde damals die Basilika des Maxentius interpretiert). Zu diesen Modellen kommen zwei Archetypen. Der erste ist das „Himmlische Jerusalem", worauf sowohl der quadratische Tempel als auch die Begrenzung des Platzes anspielt, der nach dem Modell der römischen Thermen und mit den bedeutsamen zwölf Toren entworfen wurde: drei für jeden Kardinalpunkt gemäß der Beschreibung der Apokalypse (Julius II. knüpft auch an den Ritus Konstantins an und legt zwölf Medaillen in die Höhlung des Grundsteins der Basilika). Der zweite Archetyp ist das Mausoleum, die Idee des Grabes „par excellence", die das antike Wunder von Halikarnassos und im Verlauf der Geschichte die zahlreichen Nachschöpfungen hervorbrachte. Insbesondere die Kuppel über dem großen, von Säulen umgebenen Rundbau einer zylindrischen Tholos beweist den Willen, das Bauwerk zu rekonstruieren, das für Rom sowohl zum Symbol des Todes und der Verherrlichung als auch zum Inbild der Festung geworden war: das ist die „Mola Adriana" (Mausoleum Hadrians), die von den Altertumsforschern als eine Tholos mit Säulen auf einem noch sichtbaren quadratischen Sockel rekonstruiert wurde. Neben dem Mausoleum des Apostels sollte das Mausoleum des Papst-Imperators stehen, das Michelangelos „Grabmaltragödie" verursacht hat. Zusammenfassend ist zu sagen, daß das neue Sankt Peter als „summa" der hemisphärischen Kuppel, des Himmelssymbols (in den Mosaiken der von Sixtus V. realisierten Kuppel leuchten, wie schon in der Sixtinischen Kapelle, im Zentrum und in den Strahlen symbolische Goldsterne auf blauem Grund), und des großen kubischen Unterbaus, des Symbols der Erde, aufgefaßt wurde. Aber dieser Würfel ist auch der Stein, der Eckstein Petri und Christi, auf den der große, halbfertige Block in Raffaels „Disputa del Sacramento" anzuspielen scheint.

Die Studien von Ackermann und Bruschi haben Wert und Bedeutung des Belvedere-Hofes geklärt, den Bramante noch vor der Neuerrichtung der Peterskirche als „exemplum" eines zugleich modernen und antiken Palastes anlegen ließ (nach Vasaris Zeugnis hatte der Architekt auch den völligen Neubau des Palatium geplant). Der Hof ist als erstes festes Freilichttheater nach der Antike definiert worden, als erstes Museum, als erste Verwirklichung einer Durchdringung von Gartenanlage und Architektur. Die Notwendigkeit, das Palatium und die Stadt Innozenz' VIII. (erweitert durch einen Museumshof und vielleicht zum Studio für Künstler bestimmt) durch einen Korridor oder „passetto" zu verbinden, ist der Anlaß für eine großartige Komposition, die nur im kaiserlichen Rom eine Entsprechung findet. „Wiedergeboren" wird so im Norden des Vatikans ein Raum, der die Idee des palatinischen Stadions (man denke an das Garten-

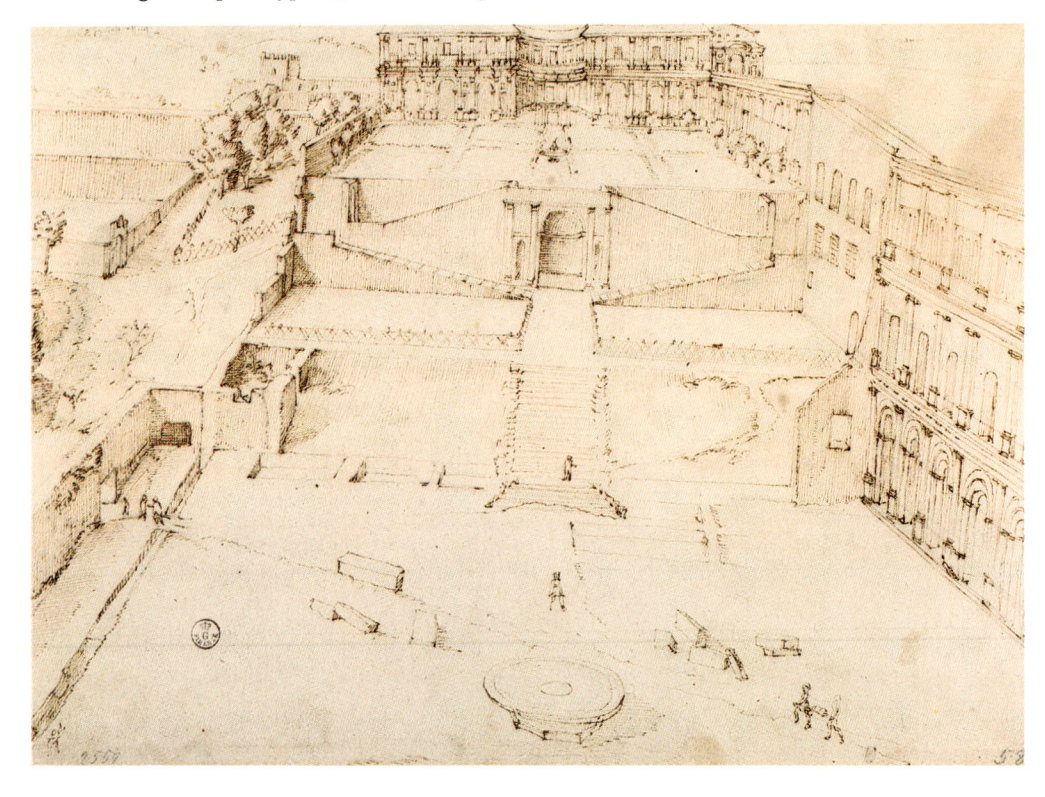

Auf diesen Seiten sieht man Phasen aus der Anlage des Belvederehofes. Auf der Seite links die Nordseite des Hofes von einem Fresko in der Engelsburg vom Anfang des 16. Jh. (oben) und auf einem Druck von A. Dosio (unten) aus der Mitte des Jahrhunderts. – Auf dieser Seite der Südteil während eines Turniers in einem Stich von 1565.

Stadion auf dem Palatin oder an den Circus Maximus am Fuß desselben Hügels) und des Neronischen Zirkus aufgreift.

Das Thema der „zirzensischen" Durchdringung gehörte also zur fundamentalen Typologie der antiken Villa: die Altertumsforscher erinnerten besonders an die toskanische Villa Plinius' des Jüngeren, die er als Garten-Hippodrom beschreibt und die im 16. Jahrhundert zum ständigen Bezugspunkt der Villenarchitektur wird, von Raffaels Plan der Villa Madama bis zu Bobolis „Amphitheater". Der Hof des Belvedere mit der Anordnung von Terrassen und Stufenfolgen auf verschiedenem Niveau bildet für Villen- und Städtebau die Vorlage bis zum Zeitalter des Barocks.

Der westliche „Korridor" des Hofes hat seinen Ursprung in den Loggien von San Damaso, die von Bramante als Schaufront entworfen waren und vielleicht durch die übereinander angeordneten Loggien des Settizonio abgewandelt wurden. Der Punkt der Ankunft befindet sich in der Villa und auf der Treppe des Belvedere, in deren elliptischem Verlauf Bramante die Folge der fünf architektonischen Ordnungen erprobt, ohne eine dauerhafte Lösung zu finden. In dem satirischen Dialog „Simia", den Andrea Guarna da Salerno im Jahre 1516 verfaßte, steigt Bramante auf den steilsten und höchsten Berg des Paradieses, der vielleicht nach dem Bild des alten Vatikans mit „muri magnifici, turres excelsae, palatia incomparabilia" beschrieben ist. Dem heiligen Petrus, der ihm unter der Pforte des Paradieses die Zerstörung der ehrwürdigen Basilika vorwirft, antwortet Bramante mit dem Plan eines vollkommenen Neubaus des Paradieses, wobei er offensichtlich seine Vorschläge für den Vatikan aufgreift: „Ich will diese dunkle und schwierige Straße beseitigen, die von der Erde zum Himmel führt: ich baue eine neue wie eine Wendeltreppe und so breit, daß die Seelen hoch zu Roß hinaufreiten können. Dann gedenke ich dieses Paradies abzureißen und ein neues daraus zu machen, mit eleganteren und bequemeren Wohnungen für die Seligen." Und angesichts der Verblüffung des Kirchenfürsten droht der schreckliche „mastro ruinante", er wolle auch in die Hölle hinabsteigen und sie völlig neu gestalten ...

Der beim Tod Julius' II. unvollendete Hof des Belvedere (ähnlich Sankt Peter, das in den folgenden Jahrzehnten mehr einer Ruine als einer Baustelle glich) wurde im Verlauf des Jahrhunderts in mehreren Phasen vollendet. Den entscheidenden Ausbau nahm zur Zeit Pius' IV. (1559–65) Pirro Ligorio vor, der den Hof zu einem Mehrzweckgebäude machte. Vor allem wurde zu Füßen des Palatium ein Theater in Form eines Kreisbogens erbaut, das erste Theater „all'antica", das in Stein ausgeführt wurde. Die Säulenhalle Bramantes auf der gegenüberliegenden Seite wird in den geistlichen und weltlichen „Nicchione" (große Nische, Muschel) mit der halbkreisförmigen Loggia verwandelt, die nach dem Heiligtum von Palestrina gestaltet ist und zum Vorbild für die Kolonnaden Berninis wird.

Pius IV. ist auch die abschließende Befestigung des Vatikans zu verdanken: der befestigte Ring um den Hügel und die ersten Abhänge des Gianicolo, den schon Paul III. in Angriff genommen hatte, wird fertiggestellt. Borgo erhält doppelten Umfang durch Angliederung der „civitas pia", die einen radialen Sektor der Stadt um das Kastell darstellt; es handelt sich um die erste Expansion des modernen Rom, die außer den neuen Befestigungen Urbans VIII. auf dem Gianicolo und in Trastevere bis 1870 die einzige blieb. Das Kastell selbst wird durch den Bau einer fünfeckigen, befestigten Zitadelle modernisiert. Der nikolinische Traum der „Fortezza" wird so vollendet verwirklicht.

Auch die nikolinische Vorstellung eines „paradiso" findet dank Pius IV. und Pirro Ligorio ihren höchsten Ausdruck in der kleinen, wundervollen „Casina di Pio IV." Der einzigartige Komplex von Bauwerken – die eigentliche Casina, die Loggia und zwei Atrien – befindet sich in einem ovalen Hof, der zugleich Huldigung an den vatikanischen Archetyp der Naumachie (oder an das „stagnum" der Domus Aurea, das von den Altertumsforschern in ovaler Form rekonstruiert wurde), ein Bild der Stadt oder der Zitadelle (man denke an die Rekonstruktion des antiken Rom und des Kapitols oder auch an das Oval der Piazza des Kapitols, das zur Zeit Pius' IV. angelegt wurde), ein Sinnbild des Kreislaufs der Zeit und der Jahreszeiten, ein „Schauplatz der Erinnerung" und Verkörperung einer umfassenden, enzyklopädischen Kultur ist.

Die „Casina" ist, wie schon die Villa Innozenz' VIII., Akademie und Museum zugleich; Tempel und Zuflucht der Musen in dem zum Parnaß gewordenen Vatikan. Schon Sixtus IV., der Schöpfer der Palatini-

Die von Pirro Ligorio unter Mitarbeit von Peruzzi in den vatikanischen Gärten errichtete „Casina" Pius' IV. ist eine Anlage mit zwei Gebäuden. Sie stehen einander an einem kleinen elliptischen Platz gegenüber, der von zusammenhängenden Sitzbänken eingegrenzt wird.

Die Fontana della Galera in den vatikanischen Gärten ist ein großes Bronzemodell einer Galeone aus dem 17. Jh., die auf dem Achterdeck das Wappen Pius' VI. trägt.

schen Bibliothek, war „pastor Apollo" genannt worden, Julius II. hatte sich mit den Beinamen „alter Apollo" oder „Apollo magus" geschmückt, Leo X. war als auf dem Vatikan-Parnaß regierender Apollo gefeiert worden. Jetzt griff Pius IV., ein Medici aus Mailand, die Ideologie des vorhergehenden Medici-Papstes auf. Er gebärdete sich als „Apollo medicus" oder sogar als „Sol Pacifer", Begründer eines neuen goldenen Zeitalters und Förderer der Rückkehr der Astrea, der Morgenröte einer erneuerten Welt auf diese Erde: das ist der Sinn der Darstellung auf dem Relief der Sonne, der Aurora-Astrea, des von der Ziege Amalthea genährten Zeus. In ihrer bevorzugten Lage inmitten des „heiligen Hains" des Vatikans verkörpert die Casina übrigens aufgrund weiterer Reliefs „all'antica" die Idee des Parnaß: auf der Loggia sieht man Apollo und die Musen, und im Mittelpunkt des Chors erscheint in einer Ädikula der mythische Berg Pierius in Thessalien mit der Vereinigung von Zeus und Mnemosyne und der Empfängnis der Musen. Pierius ist eine zweideutige weibliche Figur, die vielleicht mit dem Gedächtnis Memoria, Mnemosyne gleichzusetzen ist. Die Bedeutung, die man diesem Berg beilegt (man hätte den Parnaß oder den Helikon als Vater der Pieriden oder „falschen Musen" erwartet), ist vielleicht an den Spruch „nomen est omen" gebunden: Pierius ist die humanistische Fassung des Namens Petrus, womit ebenso auf den Vatikan angespielt wird, dessen Beiname Mons Pius als Huldigung für den Papst aufgefaßt ist.

Das Palatium wird unter den Pontifikaten Sixtus' V. (1585–90) und Pauls V. (1605–21) fest begründet. Außer daß Sixtus V. die Wölbung der großen Kuppel vollendet, erbaut er einerseits den Neuen Palast, den Kern der „modernen" Residenz mit dem quadratischen Block, der Formen und Dimensionen des Palazzo Farnese aufgreift, anderseits unterbricht er brutal den repräsentativen Raum im Hof des Belvedere für den Querflügel der Sixtinischen Bibliothek, des Tempels der Wissenschaft, womit die testamentarisch verordnete Durchführung des nikolinischen Planes in einem wichtigen Punkt erfüllt ist (die zweite Unterbrechung der Ordnung des Hofes, der von Pius VII. erbaute neue Flügel, ist das endgültige Zeichen dafür, daß der nördliche Teil des Vatikans zum „Museum" geworden ist).

Die Gärten. Ein Abschnitt mit Kuppel der Basilika und Brunnen. Unten der „Brunnen des Nordwinds" von dem Holländer Giovanni Vasanzio.

Paul V. beendet das „opus magnum" der Basilika, bereichert das vatikanische „Paradies" durch neue Bauten und Springbrunnen und führt einen weiteren nikolinischen Plan durch, die Porta des Palatiums. In der Nähe der neuen Maderno-Fassade von Sankt Peter entsteht – für wenige Jahrzehnte – der einzelne Campanile mit Uhr und Loggia, der das Echo der Türme des Quirinals und des Kapitols und außerdem ein Teil der geplanten „Hohen Pforte" sein sollte.

Diese Porta war überholt mit der neuen Planung der Piazza von Sankt Peter und ihrem berninischen Säulengang, der übrigens dem Bild des „Palastes in Form einer Stadt" die höchste Vollendung gibt, indem er die zahlreichen Aspekte von Vatikan, Rom und Kirche zu einer vielbedeutenden „summa" zusammenfaßt.

Die Kolonnade ist vor allem ein Portikus, eine gedeckte Straße, eine ideale Neufassung des „porticus Sancti Petri", der spätantiken Verbindung zwischen Kastell und vatikanischer Basilika. Der „Korridor" der Kolonnaden ist nichts anderes als eine über-

Drei Ansichten der „Casina" Pius' IV.: Rechts das kleinere Gebäude, unten links ein Detail desselben; rechts unten der ganze Komplex der „Casina", das kleinere Gebäude mit offener Loggia und Balkon blickt rückwärts auf einen Seerosenteich mit Fontäne und Statue.

dachte Verlängerung der Via Alessandrina, welche die Porta des Palastes mit einbezieht und die Scala Regia als Hintergrundprospekt der „via triumphalis" darbietet. Diese Treppe (Scala Regia) kann als ansteigender Teil des Säulengangs betrachtet werden.

Die Piazza wird, wie es die Aufnahme originaler oder ideal nachkonstruierter antiker Monumente bezeugt, als „forum" aufgefaßt. Die Absicht der typologischen und ideologischen Wiederbelebung zeigt, daß die Kolonnade wirklich das letzte der imperialen Foren ist, das „forum christianum" vor dem „Tempel des göttlichen Petrus" und dem „palatium". Außerdem ist die ovale Piazza, die als Amphitheater und Zirkus aufgefaßt wird (es gibt Bilder des in ovaler Form rekonstruierten Zirkus), zugleich „piazza palatina" und „stadio palatino": die Verbindung von Stadion und Palast, die schon im Hof des Belvedere durchgeführt war, ist ein in der Ideologie des Neoimperialismus des 16. und 17. Jahrhunderts ständig wiederkehrendes Motiv: man denke an die Piazza Navona, die von Giuliano da Sangallo als „corte" für den

Palast Leos X. oder als „corte pamphilia" für Innozenz X. geplant war (auch hier gibt es wie auf dem Petersplatz einen in der „spina" aufgepflanzten Obelisken).

Der Säulengang wird also als Garten oder „Paradies" aufgefaßt, sei es nun, weil er eine Reproduktion des „Quadriportikus" der konstantinischen Basilika ist, oder sei es als Anspielung auf die Welt des Gartens durch „die schöne Erscheinung dieser beiden berühmten Springbrunnen, die durch das Versprühen des Wassers soviel Vergnügen bereiten, zusammen mit dem Blick auf das Grün der Gärten, den man durch die Räume zwischen den Säulen des Bogenganges genießt" (C. Fontana).

Der Säulengang mit seinen umhüllenden Armen ist also der „portus salutis", der Hafen des Heils der ganzen Menschheit, so wie die Basilika als Nave oder Navicella und als Arche aufgefaßt wurde. Diese Kolonnade, die oval ist wie das Kolosseum, aber viel größer, ist buchstäblich das „theatrum urbis", denn es faßt doppelt so viele Menschen, als das barocke Rom Einwohner hatte. Der Säulengang gehört zur Theatertypologie der Naumachie und des Zirkus: ein idealer Vergleich ist der Circus Maximus, der 385 000 Zuschauer, also die Gesamtbevölkerung Roms, faßte. Außerdem aber ist die Kolonnade „theatrum orbis", nämlich Welttheater und gleichsam die Verkörperung der Debatte über das Weltsystem (die neue kosmologische Theorie sprach von ovalen Planetenbahnen). Und schließlich ist die Kolonnade „theatrum Ecclesiae", der irdische Spiegel des christlichen Olymps mit jener Prozession von Heiligenstatuen, die an die Ehrensäulen der antiken Welt erinnert. Weiterhin ist hier das „theatrum solis", der Ort, an dem Raum und Zeit gemessen werden, mit seinem Obelisken, der zugleich als Erdgeist und „axis mundi" aufgefaßt wird. Obelisk als Sonnensymbol, Platz als „Reich der Sonne" zu Ehren Alexanders VII. (ein Sonnen-Regent wie Ludwig XIV.), Aufleben des Apollokults, Erneuerung des Tempels von Mars und Sonne, der auf dem Vatikanischen Hügel gestanden haben soll.

Diese Betrachtung mag mit der einem Psalmvers unterlegten Bedeutung schließen, einem Vers, den Alexander VII. für die Gründungsmedaille der Kolonnade auswählte: „Fundamenta eius in montibus sanctis." Aus dem Psalm, der dem Ruhm Sions, der Hauptstadt der Welt, gewidmet

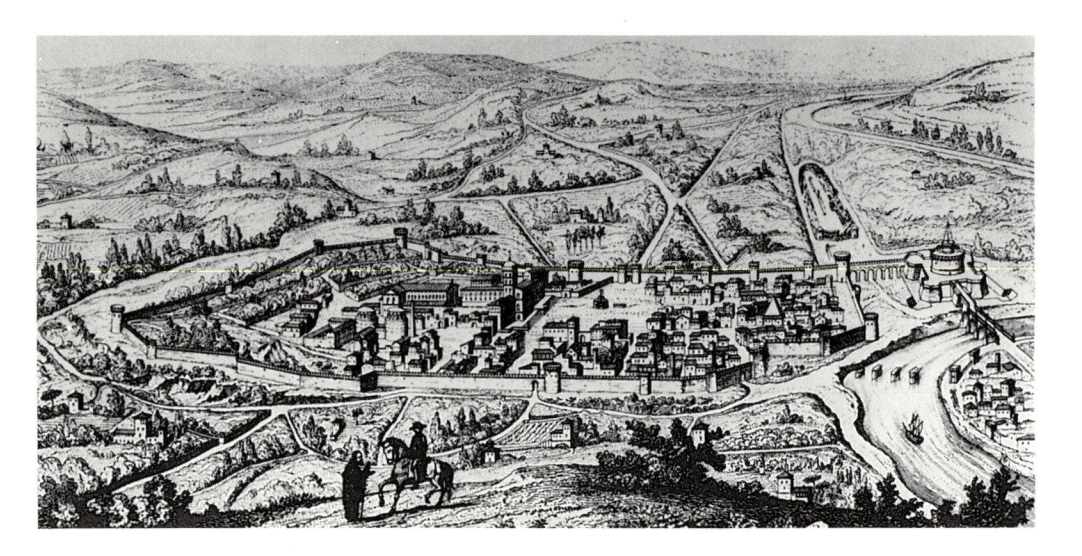

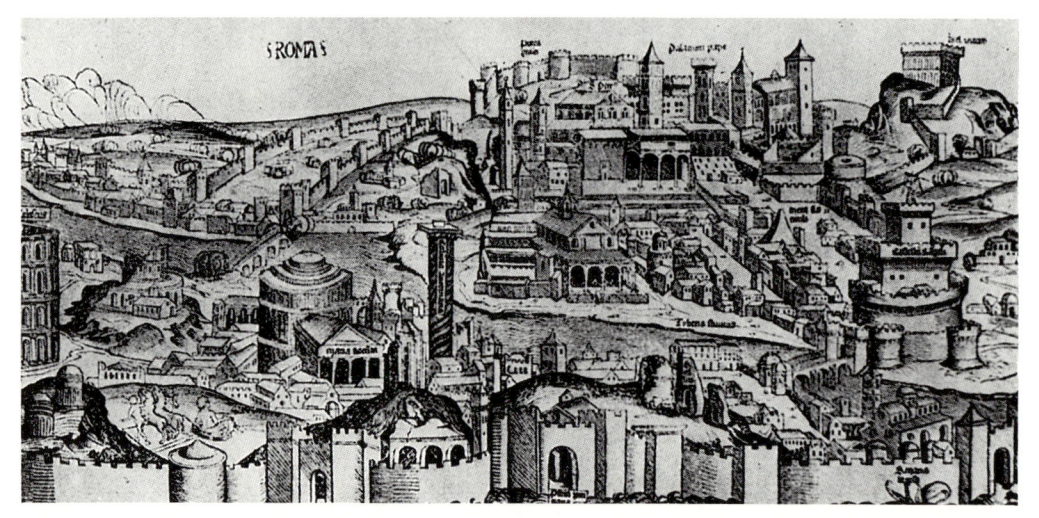

Auf diesen Seiten erkennt man die Befestigungen des Vatikans zu verschiedenen Zeiten und die enge Verbindung zwischen Basilika, Palästen und Engelsburg. Von oben: Ansicht der Stadt im 15. Jh.; dasselbe Ende des 15. Jh. (aus der Chronik von H. Schedel, Nürnberg 1493); um 1600, dem Jubiläumsjahr Clemens' VIII.

Der Passetto oder „Korridor", eine überdachte Passage auf der Zinne der Leoninischen Mauer, die zwischen 1277 und 1280 von Nikolaus III. erbaut wurde, um den päpstlichen Palast mit der Engelsburg zu verbinden. Die Photographie oben zeigt den Abschnitt in der Nähe des Kastells, unten in der Nähe des Apostolischen Palastes und der Kolonnade Berninis.

ist, ergibt sich, daß Vatikan – Jerusalem auf den heraldischen Bergen des Papstes neu gegründet ist, eine symbolische Kundgebung einer neuen religiösen Strategie, die Rom zum Sinnbild des „Himmlischen Jerusalem" macht. In den Visionen Salomons ist das Himmlische Jerusalem der universale Wohnsitz, das Symbol von Einheit und Wiederversöhnung nach den irdischen Zerwürfnissen, es ist die „communis patria", Haus der Menschen und Haus Gottes. Die „Umarmung" der Säulengänge ist Vorbedeutung der Herrschaft Christi, also Ausdruck der Versöhnung und des Weltjubiläums im Schoß jener Kirche, die zugleich Ort der Geburt (als Große Mutter) und der Wiedergeburt ist.

TEMPLA DOMVM EXPOSITIS·VICOS·FORA·MOENIA·PONTES·
VIRGINEAM TRIVII QVOD REPARARIS AQVAM·
PRISCA LICET NAVTIS STATVAS DARE COMMODA PORTVS·
ET VATICANVM CINGERE SIXTE IVGVM·
PLVS TAMEN VRBS DEBET·NAM QVAE SQVALORE LATEBAT·
CERNITVR IN CELEBRI BIBLIOTHECA LOCO·

DIE KONSERVIERUNG DER KUNSTSCHÄTZE
Die Archive, die Bibliothek und die Museen

Ein besonderes Problem stellte im Verlauf der Jahrhunderte für die Päpste die Konservierung der Kunstwerke dar. Häufig waren sie vorher Mäzene und Privatsammler gewesen, wenn sie dann auf den Stuhl Petri erhoben wurden, suchten sie mit Begeisterung und Sachverstand die von ihren Vorgängern gebildeten Sammlungen zu bereichern und zu erweitern. Einigen Päpsten ist vorgeworfen worden, sie verwendeten zuviel vom Schatz Petri darauf, den Vatikan mit schöneren Werken auszustatten, als in irgendeinem anderen fürstlichen Haus aufbewahrt werden. Wie hat sich das Papsttum seit seinen Anfängen zu dieser Frage verhalten?

Das Streben nach einem strengen, wesenhaften Leben fand unter dem Pontifikat Bonifatius' VIII. seinen Höhe- und Wendepunkt. Er proklamierte für 1300 das Jubiläumsjahr, war bestrebt, Rom mit Kunstschätzen anzureichern, und verwandelte die Stadt in eine riesige Baustelle. Der erste Anstoß für das Fresko Giottos im Lateran, für den Bau der Loggia des Segens und die anderen in diesen Jahren durchgeführten Arbeiten ist nicht so sehr die Liebe zu diesen speziellen künstlerischen Ausdrucksformen, sondern der Wunsch, sie als Symbole der wirtschaftlichen und politischen Sicherheit einer Macht, die ihre Grundfesten schwanken fühlt, zur Schau zu stellen. Die Festigkeit der päpstlichen Macht nicht nur auf geistlichem, sondern auch auf weltlichem Gebiet sucht in diesen ausdrucksstarken Werken eine Bestätigung. Von der Themen- und Problemstellung der einzelnen Künstler abgesehen, will Bonifatius VIII. jedem, der in diesem Jahr die Stadt Rom besucht, die Überzeugung einer großartigen Sicherheit mitteilen.

Die Beendigung des Zwischenspiels von Avignon und die Neugestaltung der Einheit der römisch-katholischen Kirche nach dem Abschluß des unmittelbar darauffolgenden abendländischen Schismas tragen zur Schaffung eines Klimas der Erneuerung und des Aufschwungs bei, das in der Bestätigung durch die humanistische Kultur seinen natürlichen Ausdruck findet.

Eröffnung der Vatikanischen Bibliothek. Auf Leinwand übertragenes Fresko von Melozzo da Forlì. Dargestellt ist Sixtus IV., der dem knienden Humanisten Bartolomeo Platina die Leitung der Bibliothek überträgt. Die anderen Personen sind von rechts: Raffaello Riario, Giuliano della Rovere (Julius II.), Girolamo Riario und Giovanni della Rovere.

Daher rühren die von Nikolaus V. für Rom geplanten städtebaulichen Maßnahmen, die vielen Künstler, die berufen werden, um den päpstlichen Sitz des Vatikans zu erweitern und auszuschmücken, die Sorge um die antiken Texte, die griechischen insbesondere. Die Umwandlung der päpstlichen Residenz in einen Fürstenhof ist das natürliche Ergebnis der kulturellen Wandlungen jener Jahre. Wie sich niemand verwundert zeigt, wenn er einen Papst wie Julius II. im Gewand eines Kondottiere sieht, so erscheint auch die Aufmerksamkeit des Papstes für die kulturellen Entwicklungen seiner Zeit auch in ihren weltlichen Aspekten mehr als selbstverständlich. Die Grundannahme ist, daß das Ansehen der Kirche auf allen Gebieten verteidigt werden muß. In der ersten Hälfte des 16. Jahrhunderts haben die römischen Päpste ohne Zweifel einen weltlichen Zug, aber selbst Gregorovius, ein Autor, der gewiß nicht mit der katholischen Kirche sympathisiert, schreibt: „Und doch entspringen aus dieser zügellosen Freiheit der Geister, dieser heiteren Lebensauffassung, dieser verherrlichenden Sinnlichkeit die frommen und strahlenden Blüten aller Künste, die noch heute die Bewunderung der Menschen erregen. Die Welt muß diesem heidnischen Streben der Päpste dankbar sein. Wären sie nicht gewesen, wer hätte dann dem strengen, dürren Geist des Protestantismus einen wirkungsvollen Widerpart bieten können? Wer hätte die Menschheit aus dem frischen Quell des Schönen getränkt, ohne das die Reformation eine Seite des Lebens erstickt hätte?" Die Stanza della Segnatura kann diese Atmosphäre mit der größten Unmittelbarkeit vermitteln, aber auch der Petersplatz genügt schon, um das barocke Lebensgefühl hervorzurufen.

Im Geist der Gegenreformation schenkt das Papsttum dem künstlerischen Phänomen noch größte Aufmerksamkeit, aber in etwas zweideutiger Art, indem es sorgfältig nach Inhalt und Form unterscheidet. Die Liebe zum Schönen ist zu rechtfertigen, wenn sie sich in den Mantel der Liebe zum Wahren hüllt. Noch ist die Kunst ein Instrument der Macht, wie die Pressionen beweisen, denen Bernini ausgesetzt war, weil er sich nach Frankreich in die Nähe des Sonnenkönigs begeben hatte. Je mehr die reale Macht der römischen Kirche zerfällt, um so stärker ist die Hinwendung der Päpste zur Kunst, deren Förderung und Bewahrung mit der Zeit nicht mehr Kampfmittel ist, sondern zum Selbstzweck wird.

Da die Protektion der Künste kein spezifisches Instrument der Macht mehr ist, wird sie für die gelehrten Päpste des 18. Jahrhunderts von Clemens X. bis Benedikt XIV. zu einem intellektuellen und moralischen Imperativ. Das verbreitete Wissen um die soziale Funktion archäologischer Funde und irgendwelcher anderer Dokumentationen der vergangenen Kultur spiegelt sich in den strengen Erlassen gegen die Ausfuhr von Kunstgegenständen, die Pius VI. und Pius VII. verkündeten und denen schon im 17. und 18. Jahrhundert gleichlautende Edikte vorausgegangen waren. Auch die Sorge um eine systematische Sammlung nach musealen Gesichtspunkten bei Gregor XVI. und Leo XIII., die Öffnung nicht nur der Kunstsammlungen, sondern auch der Bibliothek und der vatikanischen Archive für ein immer breiteres Publikum, die bis in unsere Tage aufrechterhalten wird, bezeugen diesen besonderen Willen des Papsttums, sich über politische und ideologische Krisen hinaus als Bezugspunkt einer nicht nur katholischen, sondern weit eher abendländischen Kultur zu sehen, welche die Dokumente und künstlerischen Zeugnisse zu einer immer klareren Erkenntnis der menschlichen Entwicklung wahrnimmt.

DAS ARCHIV, EIN TEIL DES SCHATZES VON SANKT PETER

Die Schicksale der Bibliothek und des vatikanischen Archivs verflechten sich in den ersten Jahrhunderten der römischen Kirche, als für die Gelehrten des 6. Jahrhunderts im Lateran eine Archiv-Bibliothek zugänglich ist. Zugleich befinden sich weitere Dokumentensammlungen in der Nähe der Confessio der Petersbasilika und in dem einst byzantinischen „chartularium iuxta Palladium", also am Abhang des Palatins in der Nähe des Titusbogens. Bis zum Anfang des 13. Jahrhunderts scheint das päpstliche Archiv im Lateran zu verbleiben, um dann in den blutigen Kämpfen, die das römische Leben dieser Jahre charakterisieren, gänzlich zerstört zu werden. Zugleich mit dem Sitz des Papstes wird das Archiv zu Beginn des 13. Jahrhunderts in den Vatikan verlegt und wird damit zum integrierenden Teil des „Schatzes", den die Päpste mit sich führen,

Kostbarkeiten aus der Vatikanischen Bibliothek. Oben: Codex mit Miniaturdarstellung einer Sitzung der Sacra Rota (kirchliches Gericht). – Unten: Ausschnitt aus der „Joschua-Rolle", einem byzantinischen Pergament des 9./10. Jh.

wenn sie sich von Rom entfernen müssen. Sie legen großen Wert auf dieses Material, das nicht verloren oder verfälscht werden darf, denn durch die aufbewahrten Dokumente werden Besitz und Privilegien des römischen Papsttums bezeugt. Bei der Verlegung des päpstlichen Sitzes auf französischen Boden wurde das gesamte im Vatikan aufbewahrte Material nach Avignon geschafft, der Ausbruch der verschiedenen Schismen bedeutete zugleich die Gründung verschiedener Archive, bis es schließlich in Avignon, Pisa und Rom drei päpstliche Archive zur gleichen Zeit gab. Zu Beginn des 15. Jahrhunderts begann Martin V., das ganze verstreute Material wieder nach Rom zu schaffen, das jetzt allgemein als Sitz des Papstes anerkannt war, eine Arbeit, die in verschiedenen Etappen bis ins 19. Jahrhundert hinein fortgesetzt wurde. Bald ließ man aber einen großen Teil des im Vatikan aufbewahrten Materials vorsorglich in die Engelsburg schaffen, so daß es durch diese Sicherheitsmaßnahme im Sacco di Roma von 1527, als die Sixtinische Kapelle in einen Pferdestall verwandelt wurde, erhalten blieb.

Eine nicht weniger starke Erschütterung war für die römische Kirche die protestantische Reformation. Und zur Zeit, als die religiöse Wiederbelebung, die katholische Antwort auf die unmißverständlichen Angriffe, in vollem Gange war, beauftragt Pius IV. durch ein Breve vom 15. August 1565 den Kardinal Mula mit der Schaffung eines vatikanischen Zentralarchivs und nimmt zugleich den Rücktransport des Materials aus Avignon nach Rom wieder auf. Zwei Jahre später läßt Pius V. im Vatikan Räume vorbereiten, die als Geheimarchiv für die wichtigsten Akten dienen können, allerdings kann dieser Plan wegen praktischer Schwierigkeiten noch nicht ganz verwirklicht werden. Paul V. endlich gründet zu Beginn des 17. Jahrhunderts das neue Geheimarchiv des Heiligen Stuhls durch Vereinigung verschiedener Bestände in der Apostolischen Bibliothek des Vatikans im Längsflügel des päpstlichen Palastes, der auf die Gärten hinausgeht. Das auf diese Art zusammengefaßte Material wird geordnet, numeriert und in einem Index erfaßt, strenge Sicherheitsmaßnahmen sind Gegenstand des Breves vom 2. Dezember 1614.

Zur Festigung der katholischen Gegenreformation bedarf es der offiziellen Bestäti-

Der Sixtinische Salon der Vatikanischen Bibliothek, der von Domenico Fontana zwischen 1587 und 1589 errichtet wurde, mit reichen Dekorationen von Giovanni Guerra und Cesare Nebbia.

gung der eigenen Thesen, unwiderlegbarer Beweise für das Supremat des römischen Pontifikats, der Gewißheit der vollen Berechtigung, in Glaubenssachen zu urteilen, und dafür sind die ältesten Dokumente der Kirchengeschichte besonders wichtig. In diesem Sinne ist der Beschluß Urbans VIII. zu verstehen, der 1630 die Verwaltung der Bibliothek von der des Archivs trennt, das Konsistorialarchiv (Akten der Konsistorien und Prozesse der Ernennung von Bischöfen) und das urbane Archiv (Akten der römischen Notare) gründet und der außerdem die systematische Sammlung des Briefwechsels des Heiligen Stuhles anordnet. Nachdem sich die Art und Weise der Konfrontation geändert hat, scheint das Papsttum auf die Probleme dieses Erbteils (das nun korrekt organisiert ist und sich autonom entwickelt) keine besondere Aufmerksamkeit mehr zu verwenden.

Ein neues Stadium beginnt für das vatikanische Archiv zwischen dem Ende des 19. und dem Anfang unseres Jahrhunderts unter dem Pontifikat Leos XIII., der es aufwerten will, indem er einen Kardinal als Präfekten einsetzt, die Pforten für die Wissenschaftler öffnet und neben dem Archiv die Schule für Paläographie und Diplomatik eröffnet. Das Archiv wird dann durch Bestände angereichert, die bisher auf religiöse Institutionen, Kongregationen und päpstliche Vertretungen verstreut waren.

Die Behauptung Roms als geistlicher Mittelpunkt der katholischen Welt – ein Gegengewicht dafür, daß die Kirche alle weltliche Macht in der Stadt verloren hat – wird durch einen stets wachsenden Zustrom bisher verstreuter dokumentarischer Bestände bestätigt, während die Freigabe dieser unvergleichlichen Sammlung für die Wissenschaft als erstes zur Folge hat, daß in Rom viele Kulturinstitute und nationale Forschungsstätten gegründet werden, Sammelstätten neuer historischer Studien über die verschiedenen Nationen, die durch die Verfügbarkeit dieser wahrhaft einzigartigen Quellen ermöglicht werden. Zu betonen ist schließlich, daß das vatikanische Archiv, das im Lauf der Jahrhunderte durch zahlreiche Nachlässe oder Ankäufe von Privaten bereichert wurde, nicht nur geschriebene Dokumente aufbewahrt, sondern auch eine enorme Zahl von Zeichnungen der bekanntesten Künstler aus verschiedenen Epochen, die durch päpstliche Aufträge oder Sonderaufträge großer Familien verpflichtet waren.

Schätze der Vatikanischen Bibliothek. Botticelli, Zeichnung zur Illustration der „Göttlichen Komödie" (links). Gian Lorenzo Bernini, Karikatur (rechts).

Rechte Seite, oben: Zwei Schränke, die Luigi Valadier Ende des 18. Jh. für den Saal des Museo Profano der Bibliothek entworfen hat. In den Schränken sind wertvolle antike Stücke verschiedener Art aufbewahrt. – Unten: Neoklassizistischer Tisch im Bibliothekssaal.

Dieser Teil des vatikanischen „Schatzes" ist durchaus noch nicht völlig erforscht.

DIE APOSTOLISCHE BIBLIOTHEK

Die Überlieferung will, daß die vatikanische Bibliothek von Petrus selbst begonnen wurde, mit Gewißheit weiß man nur, daß Clemens V. 1305 einige Manuskripte nach Avignon mitnahm, die seit 1417 nur mit großer Mühe vom Vatikan zurückerworben werden konnten. Aber der Grundbestand, aus dem sich dann die Bibliothek entwikkelte, wurde beim Ende des oströmischen Reichs zusammengebracht. Kurz vor dem Fall Konstantinopels versammelt Nikolaus V. im Jahre 1433 die griechischen Gelehrten an seinem Hof, und damit auch die Schätze an Manuskripten, die sie heil hatten mitbringen können. Als der von der Bedeutung der antiken Kultur durchdrungene Humanist Nikolaus V. im Jahre 1450 aus Angst vor der Pest nach Fabriano übersiedelt, nimmt er die an den Codices arbeitenden Übersetzer und Kopisten mit sich, damit ihre wertvolle Arbeit nicht unterbrochen werden muß. In der Sammlung von Manuskripten, die zusammenzubringen ihm gelingt, nimmt die Theologie unbestreitbar den ersten Platz ein, denn die Bibliothek, die in Kürze die reichste und wertvollste ihrer Zeit werden sollte, war ursprünglich eine kirchliche Einrichtung und ausdrücklich gegründet „pro communi doctorum virorum commodo". Dieser umfangreiche und wertvolle Kern wird zum Teil durch die folgenden Päpste zerstreut, die so sehr mit den Türkenkriegen beschäftigt waren, daß sie zu deren Finanzierung die wertvollen Einbände verkauften, die Nikolaus V. in Auftrag gegeben hatte, und sogar einige der Manuskripte selbst.

Der endgültige Anstoß und die tatsächliche Gründung der vatikanischen Bibliothek vollzieht sich im Jahre 1475 mit dem Humanisten Francesco della Rovere, der als Papst den Namen Sixtus IV. annimmt. Dieser Pontifex ergänzt sie ganz wesentlich durch zahlreiche Werke, wobei er philosophische, theologische und patristische Werke, die er ins Italienische übersetzen läßt, den Klassikern vorzieht. Vor allem aber wird die Bibliothek jetzt offiziell als Notwendigkeit anerkannt durch die regelmäßige Zuweisung von Geldmitteln, die Ernennung des berühmten Bibliothekars Platina mit seinen drei tüchtigen Mitarbeitern für griechische, lateinische und hebräische Manuskripte und die Anstellung eines Buchbinders. Sie wird in drei Sälen untergebracht, die von Künstlern wie Ghirlandaio, Melozzo und Antoniazzo Romano mit Fresken ausgestaltet werden. Diese Institution, die als Sammlung zum Gebrauch der Studierenden gedacht ist, sieht großzügig auch die Ausleihe wertvoller Bände vor, was der Vision jener Jahre vom Kreislauf der Kultur entspricht.

Auf die theologische Anerkennung des Humanismus im 15. Jahrhundert folgt das enttäuschende Zerwürfnis in der Renaissance. Zu Beginn des 16. Jahrhunderts wird Leo X. Medici, der als Kardinal Handschriften (Miniaturen) und Bücher gesammelt hatte, durch die Vereinigung der Medici-Bibliothek mit der vatikanischen und durch die Betonung der Bedeutung der Klassiker zum Symbol für die Einstellung des „Laien" gegenüber der Kultur. Er fördert Manutius und seinen Verlag, nimmt aber auch Widmungen an, die durchaus nicht mit seiner Rolle übereinstimmen, wie die in der ersten Ausgabe einer Poesie von Rutilio Namaziano, welche die christliche Lehre für schlimmer als das Gift der Kirke erklärt, weil es nicht nur den Körper, sondern auch den Geist verwandelt. Die vatikanische Bibliothek, die gerettet ist, weil sie vor dem Einfall der kaiserlichen Truppen in Rom sofort in aller Eile in das Kastell geschafft wurde, wird ähnlich dem Archiv zum Instrument im

Kampf gegen die Reformatoren des 16. Jahrhunderts. Die klugen und sachdienlichen Maßnahmen, die Paul III. Farnese trifft, bestätigen diese Aufgabe. Neben der Katalogisierung mit durchlaufender Numerierung der griechischen und lateinischen Handschriften, der Ernennung eines Kardinals zum Bibliothekar (um die Bedeutung des Postens zu unterstreichen) und der großen Zahl der Manuskripte, bei deren Abfassung die Gelehrten unterstützt wurden und für die sie Druckerlaubnis bekamen, ist auf die große Zahl theologischer Werke zu verweisen, die ihm zum größten Teil gewidmet waren. Außer einigen ‚Beispielen besonderer Verbote, als zum Beispiel Paul V. das Kopieren verdächtiger Schriften verhindert, bleibt die vatikanische Bibliothek im allgemeinen leicht zugänglich. Montaigne erinnert in einem Brief, in dem er die Sehenswürdigkeit der Sammlung beschreibt, daran, daß die Bibliothek wirklich fast täglich für die Studierenden geöffnet war.

Der Geist der Gegenreformation, der während des Konzils von Trient und später jede Lebensäußerung der katholischen Kirche durchdringt, kommt auch in dem umfangreichen Gebäude zum Ausdruck, das Sixtus V. eigens zur Unterbringung der vatikanischen Bibliothek errichten ließ, um die

Die Scala Simonetti, die zu den Museen der Antike führt (links), die gleiche Treppe (rechts) auf einem Fresko des Etruskischen Museums. – Unten links: Fresko von Domenico de Angelis mit Pius VII., der den Plan der Pinakothek prüft; rechts: Lünette von Luigi Agricola zur Stiftung des Museo Chiaramonti.

wachsende Zahl von Manuskripten und Druckwerken zu fassen. Außerdem läßt er eine staatliche vatikanische Druckerei einrichten mit dem erklärten Ziel der Verteidigung und Verbreitung des katholischen Glaubens. Auch die Wahl des Ortes, der bramantische Hof des Belvedere, wo er dieses neue Gebäude errichten läßt, ist offensichtlich wenigstens zum Teil von dem Wunsch beseelt, zu verhindern, daß in diesem Hof weltliche Schaustellungen wie Turniere stattfinden, die zur Residenz eines Oberhauptes der Kirche nicht passen. Dabei ist festzustellen, daß es gerade diese autonome Anordnung ist, die durch die Jahrhunderte und bis auf den heutigen Tag eine kontinuierliche Entwicklung der Bibliothek ermöglicht, weil von Fall zu Fall die erforderlichen Räumlichkeiten zur Verfügung gestellt werden können. Die Pracht der Ausstattung des Salons der Bibliothek, der heute in den Museumsrundgang einbezogen ist, war traditionell der Ausstellung besonders wertvoller Geschenke für den Papst gewidmet. Der Reichtum und die Menge der Bücherschränke, die der Sicherheit der Bestände dienen, sind nach der Meinung von Kennern einer der Hauptgründe dafür, daß die Bibliothek im Verlauf des 17. Jahrhunderts durch Schenkungen und Nachlässe so stark anwächst. Grundlegende Erwerbungen sind die Palastbibliothek von Heidelberg, die Gregor XV. wünschte, „um dieses Arsenal des Wissens, das bisher zum Kampf gegen das Papsttum verwendet wurde, dem gegenteiligen Zweck dienstbar zu machen", und die Manuskripte der Königin Christine von Schweden, für die Alexander VII. einen eigenen Saal einrichten ließ.

Im 18. Jahrhundert gibt es die letzten Erweiterungen der Bibliotheksbestände und der Räumlichkeiten, die von den Päpsten Clemens XI., Clemens XII. und Benedikt XIV. dafür bestimmt werden. In diesen Jahren ergänzt ein aufgeklärtes Mäzenatentum die Sammlungen durch Bücher und Dokumente, durch eine ständig anwachsende Zahl antiker Vasen, Bleibullen und besonders durch Geldstücke und Inschriften aus den bedeutendsten Privatsammlungen wie denen der Albani oder Carpegna.

Die fortschreitende Verengung des kulturellen Horizonts Roms in der zweiten Hälfte des Jahrhunderts, die Wechselfälle des Papsttums zwischen dem Ende des 18. und dem 19. Jahrhundert und die Notwendigkeit

MVSEVM · CLARAMONTANVM
PIOCLEMENTINO · ADIECTVM

220

Nebenstehend oben: Gruppen aus dem Museo Pio-Clementino mit den Grazien, einer römischen Replik des hellenistischen Originals, und der Aphrodite von Knidos, einer Kopie von Praxiteles (links). Die Galerie der Statuen (rechts). – Unten: Der Saal des Zweigespanns (Biga) im Museo Chiaramonti und die Galerie der Büsten. – Rechts: verwundete Amazone, Kopie von Polyklet.

der – wenn auch nur formellen – Festigung der eigenen Souveränität sind der Grund für erneute Beschränkungen im Gebrauch der Bibliothek, die erst Ende des 19. Jahrhunderts mit Leo XIII. wieder mit größerer Liberalität für die Forschung geöffnet wird, jetzt in neuen Räumlichkeiten, die den höheren Ansprüchen gerecht werden, aber gleichfalls im von Sixtus V. errichteten Querflügel des bramantischen Hofes, nur ein Stockwerk tiefer als der sixtinische Salon. 1886 wird vom Hof der Druckerei aus ein neuer Eingang geöffnet; der heutige Eingang, der für die nicht aus dem päpstlichen Palast kommenden Forscher bequemer ist, wurde 1928 von Pius XI. geplant.

Heute ist die Apostolische Bibliothek des Vatikans in der Welt einzigartig wegen der Menge der antiken Manuskripte und der hier konservierten Druckwerke, besonders aber wegen des betonten Bestrebens, das Studium dieses wertvollen, für die kirchlichen Wissenschaften und die humanistischen Disziplinen unersetzlichen Materials nach Möglichkeit zu erleichtern.

DIE VATIKANISCHEN MUSEEN, VOM „PROCUL ESTE PROPHANI" ZU DEN AUSGEARBEITETEN BESUCHSPLÄNEN

Die Wiederbelebung des Papsttums auf der Höhe des 15. Jahrhunderts nach dem Exil von Avignon und dem abendländischen Schisma ist eindeutig einem neuen Geist entsprungen, der sich in Übereinstimmung mit dem humanistischen Kult für die klassische Antike befindet, auch wenn das Ende der Kultur der christlichem Geist entsprungenen Lebenshaltung stets gegenwärtig ist. Der Humanist Tommaso Parentucelli begründet als Papst Nikolaus V. nicht nur eine neue Auffassung der päpstlichen Residenz im Vatikan als Synthese aus befestigter Zitadelle und heiliger Stadt, sondern auch die beiden humanistischen „weltlichen" Einrichtungen des Heiligen Stuhles, die dann von Sixtus IV. bestätigt werden, die Bibliothek und die Museen. Der erste organisierte Kern der letzteren, die Wiege der heutigen Museen also, ist der Hof des Belvedere-Palastes, den Innozenz VIII. erbauen ließ und in dem Julius II. einige der bewundernswertesten Werke der antiken Bildhauerkunst aufstellte. Der ganze Entwurf des bramantischen Belvedere-Hofes entspringt dem Wunsch einer Verbindung zwischen dem

Unten: Saal der Tiere im Museo Pio-Clementino. – Rechte Seite, oben: Galerie der Statuen im gleichen Museum; unten: Galerie der Kandelaber.

päpstlichen Palast und dem Hof des kleinen innozenzianischen Palastes, in dem der Papst 1512 den wertvollsten Teil seiner antiken Fundstücke aufbewahrt, während andere Exemplare in den verschiedenen Sälen des päpstlichen Palastes ausgestellt werden. Die erstgenannten mythischen Marmorbildwerke sind: der Apollo (der deshalb „vom Belvedere" heißt), die Venus fortunata, der Tiber, die Reste einer Gruppe Hercules und Antaeus, die schlafende Ariadne (in jener Zeit mit Kleopatra verwechselt) und die damals gerade entdeckte und sofort angekaufte Laokoon-Gruppe. Chattard spricht von eigens für diese wertvollen Skulpturen geschaffenen, mit Holz abgedeckten Nischen, die gleichfalls von Bramante entworfen sind. Gelehrte, Studenten und Künstler haben freien Zugang zu dieser Sammlung, die auch von den folgenden Päpsten aus einer stets weltlicher werdenden Grundhaltung heraus gefördert wird, so daß der Hof des Belvedere den Beinamen „atrio del piacere" bekommt, während ein Epigraph nach Vergil über dem Eingang mahnt: „procul este prophani".

Im Gegensatz zu diesem Klima ist Papst Pius V. eine der integersten und moralischsten Verkörperungen des Geistes der Gegenreformation. Aus reiner Furcht vor der Ansteckungsgefahr solcher Werke, und um dem päpstlichen Hof einen seriösen Anstrich zu geben, schenkt er dem Senat und dem römischen Volk (also der kapitolinischen Sammlung) dreißig Werke, die er unter den „heidnischsten" ausgewählt hatte und mit denen Pirro Ligorio den Hof des Belvedere und die Villa Pia (gleichfalls im vatikanischen Bereich) bevölkert hatte. Es hat den Anschein, daß es den Kardinälen nur mühsam gelang, die berühmten Meisterwerke des Belvedere an ihrem Platz zu halten, „unter der Bedingung, sie immer unter Verschluß zu halten".

Der Geist des folgenden Jahrhunderts paßt sich der Gegenreformation an, er schätzt die Antike und beschützt die sich bildenden Sammlungen durch neue Gesetze, modelt sie aber nach eigenem Geschmack und den eigenen Notwendigkeiten um und macht bald aus der Antike eine verwinkelte Lektüre, wie sie der Barockkultur eigen ist. Zwischen der zweiten Hälfte des 16. und der ersten des 18. Jahrhunderts gibt es nur wenige Neuerwerbungen. Manche haben in dieser Pause der Entwicklung der vatikanischen Sammlungen die entscheidenden, wenn auch noch schwachen Voraussetzungen für einen anderen Zugang zur Klassik sehen wollen, der nicht mehr auf einseitiger Stellungnahme beruht, sondern aus dem Wunsch nach Verständnis und Rechtfertigung zu einer historisch-künstlerischen und archäologischen Deutung gelangt.

Während die Sorge um die Aufsplitterung des künstlerischen Erbes in Italien am Ende des 17. oder mehr noch während des 18. Jahrhunderts in einer Reihe von Anordnungen, Rundschreiben und Erlassen zum Ausdruck kommt, die eine Beschränkung der Ausfuhr zum Ziel haben, gibt es die korrekte Erstellung eines Museums erst 1734

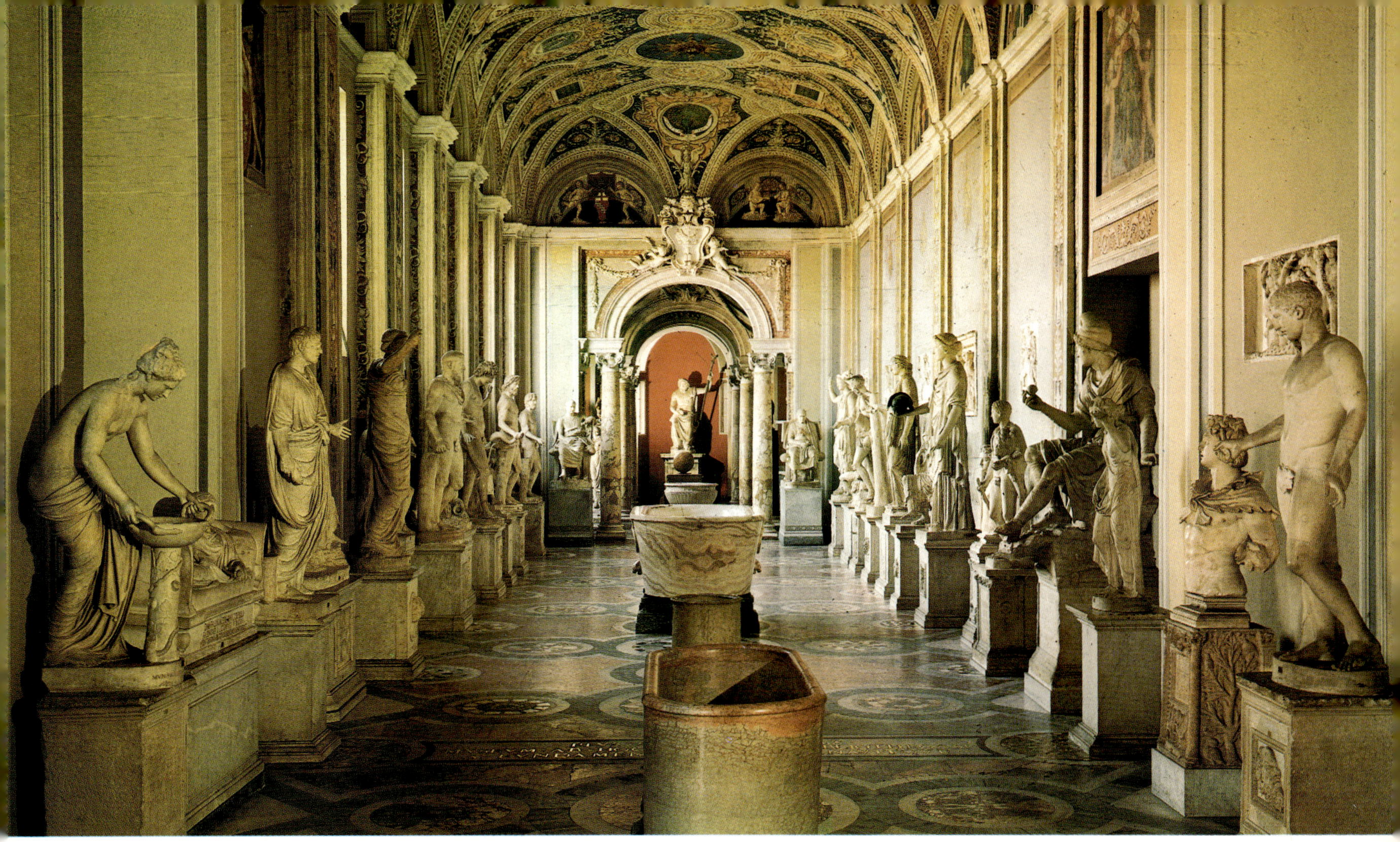

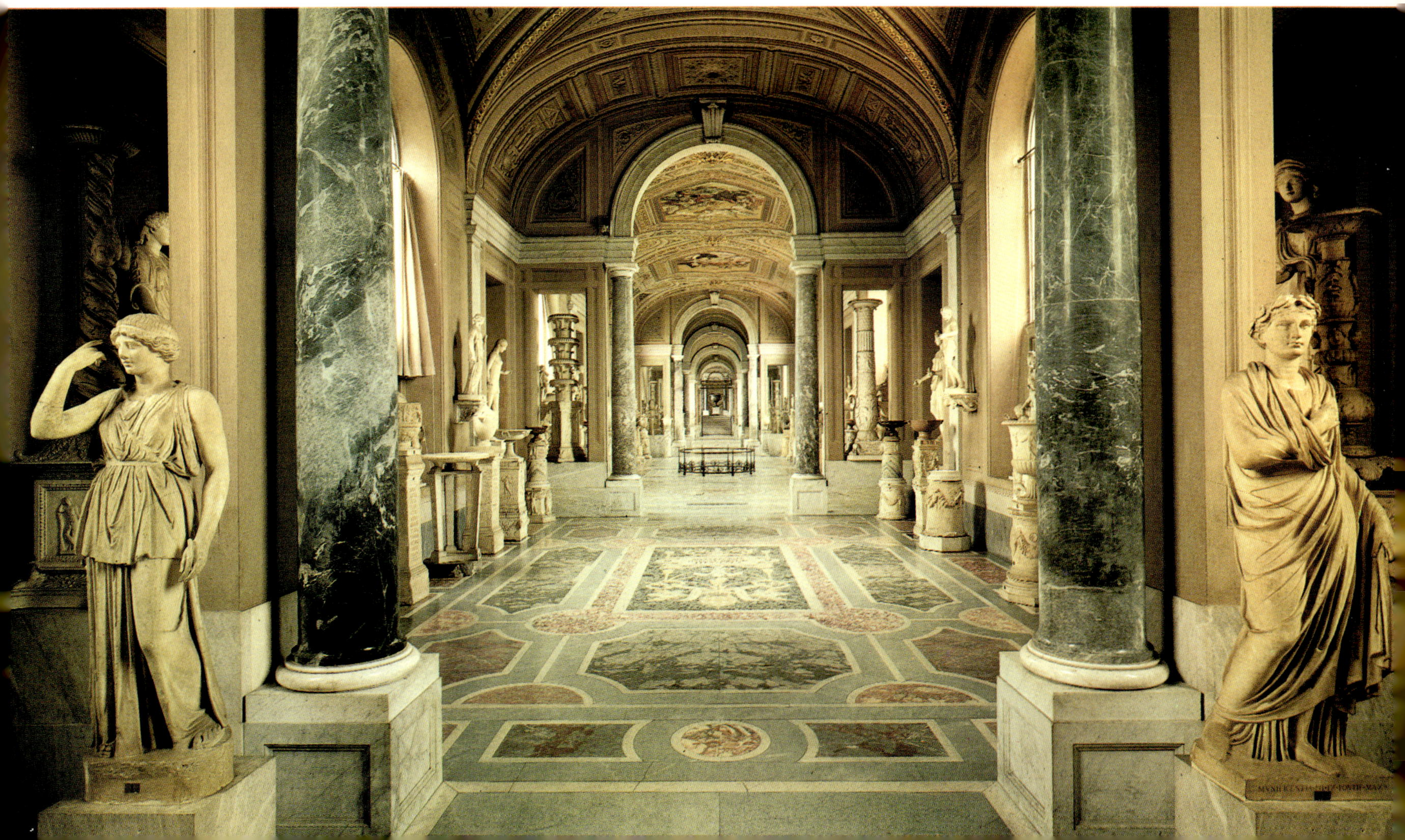

Die Aldobrandinische Hochzeit. Fresko aus dem 1. Jh. v. Chr., das 1605 auf dem Esquilin entdeckt wurde und im Museo Sacro aufbewahrt wird.

unter Papst Clemens XII. Corsini. Im dritten kapitolinischen Palast, der zu Zeiten Innozenz' X. fertiggestellt wurde, richtet der Corsini ein „museo statuario" ein, das erste große öffentliche Museum für Antiquitäten in Europa, das er in der Folge mit Statuen, Inschriften und Reliefs ausstattet. Er ergänzt es durch eine Bildersammlung, die letzten Endes aus den fundamentalen Erwerbungen der Sammlung Sacchetti und des Kardinals Pio da Carpi besteht, die dessen Nachfolger Benedikt XIV. Lambertini zusammengetragen hat. Mit diesem Papst, der schon als Kardinal an Bottari geschrieben hatte, „die Pflicht eines Kardinals, der beste Dienst, den er dem Heiligen Stuhl leisten kann, besteht darin, gelehrte und rechtschaffene Männer nach Rom zu bringen, der Papst hat weder Waffen noch Armee, er muß sein hohes Ansehen wahren, indem er die Stadt Rom zum Modell aller Städte macht ...", mit diesem Papst also wird der Fundus des Kapitolinischen Museums endgültig aufgefüllt und Ridolfino Venuti mit der Zusammenstellung eines ersten Katalogs beauftragt. Derselbe Papst gründet 1748 im Erdgeschoß ein Ägyptisches Museum mit den römischen Kopien der ägyptischen Originale, die Canopo in der Hadriansvilla von Tivoli herstellte. Das Kapitolinische Museum, das ursprünglich als Modellsammlung für die Studenten der Accademia di San Luca geplant war, ist für alle offen, und von den vielen Forschern, die daraus Nutzen zogen, braucht man nur Winckelmann zu nennen, der zwischen diesen Museumsstücken seine Theorien ausarbeitete. Obwohl dieses Museum aus der Überzeugung geboren wurde, daß die öffentlichen Sammlungen komplexer sein müßten, bleibt es an den weltlichen Aspekt der Stadt Rom gebunden, während der Heilige Stuhl innerhalb der vatikanischen Mauern Objekte sammelt, die dazu bestimmt sind, „den Glanz der Urbs zu erhöhen und durch die heiligen Monumente der Christen die Wahrheit der Religion zu bezeugen", also durch die Schätze der frühen Christenheit: päpstliche Bullen, Siegel, Gemmen, Schnitzereien und Stiche, Goldgläser und Inschriften. Auch hier sind es Privatsammlungen, die den Kern dieses Museums bilden, das 1756 der Apostolischen Bibliothek des Vatikans angegliedert wird, während unter demselben Papst auch die Sammlung des Lapidariums im Korridor der Bibliothek in Angriff genommen wird. Das führt zu diesen nach heute unmöglichen Gesichtspunkten zusammengetragenen Sammlungen von Inschriften aus den verschiedensten Kirchen und von an Sarkophagen abgesägten Figuren, bei denen nicht einmal die Herkunft verzeichnet ist. Das ist symptomatisch für die kulturelle Haltung des Papsttums in diesen propagandistischen Jahren, in denen sowohl das Alter der katholischen Dogmen und der kirchlichen Ordnung unter Beweis gestellt werden als auch die archäologische Forschung vorangetrieben werden sollte. Etwa zehn Jahre später wird ein weiteres Museum der Bibliothek angegliedert, das „Museo Profano", das aus der Notwendigkeit entstand, die Denkmäler der römischen Antike zu konservieren.

Es ist daran zu erinnern, daß bis 1770, von dem wichtigen, aber zahlenmäßig geringen Kern im Belvedere abgesehen, alle antiken Kunstwerke, die durch Ausgrabungen oder Ankäufe des Papstes erworben wurden, in das Kapitolinische Museum wandern. Im Jahre 1770 veranlaßt nun eine Anzahl bedeutender, umfangreicher Erwerbungen den Generalschatzmeister Braschi (den künftigen Pius VI.) dazu, Papst Clemens XIV. den Vatikan, genauer den von Innozenz VIII. erbauten kleinen Palast des Belvedere, als Sammelstelle für die neuen Erwerbungen vorzuschlagen. Die Arbeiten, mit denen der Architekt A. Dori betraut wird, werden aus den Einkünften des Lottospiels finanziert. Zum Entwurf dieses neuen Museums, der auf einem Fresko von Mengs im Saal der Papyrustexte aus dem Jahre 1774 abgebildet ist, gehört auch der schon existierende quadratische Eingang des Hofes, der durch einen Säulengang im Inneren in ein Achteck verwandelt wird, wodurch einzelne „Kabinette" entstehen, die Winkel der Nischen ausgeschaltet werden und der Ausstellungsraum erheblich vergrößert wird. Der Zusammenhang mit dem alten Kern Julius' II. ist unter Berücksichtigung der ideologischen und praktischen Veränderungen genau eingeplant.

Mit der Erhebung Giovanni Angelo Braschis auf den Päpstlichen Stuhl im Jahre 1775 findet endlich eine letzte Verschiebung des Eingangs zum Museum mit dem „Vestibulo Quadrato" statt, der jetzt am Ende des Bibliothekskorridors steht und auch in diesem Falle die Erweiterung der Räume, besonders aber die grundsätzliche Veränderung der Bibliothek widerspiegelt. Im Jahre 1776 beschließt Pius VI., „das hervorragende Bauwerk zu vollenden durch Errichtung zweier

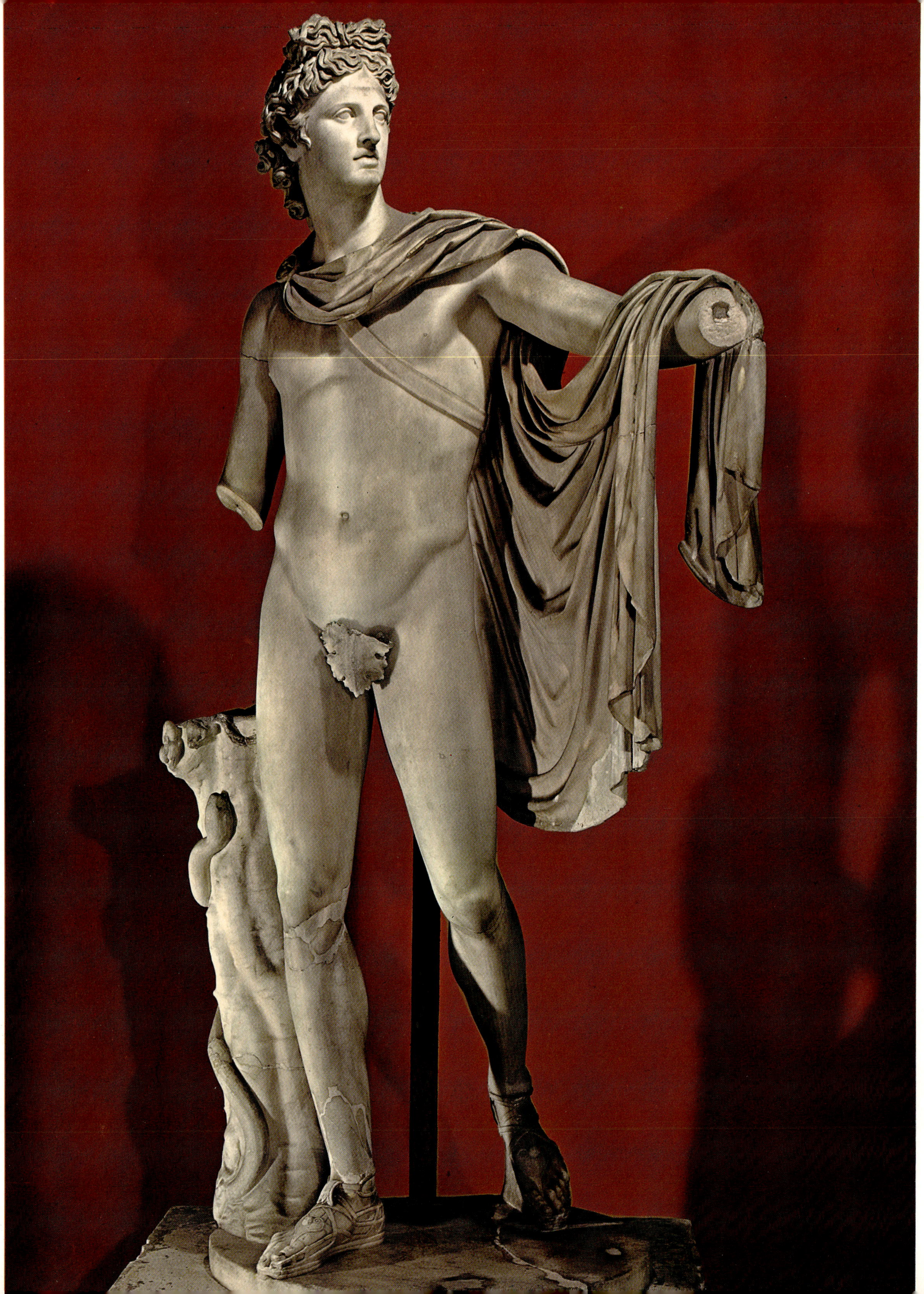

Linke Seite: Apollo vom Belvedere, vielleicht vom Beginn des 2. Jh. v. Chr., Kopie und Bearbeitung eines griechischen Originals aus dem 4. Jh. v. Chr., das dem Leochares zugeschrieben wird, ein Schmuckstück des Museo Pio-Clementino. – Auf dieser Seite Gegenstände aus dem Schatz der Basilika. Links oben: Reliquienkreuz Papst Paschalis' I. aus dem 9. Jh. – Unten links: Die „crux vaticana", die laut Inschrift auf dem Querbalken ein Geschenk des 578 verstorbenen Kaisers Justinus II. an die Stadt Rom ist. – Unten rechts: Die sogenannte „Dalmatika Karls d. Gr.", ein Meisterwerk byzantinischer Stickarbeit, etwa 13./14. Jh.

weiterer Flügel, die in ein rotundes Atrium von achtzig Spannen münden, von dem aus man in die Bibliothek gelangt und in dem sich weitere bedeutsame Monumente befinden". Das bedeutet im „palazetto" des Belvedere die Zerstörung der von Mantegna mit Fresken ausgemalten Kapelle, für die Galerie der Statuen, früher Loggia im Untergeschoß des kleinen Palastes, die Verlängerung um fünf lichte Weiten und, während einiger aufeinander folgender Jahre, die Errichtung von Räumlichkeiten, deren Architektur nach antiken Bauelementen gestaltet wird oder doch von Künstlern, die sich im Bau und in der Dekoration ausdrücklich auf die Antike berufen. So entstehen das Kabinett der Masken, der Saal der Tiere, der Saal der Musen, der Runde Saal und der Saal in Form eines griechischen Kreuzes, der noch heute, wenn zum Teil auch in anderer Funktion, in den Rundgang der Museen mit einbezogen ist. Die Gestaltung durch den die Gesamtplanung leitenden Architekten Simonetti zeichnet sich durch eine geschickte Zusammenfasung der in den verschiedensten Zeiten entstandenen Bauwerke aus. Der einfache Hof mit Ziegelpflaster, der sehr im Gegensatz zu der prunkvollen, farbstarken Dekoration der Innenräume die neuen Gebäude umgibt, drückt vollkommen den Geist dieser Jahre aus, deren neoklassizistische Strenge durchaus nicht vor pompösen, feierlichen Innenausstattungen zurückschreckt. Es ist nicht mehr der Gesamtplan, die Architektur der Baukörper, die ein Werk bestimmen, sondern der Effekt, die Aufmachung, das Applizierte sowohl im Inneren wie im Äußeren. Nachdem der Eingang entsprechend betont ist, darf der Rest des Museumsgebäudes seine schlichte Funktion als Aufbewahrungsstätte verraten, um dann im Inneren eine Pracht zu entfalten, in welche die dort aufbewahrten Schätze harmonisch einzuordnen sind. Die neue Zugangstreppe, die gewöhnlich nach dem planenden Architekten „scala Simonetti" genannt wird, ist das höchste Zeugnis für diese Freude am Überfluß, an der großen Inszenierung, die

Sarkophag des Junius Bassus aus dem 4. Jh. mit Szenen des Alten und Neuen Testaments, Vatikanische Grotten.

Römische Skulpturen im Museo Gregoriano Profano. Oben: Teil eines Sarkophags mit der Gestalt des Plotin (Annahme), etwa 270 n. Chr. – Unten: Relief vom Altar der Vicomagistri, Anfang 1. Jh. n. Chr.

unter Simonettis Nachfolger, dem Architekten Giulio Camporese, im Atrium der „Quattro Cancelli" und im Saal des Zweigespanns durch strengeren Anschluß an die Antike akademisch kühler gerät.

Die von Simonetti begonnene und von Camporese zu Ende gebaute Galerie der Kandelaber, früher Loggia Clemens' XIII., beherbergt die vielen Skulpturen, welche die zahlreichen Ausgrabungskampagnen jener Jahre zutage gefördert haben. Die Bereicherungen der päpstlichen Sammlungen in dieser Zeit sind zum großen Teil den von der Apostolischen Kammer direkt unternommenen oder lizenzierten Ausgrabungen zu verdanken, bei denen ein Drittel der Fundstücke in den Besitz des Vatikans übergingen. Allein in den fünf Jahren zwischen 1775 und 1780 sind über hundertdreißig Ausgrabungen zu vermerken. Zur Ergänzung gründet Pius VI. im Anschluß an die Galerie der geographischen Karten durch Schließung des letzten Teils der verbliebenen Loggia die Bildergalerie, in der er zwischen 1785 und 1792 einen Bestand von heute größtenteils verstreuten Gemälden religiösen Inhalts ansammelte, vom „Ungläu-

Die obere Reihe zeigt Skulpturen aus dem Museo Pio Cristiano. Links: Teil des Sarkophags mit der Geschichte des Jona, 3. Jh.; Mitte: Der Gute Hirte, Skulptur des 3. Jh.; rechts: Relief vom Sarkophag der beiden Brüder mit der Auferweckung des Lazarus, 4. Jh. – Untere Reihe: Fries mit der Ankunft des von seinem Sohn Domitian empfangenen Kaisers Vespasian, 1. Jh. n. Chr., Museo Gregoriano Profano.

bigen Thomas" Guercinos über die „Heilige Caecilia" Vannis und die „Kreuzigung Petri" Renis bis zum „Martyrium des heiligen Erasmus" von Poussin, um nur einige zu nennen.

Eine betonte Kontinuität wiederholt im Obergeschoß auf unterschiedliche Weise die auffällige Perspektive des 1793 entstandenen Erdgeschosses, indem es die Galerie Clemens' XIII. in fünf Felder unterteilt und dem „Museo sacro" angliedert.

Die historischen Ereignisse hemmen im Verlauf der beiden Jahrhunderte zeitweise die Entwicklung der vatikanischen Museen. Durch den Vertrag von Tolentino wurde eine „Plünderung" der Museen und der Bibliothek offiziell sanktioniert, und während der französisch-neapolitanischen Besetzung verliert das weltliche Museum der Bibliothek auf immer seine Sammlung von Gemmen, Münzen und antiken Medaillen. Als am 22. April des Jahres 1800 eine Bestandsaufnahme dieses von Pius IV. geschaffenen, in fünfundzwanzig Jahren des Studiums und der Arbeit aufgebauten, nach fortschrittlichen musealen Gesichtspunkten organisierten und als eines der ersten für das Publikum offenen Museums versucht wird, ergibt sich ein trostloses Bild. Aber mit der Restauration gelingt es Pius VII., der sich mehr auf die diplomatischen Fähigkeiten Ca-

novas und Gaetano Marinis verläßt als auf die Klauseln des Wiener Vertrags, einen großen Teil der verschleppten Gegenstände wieder herbeizuschaffen. Manches, was die Franzosen in ihre historischen Sammlungen gebracht hatten, wie die „Verklärung" Raffaels (in diesem Falle aus San Pietro in Montorio), kam bei seiner Rückkehr nach Italien nicht mehr an die Ursprungsorte, sondern in die vatikanischen Sammlungen. Zu der wiederholt erhobenen Forderung nach größeren Räumen zu ihrer Konservierung und Ausstellung kam die Notwendigkeit, auch für die Ausbeute der wiederaufgenommenen archäologischen Grabungen einen Platz zu finden. Schon zwischen den Jahren 1807 und 1810 hatte Canova die Einrichtung des Museo Chiaramonti als Ergänzung des neugeordneten Lapidariums angeordnet. Durch die Bestrebungen Pius' VII. ermutigt, beschließt er nun den Bau des Neuen Flügels parallel zum Baukörper des sixtinischen Salons und quer zum Hof Bramantes; der 1822 begonnene Bau wurde von Stern geplant und begonnen und von Belli zu Ende geführt. Der Vergleich dieser etwa 70 m langen und 8 m breiten Galerie, die durch zahlreiche in das Tonnengewölbe eingeschnittene Oberlichter ausreichend erhellt und auf halber Länge durch einen Saal mit nach Norden gerichteter Apsis unterbrochen wird, mit dem Pius-Clemens-Museum macht unmittelbar die völlig andere Einstellung bei der Gestaltung eines Museums sichtbar. Anstelle der zur Schau getragenen Feierlichkeit der von Pius und Clemens geschaffenen Museen, in denen die ausgestellten Stücke im wesentlichen als Dekoration des Raumes dienen, wird im Neuen Flügel die Absicht des Ausstellens deutlich, ein völlig geändertes Verhältnis zwischen der Architektur und dem Kunstwerk, das jetzt als Hauptgegenstand hervortritt. In den gleichen Jahren, genauer am 7. April 1820, schafft ein von Kardinal Pacco unterschrie-

Das Stefaneschi-Polyptychon von Giotto und Schülern in der Vatikanischen Pinakothek ist auf beiden Seiten bemalt und war für die alte konstantinische Basilika bestimmt. Es zeigt auf der einen Seite den thronenden Christus, angebetet von Engeln und Kardinal Jacopo Stefaneschi, dem Stifter des Werkes, sowie das Martyrium der hll. Petrus und Paulus, auf der anderen den segnenden Petrus mit Engeln, Heiligen, dem Stifter und den Figuren der hll. Andreas, Johannes Evangelist, Jakobus und Paulus. – Nebenstehend: Detail von der Predella des Polyptychons mit Heiligenfiguren.

benes Edikt die Grundlage für eine moderne Gesetzgebung in Fragen der Bewahrung des künstlerischen Erbes. Es regelt die Ausgrabungstätigkeit und den Antiquitätenmarkt, bestimmt auch über die Verwendung des privaten Kunstbesitzes, sichert das Vorkaufsrecht des Staates beim Verkauf von Kunstwerken und betont die dringende Notwendigkeit einer listenmäßigen Erfassung des künstlerischen Erbes in seiner Gesamtheit.

Eine der wichtigsten Folgerungen dieser neuen Gesetzgebung ist der Erwerb umfangreichen Materials aus den wichtigsten Ausgrabungsstätten im südlichen Etrurien, so daß schon unter Gregor XVI. die Schaffung eines Etruskischen Museums notwendig wird, das 1837 in Angriff genommen wird. Zwei Jahre später wird das Ägyptische Museum in einem Klima eröffnet, das durch die Entzifferung der Hieroglyphen mit Hilfe des berühmten, in jenen Jahren entdeckten Steins von Rosette neu geweckt wurde.

In den darauffolgenden Jahren werden für das unaufhörlich hereinflutende Material im Lateran durch Gründung des Profan-Museums (zur lateranischen Pinakothek des von Pius gegründeten Christlichen Museums) neue Ausstellungsräume geschaffen. Die Proklamation Roms zur Hauptstadt Italiens, die das Ende des Kirchenstaates bedeutet, setzt auch eine ganze Reihe von Maßnahmen und Funktionen außer Kraft. Für die vatikanischen Museen beginnt eine Entwicklung, die nur noch das Studium der erworbenen Objekte fortsetzt, und zwar mit besonderer Betonung der Rolle der katholischen Kirche in der Welt, womit sich auch der „Modernismus" jener Tage beschäftigt. So wie in diesem Zusammenhang die Gründung des Missions-Ethnologischen Museums durch Pius XI. im Jahre 1926 und

234

Oben links: Geburt des hl. Nikolaus von Bari von Fra Angelico; rechts: Ausschnitt. – Unten links und rechts: Details von der Predella des Triptychons von Perugia mit dem „Kornwunder" des hl. Nikolaus sowie dem Wunder der Rettung eines Segelschiffes vom gleichen Maler, Vatikanische Pinakothek.

der Sammlung religiöser und moderner Kunst im Jahre 1973 zu erwähnen sind, so auch die endgültige Einrichtung der Pinakothek in einem eigens dafür errichteten Gebäude. Es entstand nach dem Plan des Luca Beltrami, der lange in den päpstlichen Palästen umhergewandert ist, um dann schließlich die Bildersammlung des Laterans, die byzantinischen Malereien und die sogenannten „Primitiven" der Apostolischen Bibliothek des Vatikans zu vereinen. Im Jahre 1960 werden außerdem die Ausstellungsräume der griechischen Originale für das Publikum geöffnet. Es handelt sich nur um die aufgrund genauer Studien und Untersuchungen mit Gewißheit dieser Kultur zugeschriebenen Stücke, die aus der Masse des in den Sammlungen angehäuften „antiken" Materials ausgelesen wurden. Mit dem Bau des letzten neuen Flügels, der im Büro der Architekten Passarelli geplant wurde, werden im Jahre 1970 drei Museen in den Vatikan verlegt, das Profan-, das Christliche des Pius und das Missions-Ethnologische Museum; damit werden die Paläste des Laterans für die Organisationen der Diözese Rom verfügbar und sind sämtliche päpstlichen Museen in einem einzigen Gebäudekomplex zusammengefaßt. Heute werden in diesen Museen vor allem kritische Studien des gesammelten Materials vorgenommen, um sie zeitlich und räumlich richtig einzuordnen und dem Besucher die Lektüre nach den modernsten Theorien zu ermöglichen, und es werden nicht nur einzelne Stücke sachgemäß restauriert, sondern ganze Abteilungen eines Palastes, in denen auch die alten Dekorationen wieder hergestellt werden, wie es in jüngerer Zeit beim „Torre dei Venti" geschah. In diesem für die ganze Welt einmaligen Komplex spiegeln und ergänzen sich, noch heute deutlich kenntlich, die verschiedenen Phasen seiner Entstehung, vom mythischen quadratischen „Cortile" Julius' II. über die aufklärerisch gemeinten Sammlungen der Päpste des 18. Jahrhunderts und die gegensätzlichen

Folgende Seiten, links: Detail aus dem Tafelbild „Wunder des hl. Vinzenz Ferrer" von Ercole de' Roberti von der Predella eines heute zerlegten Polyptychons, Pinakothek. – Rechte Seite: Reliefs, die dem Matteo del Pollaiolo zugeschrieben werden. Sie schmückten früher den marmornen Baldachin in der alten Basilika, jetzt in den Vatikanischen Grotten.

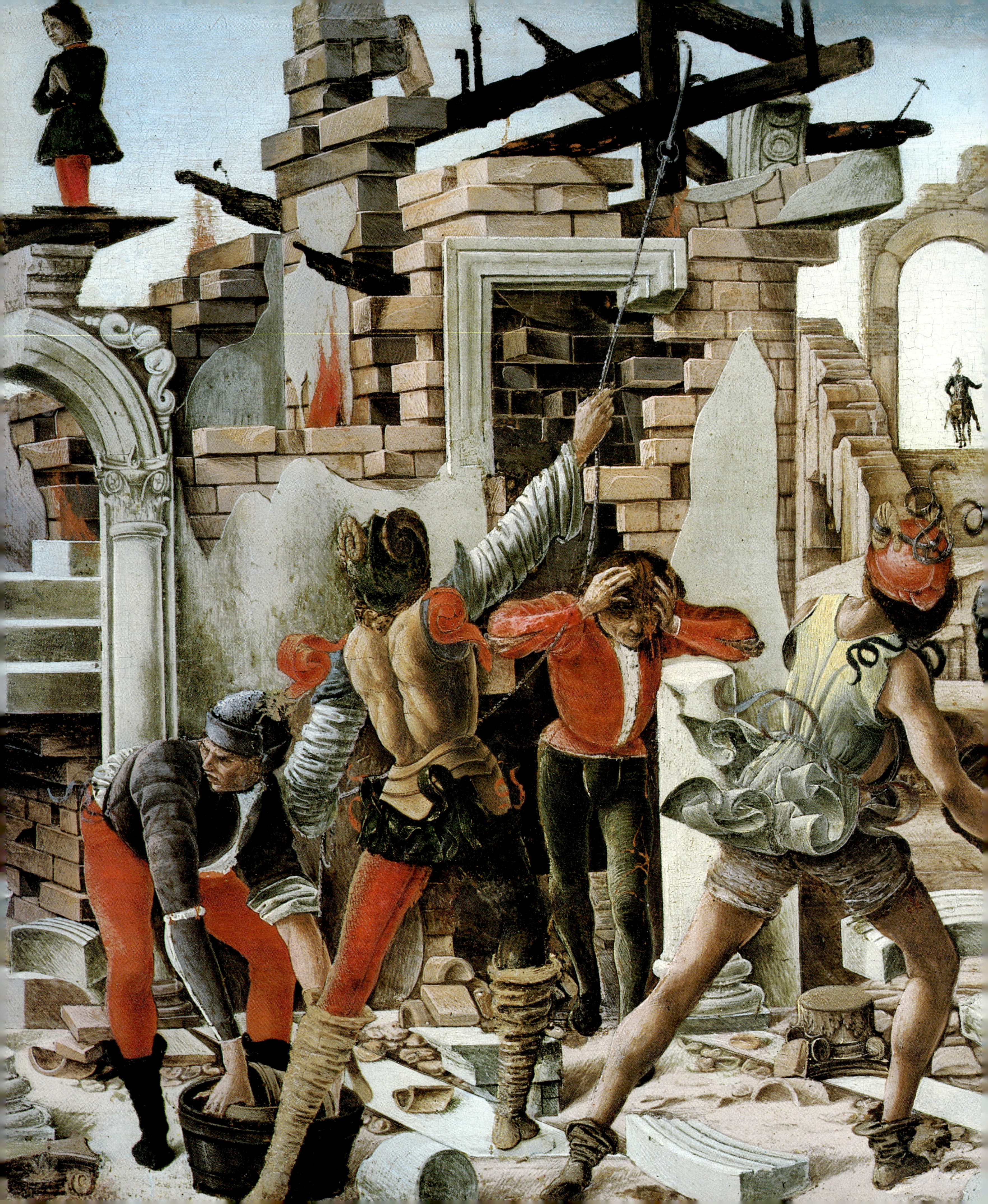

ORNAMENTA·SIXTI·PAPA·IIII·EXISTEN
AD ALTARE·S·PETRI

37

NAVICVLA IN ATRIO

237

Apostelkopf und musizierende Engel, Fragmente eines Freskos von Melozzo da Forlì aus der Kirche Santi Apostoli, Vatikanische Pinakothek.

Folgende Seiten, links: Tabernakel aus der alten Basilika, Donatello zugeschrieben; er enthält jetzt eine Madonna, die volkstümliche Verehrung genießt, Schatzmuseum von Sankt Peter. – Rechte Seite: Hieronymus von Leonardo da Vinci, Vatikanische Pinakothek.

Auffassungen der frühen Romantik bis zum ideologischen, aber zum Glück nicht wissenschaftlichen Wandel in unserem Jahrhundert.

Das Problem der Konservierung von Kunstwerken, dessen sich die Päpste schon seit den Anfängen des Humanismus mit solcher Klarheit annahmen, ist nach so vielen Veränderungen historischer und kultureller Natur auch heute noch der Schwerpunkt dieses außergewöhnlichen Kulturzentrums, das der Vatikan mit seinen Museen, aber auch mit seiner Bibliothek und seinem Archiv darstellt. Das alles ist modern und liberal organisiert, die konservierten Werke sind dem Publikum zugänglich gemacht und werden ständig nach den neuesten Erkenntnissen oder Methoden organisiert, konserviert oder restauriert.

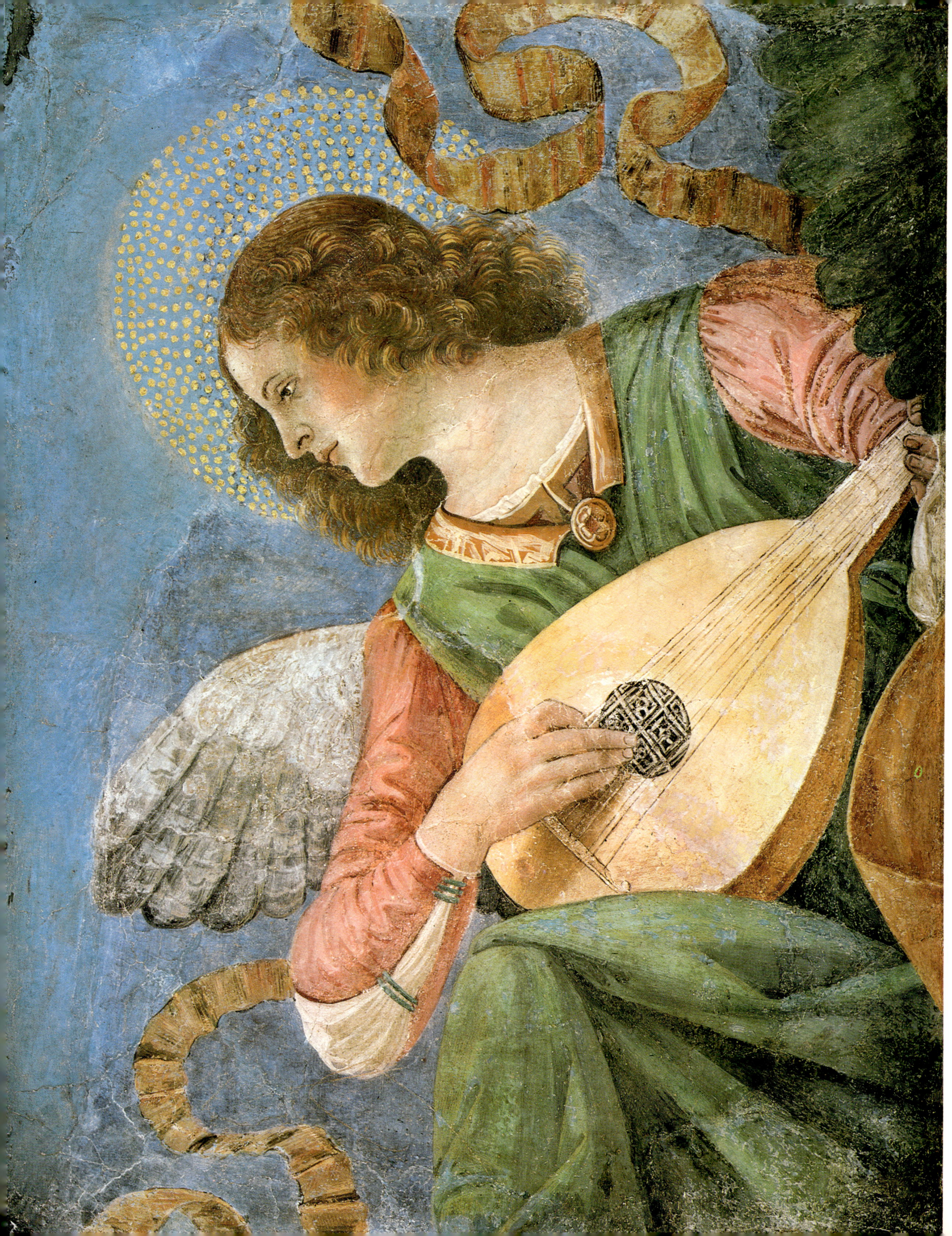

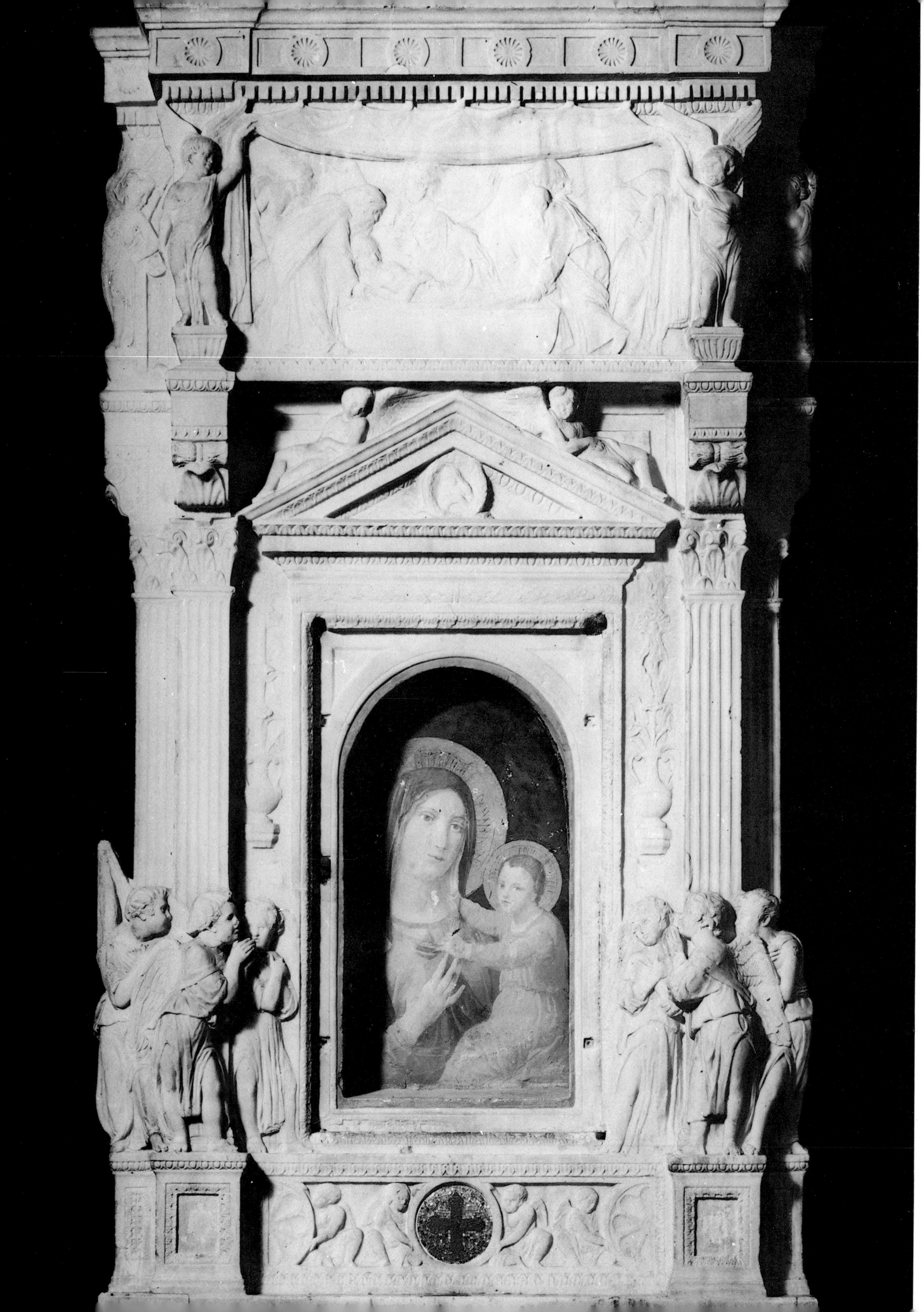

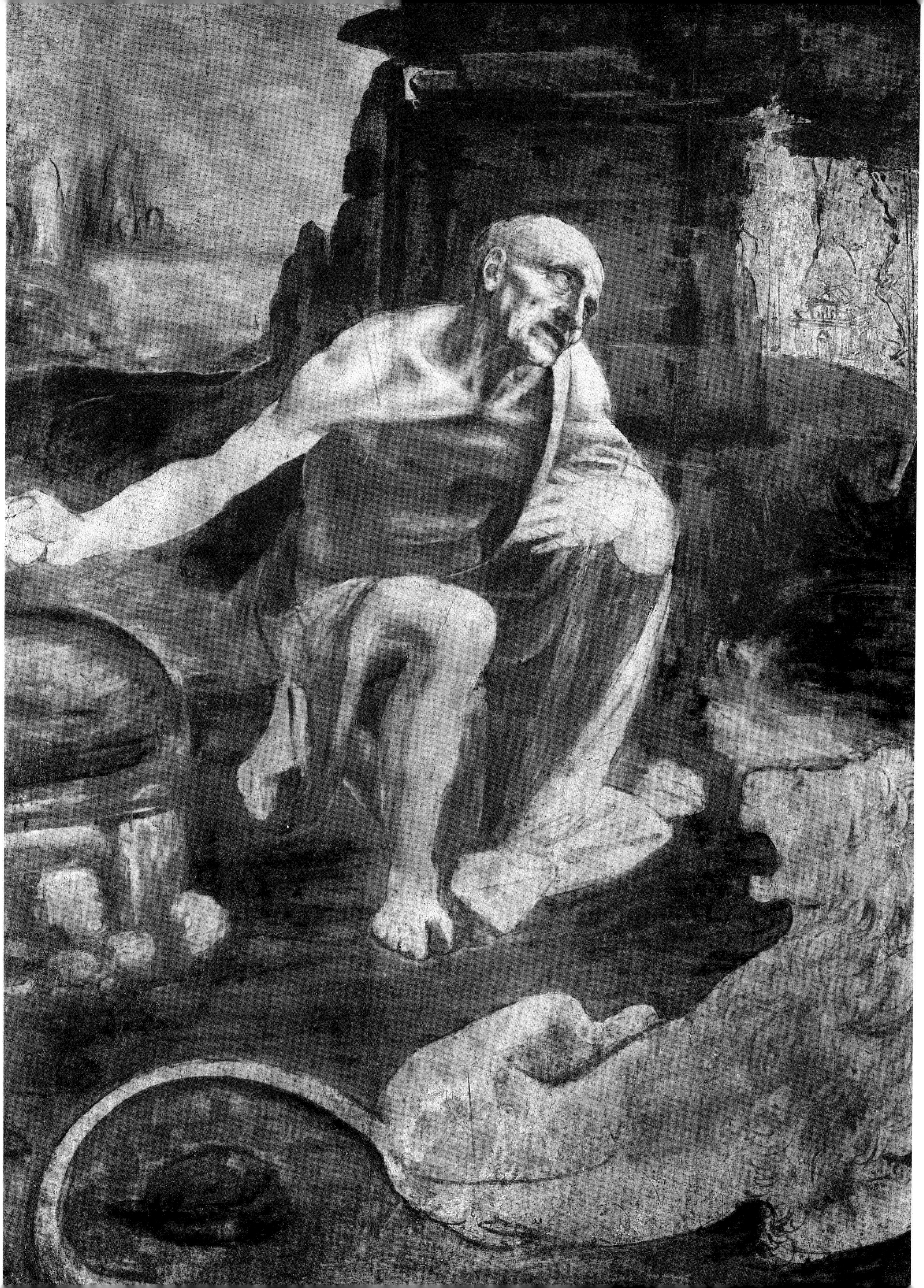

242

Links: Beweinung Christi von Giovanni Bellini. – Rechts: Krönung der Madonna von Raffael, beide Vatikanische Pinakothek.

Unten: Magdalena von Guercino; Mitte:
Grablegung von Caravaggio; rechts: Bildnis
Clemens' IX. Rospigliosi von Carlo Maratta; alle
Vatikanische Pinakothek.

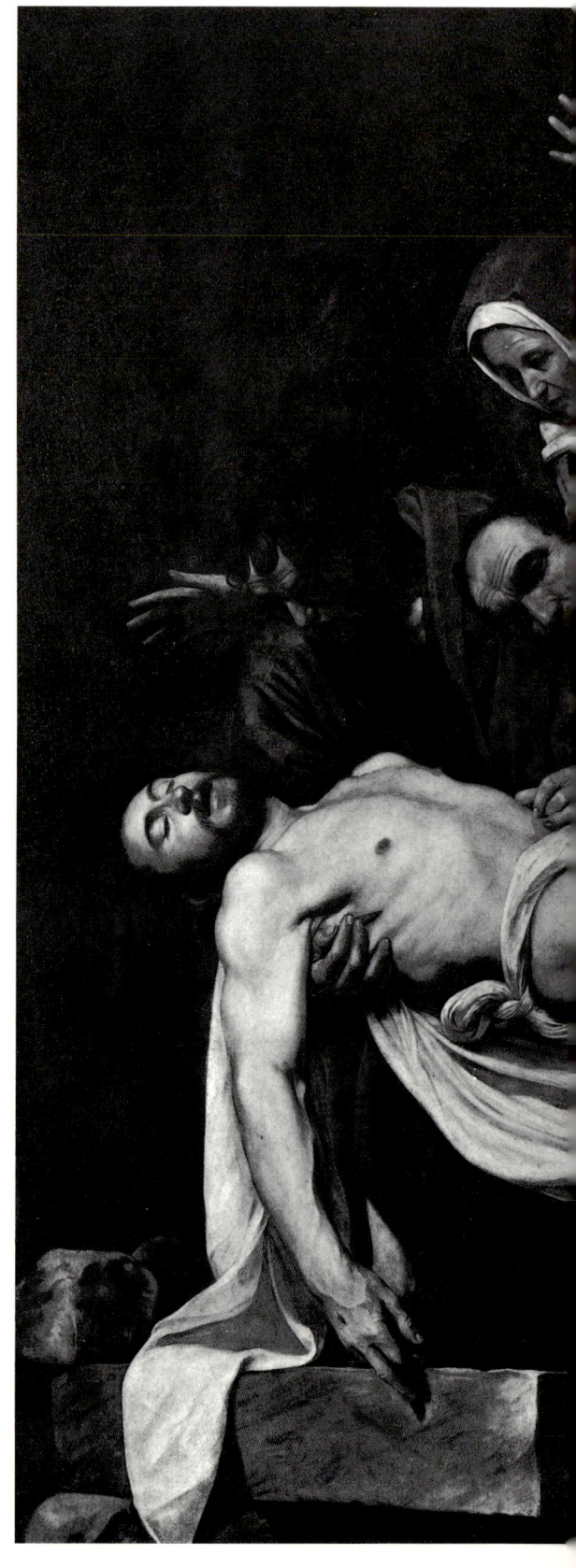

Folgende Seite, oben links: Bildnis Benedikts XIV. von Giuseppe Maria Crespi; oben rechts und beide unteren Bilder: Mars, Sonne und Saturn aus den „Osservazioni astronomiche" von Donato Creti; alle Vatikanische Pinakothek.

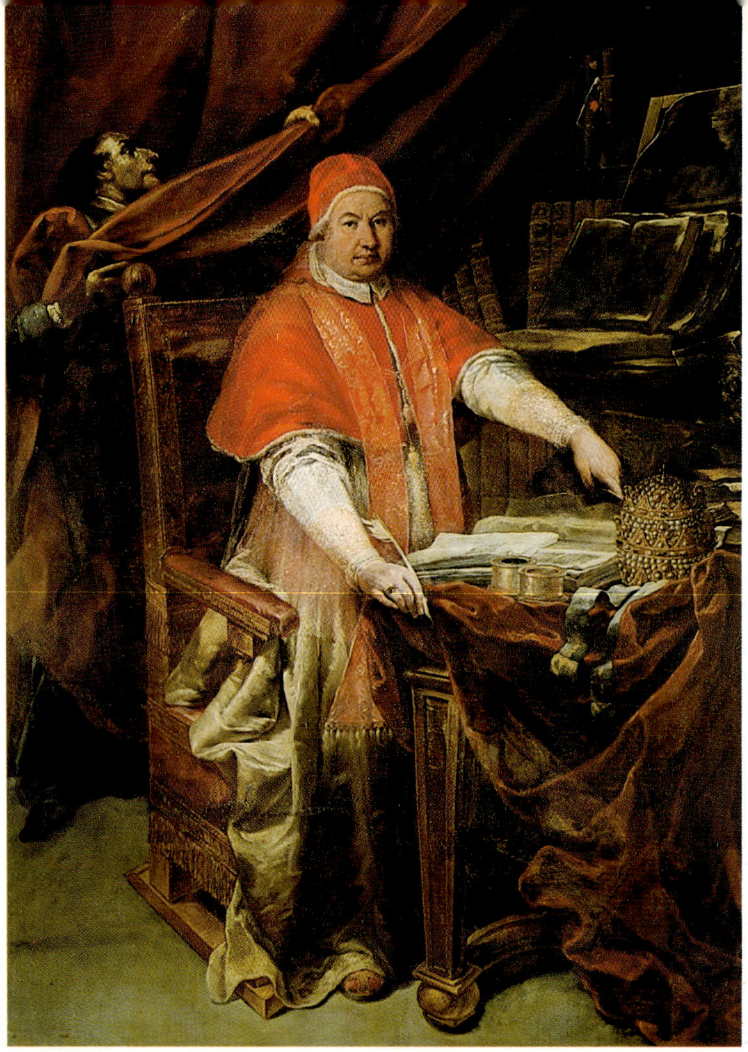
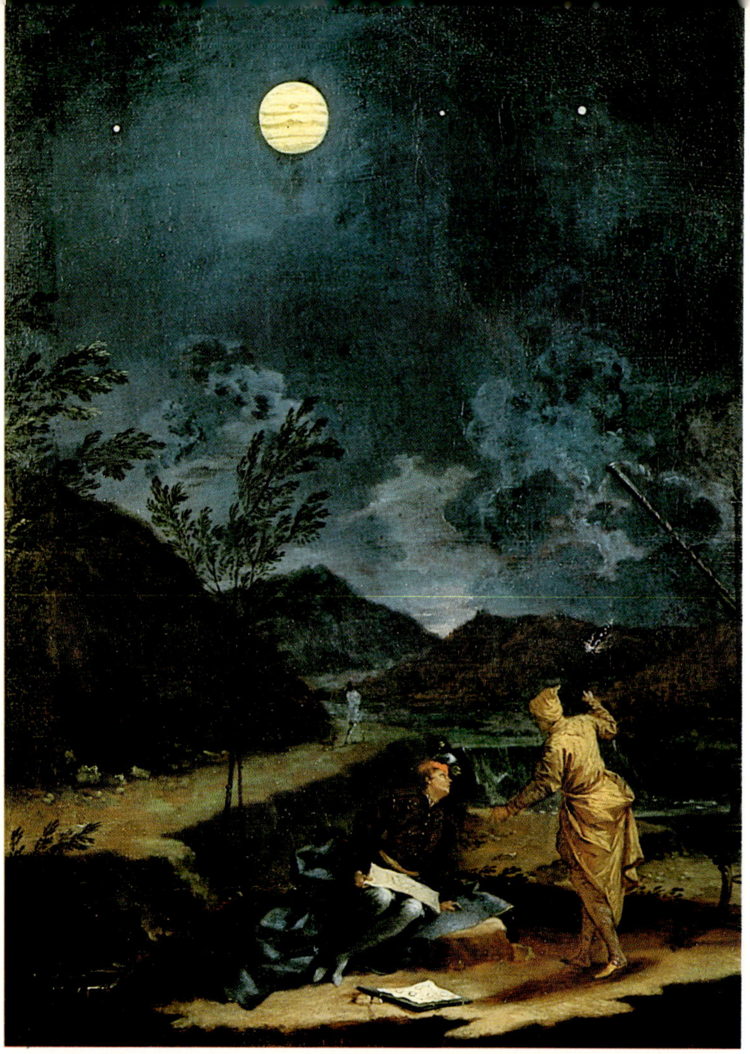
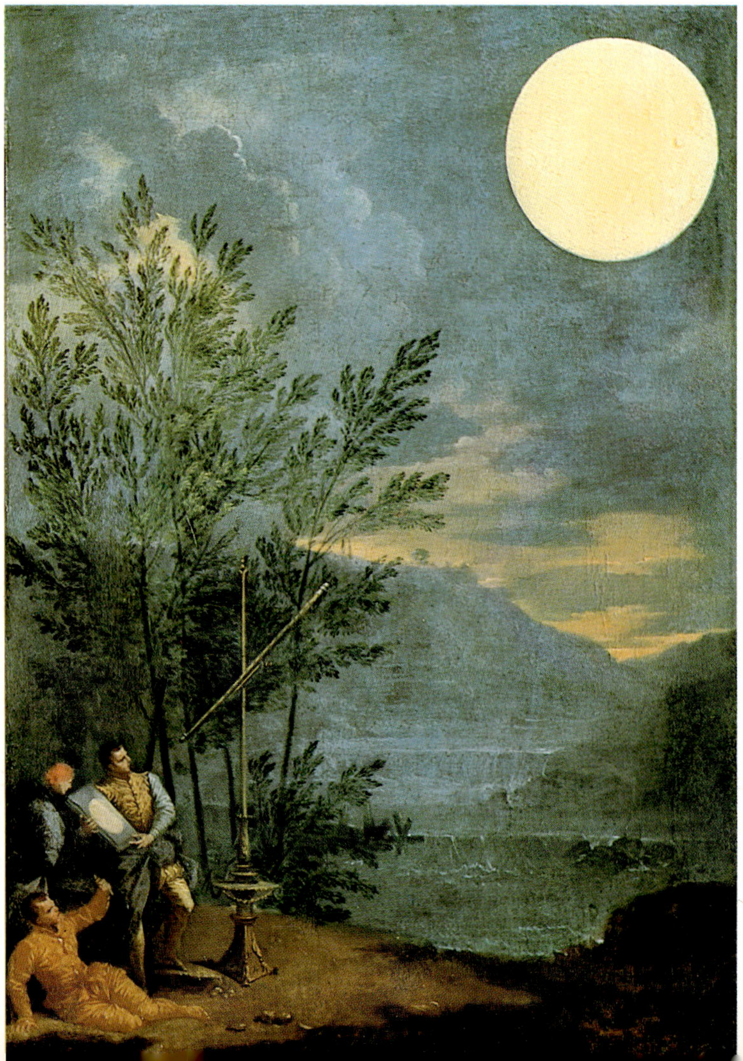
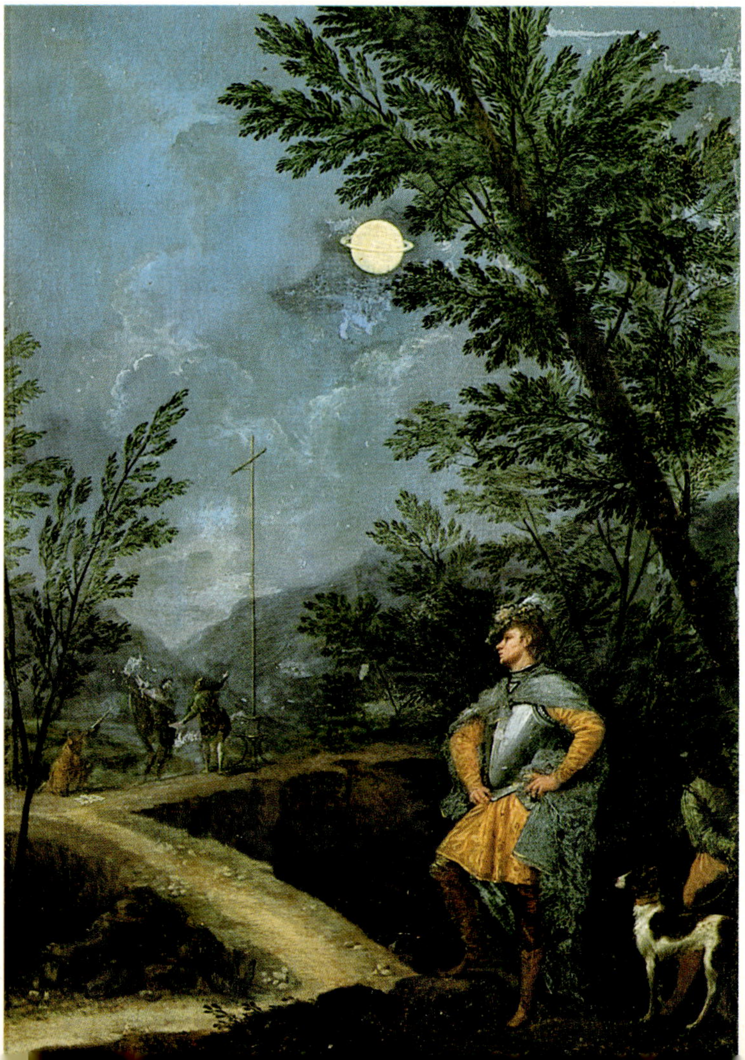

REISEFÜHRER DURCH DEN VATIKAN

Wenn das allgemeine Vertrauen durch großartige Bauwerke verstärkt und gefestigt wird, die sozusagen als von Gott selbst geschaffene Monumente erscheinen, um seine unvergänglichen Zeugen zu sein, weil sie als geheiligte Überlieferung in Gegenwart und Zukunft bestehenbleiben, dann wird die Welt den Glauben mit der größten Hingabe umarmen.

Nikolaus V. (1447–55)

Ansicht und Schnitt der Basilika des hl. Petrus. Stich von E. Dupérac, etwa 1575, nach Zeichnungen Michelangelos.
Unten: Eine Seite der Kolonnaden Berninis mit dem Gianicolo, Stich von G. Vasi, 1754.

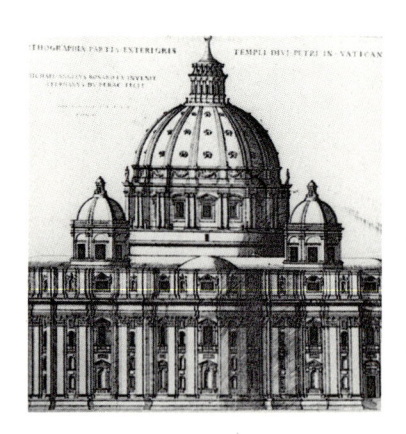

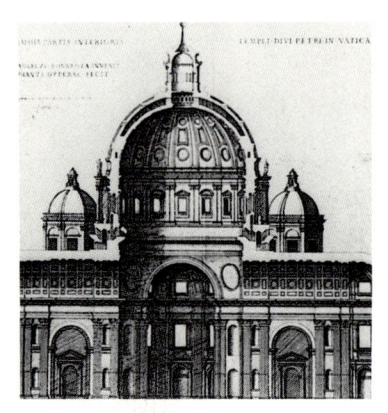

DER PETERSPLATZ

Zum Petersplatz gelangt man über die Via della Conciliazione. Diese Straße wurde 1936 in Angriff genommen und 1950 fertiggestellt nach einem Plan Marcello Piacentinis und Attilio Spaccarellis, welche die seit 1350 bestehende Absicht einer umfassenden Neuordnung der Borghi verwirklichten, für die in der zweiten Hälfte des 15. Jh. von Giacomo Manetti, dem Biographen Nikolaus' V., schon Einzelheiten ausgearbeitet worden waren.

Diese Piazza ist eine der eindrucksvollsten und genialsten städtebaulichen Gestaltungen der Welt durch die von Gian Lorenzo Bernini zwischen 1656 und 1667 erbaute Kolonnade, welche die von Michelangelo (vor ihm Bramante und Peruzzi) vorgesehene Raumordnung mit einer durch die Kuppel betonten Basilika als Bezugspunkt vollendete. Diese Ordnung hatte Carlo Maderno, der seine Arbeiten 1614 mit der Fassade abschloß, dadurch zunichte gemacht, daß er den Grundriß der Basilika in Richtung auf die Piazza erweiterte.

DIE BASILIKA

Erinnern wir uns des geschichtlichen Augenblicks, als Kaiser Konstantin (etwa 322 n. Chr.) die Errichtung der Basilika über dem Grab des Apostels Petrus begann und Kaiser Konstantius sie in der Mitte des 4. Jh. in ähnlicher Form wie die Lateranbasilika zu Ende führte.

Der große Komplex bestand nach der Rekonstruktion Alfaranos aus einer Treppe, die zu einem von einem rechteckigen Portikus umgebenen Atrium führte, in dessen Mitte sich der mit einem Baldachin überdeckte Brunnen mit dem riesigen Pinienzapfen für die Waschungen befand. Die Fassade war mit Mosaiken verziert, wie aus einem heute in Windsor befindlichen Codex des 11. Jh. zu ersehen ist. Indessen gingen diese Dekorationen, wie schon Cerrati dokumentiert, bei den Erneuerungen im 16. Jh. verloren. In die Basilika gelangte man durch fünf verschiedene Eingänge (Porta Iudicii, Porta Argentea, Porta Romana, Porta Ravenniana, Porta Guidonea). Das fünfschiffige Innere hatte ein Pflaster „magnis ac eximiis marmoribus rotundis ac quadratis et variarum formarum erat stratum, et variis coloribus ... erat vermiculatum atque exornatum" (Alfarano). Die Confessio bestand nach einer Darstellung von Sebastiano Verro aus dem Jahre 1581 aus einem Tempelchen mit kleiner Kuppel auf vier Säulen und war mit Plättchen aus Goldfolie gedeckt (Galassi Paluzzi). Die Apsis war mit einem Mosaik der „Traditio legis" dekoriert, das Mittelschiff mit vielleicht unter dem Pontifikat Leos des Großen (440–461) ausgeführten Fresken, die Geschichten aus dem Alten und Neuen Testament zeigten. Der Narthex war mit Episoden aus dem Leben des hl. Petrus geschmückt. Die Krypta entstand in der Zeit Gregors des Großen (590–604), als über dem Grab der Altar errichtet wurde.

Im 15. Jh. begann man an einen Neubau der Basilika zu denken, Nikolaus V. (1447–55) beauftragte Bernardo Rossellino mit einem Entwurf. Der toskanische Architekt dachte an einen Grundriß in Form eines lateinischen Kreuzes, aber wegen des Todes des Papstes konnte der Plan nicht verwirklicht werden. Erst Anfang des 16. Jh. entschied sich Julius II. (1503–13) nach Prüfung mehrerer Vorschläge für den Entwurf Bramantes, der das griechische Kreuz als Grundriß vorsah. Die Arbeiten begannen am 18. April 1506 und wurden nach dem Tod dieses Architekten im Jahre 1514 von Raffael fortgeführt, der mit seinen Mitarbeitern Sangallo und Fra Giocondo einen Plan mit lateinischem Kreuz vorlegte. Nach Raffaels Tod im Jahre 1520 wurde das Unternehmen Baldassarre Peruzzi anvertraut, der wieder den Plan mit griechischem Kreuz vorschlug, während sein Nachfolger Antonio da Sangallo der Jüngere erneut das lateinische Kreuz wählte. Nachdem 1546 auch Sangallo gestorben war, begann Michelangelo endgültig mit dem Bau in Form des griechischen Kreuzes, wobei die Kuppel als entscheidendes Moment einer spannungsgeladenen Architektur am stärksten betont wurde. Nach Michelangelo leiteten Vignola und Pirro Ligorio die Arbeiten, bis Gregor XIII. (1572–85) im Jahre 1573 Giacomo della Porta zum Architekten des Werkes ernannte, der sich der Unterstützung des mächtigen Tommaso Cavalieri und des Kardinal-Vizekanzlers Alessandro Farnese erfreute. In dieser Zeit wurden die Arbeiten, wie aus einem Stich Cartaros hervorgeht, im Bereich des Querschiffs und der Trommel vorangetrieben.

Zwischen 1574 und 1584 beendete della Porta die Gregorianische Kapelle. Am 12. Mai 1590 wurde unter dem Pontifikat Sixtus' V. endlich die Wölbung der 1586 begonnenen Kuppel abgeschlossen, bei der sich della Porta aufgrund der Pläne Michelangelos und aus statischen Motiven für eine Lösung mit Spitzbogen entschied. Drei Jahre später wurde die Kugel auf die Laterne gesetzt, auf der eingraviert ist: „JACOBUS A PORTA ARCHITECTUS / ALEXANDER EIUS FILIUS / PATRITII EQUITESQUE ROMANI / 1593." Sofort danach begann della Porta mit den Arbeiten an der Cappella Clementina, die er 1601 beendete. Nun kam es zur großen Änderung am Plan Michelangelos: Paul V. beschloß mit Zustimmung eines Kardinalskollegiums, den Entwurf des lateinischen Kreuzes zu verwirklichen. Das geschah aus liturgischen Gründen. Die Wahl fiel auf Carlo Maderno als Architekten, dem Sieger in einer Gruppe von Konkurrenten wie Giovanni Fontana, Flaminio Ponzio, Orazio Torriani und Domenico Fontana. Der folgende Passus von Mucantius erläutert deutlich die Gründe zu diesem Entschluß: „Est enim Templum novum divi Petri parum aptum ad celebrandum, nec secundum ecclesiasticam disciplinam

Petersdom.
Reiterstatue Konstantins im Portikus der Basilika von Bernini (1670). – Unten: Detail von der Porta della Morte von Giacomo Manzù.

Denkmal der Mathilde von Etrurien von Bernini und seiner Schule.

fuit constructum, unde numquam aptum erit, ut in eo huiusmodi sacrae functiones decenter et commode celebrari possent" (Galassi Paluzzi). (Der Neue Tempel des hl. Petrus ist wirklich wenig für kirchliche Feiern geeignet, er wurde nicht nach kirchlichen Richtlinien erbaut, deshalb kann er den Ansprüchen sakraler Funktionen dieser Art nicht genügen.)

Nachdem also zerstört war, was von den Resten der alten Basilika noch blieb, dauerten die Arbeiten bis zum Jahre 1614, in dem die Fassade fertiggestellt wurde. Urban VIII. (1623–44) vollzog am 18. November 1626 die Weihe. Drei Jahre später erlebte Bernini die Ablehnung des Planes, über der Fassade zwei Türme zu errichten. Da am ersten Turm Schäden entstanden waren, wurde er abgerissen und der zweite erst gar nicht gebaut. Im 18. Jh. fügte Valadier der Fassade die beiden Uhren hinzu. Die Statuen des hl. Petrus und des hl. Paulus an den Seiten der Aufgangstreppe sind Arbeiten von Giuseppe de Fabris und Adamo Tadolini aus dem 19. Jh. und traten an die Stelle der beiden Statuen, die Pius II. (1458–64) im 15. Jh. von Paolo Taccone und Mino del Rame anfertigen ließ und die in das frühere Peters-Museum kamen.

Der Portikus wahrt die fünf Eingänge der alten Basilika: rechts befindet sich das 1670 von Bernini ausgeführte *Reiterstandbild Konstantins* und links das Karls des Großen, das Cornacchini 1725 schuf. Von den Eingangspforten der Basilika sind bemerkenswert die aus dem 15. Jh., die Filarete für Eugen IV. (1431–47) mit Szenen aus dem Leben der hll. Petrus und Paulus und mythischen Darstellungen schmückte, und die Pforte des Giacomo Manzù. Das Mosaik über dem Mitteleingang des Portikus ist der Rest von Giottos Werk, das aus der mittelalterlichen Basilika übernommen wurde.

Im Inneren des ersten Schiffes rechts befindet sich die Marmorgruppe der *Pietà*, ein außerordentliches und signiertes (das einzige) Jugendwerk (1498/99) Michelangelos für Kardinal Jean Bilhères de Lagraulas, den Gesandten Karls VIII. beim Papst. Die Skulptur war für die Kirche Santa Petronilla bestimmt, aber von dort wurde sie gegen 1515 in die Sakristei der Peterskirche gebracht, dann auf den Altar der hll. Simon und Juda und 1626 in den Chor. 1749 bekam sie endlich ihren jetzigen Standplatz. Die Skala der von der Kunstkritik festgestellten ikonographischen Beziehungen ist groß, zwingend die zu den „Vesperbildern", aber deutlich ist auch die Anregung durch die große italienische Bildhauerkunst des 15. Jh. von Donatello zu Verrocchio und Jacopo della Quercia. Die Pietà war schon im 18. Jh. restauriert worden, 1972 wurde sie dann durch den Hammer eines Wahnsinnigen zerstört. Die folgende Restaurierung wurde mit einem System von Pausen und Zeichnungen und sorgfältiger Registrierung der wiederverwendeten Fragmente vorgenommen, bei dieser Gelegenheit wurde auch die im 18. Jh. unvollkommen restaurierte linke Hand korrigiert. Das Fresko „Triumph des Kreuzes" in der Wölbung über dem Altar ist von Giovanni Lanfranco, die Mosaikdekoration der ovalen Kuppel von Cristofari, nach Entwürfen von Pietro da Cortona und Ciro Ferri.

Links, schräg gegenüber dieser Kapelle, befindet sich das Grabmonument der in den Vatikanischen Grotten beigesetzten *Christine von Schweden*, das von Innozenz XII. (1691–1700) in Auftrag gegeben und 1702 beendet wurde, als Clemens XI. (1700–21) Papst war. Der Entwurf wurde von Carlo Fontana vorbereitet, Jean-Baptiste Théodon führte das Porträt und die Basreliefs aus, Lorenzo Ottoni die Putten. Gegenüber über dem Eingang der *Reliquienkapelle* befindet sich die Statue Leos XII., die 1836 von de Fabris für Gregor XVI. (1831 bis 1846) gearbeitet wurde.

Die *Cappella del Crocifisso* ist ein Werk Berninis unter Mitarbeit von Vanvitelli. In dieser Kreuzkapelle befindet sich das Holzkreuz aus dem 14. Jh., das früher auf dem Altar der hll. Simon und Juda war. Der Altar in der *Kapelle des hl. Sebastian* ist ein Werk Berninis, darüber befindet sich ein Mosaik, das charakteristisch für die vatikanische Basilika des 16. Jh. (und später) ist, in der die Altäre, aber auch Wölbungen und Lünetten mit Mosaiken geschmückt waren, die häufig Kopien der ursprünglichen Gemälde waren, welche anderswo aufbewahrt wurden. In diesem Falle handelt es sich um ein Mosaik Cristofaris mit dem *Martyrium des hl. Sebastian* nach einem unvollendeten Wandgemälde in Öl von Domenichino, das im 18. Jh. von Nicola Zabaglia, der es auf Leinwand übertrug, nach Santa Maria degli Angeli gebracht wurde. Die Kuppel ist mit Szenen aus dem Alten Testament bemalt.

Das *Grabmal Pius' XI.* (1922–39) stammt von Pietro Canonica, das *Innozenz' XII.* (1691–1700) von Filippo Valle und Ferdinando Fuga. Gegenüber befindet sich das Grabmal der Gräfin *Mathilde von Tuszien*, deren sterbliche Reste auf Verlangen Urbans VIII. (1623–44) aus dem Kloster San Benedetto di Polirone in die Peterskirche überführt wurden. Er beauftragte Bernini mit der Ausführung des Grabmals. Das 1633 begonnene und 1644 beendete Monument ist indessen fast ausschließlich Werk einer Schule: die Statue ist von N. Sale, der Sarkophag mit dem Relief, das die Episode von Canossa schildert, ist von S. Speranza, die wappenhaltenden Putten von Bernini und A. Bolgi. Bernini machte die Entwürfe, die Modelle der Dekorationen und der Figuren und die verfeinernden Schlußarbeiten.

Durch ein von Borromini entworfenes Gitter tritt man in die *Kapelle des Allerheiligsten Sakraments*. Der Vorraum ist von Abbatini nach Entwürfen von Pietro da Cortona mit Mosaiken von Episoden des Alten Testaments geschmückt. Die Mosaiken in den Lünetten mit dem Mysterium der Eucharistie

Petersdom.
Altar der Kapelle des Allerheiligsten Sakramentes von Bernini.

Gipsmodell für einen Engel der Kapelle des Allerheiligsten Sakramentes von Bernini.

stammen von Manenti. Vier Skulpturen von Engeln dekorieren die Trommel der Kuppel. Das Ziborium auf dem Altar wurde zwischen 1673 und 1675 nach einem Entwurf Berninis, der schon seit 1629/1630 den Auftrag dazu hatte, von Lucenti unter Mithilfe von Mattei „gegossen" und von Geri mit Lapislazuli verziert. Die Altartafel mit der Dreifaltigkeit stammt von Pietro da Cortona und entstand zwischen 1628 und 1631 (nach Briganti).

Der Altar rechts hat ein Mosaik von Tomberli, Cerasoli und Cocchi mit der Darstellung der Stigmatisierung des hl. Franziskus, der Kopie eines Gemäldes von Domenichino in Santa Maria della Concezione, Rom.

Verläßt man die Kapelle, so findet man rechts das grandiose *Grabmonument Gregors XIII.* (1572–85), das 1723 von Camillo Rusconi erstellt wurde. Das Relief auf dem Sarkophag, das die Reform des Julianischen Kalenders darstellt, wurde 1582 von Boncompagni geplant und ist eine Arbeit von Cametti und Melloni, die beiden Statuen verkörpern die Religion und die Weisheit.

Am Pfeiler gegenüber befindet sich das einfache *Grabmal Gregors XIV.* (1590–91): die beiden Statuen der Vorfahren in den Nischen zierten das Denkmal Gregors XIII., das sich früher hier befand. Am ersten Stützpfeiler der Kuppel ist Cristofaris Mosaik der *Kommunion des hl. Hieronymus*, die Kopie eines Gemäldes, das Domenichino 1614 für die Kirche San Gerolamo malte und das heute in der Vatikanischen Pinakothek ist. Rechts befindet sich die *Gregorianische Kapelle*, die Ende 1561 von Michelangelo begonnen, zwischen 1567 und 1573 von Vignola fortgeführt und 1584 von Giacomo della Porta beendet wurde. Die Mosaiken wurden von Girolamo Muziano auf Karton entworfen. Am Marmoraltar das Bild der „Madonna del soccorso", das 1580 auf Veranlassung Papst Gregors XIII. (1572–85) hier angebracht wurde. Rechts das *Grabmonument Gregors XVI.* (1831–46) von Luigi Amici. Zum Querschiff hin auf der rechten Seite befindet sich das *Grabmal Benedikts XIV.* (1740–58) von Pietro Bracci, der die Statuen des Papstes und der Weisheit ausführte, während die der Uneigennützigkeit von Gaspare Sibilia stammt. Das Mosaik gegenüber ist die Kopie eines Bildes, das Pierre Subleyras 1745 für die Kirche Santa Maria degli Angeli malte und das die Episode der Messe des hl. Basilius und des Kaisers Valentinian darstellt.

Im rechten Querschiff trifft man zuerst auf den Altar des hl. Wenzeslaus in Mosaik von Cesaro Caroselli, dann auf das Mosaik mit den hll. Prozessus und Martinianus von Cristofari nach einem Gemälde von Valentin in der Vatikanischen Pinakothek. Gleich dahinter ist der Altar des hl. Erasmus mit Mosaik von Cristofari und Ottaviani nach dem von Poussin signierten Bild in der Vatikanischen Pinakothek. Die Skulpturen in den Nischen sind der hl. Hieronymus Ämiliani von Pietro Bracci, der hl. Joseph von Calasanza von Innocenzo Spinazzi, der hl. Kajetan von Carlo Monaldi und der hl. Bruno von Michelangelo Slodz. Im folgenden Durchgang befindet sich rechts das *Grabmal Clemens' XIII.* (1758–69), das Antonio Canova zwischen 1788 und 1792 schuf; links ist die Statue der das Kreuz tragenden Religion, zu ihrer Rechten ein Todesengel, der sich auf eine symbolisch umgekehrte und erloschene Fackel stützt; auf dem Sarkophag in Relief die Hoffnung und die Barmherzigkeit, unten zwei Löwen. Weiter vorn ein Mosaik von Cristofari mit Petrus, der auf dem Wasser wandelt, die Kopie eines Bildes von Lanfranco.

Man gelangt in die *Michaelskapelle*: rechts hat man das Mosaik von Regoli und Fiani aus dem 18. Jh. mit dem hl. Michael nach einem Bild von Guido Reni in Santa Maria della Concezione vor sich, das er für den Kardinal von Sant'Onofrio malte.

Das Werk Cristofaris auf dem folgenden Altar ist das Mosaik der hl. Petronilla, eine Kopie des wundervollen Petronilla-Bildes von Guercino in der Pinakothek des Kapitols, das für Gregor XV. gemalt und von Guercino 1623 datiert wurde.

Im Durchgang links befindet sich das *Monument Clemens' X.* (1670–76), das nach dem Entwurf Mattia de' Rossis von Ercole Ferrata ausgeführt wurde: dieser schuf die Statue des Papstes, Mazzuoli die Gnade, Morelli die Wohltätigkeit, Reti das Relief auf dem Sarkophag und Carcani die beiden Putten. Das Mosaik gegenüber, Petrus erweckt Tabitha, ist eine Arbeit von Fiani, Ottaviani und Regoli aus dem Jahre 1760, die Kopie eines Gemäldes von Placido Costanzi in Santa Maria degli Angeli.

In der Apsis schuf Bernini zwischen 1656 und 1665 den monumentalen „Stuhl des hl. Petrus" aus vergoldeter Bronze für Alexander VII. (1655–67). Der barocke Aufbau, ein außergewöhnliches Beispiel für die theatralische Kreativität Berninis und eine genaue Entsprechung des Geschmacks an vergänglichen Arrangements im 18. Jh., scheint auf geheimnisvolle Art von je zwei lateinischen und griechischen Kirchenvätern gestützt zu werden: von Ambrosius, Augustinus, Johannes Chrysostomos und Athanasios. Zur Ausführung dieses einmaligen Werkes bediente sich Bernini der Mitarbeit erster Bildhauer: Ferrata, Artusi und Morelli schufen die Statuen, Schor die „Cathedra", Morelli die beiden Felsen und Naldini die Stuckarbeiten; Schor malte außerdem das Fenster mit der Taube des Heiligen Geistes.

Rechts von der „Cathedra" ist das *Monument Urbans VIII.* (1623–44), das Bernini zwischen 1628 und 1647 unter gewisser Mitarbeit von Pietro und Luigi Bernini, L. Morelli, G. Balsimelli und N. Sale ausführte. Links das *Monument Pauls III.* von Guglielmo della Porta, das er zwischen 1551 und 1575 im Auftrag Kardinal Alessandro Farneses schuf. Das

Petersdom.
Denkmal für Christine von Schweden (1702) von Jean-Baptiste Théodon und Lorenzo Ottoni nach Plan von Carlo Fontana.
Unten: Detail des Stuart-Denkmals (1817–19) von Antonio Canova.

Petersdom.
Der hl. Longinus von Bernini.
Unten: Loggia della Lancia (1633–40), Schule Berninis.

Werk, das vier Statuen hatte, wurde bei der Verlegung aus der Gregorianischen Kapelle in die Apsis verkleinert: der „Überfluß" und der „Friede" kamen in den Palazzo Farnese, die beiden verbleibenden Statuen symbolisieren Klugheit und Gerechtigkeit.

Die vier Gestalten in den Nischen der Tribüne stellen die hll. Franziskus, Benediktus, Dominikus und Elias dar. Sie wurden in der ersten Hälfte des 18. Jh. von C. Monaldi, A. Montauti, P. Legros und A. Cornacchini geschaffen.

Im linken Querschiff findet man das Monument *Alexanders VIII.* (1689–91), das A. di San Martino 1725 ausführte. Die Statuen der Religion und der Klugheit sind von Angelo de' Rossi. Gegenüber ist das Mosaik „Petrus heilt den Gichtbrüchigen" von Ottaviani, Cocchi, Palat und Embau nach der Zeichnung von F. Mancini.

Man betritt die *Cappella della Colonna*, in deren Kuppel Mosaiken aus dem 18. Jh. mit Motiven der Lauretanischen Litanei angebracht sind. An den Gewölbezwickeln mit den Kirchenvätern arbeitete in der ersten Hälfte des 17. Jh. Giovanni Calandra nach Entwürfen von Giovanni Lanfranco, desgleichen an den Lünetten, bei denen sich Calandra der Mitarbeit von G. Abbatini bediente und nach Entwürfen von Giovanni Battista Romanelli arbeitete. Auf dem Altar Leos des Großen ist das große Relief des Heiligen, wie er vor den Toren Roms mit Attila zusammentrifft, ein schönes Beispiel für die klassizistische Strömung des 17. Jh. in Rom, das Alessandro Algardi unter Mitarbeit von Domenico Guidi nach dem ihm von Innozenz X. (1644–55) im Jahre 1646 erteilten Auftrag schuf. Das Ganze wurde 1652, zwei Jahre nach dem Heiligen Jahr, für das es geplant war, beendet.

Links ist der Altar der *Madonna della Colonna*, ein Entwurf von Giacomo della Porta.

Im Durchgang zur Clementinischen Kapelle befindet sich die *Gedenkstätte für Papst Alexander VII.* (1655–67), eine glänzende Allegorie des Todes, die zwischen 1771 und 1778 unter Leitung Berninis von seiner Schule geschaffen wurde. G. Mazzuoli bildete die Caritas, L. Morelli die Wahrheit, G. Baratta die Klugheit, G. Cartari die Gerechtigkeit, G. Cartari und D. Baciadonna die Dekorationen, N. Maglia und T. Santi Alexander VII., G. Lucenti den Tod, C. Morelli und G. Renzi das Tuch. Beteiligt waren an diesem Werk außer dem Sohn Berninis noch G. Rinaldi, T. Santi, P. Balestra, D. Sicurati, C. Mattei und F. Carcani. Innozenz XI. (1676–89) ließ die Wahrheit mit einem Gewand aus Metall verkleiden, das G. Lucenti nach Skizzen F. Carcanis ausführte. Gegenüber sieht man das Mosaik mit dem heiligen Herzen Jesu von C. Muccioli.

Im *linken Querschiff* ist das Gemälde des „Ungläubigen Thomas" von Passignano durch ein Mosaik desselben Themas von Vincenzo Camuccini ersetzt. Der Altar gegenüber hat ein Mosaik mit der Kreuzigung des hl. Petrus von Tomberli, Cerasoli und Roccheggiani, eine Reproduktion von Guido Renis Bild für San Paolo alle tre Fontane, das jetzt in der Vatikanischen Pinakothek ist und von dem es eine Kopie aus dem 18. Jh. von Nicola Ricciolini in Santa Maria degli Angeli gibt. Am mittleren Altar befindet sich ein Bild des hl. Joseph von A. Funi, das 1963 hierherkam. Die Skulpturen sind Werke aus dem 18. Jh. von P. Bracci, P. P. Campi und F. Valle.

Im nächsten Joch trifft man auf das *Monument Pius' VIII.* (1829–30) von P. Tenerani. Gegenüber davon in Mosaik die Episode „Ananias und Sapphira begegnen Petrus" von P. Adami, der ein Gemälde von Pomarancio kopierte.

Nun betritt man die *Cappella Clementina*, die 1600 im Auftrag Clemens' VIII. (1592–1605) von Giacomo della Porta erbaut wurde. Die Mosaikdekorationen in der Lünette und in den Pendentifen sind Arbeiten von M. Provenzale und P. Rossetti nach Entwürfen von Pomarancio. Am Altar mit den Reliquien des hl. Gregorius befindet sich ein Mosaik von A. Cocchi und V. Castellini nach einem Bild, das Andrea Sacchi 1627 für diese Kapelle malte und das jetzt im Kapitularsaal der Pfarrei von San Pietro hängt. Gegenüber befindet sich das *Grabmal Pius' VII.* (1800–23), das von A. Thorwaldsen auf Verlangen des Kardinals Consalvi erbaut wurde. Die beiden Statuen symbolisieren Kraft und Weisheit. An den Seiten des Thrones sind die Genien der Geschichte und der Zeit dargestellt.

Kehrt man in das Schiff zurück, so stößt man auf das Mosaik der *Verklärung Christi* aus dem 18. Jh. von Monosilio und seinen Mitarbeitern, eine Kopie des Tafelbildes, das Raffael seit 1517 für Kardinal Giulio de' Medici malte, das 1523 nach San Pietro in Montorio kam und heute in der Vatikanischen Pinakothek hängt.

Im folgenden Feld findet man das *Denkmal Leos XI.* (1605), eine schöne Bildhauerarbeit von Alessandro Algardi und seiner Schule, die zwischen 1634 und 1650 im Auftrag Kardinal Roberto Ubaldinis entstand. Der Meister selbst gestaltete das Bildnis des Papstes, das Relief und die wappentragenden Putten. Die Figuren der Stärke und des Überflusses stammen von E. Ferrata und G. Peroni. Gegenüber befindet sich das sehr schöne

Grotten des Vatikans.
Fassade und Portikus der alten konstantinischen Basilika, Fresko des 16. Jh.

Grabmal Innozenz' XI. (1676–89) von P. É. Monnot nach Entwurf von Carlo Maratta. Die beiden Statuen sind Symbole der Religion und der Stärke. Weiter geht es zu der von Carlo Maderno erbauten *Chorkapelle*; als Architekten der Baustelle San Pietro folgten Maderno seit Januar 1603 Giovanni Fontana und Giacomo della Porta. Die 1614 fertiggestellte Kapelle wurde in der Folge nach Entwürfen von Bernini dekoriert. Das Altarmosaik mit der Unbefleckten Empfängnis ist von einem Karton Pietro Bianchis inspiriert.

Im folgenden Durchgang steht das *Monument Pius' X.* (1903–14), ein ausdrucksvolles Werk von F. di Fausto und P. E. Astorri. Vorn befindet sich das *Grab Innozenz' VIII.* (1484–92), das 1498 von Antonio del Pollaiolo erbaut wurde. Es stand in der alten Basilika und wurde 1621 mit veränderter Komposition hierhergebracht, wobei der segnende Papst eine wirkungsvollere Position bekam.

Man gelangt in die *Cappella della Presentazione*. Die Mosaiken mit biblischen Szenen sind von Cristofari, Ottaviani und Conti nach Entwürfen von Carlo Maratti, das Altarmosaik aus dem 18. Jh. ist von Cristofari nach einem Modell aus dem 17. Jh. von Gian Francesco Romanelli. Links das *Monument Benedikts XV.* (1914–22), eine schlichte, aber gelungene Arbeit von Pietro Canonica.

Kehrt man in den Durchgang zurück, so stößt man auf das *Grabmal der Maria Clementina Sobieski*, ein liebenswürdiges Meisterwerk des Rokokos, das 1745 von Pietro Bracci und Filippo Barigioni fertiggestellt wurde. Das *Denkmal der Stuarts* gegenüber ist ein Werk von Antonio Canova, das er zwischen 1717 und 1719 erbaute im Auftrag des englischen Prinzregenten, des späteren Georg IV., der damit Jakob III., Karl III. und Heinrich IX. eine Huldigung erweisen wollte.

Gleich darauf betritt man das *Baptisterium*: das Mosaik der Taufe Christi formte Cristofari 1722 nach einem Original von Carlo Maratta. An den Seiten „Petrus tauft den Centurio Cornelius" und die hll. Prozessus und Martinianus nach Gemälden von Andrea Procaccini und Giuseppe Passeri. Der schöne Taufbrunnen stammt von Carlo Fontana und wurde von dem Gießer G. Giardini 1698 fertiggestellt.

Die Statuen im Mittelschiff stammen meist von Bildhauern des 18. Jh., während die *Bronzefigur des sitzenden Petrus* rechts vor dem Eingang zum Oktogon, die man zunächst für eine spätantike Arbeit hielt, Arnolfo di Cambio zugeschrieben wird.

Das Innere der Kuppel ist mit Mosaiken ausgestattet. In den Medaillons die vier Evangelisten: Giovanni de Vecchi schuf Johannes und Lukas, Cesare Nebbia bereitete die Entwürfe für Markus und Matthäus vor, die dann von Marcello Provenzale in Mosaik übertragen wurden. Dieser machte auch nach Kartons des Cavalier d'Arpino und mit Hilfe von Abbatini, Serafini, Torelli, Turchi und Rossetti die Figuren der Päpste, Christi, Mariens, des hl. Johannes des Täufers, des hl. Paulus sowie die Figuren der Engel und der Apostel in den sechzehn Verbindungsfeldern zwischen Trommel und Laterne.

In den Pfeilern sind vier Räume ausgespart, die von der Schule Berninis zwischen 1633 und 1640 gestaltet wurden und den „heiligen Reliquien" der Christenheit geweiht sind. Unten in vier Nischen die Statuen der hl. Helena von Andrea Bolgi, der Veronika von Francesco Mochi, des hl. Andreas von François Duquesnoy und des hl. Laurentius von Bernini – diese Statuen sind ein hervorragendes Zeugnis für die verschiedenen stilistischen Tendenzen, die sich in der ersten Hälfte des 17. Jh. in der römischen Skulptur zwischen Klassizismus und Barock entwickelt haben. Die von Urban VIII. (1623–44) geplante Arbeit wurde den Künstlern 1628 übergeben: Duquesnoy beendete seine Statue 1639, Mochi 1640, Bernini 1638 und Bolgi 1639.

Der *Baldachin* über dem Grab des hl. Petrus, ein absolutes und prototypisches Meisterwerk des Barocks, wurde zwischen 1624 und 1633 von Bernini und anderen Künstlern ausgeführt, darunter Duquesnoy und Borromini, der die delphinartigen Kurven der Bekrönung zum Teil mit Bronze aus dem Pantheon gestaltete.

DIE SAKRISTEI UND DIE SCHATZKAMMER

Das Problem der Errichtung einer Sakristei für die Basilika, das schon Architekten wie Carlo Fontana, Antonio Canevari und Filippo Iuvara gestellt worden war, wurde 1776 in Angriff genommen, als Pius VI. (1775–99) den Plan Carlo Marchionnis akzeptierte. Die im gleichen Jahr begonnenen Arbeiten wurden 1784 abgeschlossen. Zum Bau des neuen Gebäudes, das durch zwei Überführungen mit der Basilika verbunden war, wurde der Abbruch der Porta Fabrica und der Kirche Santo Stefano degli Ungari erforderlich. Der Eingang befindet sich unter dem *Grabmonument Pius' VIII.* Durch einen Korridor ist er mit dem Oktogon der Sagrestia commune verbunden. Über dem Eingang befindet sich eine Statue Pius' VI. (1775–99) von A. Penna, G. Sibilia und F. Franzoni. Im Inneren sind vier Säulen aus der Hadriansvilla in Tivoli. Auf dem Altar ist eine Mosaikkopie der Kreuzabnahme von Caravaggio aus der Vatikanischen Pinakothek. Ein symbolischer Bronzehahn ziert die Uhr. Dann betritt man die Sakristei der Kanoniker. Auf der Tür eine „Gloria di Santi" von Federico Zuccari. In der anschließenden Kapelle befindet sich eine Madonna mit Kind und Heiligen von Penni, eine Madonna mit Kind und Johannes (Giovannino) von Giulio Romano und zwei Bilder von Antonio Cavallucci mit Episoden aus dem Leben von Petrus und Paulus. Dann gelangt man in die Sakristei der Benefiziaten, dort gibt es von Muziano das Gemälde „Übergabe der

Grotten des Vatikans.
Oben: Johannes VII., Fragment eines Mosaiks aus dem 8. Jh.
Mitte: Figur eines Engels, Fragment eines Mosaiks aus der „Navicella" von Giotto.
Unten: Bad des Jesuskindes, Fragment eines Mosaiks aus dem 8. Jh. aus dem Oratorium San Giovanni.

Schlüssel", von Cavallucci die Bilder „Quo vadis?" und „Petrus wird Jesus vorgestellt" sowie den von Donatello 1432/33 geschaffenen Tabernakel. In der Sakristei der klerikalen Benefiziaten ist ein Bild des Johannes Chrysostomos von Guidubaldo Abbatini zu erwähnen.

Nun gelangt man zur Schatzkammer, deren Gründung auf das 4. Jh. zurückgeht. Außer Schenkungen an den Schatz von St. Peter gab es häufig auch Zerstörungen und Plünderungen, die vom hohen Mittelalter bis zur Napoleonischen Invasion reichen (wie zum Beispiel der Sacco di Roma von 1527 und der Vertrag von Tolentino 1797). Geschenke wurden der Basilika nicht nur von Päpsten, sondern auch von Königen gemacht, und in dieser Liste finden sich auch einige „Barbaren": Theoderich schenkte zwei Silberleuchter von sechzig Pfund, Chlodwig eine mit Edelsteinen besetzte Votivkrone, Karl der Große brachte mehrere Gaben, darunter einen silbernen Schild und eine mit Edelsteinen besetzte goldene Krone, und aus Anlaß seiner Kaiserkrönung im Jahre 800 ließ er die Cappella della Confessione mit Gold dekorieren.

Unter den bedeutenden Verlusten braucht man nur an zwei silberne, mit Perlen und Edelsteinen besetzte Büsten der hll. Petrus und Paulus zu erinnern, die Giovanni di Bartolo im 14. Jh. schuf, weiter an die Tiara Julius' II. und an den von Cellini für Clemens VII. geschaffenen liturgischen Schmuck (F. S. Orlando).

Werfen wir nun einen Blick auf einige derzeit im Schatz befindliche Gegenstände, zumeist Kreuze, Monstranzen, Reliquiare und liturgische Gewänder, das meiste zwischen dem 17. und 19. Jh. entstanden.

Dalmatika Karls des Großen. Dies ist die traditionelle Bezeichnung für eine Dalmatika, die aber zum Kaiser keine Beziehung hat, da es sich um das Produkt einer byzantinischen Manufaktur, wahrscheinlich aus dem 13./14. Jh., handelt. Die beiden auf einem Untergrund aus kleinen griechischen Kreuzen dargestellten Themen sind die Verklärung und Christus als Richter mit Engelschören. Diese Arbeiten sind mit Gold- und Silberfäden auf Seide ausgeführt.

Das Vatikanische Kreuz ist ein Reliquienkreuz mit vier Pendentifen aus Stein aus der zweiten Hälfte des 6. Jh. mit Splittern vom Kreuzesholz. Das kupferne Objekt ist mit einer Silberfolie bedeckt, auf der die Geschichte des Kreuzes eingeritzt ist, die Ränder der Seitenarme sind mit Edelsteinen besetzt, im Kreuzungspunkt die Reliquien. Die Rückseite ist in Treibarbeit mit Blumenmotiven verziert. An den Enden sind auf Schilden die Büste des segnenden Christus mit dem Buch und Kaiser Justinus und seine Ehefrau zu sehen. Im Zentrum das mystische Lamm Gottes. Das Kreuz ist ein Geschenk Kaiser Justinus' II., und die Kaiserin Sophia ließ einige ihrer Edelsteine darin einfassen.

Die Bernini-Monstranz. Sie heißt so, weil sie eine Nachahmung des Baldachins in der Peterskirche ist. Sie ist eine Ende des 19. Jh. von Eugenio Bellosio signierte Arbeit. Sie besteht aus Silber mit Vergoldungen, Emaileinlagen, Perlen und kostbaren Steinen. Am Fuß sieht man Christus am Tisch der Eucharistie und die vier Kardinaltugenden. Im Schaft sind vier Nischen mit den vier theologischen Tugenden. In dem von schwebenden Engeln gestützten Baldachin ist der Behälter für die Hostie. Es handelt sich um ein Sühnegeschenk, das mehrere Katholiken Leo XIII. (1878–1903) darbrachten, nachdem im April 1889 auf dem Campo di Fiori ein Denkmal für Giordano Bruno enthüllt worden war (F. S. Orlando).

Das Farnesische Kreuz gehört zu einem Satz von sechs Leuchtern und wurde in der zweiten Hälfte des 16. Jh. in Rom von Antonio Gentili da Faenza geschaffen. Es ist ein Objekt von großer Schönheit aus vergoldetem Silber mit Medaillons in Bergkristall, die Valerio Belli zugeschrieben werden. Auf seiner mit geheimnisvollen Linien bedeckten Basis ist das Wappen der Farnese eingraviert. Die anspruchsvolle Dekoration mit Voluten, Blumenmotiven, Masken, Nischen mit kannelierten Säulen und unterbrochenen Tympanons, Karyatiden und allegorischen Figuren ist typisch für das Repertoire des späten 16. Jh., in dem der Einfluß der Werke Michelangelos sehr stark ist und das bekanntere Meisterwerke von Cellini bis Landini und Danti hervorbrachte. Es ist ein Geschenk des Vizekanzlers Alessandro Farnese vom Juni 1582.

Der Stuart-Kelch. Er heißt so, weil er Kardinal Enrico Benedetto Stuart, Herzog von York, Sohn Jakobs III. und der Maria Clementina Sobieski, Erzpriester der Kathedrale von Frascati, gehörte. Der in Gold und Silber ziselierte, mit Brillanten besetzte Kelch ist seit dem Tod des Kardinals Stuart im Jahre 1807 im Schatz. Aus der Markung ist zu ersehen, daß er in der zweiten Hälfte des 18. Jh. von Luigi Valadier gefertigt wurde, und zwar in einem Stil, der vom prunkhaften Reichtum des Spätbarocks übersättigt ist und schlichtere, von der neoklassizistischen Mode beeinflußte Lösungen vorzieht.

Betreffs der übrigen Objekte der Schatzkammer sei wenigstens noch an die neoklassizistische Büste des Kardinals Enrico Benedetto Stuart erinnert, weiter an die Paramente aus dem 19. Jh. für die Bronzestatue des Petrus in der Basilika, den vergoldeten Bronzering mit eingelassenem Bergkristall, der für Sixtus IV. (1471–84) angefertigt wurde, an die Reliquiarbüste des seligen Barbarigo aus vergoldeter Bronze mit silbernen Verzierungen, die Monstranz aus dem 18. Jh. in Silber und Glas, ein Geschenk des Kardinals Albani, und die antike Staurothek (Kreuzreliquiar, 10./11. Jh.), die im 19. Jh. vergoldet und emailliert wurde. Zu erwähnen sind noch die „altslawische" Ikone mit den hll. Petrus und Paulus und einer Taufszene aus dem Ende des 18. Jh., die beiden großen Leuchter aus dem

Grotten des Vatikans.
Ein Gang in der vorkonstantinischen römischen Nekropole mit Pforten zu den Gräbern.

Sarkophag aus dem 4. Jh., der als Grab Ottos II. benutzt wurde.

16. Jh. im Reliquiensaal, die beiden Statuen von Petrus und Paulus, die Sebastiano Torrigiani zugeschrieben werden und 1962 auf Wunsch des Kardinals Francesco Barberini restauriert wurden, die Serie von Leuchtern und Altarkreuzen aus dem letzten Viertel des 16. Jh., die für Gregor XIII. (1527–85) gefertigt wurden und Sebastiano Torrigiani zugeschrieben werden, schließlich noch das Reliquiar des hl. Petrus mit einer kleinen Ädikula nach bramantischem Geschmack, ein typisches Produkt der römischen Manufaktur vom Ende des 17. Jh.

DIE VATIKANISCHEN GROTTEN

Sie befinden sich unter der Basilika und sind das Ergebnis von Arbeiten, die während des Pontifikats Gregors XIII. (1572–85) begannen und unter Papst Clemens VIII. (1592–1605) fortgesetzt wurden, als von Giacomo della Porta der päpstliche Altar in der Basilika in Angriff genommen wurde.

Die *alten Grotten* Gregors XIII. mit Kreuzgewölben auf Pfeilern umfassen drei Schiffe und befinden sich unter dem Ostarm des von Bramante und Michelangelo entworfenen Plans eines lateinischen Kreuzes. Weitere Räume wurden unter den beiden symmetrischen Kapellen (Clementinische und Gregorianische) erschlossen. Die *neuen Grotten* Clemens' VIII. (1592–1605) entsprechen der Vierung unter der Kuppel der Peterskirche. Unter dem Pontifikat Pius' XII. (1939–1958) wurden Sondierungen durchgeführt, um die Grotten nutzbar zu machen. Der Boden wurde um 80 cm abgesenkt, bei dieser Gelegenheit kamen der Bodenbelag der konstantinischen Basilika und eine römische Nekropole zum Vorschein. Außerdem wurde ein neuer Zugang geschaffen. Die ersten Funde aus römischer Zeit kamen nach dem Zeugnis Alfaranos während der Grabungen Gregors XIII. zum Vorschein, weitere unter Paul V. (1605–21) bei den Arbeiten für die Stützen des berninischen Baldachins. Die Gräber, die während der Ausgrabungen von 1940 bis 1950 zutage gefördert wurden, gehörten den römischen Familien der Matucii, Caetenni, Valerii, Aelii, Tullii, Fanii und Popilii. Zu den schönsten der freigelegten Mosaiken gehören die in der „Kammer des Fischers" mit Darstellungen des Sonnen-Christus, des Guten Hirten und des Jona.

Unter den Sarkophagen ist der mit dem Triumphzug des Bacchus (2./3. Jh. n. Chr.) und der des Valerianus Vasatulus (3. Jh. n. Chr.) mit Szenen von der Löwenjagd zu erwähnen. Sehr interessant sind dann die feinen Stuckarbeiten vom Mausoleum der Valerier. Von hier steigen wir auf zum dritten Saal. In den ersten beiden Sälen befinden sich verschiedene Grabsteine, erwähnenswert ist der des Fra Raimondo Zacosta, des 1667 verstorbenen Großmeisters des Jerusalem-Ordens, und der des Kardinals Petrus Rodríguez (Petrus Hispanus), des Getreuen Bonifatius' VIII. (1294–1303), der 1311 in Avignon verstarb. Im zweiten Saal sind bemerkenswert die Grabsteine des Kardinals Rinaldo Orsini des Jüngeren, der als Erzpriester der Basilika 1369 der Abschwörung des Johannes V. Palaiologos beiwohnte; des Kardinals Francesco de' Piccolomini Todeschini (später Pius III.), der sich als geschickter Botschafter auszeichnete; des Jean Bilhères de Lagraulas, Gouverneurs von Rom, der Michelangelo den Auftrag für die vatikanische Pietà gab; des Bischofs Theobald von Rougemont, der sich für die Beendigung des abendländischen Schismas einsetzte und die Demission des Gegenpapstes Johannes XXIII. erlebte.

Im dritten Saal sind verschiedene Fundstücke aus der alten Petersbasilika zusammengetragen, im vierten Mosaiken aus der Apsis der konstantinischen Basilika und dem Oratorium, das Johannes VII. in der Basilika errichten ließ, darunter eine Büste mit einem Engel, der Giotto zugeschrieben wurde, wahrscheinlich aber aus der römischen Schule des 13. Jh. stammt. Im fünften Saal gibt es wieder Gedenksteine: von Benedikt XII. (1334–42), den Paolo da Siena im Jahre 1341 fertiggestellt haben soll (L. Filippini); von Kardinal Pietro de Fonseca, gefertigt von der römischen Schule des ersten Viertels des 15. Jh.; von Kardinal Cristoforo Maroni, der Erzpriester der Basilika war; vom Apostolischen Protonotar Giacomo Caetani aus dem Ende des 15. Jh.; von Kardinal Ardicino della Porta aus dem 15. Jh.; von Kardinal Berardo Eruli, dem gelehrten Humanisten, das Giovanni Dalmata und seiner Werkstatt zugeschrieben wird.

Im sechsten Saal befindet sich die *Grabplatte Sixtus' IV.* (1471–84), auf welcher der tote Papst von einer Reihe viereckiger Felder umgeben ist, deren vier seine Familienwappen zeigen, zwei mit dem Kardinalshut und zwei mit der Tiara, die anderen mit den Kardinaltugenden und mit den theologischen Tugenden, außerdem mit der Geometrie, der Musik, der Grammatik, der Perspektive, der Rhetorik, der Dialektik, der Astronomie, der Philosophie und der Theologie. Das von Kardinal Giuliano della Rovere, dem Neffen Sixtus' IV., dem Antonio del Pollaiolo in Auftrag gegebene Werk wurde (wie man aus der Signatur und dem Datum auf dem Denkmal erfährt) 1493 beendet und war für die Kapelle der Franziskaner bestimmt. Im 17. Jh. wurde es in die Sakristei geschafft, dann in die Chorkapelle, in die Sakramentskapelle, ins Museum und schließlich in die Grotten.

In den Schiffen befindet sich noch das *Denkmal Calixtus' III.* (1455–58), das Kardinal Rodrigo de Borja (später Alexander VI.), der Neffe dieses Papstes, von Paolino di Antonio di Benasco für die Rotunde von Santa Maria della Febbre anfertigen ließ. Als dieses Gebäude abgerissen wurde, um den Transport des vatikanischen Obelisken zu ermöglichen, kam das Grabmal nach Santa Maria di Monserrato und schließlich in die Grotten. Wendet man sich nach links, so findet man das *Grab Urbans VI.* (1378–89), unter dem das abendländische Schisma begann, es ist ein Werk der römischen Schule vom Ende des 14. Jh. und wurde aus der Basilika hierhergebracht. Gleich dahinter liegt das *Grab Innozenz' XIII.* (1721–24); es

Grotten des Vatikans.
Grab Papst Nikolaus' V.

Gregorianisch-Ägyptisches Museum. Antinous, der Favorit Hadrians, in ägyptischer Kleidung, Skulptur des 2. Jh. aus der Hadriansvilla von Tivoli.

folgt das *Grab der letzten Stuarts:* Jakobs III., Karl Eduards und Kardinal Enrico Benedettos, Herzogs von York. Weiter das Grab des Raffaele Merry del Val und das *Monument Pius' XI.* (1922–39). Das Mosaik ist von Achiardi, die Statue von Castiglione. Es findet sich dann im mittleren Schiff der Christkönigsaltar aus der zweiten Hälfte des 15. Jh. mit Reliefs und Mosaiken. Hinzuweisen ist auf das „Madonna della Bocciata" genannte Fresko vom Anfang des 14. Jh. Man betritt die *Cappella di San Pietro,* danach folgen einige Reliefs aus dem Tabernakel Sixtus' IV., die Matteo del Pollaiolo zugeschrieben werden, aber wahrscheinlich aus der römischen Schule der Mitte des 15. Jh. stammen, und Apostelstatuen von Giovanni Dalmata, Matteo del Pollaiolo und Mino da Fiesole. Nach einem Relief von einem Andreas-Reliquiar, das man der Werkstatt des Isaia da Pisa zuschreiben kann und das aus einem von Pius II. (1458–64) geplanten Tabernakel stammt, gelangt man zu der 1954 errichteten *Cappella di San Colombano.* Weiter vorn ist das *Monument Pauls II.* (1464–71), dessen ursprüngliche Struktur wohl als Triumphbogen einer Zeichnung von Giacconio (Galassi Paluzzi) entnommen ist. An dem von Marco Barbo, dem Cousin des Papstes, in Auftrag gegebenen Werk schuf Giovanni Dalmata die Gestalten des Pontifex, des Allmächtigen mit Engeln, der Auferstehung, der beiden wappentragenden Engel, der Evangelisten Markus und Matthäus, der Hoffnung und der Erschaffung Evas, während Mino da Fiesole die Lünette mit dem Jüngsten Gericht, die Gestalten der Barmherzigkeit und des Glaubens sowie der Erbsünde skulptierte. Die Arbeiten dauerten wahrscheinlich von 1474 bis 1477. Der Sockel mit Masken, Putten und Girlanden steht im Louvre.

Als nächstes folgt das *Grab Pius' VI.*, das aus einem geriffelten altchristlichen Sarkophag und einem wahrscheinlich aus dem 4. Jh. stammenden Relief besteht. Darauf folgen Marmorfiguren der Madonna, der hll. Petrus und Paulus und zweier Beter, die aus der Blasiuskapelle der Familie Orsini stammen. Die beiden knienden Beter könnten Johannes XXII. (1316–34), Eugen IV. (1431–47) oder auch die Kardinäle Giovanni oder Gaetano und Latino Orsini sein. Das Werk wurde von Bürger überzeugend dem Isaia da Pisa zugeschrieben.

In der Kapelle mit dem *Grab Johannes' XXIII.* (1958–63) gibt es ein schönes Relief der Madonna mit Kind und Engeln der lombardischen Schule des 15. Jh. Es folgen nun die Gräber der Königinnen Carlotta von Savoyen-Lusignan und Christine Alexandra von Schweden, das *Grab Benedikts XV.* (1914–22), ein Werk Giulio Barbieris, und das *Grab Innozenz' IX.* (1591). Daneben ist das *Grab Marcellus' II.* (1555) in einem Sarkophag aus dem 4. Jh. und in der folgenden Kapelle ein Relief der Madonna mit Kind und zwei Engeln der toskanischen Schule des 15. Jh. Das folgende *Grab Julius' III.* (1550–55) ist ein altchristlicher Sarkophag, während das *Grab Innozenz' VII.* (1404–06) ein Werk der römischen Schule des 15. Jh. ist. Es folgen dann das *Grab Nikolaus' V.* (1447–55) und das *Grabmahl Bonifatius' VIII.* (1294–1303), ein Meisterwerk von Arnolfo di Cambio, die beiden den Vorhang haltenden Engel sind von seinen Mitarbeitern.

Daneben steht ein schöner Sarkophag des 15. Jh., das *Grab Nikolaus' III.* (1277–80), und die Ädikula mit einem Fresko der Madonna aus der Sieneser Schule des 15. Jh. Im Mittelpunkt findet man die Statue des Petrus vom Portikus der alten Basilika aus dem 3. Jh., deren Kopf und Hände im 13. Jh. erneuert wurden. In der folgenden Kapelle stehen Sarkophage aus dem 4. Jh., die als Gräber für Gregor V. (996–999) und Kaiser Otto II. dienen, daneben eine Platte mit dem Text der Schenkung der Mathilde von Etrurien und ein Mosaik aus dem 9./10. Jh. mit Christus zwischen Petrus und Paulus. Die beiden letzten Gräber sind diejenigen *Hadrians IV.* (1154–59) und *Pius' III.* (1503).

Auf der rechten Seite der Grotten, in den letzten Sälen vor dem Ausgang, finden sich alte Grabsteine verschiedener Epochen und frühchristliche Sarkophage, unter denen der des *Junius Bassus* aus dem 4. Jh. bemerkenswert ist. Er besteht aus parischem Marmor und ist in Felder mit biblischen Szenen, Szenen aus dem Evangelium und den Jahreszeiten unterteilt. Der Sarkophag wurde Ende des 16. Jh. in der Basilika in der Nähe der Confessio gefunden.

DIE GÄRTEN

Einer der eindrucksvollsten, wenn auch wenig bekannten Bereiche des vatikanischen Gebiets sind die Gärten, die durch eine von der Piazza della Zecca bis zum Cortile delle Corazze führende lange Straße unterteilt sind: rechts sind der Pinienhof (Pigna) und der Belvederehof nach den Plänen Bramantes (Pirro Ligorio gestaltete den „Nicchione della Pigna" und Giacomo da Pietrasanta den Belvedere), links der Park mit der „Casina" Pius' IV.

Es handelt sich um einen Garten „all'italiana" aus dem 16. Jh., der am äußeren Rand von der Leoninischen Mauer begrenzt wird. Es gibt dort neben einigen Gebäuden aus dem 19. Jh. wie dem von Benedikt XV. (1914–22) errichteten Tempelchen der Madonna della Guardia und der „Casina" Leos XIII. (1878–1903) auch architektonische Zeugnisse von besonderer Bedeutung wie den Leoninischen Turm aus der Zeit Leos IV. (847–855) und aus dem 16. Jh. von Ottaviano Mascherino den Turm der Winde (Torre dei venti), der als Observatorium für Gregor XIII. (1572–85) erbaut war, unter Urban VIII. (1623–44) teilweise umgebaut wurde und in dessen Salone del Calendario Ignazio Danti eine Sonnenuhr erstellte.

Von außergewöhnlichem Interesse ist die „Casina" Pius' IV. (1559–65) mit dem kleinen, vorgelagerten elliptischen Platz, zu dem die Konvexform der beiden seitlichen Eingangstreppen einen Kontrast bildet. Dieser Gartenpalast wurde unter Paul IV. (1555–59) begonnen und von 1558 bis 1561

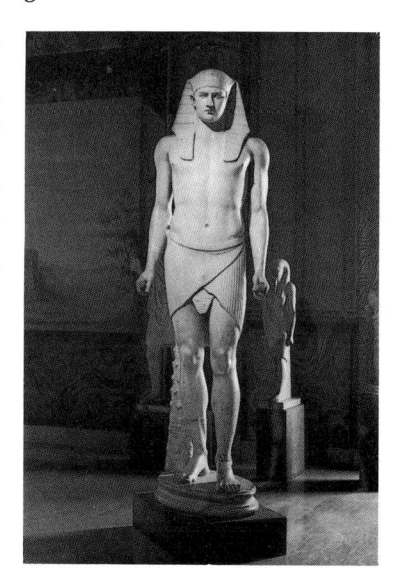

Galerie der geographischen Karten. Civitavecchia und sein Hafen (1580–83), Gemälde von Antonio Danti nach Angaben seines Bruders Ignazio.

Gregorianisch-Etruskisches Museum. Goldfibel aus dem 7. Jh. v. Chr. aus dem sogenannten Regolini-Galassi-Grab von Cerveteri.

von Pirro Ligorio unter Mitarbeit von Sallustio Peruzzi für Pius IV. fertiggebaut. Das Gebäude mit dem angrenzenden Garten ist eines der sprechendsten Zeugnisse für die Gestaltung italienischer Villen in der späten Renaissance. Der intellektualistische Zug der Epoche findet seinen vollkommensten Ausdruck in der Erneuerung und Anwendung der klassischen Regeln. Eine neue Auffassung der Außenflächen läßt diese von der reinen Abgrenzung zu einer strahlenden Partitur mit eleganten Reliefs mythologischer Themen werden, in denen sich an der Schwelle des Barocks die erzählerische Phantasie eines großen, eigenwilligen Architekten entfaltet. Die reiche Dekoration im Inneren besteht aus Stuckarbeiten sowie von Mythos und Bibel angeregten Malereien von Federico Zuccari, Lorenzo Costa, Santi di Tito und dem jungen Barocci, der dort von Ende 1561 bis Mitte 1563 arbeitete und als Mitarbeiter Pierleone Genge und (für den Stuck) Tommaso Boscoli da Montepulciano hatte (Redig de Campos).

Die Brunnen in den Gärten gehören zum Schönsten des ganzen Bereichs und stammen in der Hauptsache von Maderno, Vasanzio und Ferrabosco. Erwähnt seien der „Brunnen der Spiegel" in der Nähe der Treppe Pauls V. (1605 bis 1621), der von mythischen Meereswesen bevölkerte „Brunnen des Nordwinds" und der „Brunnen des Sakraments", eine von Paul V. im Jahre 1608 erbaute seltsame Allegorie, die mit den beiden Festungstürmen auf die Kirchen-Festung anspielt. Dann ist da noch der „Galeerenbrunnen" aus der Zeit Pauls V., aber mit dem Wappen Pius' VI. (1775–99) auf der im Brunnenbecken stehenden Galeone aus Bronze.

DIE VATIKANISCHEN MUSEEN

Es handelt sich in Hinsicht auf Vielfalt und Reichtum der Sammlungen um einen in der Welt einzigartigen Komplex, ein deutlicher Beweis, welche Wichtigkeit die Päpste immer den bildenden Künsten beigemessen haben. Die archäologischen Museen sind eine Frucht des Interesses, das seit dem 18. Jh. (auch infolge der Ausgrabungen, die Pompeji und Herculaneum ans Licht förderten) der Antike entgegengebracht wurde. In der Folge tauchten auf dem Antiquitätenmarkt zahlreiche Gegenstände auf, deren Kenntnis durch die Verbreitung von Alben mit gedruckten Reproduktionen gefördert wurde, die zugleich die Sammelleidenschaft weckten und die Bildung spezialisierter Sammlungen erleichterten, wie zum Beispiel die Sammlung des Kardinals Albani oder die des Kardinals Stefano Borgia, die heute in Neapel ist. Von großer Bedeutung ist weiter die Pinakothek, die eine zusammenhängende Folge malerischer Zeugnisse vom 11. bis zum 20. Jh. bietet (neuerdings ist eine Abteilung für zeitgenössische religiöse Kunst eingerichtet worden).

DIE GREGORIANISCHEN MUSEEN

Sie befinden sich in den Gemächern Pius' IV. auf der Seite des „Nicchione" im Pinienhof und wurden von Papst Gregor XVI. (1831–46) eingerichtet. Man erreicht sie über die Scala Simonetti, die zum ersten Stock hinaufführt. Dort befindet sich das **Ägyptische Museum,** das zwischen 1838 und 1839 nach den Anweisungen des Paters Luigi Ungarelli (die ägyptische Ausstattung im I. Saal ist ein Werk Giuseppe de Fabris') mit Material versehen wurde, das aus dem Vatikan, der Hadriansvilla und dem Kapitolinischen Museum stammte. Das Museum besteht aus zehn Sälen mit Sarkophagen, Mumien und Statuen. Hervorzuheben sind der Kopf des Pharao Mentuhotep IV., die Statuen Ramses' II. und seiner Mutter Tewe, des Pharao Sethi I. und Ptolemaios' II. Philadelphos mit seiner Frau Arsinoe. Eine weitere Reihe von Skulpturen – römischen Imitationen ägyptischer Kunst aus dem 2. und 3. Jh. – stammt aus der Hadriansvilla, während das Fragment mit der römischen Bireme aus Palestrina stammt. Der IV. Saal (Sala del Naoforo) zeigt Votivstatuetten aus Basalt, unter denen die des Udjeharresnet die bedeutendste ist. Hier gibt es außerdem eine Reihe von Kanopen (Urnen) aus Terrakotta, Sandstein und Alabaster. Die Gewebe an den Wänden sind koptischer Manufaktur. Aus dem folgenden V. Saal (Sala d'Emiciclo [Halbkreis]) sind die Grabstele des Würdenträgers Iri aus der vierten Dynastie und eine Serie menschenähnlicher Sarkophage aus dem 6. Jh. n. Chr. zu erwähnen. Im VI. Saal präsentiert sich eine Sammlung menschen- und tierähnlicher Gottheiten. Im VII. Saal sind Geräte für die Leichenbestattung ausgestellt. Die Säle VIII–X enthalten einen Grundstock von Papyrus-Dokumenten, zumeist aus Grabstätten stammend, und verschiedene Gegenstände aus Stein, die dem prähistorischen Ägypten angehören.

Im zweiten Stock befindet sich das von Gaspare Salvi aufgebaute **Etruskische Museum,** das nach den reichen Funden von Cerveteri unter der Beratung von Camuccini, Thorwaldsen, Valadier, Grifi und Nibby aufzublühen begann. Im Jahre 1836 erwarb der Vatikan nach der Entdeckung des Regolini-Galassi-Grabes dessen Ausstattung.

Das Museum besteht aus insgesamt siebzehn Sälen. Im I. Saal gibt es Sarkophage: sie sind dekoriert mit Szenen aus der griechischen Mythologie, mit einem von Liktoren begleiteten Zweigespann, mit einem Hochzeitszug und einem bärtigen Mann. Der II. Saal, der mit Fresken von Barocci und Federico Zuccari dekoriert ist, enthält die Grabbeigaben des Regolini-Galassi-Grabes von Cerveteri aus der Mitte des 7. Jh. v. Chr., das am vollständigsten diese orientalisierende Kultur widerspiegelt. Das Grab enthielt die sterblichen Reste zweier Männer und einer Frau mit einer Ausstattung an kostbaren Gegenständen, die ihren hohen sozialen Rang bezeugen. Im III. Saal, der mit Fresken von Niccolò Pomarancio und Santi di Tito ausgestattet ist, sind Bronzen und verschiedene Gerätschaften aufbewahrt. Das bedeutendste Objekt ist die umbrisch-etruskische Bronzestatue des *Mars von Todi* aus dem 4. Jh. v. Chr., die von Modellen eines strengen Stils inspiriert ist und eine umbrisch-latinische Inschrift trägt: „Ahal Trutitis dunum dede." Der IV. Saal enthält kleine Aschenurnen, die mit mythischen Szenen dekoriert sind. Im V. Saal befinden sich Krüge und Vasen vom 7. bis zum 5. vorchristlichen Jahrhundert aus der Nekropole von Vulci, die der Marchese Benedetto Guglielmi 1937 Pius XI. (1922–39) schenkte. Im VI. Saal sind Gold-

Gregorianisch-Etruskisches Museum. Der „Mars von Todi", umbrisch-etruskische Bronzestatue des 4. Jh. v. Chr.

Museo Pio-Clementino. Porphyrsarkophag der hl. Helena, der Mutter Konstantins, Anfang 4. Jh.

Museo Pio-Clementino. „Torso vom Belvedere", signiert von dem neuattischen Bildhauer Apollonios, Sohn des Nestor.

schmiedearbeiten, im VII. Terrakotten, im VIII. Zierat aus Terrakotta, Waffen, Knochen und Elfenbein, Öllampen, Salbentöpfe, Glas und der Kopf eines Kaisers aus dem 3. Jh. n. Chr. ausgestellt. Der IX. Saal enthält die Sammlung Falcioni mit Terrakotten, Bronzen und goldenen Gegenständen. Der XI. birgt die Reste einer Bronzestatue (wahrscheinlich Neptun), die im Hafen von Civitavecchia gefunden wurde. Dann gelangt man zum Saal der griechischen Originale mit Marmor aus der klassischen Epoche, von denen einige vom Parthenon stammen. Bemerkenswert sind die Stele von Palestrita von einem attischen Grab des 5. Jh. v. Chr. und ein Athene-Kopf des 5./4. Jh. v. Chr. Über einen Korridor gelangt man dann zum Saal der assyrischen Reliefs, benannt nach den Texten in Keilschrift an den Wänden und den Reliefs mit kriegerischen Szenen. Im letzten Saal italische, attische und etruskische Vasen.

DAS PIO-CLEMENTINISCHE MUSEUM

Es entstand aus den im Belvederehof angesammelten Skulpturen und den 1770 erworbenen Sammlungen Mattei und Fusconi. Die Herrichtung der Räumlichkeiten und die Erneuerung des Palazzetto Innozenz' VIII. (1484–92) geschah für Papst Clemens XIV. (1769–74) unter der Oberleitung von Giambattista Visconti und Giovanni Angelo Braschi durch Alessandro Dori, für seinen Nachfolger Pius VI. (1775–99) durch Michelangelo Simonetti und Giuseppe Camporese. Die Aufstellung der Figuren wurde 1772 beendet, die Anpassung des Atriums wurde im gleichen Jahr Michelangelo Simonetti (Pietrangeli) anvertraut, der damit 1773 fertig wurde. 1776 wurden die Arbeiten mit dem Abriß der Kapelle und der Sakristei Mantegnas wiederaufgenommen mit dem Ziel, die Galerie der Statuen zu verlängern, 1793 wurden sie mit dem Atrium der vier Gitter von Camporese abgeschlossen.

Dieses Museum beherbergt Skulpturen, Sarkophage, Mosaiken und Baufragmente verschiedener Epochen. Erwähnt werden müssen der aus Santa Costanza kommende Sarkophag der Konstantia, der Tochter Konstantins, aus dem 4. Jh. n. Ch. mit von heidnischer und christlicher Symbolik abgeleiteten Dekorationen und der Sarkophag der hl. Helena von der Tor Pignattara, 4. Jh., mit Szenen römischer Soldaten und gefangener Barbaren. Im „Runden Saal" ist das schöne Mosaik von Otricoli mit Wassergottheiten und Kentaurenkampf ausgestellt. Hier befindet sich auch der außergewöhnliche Zeus von Otricoli, die römische Kopie einer griechischen Skulptur des 4. Jh. v. Chr. von dem Bildhauer Bryaxes. Sehr schön sind die Statuen der Göttin mit Peplos (Frauengewand), der Kopie einer griechischen Skulptur aus dem 5. Jh. v. Chr., und eines Hercules in vergoldeter Bronze vom Anfang des 1. Jh. n. Chr. aus dem Theater des Pompeius. Es gibt noch den von der Schule des Sebastiano Conca mit mythologischen Themen ausgemalten „Saal der Musen", wo Hermen von Persönlichkeiten der Geschichte und der griechischen Literatur sowie die Serie Apollo und Musen aus Tivoli (Kopien griechischer Originale aus dem 3. Jh. v. Chr.) aufbewahrt werden. Im folgenden, von Pius VI. (1775–99) geplanten „Saal der Tiere" sind Tierfiguren aus dem 18. Jh. von Francesco Antonio Franzoni ausgestellt. Dort befindet sich auch die Gruppe des Meleager in der mythischen Episode, wo der Held den Kalydonischen Eber tötet. Es handelt sich um eine gute Kopie einer Bronzeskulptur von Skopas aus dem 4. vorchristlichen Jahrhundert. Interessant sind auch eine Darstellung des Mithras Tauromachos aus dem 2. Jh. n. Chr. und einige Mosaiken mit Genreszenen.

In der „Galerie der Statuen" gelten als bemerkenswert der Eros von Centocelle nach einem Original aus dem 4. Jh. v. Chr., die Büste einer Meeresgottheit aus hellenistischer Zeit und besonders der Apollo Sauroctonus, eine römische Skulptur nach einem Original von Praxiteles, sowie die Amazone von der Villa Mattei, die Kopie einer Skulptur von Polyklet aus dem 5. Jh. v. Chr., weiter der Ruhende Satyr, Replik eines Praxitelischen Originals, und eine hellenistische Skulptur der Schlafenden Ariadne vom Anfang des 3. Jh. v. Chr.; überdies sind bemerkenswert die „candelabri Barberini" aus der Hadriansvilla vom 2. Jh. n. Chr., die mit Reliefs von Gottheiten verziert sind.

In der „Galerie der Büsten" sind die Bildnisse von Kaisern (die schönsten davon sind Julius Caesar, der jugendliche Oktavian und Caracalla) und von Gottheiten zu erwähnen, wie der Jupiter aus dem Palazzo Verospi. Im Kabinett der Masken, das unter Pius VI. (1775–99) fertiggestellt und von Domenico De Angelis ausgemalt wurde, steht die Knidische Venus, eine römische Kopie der Aphrodite des Praxiteles vom 4. Jh. v. Chr. aus der Sammlung Colonna.

Der *Laokoon* ist das Meisterwerk aus Marmor, das dem folgenden Saal seinen Namen gibt. Es handelt sich um ein Werk des rhodischen Bildhauers Agesandros und seiner Söhne Athenodoros und Polydoros, wahrscheinlich aus dem 2. Jh. v. Chr., „das in der inbrünstigen hellenistischen Welt die Beziehungen und Unterschiede zwischen rhodischem und pergamenischem Raum" deutlich macht (Becatti). Nachdem die Laokoon-Gruppe im Jahre 1506 in der Domus Aurea aufgefunden worden war, wurde sie kurz darauf von Montorsoli restauriert und in jüngster Zeit von diesen unrichtigen Restaurationen wieder befreit. Dasselbe geschah in neuerer Zeit übrigens auch mit dem Apollo vom Belvedere, der gleichfalls von Montorsoli restauriert worden war. Diese bewundernswürdige Skulptur befindet sich in dem nach ihr benannten Kabinett und ist eines der berühmtesten Beispiele antiker Bildhauer-

Zwei Tetrarchen, römische Kaiser des 3. Jh., Relief von einer Porphyrsäule in der Galleria Clementina.
Unten: Ehepaar, römisches Gemälde auf Glas, 3. Jh.

Vatikanische Bibliothek.
Profil eines jungen Mannes, Zeichnung von Bernini.

kunst. Es ist eine römische Kopie aus der Zeit Hadrians nach einem von Leochares um 320 v. Chr. geschaffenen Original. Beim Weitergehen stößt man auf das „Kabinett des Perseus" mit der Statue des Perseus, die Canova zwischen 1797 und 1801 gestaltete und von der es eine für die Gräfin Tarnowska erstellte Version gibt, die sich heute im Metropolitan Museum in New York befindet. Endlich gelangt man zum „Kabinett des Hermes", benannt nach einer Skulptur des Hermes, einer römischen Kopie aus dem 2. Jh. n. Chr. nach einem Original des Praxiteles. Hinter dem runden Vestibül befindet sich der „Saal der Inschriften" mit dem Apoxyomenos, einer römischen Kopie nach einem Bronzeoriginal des Lysipp, etwa aus dem Jahr 320 v. Chr., das 1849 in Trastevere aufgefunden wurde. Daneben ist das Atrium mit dem Torso des Belvedere, der in den ersten Jahren des 16. Jh. entdeckt wurde und von dem Athener Bildhauer Apollonios, Sohn des Nestor, signiert ist.

DAS MUSEO CHIARAMONTI

Es besteht aus drei Teilen: Museum, Neuer Flügel und Lapidarium. Im Auftrag Pius' VII. (1800–23) arbeiteten an dem Neubau Raffaello Stern, Antonio Canova und Pasquale Belli. Die Aufstellung der Skulpturen in der Galleria Lapidaria nahm Gaetano Marini vor. Im Museo Chiaramonti werden Sarkophage, Hermen, Bildnisse und Statuen aus verschiedenen römischen Epochen aufbewahrt. Das Lapidarium enthält außer Skulpturen eine Sammlung christlicher und heidnischer Epigraphe aus Katakomben und Nekropolen, die ebenfalls Gaetano Marini arrangierte. Wichtig sind: der „Augustus von Prima Porta" aus dem 1. Jh. v. Chr., der 1863 in der Villa der Livia gefunden wurde; eine Statue des Demosthenes, Kopie eines Bronzeoriginals von Polyeuktos aus dem 3. Jh. v. Chr.; die „Verwundete Amazone", Kopie einer Skulptur aus dem 5. Jh. v. Chr. von Polyklet, an der Thorwaldsen Füße und Arme ergänzte; eine Artemis nach einem Original des 4. Jh. v. Chr.; der Nil von Iseo Campenese aus hellenistischer Zeit, der 1513 entdeckt wurde; die Athene Giustiniani nach einem Bronzeoriginal vom Anfang des 4. Jh. v. Chr.; der Ruhende Satyr nach einer Skulptur von Praxiteles; der außergewöhnliche Doryphoros nach einer Bronze von Polyklet aus dem 5. vorchristlichen Jahrhundert.

Man geht jetzt zur Galleria dei Candelabri hinauf, die in der zweiten Hälfte des 19. Jh. von Torti und Seitz dekoriert wurde und interessante Arbeiten enthält: den Sarkophag mit dem Orest-Mythos; die Kandelaber-Serie aus Sant' Agnese und Santa Costanza; den Raub Ganymeds nach einem Original aus dem 4. Jh. v. Chr. von Leochares; eine schöne Statue eines Alten von einem Bildhauer aus Pergamon; einen Sarkophag mit der Tötung der Niobiden; einen Leuchter aus Otricoli. Daneben liegt der „Saal des Zweigespanns" (Biga), benannt nach einem Ende des 18. Jh. von Francesco Antonio Franzoni rekonstruierten Zweigespann, in dem antike Fragmente verwendet wurden. Im gleichen Saal gibt es den sehr schönen bärtigen Dionysos vom Beginn des 4. Jh. v. Chr., einen Diskuswerfer nach einem Original von Myron, der aber an den Lancellotti-Diskuswerfer nicht heranreicht, und drei Sarkophage mit Amoretten, die Zweispänner lenken.

Man geht zurück durch die Galleria dei Candelabri und betritt die „Galerie der Gobelins", in der es früher zehn raffaelische Gobelins gab. Sie wurden nacheinander in die Vatikanische Pinakothek geschafft und durch Teppiche mit Szenen aus dem Leben Christi der Brüsseler Manufaktur des Pieter van Aelst aus dem 16. Jh. nach Entwürfen von Bernard van Orley und Tommaso Vincidor ersetzt.

Darauf gelangt man zur „Galerie der geographischen Karten", die auf den Wunsch Gregors XIII. entstand und so benannt wird nach den sechsunddreißig Darstellungen italienischer Regionen, die der Kosmograph Ignazio Danti in der zweiten Hälfte des 16. Jh. anfertigte. Die Wölbung mit Stuckarbeiten und Episoden der Heilsgeschichte dekorierten Girolamo Muziano und Cesare Nebbia zusammen mit vielen anderen Malern, wie Niccolò Circignani, Baldassarre Croce, Paul und Mathys Bril, Iacopo Semenza, Matteo da Siena, Giacomo Stella, Antonio Tempesta, Giacomo Palma, Giambattista Lombardelli, Marco Marchetti und Ottaviano Mascherino.

DIE VATIKANISCHE BIBLIOTHEK

Kehren wir in das Stockwerk der von Nikolaus V. (1447–55) gegründeten Bibliothek zurück, die auch von seinen Nachfolgern durch den Ankauf privater Sammlungen erweitert wurde: 1622 der Palatinischen, 1658 der Urbinischen, 1746 der Capponianischen, 1748 der Ottobonianischen, 1891 der Borghesischen, 1902 der Barberinischen und der Borgiaschen, 1923 der Chigischen. Es werden dort auch Inkunabeln und Manuskripte aufbewahrt. Die Bibliothek setzt sich aus folgenden Räumlichkeiten zusammen: der von Clemens XII. (1730–40) gegründeten Galleria Clementina mit einer beachtlichen Sammlung römischer Landkarten; der von Alexander VIII. (1689–91) im Jahre 1690 gegründeten Sala Alessandrina mit römischen Stadtplänen von Duperac, Lafréry und Maggi-Maupin-Losi; der Sixtinischen Bibliothek; dem Sixtinischen Salon, der von Domenico Fontana für Sixtus V. (1585–90) gestaltet und von Federico Rainaldi und Silvio Antoniano nach einem ikonographischen Programm ausgemalt wurde, welches die Funktion des Buches in der Geschichte und die Bautätigkeit Sixtus' V. verherrlicht. Das Unternehmen, das laut De Campos für das Verständnis der Kultur der Gegenreformation bedeutsam ist, wurde unter Anleitung von Cesare Nebbia und Giovanni Guerra durch hundert Maler ausgeführt. Die Ansichten von Rom stammen von Antonio Tempesta und Paul Bril. Sehr reich ist die Sammlung an la-

Vatikanische Bibliothek. Widmungsseite mit Guido da Montefeltro und (wahrscheinlich) dem Bildnis des Francesco di Giorgio Martini, des Malers der Miniatur. Codex „Disputationum Camaldulensium libri I–IV" von C. Landino, um 1450.

Vatikanische Bibliothek. Seite des Evangeliars von Lorsch aus der „Schreibstube" des karolingischen Hofes, 9. Jh.

Vatikanische Bibliothek. Titelblatt des Buches „Unica speranza dei peccatori" von F. Marchese, Rom 1670. Stich nach einer Zeichnung von Bernini.

teinischen Codices und Manuskripten (vier von Vergil), an Miniaturen (sehr schön das Stundenbuch des Jean Bourdichon, das Brevier des Matthias Corvinus von 1487, die „Göttliche Komödie" mit Illustrationen von Botticelli) und an lateinischer und italienischer Lyrik aus allen Zeiten (venezianische Ausgabe der „Hypnerotomachia Polyphili" von 1499). Zur Vatikanischen Bibliothek gehört schließlich noch der Sixtinische Saal und die Galerie Urbans VIII. (1623–44).

DAS MUSEO PROFANO UND DAS MUSEO SACRO

Die lange Galerie der Vatikanischen Bibliothek liegt zwischen dem Museo Profano und dem Museo Sacro. Das erstere, von Clemens VIII. (1758–69) und Pius VI. (1775–99) eingerichtet, ist mit von Luigi Valadier entworfenen Schränken aus brasilianischem Holz ausgestattet und enthält kleine Gegenstände aus Elfenbein und harten Gesteinsarten. Das von Benedikt XIV. (1740–58) eingerichtete Museo Sacro hat eine von Stefano Pozzi mit den theologischen Tugenden und „Triumph der Kirche" ausgemalte Wölbung. Dort werden verschiedene Geräte aus dem 1. bis 17. Jh. aufbewahrt (Gläser, Salbengefäße, Emaillen, Silberwaren). Im folgenden Saal befindet sich das Fresko der „Aldobrandinischen Hochzeit" vom Ende des 1. Jh. v. Chr., das, 1605 auf dem Esquilin entdeckt, in die Villa Aldobrandini gebracht wurde und 1818 von dort in den Vatikan gelangte. Die Fresken an den Wänden zeigen Landschaften der Odyssee, des Esquilin und einen Aufzug von Mädchen aus Ostia. Die Fresken an der Decke mit der Geschichte Samsons wurden von Guido Reni für Paul V. (1605–21) ausgeführt. Im 19. Jh. wurden sie abgelöst und auf Leinwand übertragen. Wir betreten jetzt die Kapelle Pius' V. (1566–72), die von Jacopo Zucchi mit Fresken der Geschichte des Petrus Martyr ausgemalt wurde. Die letzten Säle des Museo Sacro beherbergen Paramente und liturgische Gobelins verschiedener Epochen.

DAS APPARTAMENTO BORGIA

Wir betreten jetzt das Appartamento Borgia zwischen den Höfen des Belvedere, der Borgia und der Papageien, das Alexander VI. (1492–1503) von Pinturicchio und seinen Mitarbeitern, die er von ihrer Verpflichtung am Dom zu Orvieto nach Rom berief, dekorieren ließ. Die Arbeiten begannen Anfang 1493 und wurden im Jahr darauf beendet.

Das Werk Pinturicchios und seiner Helfer betrifft die Säle der Glaubensmysterien, der Heiligen und Künste, des Credo und der Sibyllen und die kleinen Winkel im Westflügel. Leo XIII. (1878–1903) beauftragte Lodovico Seitz mit Restaurationsarbeiten. Der Saal der Päpste wurde zur Zeit Leos X. (1513–21) von Perin del Vaga und Giovanni da Udine mit Fresken ausgestattet. Vervollständigt wurde die Einrichtung durch sechs Gobelins der flämischen Manufaktur aus dem 16. Jh. mit mythischen Episoden des Kephalos und der Prokris. Später wurde eine Büste Leos XIII. (1878–1903) des Bildhauers Guido Galli aufgestellt. Dann wurden in einer Vitrine kleine Skulpturen ausgestellt, darunter Studien in Terrakotta von Bernini für das Grabmal Alexanders VII. (1655–67) mit der Caritas und der Wahrheit, eine Bronzebüste des Kaisers Johannes Palaiologos aus dem 15. Jh. und eine Serie kleiner Bronzen verschiedener Schulen und Epochen.

Im „Saal der Sibyllen" malte die Schule Pinturicchios in den Lünetten Propheten und Sibyllen und in den Wölbungen zwischen vergoldeten Reliefs verschiedene Dekorationen. Die Ausstattung wurde vervollständigt durch Gobelins der flämischen Manufaktur, eine Madonna eines Bildhauers der Familie Robbia und ein Holzkreuz aus dem 15. Jahrhundert. Im „Saal des Credo", dessen Lünetten mit Paaren von Aposteln und Propheten ausgestattet sind, wurden Waffen verschiedener Werkstätten gesammelt. Der „Saal der Künste", früher das Studierzimmer des Papstes, wurde vorwiegend von Pastura mit einem allegorischen Zyklus der Dialektik, Grammatik, Astrologie, Musik, Arithmetik, Geographie und Rhetorik bedacht. In den Wölbungen Grotesken in vergoldetem Relief. Im „Saal der Heiligen" stammt von Pinturicchio selbst der „Disput der hl. Katharina von Alexandrien mit den Philosophen vor dem Kaiser, unter Mithilfe seiner Mitarbeiter entstanden die „Begegnung des heiligen Abtes Antonius mit dem heiligen Eremiten Paulus", die „Heimsuchung", das „Martyrium des hl. Sebastian", „Susanna wird von den Alten belauscht" und die „Heilige Barbara". In diesem Saal wurden drei Gobelins der flämischen Manufaktur aus dem 15. Jh. angebracht mit der „Mystischen Hochzeit der hl. Katharina" und Episoden aus dem Leben Christi. Die hölzerne Ausstattung stammt aus der zweiten Hälfte des 15. Jahrhunderts. Die Wölbungen wurden zwischen vergoldetem Stuck mit Darstellungen von Isis, Osiris, Jo und dem Stier Apis dekoriert.

Auch im folgenden „Saal der Glaubensmysterien" ist die Handschrift Pinturicchios zu erkennen; sehr schön in der Auferstehungsszene das Bild des betenden Borgia-Papstes. Weitere Episoden aus der Heilsgeschichte sind die „Verkündigung", die „Geburt Christi", die „Anbetung der Könige", die „Himmelfahrt", „Pfingsten" und „Mariä Himmelfahrt". Im Appartamento Borgia, dessen alte Ausstattung entfernt wurde, ist die Sammlung moderner religiöser Kunst untergebracht worden.

Man steigt ins Stockwerk der Stanzen Raffaels hinauf, wo sich neben der „Stanze mit der Feuersbrunst von Borgo" die Kapelle Urbans VIII. (1623–44) befindet, die dieser Papst seit 1631 ausbauen

Stanze der Feuersbrunst von Borgo.
Detail der Feuersbrunst von Borgo
von Raffael und Mitarbeitern.

Stanze des Heliodor.
Teil der monochromen Dekoration
von Polidoro da Caravaggio.
Unten: Der brennende Dornbusch,
dem Guillaume de Marcillat
zugeschrieben.

ließ, wie aus den von Pollak veröffentlichten Zahlungen für Steinmetzen und Vergolder hervorgeht; die malerische Ausstattung wurde Pietro Berettini da Cortona anvertraut, der 1635 auch noch Zahlungen für eine „Kreuzabnahme Christi" erhielt. Die Ausmalung der Wölbungen und Lünetten mit Episoden der Passion Christi überließ er seiner Schule. Der anschließende „Saal der Immaculata" wurde auf Wunsch Pius' IX. (1846–78) neu gestaltet und von Francesco Podesti mit Bildern ausgemalt, die das Dogma der Unbefleckten Empfängnis darstellen, das auf dem II. Vatikanischen Konzil am 8. Dezember 1854 verkündet worden war. In der Wölbung sieht man außer dem Mastai-Ferretti-Wappen Pius' IX. biblische Szenen und Allegorien und zwischen den Fenstern die Sibyllen.

Im Sobieski-Saal ist das große Gemälde zu erwähnen, mit dem Alois Mateiko 1883 den Sieg Johannes Sobieskis feierte, der 1683 die Türken vor Wien geschlagen hatte.

DIE STANZEN RAFFAELS

Jetzt betreten wir die erste Stanze Raffaels: die „Stanze der Feuersbrunst von Borgo". Die Idee der Ausgestaltung dieser Räume stammt von Julius II. (1503–13), der sie in seine persönlichen Gemächer verwandeln wollte, weil er das darunterliegende, von seinem ungeliebten Vorgänger eingerichtete „Appartamento Borgia" nicht für geeignet hielt. Um aber dem neuen malerischen Zyklus, der einen absoluten Höhepunkt der Renaissancemalerei darstellt, Raum zu schaffen, mußten die vorhandenen Fresken zerstört werden, die nach dem Zeugnis Vasaris von Piero della Francesca, Luca Signorelli und Bartolomeo della Gatta stammten. Anstelle von Künstlern wie Sodoma, Bramantino, Lotto und Peruzzi, die der Papst vorher aufgefordert hatte, kam Raffael 1508 von Florenz nach Rom und begann sofort mit der Arbeit in der Stanza della Segnatura, die so hieß, weil sie nacheinander Sitz des Tribunals der „Signatura Gratiae" und der „Signatura Iustitiae" gewesen war. Wie aus der Inschrift über dem Fresko „Parnaß" hervorgeht, war die Ausmalung 1511 beendet. Das vielleicht von Julius II. selbst erarbeitete ikonographische Programm sah die Verherrlichung des Wahren, des Guten und des Schönen vor, wovon sich das erste in Theologie und Philosophie, das zweite im Recht, das dritte in der Poesie verwirklicht. Nach diesem Leitfaden entstehen die „Disputa" (Disput des heiligsten Sakramentes) und die „Schule von Athen" (die erhabene und rationale Wahrheit), die „Billigung der päpstlichen Erlasse durch Gregor IX." und die „Übergabe der Pandekten an Justinian" (das kanonische und das zivile Recht) und der „Parnaß" (das Schöne als Poesie). In der durch Nischen und Grotesken gegliederten Wölbung wurden diese Konzepte durch weibliche Figuren auf Schildflächen personifiziert, während auf viereckigen Feldern Adam und Eva, Apollo und Marsyas, das Urteil Salomons und Urania zu sehen sind. An der Eingangswand befindet sich der Disput des heiligsten Sakramentes, an der linken Wand die Tugend und die Geschichte Justinians und Gregors IX., dem Eingang gegenüber die Schule von Athen und schließlich der Parnaß.

In der ersten, zwischen 1508 und 1509 ausgeführten Szene ist die symbolische Funktion der Eucharistie als Band zwischen irdischer und himmlischer Kirche geschildert. Die Übersetzung ins Bildhafte war sehr mühsam, wie die große Zahl vorbereitender Zeichnungen beweist, die jetzt auf die größten Museen der Welt verteilt sind (Oxford, Florenz, Windsor, Albertina, München, Paris, London, Mailand, Budapest), und kennzeichnet schon das ausgereifte Stilbewußtsein des jetzt etwas über fünfundzwanzigjährigen Raffael. In diesem Fresko, in dem das schon im Fresko „Dreifaltigkeit mit Heiligen" von San Severo in Perugia angewendete Schema vertieft und entwickelt ist, zeigt der für die malerischen Strömungen seiner Zeit aufgeschlossene Raffael, daß er nunmehr die Lehre seines Meisters Perugino endgültig überwunden hat, der perspektivische Wirkung im wesentlichen durch stufenweise Anordnung seiner Figuren in einem idealisierten Raum erzielt.

Gegenüber ist die „Schule von Athen" (diesen Titel brachte Bellori im Jahre 1695 auf), wo die größten Philosophen und Wissenschaftler der Antike an der Seite Platons und Aristoteles' gemeinsam mit zeitgenössischen Persönlichkeiten nach dem gewohnten, schon in der Disputa angewendeten Verfahren diskutieren. Die Erfindung der Architektur ist, von klassischen Einflüssen im Detail wie der Wölbung mit hexagonalen Kassetten, die von der Basilika des Maxentius stammt, abgesehen, mit dem bramantischen Plan für Sankt Peter in Verbindung zu bringen. Das

Loggien Raffaels.
Verzierung eines Pfeilers, Raffael und Schule.

Stanza della Segnatura.
Urania, Detail der Decke von Raffael.

Fresko feiert durch die Erhöhung der Philosophie das rationale Wahre, das durch Spekulation und dialektische Auseinandersetzung erreicht wird (Platon und Aristoteles symbolisieren zwei antithetische philosophische Systeme, die einander bei der Suche nach der Wahrheit aber nicht ausschließen). Dieses zwischen 1509 und 1510 vollendete Gemälde ist das wichtigste malerische Zeugnis für ein Verständnis der Renaissancekultur. Raffael, der alle figurativen Erfahrungen seiner Zeit und der Vergangenheit neu ordnet, gelangt zu einer wahren „summa", die den Keim für eine der glücklichsten Entwicklungen der figurativen Kunst Italiens legt. Die vorbereitenden Skizzen sind auf verschiedene Sammlungen verteilt: in Wien, Frankfurt, Mailand und vor allem in Oxford.

Das Fresko mit dem Parnaß befindet sich an der Wand zum Hof des Belvedere. Es zeigt Apollo, der eine Lyra mit neun Saiten schlägt, im Kreis der neun Musen und der lateinischen, griechischen und italienischen Poeten, von denen Homer, Dante und Sappho kenntlich gemacht sind. Nach einem Stich von Raimondi, von dem Vasari spricht, sollten die Lorbeerkränze von fliegenden Amoretten gehalten werden. Die Kritik ist sich einig, daß das Fresko von Raffaels eigener Hand stammt, mit Ausnahme von Copier, der es dem Maler Sodoma zuschreibt. Die Inschrift auf dem Fenster zeigt das Datum 1511 als Ende der wahrscheinlich am Ausgang des Jahres 1509 begonnenen Arbeit an. Vorbereitende Studien finden sich in Windsor, Oxford, Lille, Wien, Florenz und London. Die beiden Monochrome mit Augustus, der das Verbrennen der Aeneis verhindert, und Alexander dem Großen, der die homerischen Gedichte in das Grab Achills legen läßt, sind entweder Penni oder Perin del Vaga zuzuschreiben. Auf die entgegengesetzte Wand zum Hof der Papageien hin malte Raffael das Fresko der von kleinen Genien unterstützten Tugenden (Kraft, Klugheit, Mäßigung), die laut Wind die theologischen Tugenden sein sollen. Die Arbeit entstand in der zweiten Hälfte des Jahres 1511. Die beiden Szenen mit der Übergabe der päpstlichen Erlasse an Raymund von Peñaforte und der Pandekten an Tribonian sind wahrscheinlich von Gianfrancesco Penni und Guillaume de Marcillat.

In einer chronologischen Folge kommt jetzt die „Stanze des Heliodor", benannt nach dem Fresko der Vertreibung Heliodors aus dem Tempel, das zwischen Sommer 1511 und 1514 entstanden ist. Auch hier wurde das ikonographische Programm vom Papst selbst entworfen; es ist eine klare Betonung der politischen und lehrmäßigen Stellung der stets von göttlicher Inspiration geleiteten Kirche. In der von Arabesken unterteilten Wölbung gibt es vier biblische Szenen: „Gott erscheint dem Noah", der „Brennende Dornbusch", das „Opfer Abrahams" und die „Jakobsleiter". Sie werden abwechselnd Peruzzi, Penni und Marcillat zugeschrieben, sind aber wahrscheinlich von letzterem. In den halbkreisförmigen Feldern (Lünetten) sind dargestellt: die „Vertreibung Heliodors aus dem Tempel", die „Messe von Bolsena", die „Begegnung Leos des Großen mit Attila" und die „Befreiung des hl. Petrus". In der ersten Szene nach dem zweiten Buch der Makkabäer, in der Heliodor den Tempel entweiht und von einem Engel vertrieben wird, ist die Anwesenheit Julius' II. und seiner Würdenträger eine deutliche Anspielung auf die inneren und äußeren politischen Schwierigkeiten der Kirche, deren dramatischer Höhepunkt 1527 die Plünderung Roms durch Truppen Karls V. ist. In diesem Werk ist die Handschrift Raffaels in der Gruppe der Sänftenträger und in Julius II. unverkennbar, während die Arbeit der Schule auf die ganze Szene verteilt ist, die übrigens durch die Gestalt Heliodors den Einfluß Michelangelos verrät. Die „Messe von Bolsena" stellt das Wunder von Bolsena vom Jahre 1263 dar, als während der Messe, die in Santa Cristina in Orvieto von einem böhmischen Priester gelesen wurde, der nicht von der Wandlung überzeugt war, Blut aus der Hostie tropfte. Daraufhin führte Papst Urban IV. (1261–64) 1264 das Fest „Corpus Domini" ein. Auch in diesem Fresko läßt sich Julius II., um die Festigung des kirchlichen Einflusses, wie sie im Laterankonzil von 1512 bestimmt wird, zu symbolisieren, im Kreis von Persönlichkeiten seiner Zeit abbilden, die man nach einem neueren Vorschlag von Schiave als männliche und weibliche Mitglieder des Hauses della Rovere identifizieren soll. Auch dieses Bild ist als eigenhändige Arbeit Raffaels anzusehen, abgesehen von einigen fremden Eingriffen bei der Architektur. Zu verwerfen ist die Hypothese einer Mitarbeit Sebastiano del Piombos oder Lorenzo Lottos, die von einem Teil der Kritik vertreten wird, weil sie in den Gestalten der vornehmen Sänftenträger, deren jeder ein ausführliches Porträt im raffaelischen Stil ist, keine Ähnlichkeit mit den Sänftenträgern in der „Stanze des Heliodor" erkennen. Das Bild wurde 1512 gemalt, nachdem Gemälde von Bramantino beseitigt worden waren. Daneben, auch hier unter Beseitigung von Bramantinos Arbeiten, war das halbkreisförmige Feld (Lunettone) mit der „Begegnung Leos des Großen mit Attila" fertiggestellt worden. Der Papst hat hier übrigens das Aussehen Leos X. (1513–21), der auch im ersten Kardinal links abgebildet ist. Die Mitarbeit der Schule, besonders des Giulio Romano, ist fast total (mit Ausnahme des Porträts Leos X.), wie es die erregte Bewegung in der Gruppe rechts beweist, in der sich schon der turbulente Wirbel von Soldaten und Reitern der späteren Schlacht an der Milvischen Brücke von Giulio Romano ankündigt. Nachdem die Fresken von Piero della Francesca zerstört waren, entstand in der letzten Lünette die „Befreiung des Petrus" gemäß der Apostelgeschichte. Dieses Fresko

Sixtinische Kapelle.
Oben: Detail aus dem Fresko „Reise des Moses nach Ägypten" von Perugino und Pinturicchio.
Mitte: Ausschnitt aus der Versuchung Christi von Botticelli.
Unten: Ausschnitt aus den Prüfungen des Moses von Botticelli.

ist eines der eindrucksvollsten Nachtstücke der italienischen Malerei aller Zeiten, und außer einigen Hilfeleistungen im linken Teil ist es vollständig von Raffael gemalt. Es wurde 1514 ausgeführt und spiegelt zugleich die Schwierigkeiten zwischen dem Papst und dem König von Frankreich.

Die „Stanze der Feuersbrunst von Borgo" wurde zwischen 1514 und 1517 gemalt nach einem Programm, das das Wirken des Papsttums feiern sollte und aller Wahrscheinlichkeit von Baldassarre Castiglione vorbereitet wurde. Die Wölbung bewahrt die Rundbilder mit den Heiligendarstellungen des Perugino von 1508. Das Gesamtbild wurde von der Schule nach Entwürfen Raffaels gemalt. Die Monochrome sind von Giulio Romano. In der Szene mit der Feuersbrunst ist die im „Liber Pontificalis" geschilderte Szene aus dem Jahre 847 illustriert, nach welcher Leo IV. durch Erteilung des Segens den Brand von Borgo Vaticano eindämmte. Das Neue besteht in der Wiedergabe der Bauwerke, die der Darstellung eine szenographische Dimension geben, die auch die Personen zur Geltung kommen läßt. Unter ihnen erkennt man nach der konventionellen Typologie Äneas, Anchises und Julus. Der Anteil Raffaels ist auf die junge Frau, zweite von rechts, beschränkt, die den zu Hilfe Eilenden Wasserkrüge bringt. Der Rest ist das Werk von Giulio Romano, Gianfrancesco Penni und Giovanni da Udine; er wurde in der zweiten Hälfte des Jahres 1514 ausgeführt. Das halbkreisförmige Feld mit der „Schlacht von Ostia" schildert nach dem Liber Pontificalis die Schlacht des Jahres 849 zwischen der päpstlichen und der arabischen Flotte. Leo IV. (847 bis 855) hat hier das Aussehen Leos X. (1513-21). Die Mitarbeit Raffaels beschränkt sich auf die Porträts Leos X. und der Kardinäle seines Gefolges, die übrigen Personen sind von Giulio Romano. Giovanni da Udine malte wahrscheinlich den Hintergrund mit Gebäuden und Schiffen. Das Bild wurde zwischen 1414 und 1415 fertiggestellt. Die große Lünette mit der Rechtfertigung Leos III. illustriert gleichfalls eine Episode aus dem Liber Pontificalis, in welcher dieser Papst (795-816), um die Anklagen der Neffen Hadrians I. (772-795) abzuwehren, die alleinige Abhängigkeit des Pontifex von Gott erklärte. Die ausdrückliche Bestätigung folgt in der Bulle „Unam Sanctam" Bonifatius' VIII. (1294-1303) und wird auf dem Laterankonzil von 1516 bekräftigt. Das Bild stammt von Gianfrancesco Penni und Giovanni da Udine. Das letzte Feld mit der Krönung Karls des Großen erinnert an den Pakt von Bologna zwischen Leo X. und Franz I. Mitbeteiligt waren besonders Gianfrancesco Penni und Raffaellino del Colle nach Entwürfen Raffaels.

Der Konstantinsaal wurde nach Raffaels Tod am 6. April 1520 von den Schülern gestaltet, die nach den Vorstellungen des Meisters das Lob der unter den Menschen gegenwärtigen Kirche verkündeten. Die Wände sind mit Bildnissen von Päpsten, Engeln und allegorischen Figuren (Sanftheit und Gerechtigkeit in Ölmalerei) dekoriert und mit Monochromen, die Reliefs imitieren. Die Dekorationen in den Fensternischen sind von Perin del Vaga. Das ganze Werk, das eine Galerie mit Gobelins nachahmen soll, wurde 1524 beendet und ist vor allem Giulio Romano zu danken, der von Gianfrancesco Penni und Raffaellino del Colle unterstützt wurde. Die hölzerne Wölbung wurde auf Wunsch Gregors XIII. (1572-87) beseitigt, der dann Tommaso Laureti damit beauftragte, die Allegorien der italienischen Landschaften und der drei Erdteile (Europa, Asien, Afrika) zu malen. Die Szene mit Konstantin, dem vor der Schlacht an der Milvischen Brücke das Kreuz erscheint, ist von Giulio Romano nach klassischen Mustern (die gedrehte Säule) gestaltet. Der Zwerg rechts ist Gradasso Berettai, der Narr des Kardinals Ippolito Medici. Giulio Romanos Schlacht an der Milvischen Brücke leitet die Mode der im 17. Jh. so beliebten Schlachtenbilder ein (zum Beispiel der Sieg Alexanders über Darius von Pietro da Cortona in der Kapitolinischen Pinakothek). Die Taufe Konstantins stammt von Gianfrancesco Penni unter geringer Mitarbeit von Giulio Romano. Die beiden an den Außenseiten besonders betonten Personen sind rechts Crispus, der Sohn Konstantins, und links Cavalierino, ein Edelmann am Hofe Clemens' VII. (1523-34). Die „Konstantinische Schenkung" wird Giulio Romano unter Mitarbeit von Raffaellino del Colle und G. Penni zugeschrieben.

Es geht weiter zur „Sala dei Palafrenieri", wofür Raffael nach Vasari Zeichnungen von Aposteln und Heiligen vorbereitete, die seine Schüler ausmalten. Diese Malereien wurden zur Zeit Pauls IV. (1555-59) entfernt und dann von Taddeo und Federico Zuccari, Giovanni Alberti, dem Cavalier d'Arpino und anderen erneuert.

DIE LOGGIEN RAFFAELS

Man erreicht jetzt die Loggien Raffaels, die zum Damasushof hin liegen und die er 1519 in Weiterführung einer von Bramante begonnenen Arbeit fertigstellte. Es sind dreizehn Arkaden, die kleine, mit Fresken ausgemalte Wölbungen einschließen: zwölf mit Szenen aus dem Alten Testament und eine mit Szenen aus dem Leben Christi. In jeder Wölbung gibt es vier Fresken zwischen verschiedenartigen Dekorationen (geflügelten Gestalten, Grotesken, Quadraturmalerei). Die schützenden Glastüren sind in der ersten Hälfte des 19. Jh. angebracht worden. Laut Vasari und Marcantonio Michiel entwarf Raffael die Zeichnungen, die von seiner Schule ausgeführt wurden: Giulio Romano, Perin del Vaga, Giovanni da Udine, Gianfrancesco Penni, Vincenzo Tamagni, Pellegrino da Modena, Tommaso Vincidor, Vincenzo da San Gimignano, Polidoro da Caravaggio, Raffaellino del Colle, Guillaume Marcillat

Sixtinische Kapelle.
Details aus den Gewölbefresken von Michelangelo.

und Pedro Machuca. Den beiden letzten schreibt Dacos überzeugend zu: „Gott erschafft die Sonne und den Mond", der „Brennende Dornbusch", die „Salbung Davids" (Marcillat) und „Isaak segnet Jakob" (Machuca). Der Fußboden wurde von Luca della Robbia ausgeführt, dem zwischen 5. August und 10. September 1518 zweihundertfünfundzwanzig Dukaten ausgezahlt wurden. Restaurationen wurden 1546/1547 durchgeführt. Die Episoden haben folgende Reihenfolge:

1) Gott trennt das Licht von der Dunkelheit (Giulio Romano), Gott trennt die Erde vom Wasser (G. Penni), Erschaffung der Sonne und des Mondes (G. Marcillat), Erschaffung der Tiere (Giovanni da Udine).

2) Erschaffung Evas (T. Vincidor), Sündenfall (Pellegrino da Modena und T. Vincidor), Vertreibung Adams und Evas aus dem Paradies (T. Vincidor), Adam und Eva bei der Arbeit (T. Vincidor).

3) Bau der Arche (Giulio Romano und G. Penni), Sintflut (Giulio Romano und G. Penni), Auszug aus der Arche (Giovanni da Udine), Opfer Noahs (Giulio Romano und G. Penni).

4) Abraham und Melchisedech (Giulio Romano), Gottes Versprechen an Abraham (Giulio Romano), Abraham und die Engel (G. Penni), Lots Flucht (Giulio Romano und G. Penni).

5) Gott erscheint dem Isaak (G. Penni), Isaak und Rebekka werden von Abimelech beobachtet (Giulio Romano), Isaak segnet Jakob (P. Machuca), Isaak und Esau (G. Penni).

6) Traum Jakobs (Giulio Romano), Begegnung Jakobs und Rachels (T. Vincidor), Jakob bittet Laban um Rachels Hand (G. Penni und Giulio Romano), Jakob flüchtet nach Kanaan (T. Vincidor).

7) Joseph erzählt den Brüdern seinen Traum (Giulio Romano, G. Penni und Giovanni da Udine), Joseph wird von den Brüdern verkauft (Polidoro da Caravaggio), Joseph wird von Potifars Frau versucht (Giulio Romano), Joseph deutet die Träume des Pharao (G. Penni).

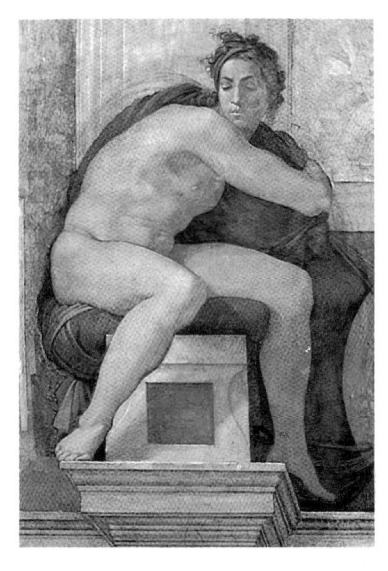

8) Moses wird aus dem Wasser gerettet (Giulio Romano), Brennender Dornbusch (G. Marcillat), Durchgang durch das Rote Meer (Giulio Romano), Moses schlägt Wasser aus dem Felsen (G. Penni und Polidoro da Caravaggio).

9) Moses empfängt die Gesetzestafeln (Perin del Vaga), Goldenes Kalb (Giulio Romano), Feuersäule (Perin del Vaga), Vorstellung der Gesetzestafeln (Giulio Romano).

10) Überquerung des Jordans (Polidoro da Caravaggio), Einnahme Jerichos (Perin del Vaga), Joschua hält Sonne und Mond an (Perin del Vaga), Verteilung des verheißenen Landes (Perin del Vaga).

11) David wird zum König gesalbt (G. Marcillat), David und Goliat, Davids Triumph, David und Batseba (alle von Perin del Vaga).

12) Salomons Weihe (V. Tamagni), Urteil Salomons (Pellegrino da Modena), Bau des Tempels, Salomon und die Königin von Saba (beide Perin del Vaga).

13) Anbetung der Hirten (Zuschreibung unbestimmt, Vasari meint: Perin del Vaga), Drei Könige (P. Machuca oder V. Tamagni), Taufe Christi (Perin del Vaga?), Abendmahl (V. Tamagni oder T. Vincidor).

An den Stuckfiguren arbeitete vorwiegend Giovanni da Udine.

DIE KAPELLE NIKOLAUS' V.

Die nun folgende Kapelle Nikolaus' V. ist nicht zu verwechseln mit dem Arbeitszimmer Nikolaus' V., das wahrscheinlich während des Pontifikats Julius' II. (1503-13) zerstört wurde. Die im Turm des alten Palastes Innozenz' III. (1198-1216) untergebrachte Kapelle wurde im Auftrag Nikolaus' V. (1447-55) von Fra Angelico mit Fresken aus dem Leben der hll. Stephanus und Laurentius nach den apostolischen Akten ausgemalt. Die obere Reihe zeigt die Geschichte des Stephanus, die untere die des Laurentius. Auf dem Altar befand sich das Original einer „Kreuzabnahme" des Fra Angelico, die nach Salmi mit der in der Kress-Sammlung in Washington identisch ist.

Im Rest der Fresken sind Kirchenväter und Evangelisten dargestellt. Die Fensterlaibungen wurden von Helfern ausgemalt. Die Arbeiten wurden 1450 von Fra Angelico beendet, mit ihm arbeitete Benozzo Gozzoli, der besonders das Leben des Stephanus malte.

Die heutige Eingangspforte ließ Julius II. (1503-13) durchbrechen, das große innere Fenster Gregor XIII. (1572-85). Jüngere Restaurationen (1947-51) brachten eine Damastbespannung zum Vorschein und die Bestätigung, daß die Fresken mit Tempera ausgebessert wurden (Redig de Campos). In den halbrunden Feldern sind dargestellt: Stephanus empfängt vom hl. Petrus die Diakonatsweihe und verteilt Almosen, Predigt des Stephanus und Disput im Synedrium, Martyrium des Stephanus. In den Rechteckfeldern darunter: Papst Sixtus weiht Laurentius zum Diakon, Laurentius empfängt von Sixtus die Kirchenschätze, Laurentius verteilt Almosen, Laurentius vor Kaiser Decius und sein Martyrium. Auf den Pfeilern: Leo der Große, Johannes Chrysostomos, Papst Gregor der Große, Anastasius (im 16. Jh. ganz neu gemalt und dann auf Leinwand übertragen), Ambrosius, Thomas von Aquin, Augustinus, Hieronymus. Es handelt sich um eines der wichtigsten malerischen Zeugnisse des Humanismus, in dem Fra Angelico die bedeutendsten figurativen Erfahrungen der italienischen Malerei vom alten Plastizismus Giottos über den Neoplastizismus Masaccios bis (hier ist Laurentius vor Kaiser Decius bezeichnend) zur raumschaffenden Malerei des Piero della Francesca zusammenfaßt.

DIE SIXTINISCHE KAPELLE

Wir steigen jetzt hinunter zur Sixtinischen Kapelle, die 1481 im Auftrag Sixtus' IV. (1471-84) unter Leitung von Giovanni de' Dolci wahrscheinlich von Baccio Pontelli vollendet wurde. Im Oktober dieses Jahres wurde die malerische Ausstattung Domenico Ghirlandaio, Pietro Perugino und Cosimo Rosselli übertragen. Am 15. August 1483 wurde die Kapelle der Madonna geweiht (Redig de Campos).

Wie Steinmann zeigte, hatte das sixtinische Gebäude außer seiner religiösen und künstlerischen Aufgabe auch noch eine Funktion als Bastion zur Verteidigung des vatikanischen Palastbereichs. Deshalb trägt die Kapelle oben einen Zinnenkranz. Der Gebäudekomplex gliedert sich vertikal in ein Souter-

Vatikanische Pinakothek.
Madonna mit Kind, Engeln und den hll. Dominikus und Katharina von Alexandrien von Fra Angelico.

Vatikanische Pinakothek.
Gebet am Ölberg von Giovanni di Paolo.

Vatikanische Pinakothek.
Sankt Benedikt von Perugino.

rain, ein Zwischengeschoß, die eigentliche Kapelle und das Dachgeschoß über der Wölbung. Den Boden der Kapelle bedeckt ein vielfarbiges Steinmosaik mit geometrischen Motiven. Die marmorne Absperrung und die erhöhte Tribüne werden Mino da Fiesole, Andrea Bregno und Giovanni Dalmata zugeschrieben.

Zwischen dem 10. Mai 1508 und dem 31. Oktober 1512 malte Michelangelo im Auftrag Julius' II. (1503–13) die Wölbung aus, während er das „Jüngste Gericht" auf der Altarwand, auf der sich zuvor Fresken von Perugino befanden, zwischen 1536 und 1541 unter Papst Paul III. (1534–49) malte.

Die hölzerne Verkleidung unter den Wandfresken ist mit vorgetäuschten Textilien dekoriert.

Vor dem Auftreten Michelangelos war die Wölbung von Piermatteo d'Amelia mit einem blauen Himmel und vergoldeten Holzsternen ausgeschmückt worden; die achtundzwanzig Bildnisse von Päpsten zwischen den Fenstern waren von Domenico Ghirlandaio, Cosimo Rosselli, Fra Diamante und Botticelli.

An der rechten Wand, vom „Jüngsten Gericht" aus gesehen, findet man die *Taufe Christi* von Pinturicchio (Perugino malte Christus, Johannes den Täufer und den jungen Halbnackten rechts), die *Heilung des Leprakranken* und die *Versuchung Christi* von Botticelli (während des Pontifikats Sixtus' IV. wurde von Baccio Pontelli das Hospital Santo Spirito, das im Hintergrund zu sehen ist, erbaut), die *Berufung des Petrus und Andreas* von Domenico Ghirlandaio, die *Bergpredigt* und die *Heilung eines Leprosen* von Cosimo Rosselli und Piero di Cosimo sowie die *Übergabe der Schlüssel*, eines der Meisterwerke Peruginos und der Renaissancemalerei; an den Stil des Piero della Francesca erinnert nicht nur die außergewöhnliche Gruppe von Porträts im Vordergrund (die fünfte Person von rechts ist das Selbstbildnis Peruginos), sondern auch die Kalligraphie der über die Piazza verteilten Figuren, die auf die Kunst der Vedutenmaler des 18. Jh. vorausweisen. Die letzte Szene dieser Wand ist das *Abendmahl* von Cosimo Rosselli.

An der linken Wand: *Moses mit der Ehefrau Sefora in Ägypten* und *Beschneidung ihres Sohnes* von Pinturicchio und Perugino, der *Brennende Dornbusch* und *Prüfungen des Moses* (er tötet den Ägypter und findet die Hilfe einer Frau; er flüchtet zu den Midianitern; er vertreibt die Hirten, welche die Töchter Jitros hindern wollen, die Herde zu tränken; er hilft den Töchtern Jitros; er zieht sich die Sandalen aus und tritt in den brennenden Dornbusch) von Botticelli, *Durchzug durch das Rote Meer* von Cosimo Rosselli, *Moses auf dem Sinai und Anbetung des Goldenen Kalbes* von Cosimo Rosselli, *Bestrafung von Korach, Datan und Abiram* (die sich gegen Aaron empört hatten und von Moses in die Tiefe gestürzt werden) von Botticelli, *Moses übergibt dem Joschua den Stab* und *Tod des Moses* von Luca Signorelli und Bartolomeo della Gatta.

Auf die dem „Jüngsten Gericht" gegenüberliegende Wand haben Domenico Ghirlandaio und Francesco Salviati die „Auferstehung Christi" und „Michael verteidigt den Leichnam des Moses" als Fresken gemalt, die später von Arrigo Fiammingo und Matteo da Lecce völlig neu gemalt wurden.

Bei der Ausmalung des Gewölbes der Sixtinischen Kapelle begann Michelangelo, wie er selbst in einem „ricordo" bestätigt, am 10. Mai 1508 an der Eingangswand und arbeitete in Richtung auf den Altar; für diese Arbeit hatte er einen Vorschuß von fünfhundert Dukaten bekommen. Giuliano Granacci, Giuliano Bugiardini und A. da Sangallo wurden ihm als Hilfskräfte zugeteilt, da der Buonarroti aber nicht mit ihnen zufrieden war, beschloß er, alleine zu arbeiten, wie Vasari und Condivi behaupten, während Biagetti und Camesasca darauf bestehen, Michelangelo habe bis Januar 1511 und vielleicht auch später Helfer gehabt. Nach dem Zeugnis des Zeremonienmeisters de' Grassis konnte Julius II. schon Mitte August dieses Jahres die Malerei der Wölbung sehen, die am 31. Oktober 1512 fertiggestellt war.

Es gibt unterschiedliche und verwirrende Interpretationen über diese Deckenmalerei: Interessant und annehmbar ist die von Henke. Er unterscheidet die Geschichte der Menschheit vor der Offenbarung (Lünetten und Übergangsfelder), im Augenblick der Erkenntnis (die Seher und die Nackten) und in der Beziehung zum Göttlichen (die biblischen Szenen). Anderseits steht fest, daß Michelangelo bei der Durchführung dieses ikonographischen Programms außer der Bibel und Platon auch die Texte Sante Pagninis, eines Anhängers Savonarolas, und das „Decachordum" des Marco Vigerio in Betracht zog. Wenige Jahre darauf wurden Restaurierungen von Carnevale durchgeführt. Dieses neuere Unternehmen hat die Malerei von einem alten Firnis befreit, der sie stark verdunkelte.

Der außergewöhnliche Komplex von Szenen und Einzelgestalten wird gegliedert durch eine vorgetäuschte Architektur, welche das ideale Bindeglied darstellt sowohl für das „Gemalte" als auch für die überall verstreuten „falschen" Skulpturen, getreu dem skulptural-architektonischen Muster, das Michelangelo während seiner langen stilistischen Entwicklung erarbeitete (man denke vor allem an die verschiedenen Pläne für das Grabmal Julius' II. und an die Gräber der Medici). Die stilistische Neuheit springt ins Auge, es genügt ein Vergleich mit den unteren Bildern, welche die Errungenschaften der verschiedenen malerischen Schulen des Humanismus und der Renaissance bezeugen, um sich davon zu überzeugen, daß Michelangelo jede Verbindung mit der Vergangenheit und seiner Zeit um einer spannungsreichen malerischen Sprache willen abschneidet, die nach einiger Zeit im „Jüngsten Gericht" noch überhöht wird und ihren Gipfel in den dramatischen, ver-

264

Vatikanische Pinakothek. Detail aus der Bildfolge „Wunder des hl. Vinzenz Ferrer" von Ercole de' Roberti; von der Predella eines Triptychons für die Grifoni-Kapelle in San Petronio von Bologna, heute zerlegt.

Vatikanische Pinakothek. Madonna di Foligno von Raffael.

zweifelten Fresken der Kapelle Pauls III. erreicht, deren visionäre Dimension die Maler des Manierismus beeindruckt.

Die biblischen Szenen auf den Einzelfeldern schildern folgende Episoden: *Gott trennt das Licht vom Dunkel – Gott erschafft Sonne, Mond und die Pflanzen der Erde – Gott trennt die Wasser und erschafft die Fische und die Vögel – Erschaffung Adams – Erschaffung Evas – Sündenfall und Vertreibung aus dem Paradies – Noahs Opfer – Sintflut* (mit Helfern) und *Noahs Trunkenheit*. Zwischen den Bildern sind Medaillons und Figuren von Nackten verteilt, und zwischen den Dreiecksfeldern sitzen sechs Propheten (Sacharja, Joel, Jesaia, Ezechiel, Daniel, Jeremia, Jona) und fünf Sibyllen (die Delphische, die Erythräische, die Kumäische, die Persische, die Libysche). In den Zwickeln erscheinen Judit und Holofernes, David und Goliat, die Eherne Schlange und die Bestrafung Hamans. In den Dreiecksfeldern sind biblische Familien dargestellt und in den „lunettoni" (halbkreisförmige Bögen) weitere Vorfahren Christi. Die Komposition wird vervollständigt durch Putten, die das Scheingebäude (als Karyatiden) und Schrifttafeln tragen.

Im Jahre 1534 übernahm Michelangelo den Auftrag des *Jüngsten Gerichts*. Das Unternehmen wurde im September desselben Jahres wegen des Todes Clemens' VII. (1523–34) unterbrochen, aber sein Nachfolger, Paul III. (1534–49), nahm das Projekt wieder auf, so daß 1535 mit dem Bau der Gerüste begonnen wurde. 1541 war die Arbeit beendet. Am 31. Oktober wurde das „Jüngste Gericht" offiziell zum erstenmal gezeigt.

Die mächtige Komposition baut auf der riesenhaften Figur des Richter-Christus auf, der mit Maria an seiner Seite von Heiligen und Seligen umgeben ist. In den zwei großen Lünetten darüber tragen Gruppen von Engeln die Werkzeuge des Martyriums. In der Reihe darunter sieht man links die in den Himmel aufgenommenen Seelen, rechts die Verdammten. Unten ist Satan-Charon, der die Verdammten übersetzt. Die Kritik hat (manchmal mit zweifelhaftem Erfolg) die im „Jüngsten Gericht" versammelten Personen (Heilige, historische Persönlichkeiten usw.) identifiziert. So erkennt man im hl. Bartolomäus Pietro Aretino und auf der Haut, die er in der Hand hält, die Gesichtszüge Michelangelos. Den hl. Sebastian und die hl. Katharina erkennt man an den Symbolen ihres Martyriums. Biagio von Cesena, den Zeremonienmeister Pauls III., der das „Jüngste Gericht" wegen der zahlreichen Nuditäten tadelte, glaubt man in dem von einer Schlange umschlungenen Minos zu erkennen. Satan-Charon ist der Connétable von Bourbon. Die Gestalt Christi ist nach Justi dem antiken Modell des blitzeschleudernden Jupiter nachgestaltet, vielleicht aber auch (darin sind sich viele Kunstverständige einig) einem Apollo. Für die Seligen, die auf der linken Seite in den Himmel aufsteigen, hat man weitere Beziehungen zu dem Entwurf von Cascina, zu den Fresken Signorellis in der Brizio-Kapelle des Doms von Orvieto und zu Figuren von Hieronymus Bosch festgestellt.

Nachdem das „Jüngste Gericht" vorgestellt worden war, wurde es kritisiert, besonders wegen der Fülle von Nacktheit, die an einem geweihten Ort unpassend erschien. Also befahl die Konzilskongregation am 21. Januar 1564, die allzu ostentativen Nacktheiten zu verhüllen, und vertraute die Arbeit Daniele da Volterra an, der ihnen unter Mitarbeit mehrerer Maler Tempera-Schleier anlegte. Als zwischen 1572 und 1585 das Niveau des Bodens angehoben wurde, gingen etwa 70 cm des unteren Teils verloren. Eine gründliche Reinigung könnte dem Werk die lebhaften farblichen Verhältnisse wiedergeben, wie Michelangelo sie setzte (eine interessante Vergleichsmöglichkeit bietet die 1549 von Marcello Venusti angefertigte Kopie auf Holz, die sich zur Zeit im Museo di Capodimonte von Neapel befindet).

Die Malerei Michelangelos hatte mit allen kanonischen Gesetzen gebrochen. Sie erzielte ihren gewaltigen Eindruck durch eine Art ins Vertikale umgeklappter Perspektive, in der die Figuren, von oben nach unten fortschreitend, immer geringere Dimensionen annehmen, während der blaue Untergrund ohne dritte Dimension diese geschlossene Wirkung ergibt, die den Beschauer in ihren Bann zieht. In dieser Struktur, in welcher die Figuren zu steigen, zu sinken und sich zu drehen scheinen in einem Raum der Leere und der Ausgefülltheit, der in dem um die Gestalt Christi wirbelnden Strudel besonders die Dissonanzen betont, sind die kompositionellen Schemata festgelegt, die der Manierismus übernimmt und in Malern wie Daniele da Volterra und Rosso überbetont. Ihre Ablehnung der klassischen Regeln gibt Raum für eine malerische Vision mit freieren Ausdrucksmöglichkeiten und einer mystischen Deformierung der Körper, die am stärksten in der Schilderung der letzten Episode aus dem irdischen Leben Christi zur Geltung kommt, in der Kreuzabnahme.

SALA REGIA

Man gelangt in den anschließenden „Saal der Könige" (der so genannt wurde, weil hier Audienzen für Könige stattfanden), den Paul III. (1534–49) Antonio da Sangallo dem Jüngeren in Auftrag gab und der 1573 fertig wurde. Die schöne Stuck-Kassettierung des Gewölbes stammt von Perin del Vaga nach Entwurf von Sangallo, die Stuckarbeiten an den Wänden gehen auf Daniele da Volterra zurück. Die malerische Dekoration mit Geschichten von Päpsten und Königen stammt von Giorgio Vasari, Lorenzo Sabatini, Taddeo und Federico Zuccari, Francesco Salviati, Giuseppe della Porta, Livio Agresti, Gerolamo Siciolante, Orazio Sammacchini, Giovanni Maria Zoppelli unter Oberleitung von Kardinal Marcantonio Mula. Salviati und Porta malten die *Unterwerfung Barbarossas unter Alexander III.*, Vasari und Sabatini die *Seeschlacht von Lepanto*, Sammacchini die *Rückgabe der Provinzen an Agapitus*, Agresti das *Angebot Pedros von Aragón an Eugen III.*, Sermoneta die *Schenkung von Ravenna*, Taddeo

Vatikanische Pinakothek.
Die drei theologischen Tugenden
zwischen Engelpaaren von Raffael.

Zuccari den *Ruhm*, den *Sieg* und die *Einnahme von Tunis*, Federico Zuccari ergänzte die Einnahme von Tunis und malte die *Weihe Gregors VII.*

DIE KAPELLE PAULS III.

Nun betritt man die Kapelle Pauls III., deren Architektur von Antonio da Sangallo dem Jüngeren stammt. Die malerische Ausstattung wurde von dem fast siebzigjährigen Michelangelo Ende 1542 begonnen. Die Arbeiten zogen sich besonders wegen der Krankheiten des Künstlers bis 1550 hin. Dargestellt sind die *Bekehrung des Saulus* mit den Gesichtszügen Michelangelos und die *Kreuzigung des Petrus.*

DIE VATIKANISCHE PINAKOTHEK

Der Kern wurde von Pius VI. (1775–99) geschaffen, aber die derzeitige Sammlung ist das Ergebnis aus dem Ankauf verschiedener Privatsammlungen, von Zuwächsen aus dem Lateran, den päpstlichen Gemächern des Vatikans, aus dem Palast von Castel Gandolfo, aus Sankt Peter und aus verschiedenen anderen Kirchen. Nach dem Frieden von Tolentino vom 19. Februar 1797 wurden verschiedene Werke nach Frankreich gebracht und in das Napoleon-Museum von Paris eingegliedert. Darunter befanden sich Meisterwerke wie der Apollo, der Diskuswerfer, der Torso vom „Belvedere", der Laokoon, Mariä Himmelfahrt und Verklärung Christi von Raffael, die Grablegung Christi von Caravaggio, die Auferstehung von Perugino. Die Wiederbeschaffung ist dem Eifer Antonio Canovas zu verdanken, den Pius VII. (1800 bis 1823) zum Generalinspektor der Schönen Künste ernannt hatte. Die Verhandlungen über eine Rückgabe der Kunstbeute wurden von Canova, der am 28. August 1815 nach Paris kam, mit Unterstützung von Vertretern Englands, Österreichs und Preußens geleitet. Ein Teil der Werke kam am 4. Januar 1816 nach Rom zurück, zwischen Juli und August folgten alle übrigen Werke, soweit sie noch erreichbar waren.

Die neue Pinakothek wurde auf Veranlassung Pius' VII. in den Borgia-Gemächern eingerichtet, von wo sie 1822 in das Appartement Gregors XIII. verlegt wurde, bis Pius XI. (1922–39) nach einem Plan von Luca Beltrami in der nördlichen Zone der Gärten nahe dem Atrium der vier Gitter ein neues Gebäude errichten ließ. Von Pius XII. (1939–58) stammt die Idee, eine Abteilung für zeitgenössische Kunst einzurichten, für die eine beratende Kommission gebildet wurde, der es gelang, Werke neuerer Künstler zu erwerben, darunter Utrillo, Rodin, Greco, Sironi, Previati, Mancini, de Chirico, Carrà, de Pisis, Morandi, Viani, Rossi und Arturo Martini.

Die Sammlung enthält verschiedene Richtungen der italienischen Malerei des 20. Jahrhunderts und alle malerischen Schulen seit dem 11. Jh. mit bedeutenden Arbeiten auch ausländischer Künstler. Im ersten Saal, in dessen Mittelpunkt das Pluviale Bonifatius' VIII. angeordnet wurde, gibt es einen Grundstock von Bildern „Primitiver", besonders der Florentiner Schule, sowie Ikonen des 16., 17. und 18. Jh. aus Griechenland, Kreta und Rußland. Sehr schön ist die von Vitale da Bologna gemalte „Madonna mit Kind und Flagellanten". Weiter gibt es eine Tafel mit den „Heiligen Jakobus und Maria Magdalena" von Antonio Veneziano, eine „Madonna mit Kind und Heiligen" von Niccolò di Pietro Gerini, ein Polyptychon „Madonna mit Kind und Heiligen" von Giovanni Bonsi, einen „Heiligen Franziskus" von Margaritone d'Arezzo, ein mit „Johannes et Nicolaus pictores" gezeichnetes „Jüngstes Gericht" aus dem 11./12. Jh., eine „Madonna mit Kind und Heiligen" von Giovanni del Biondo, ein „Heiliger Nikolaus", eine „Verkündigung" und eine „Geburt Christi", die Mariotto di Nardo zugeschrieben werden, und einen „Tod des Geizigen", der von Bicci di Lorenzo sein soll.

Im zweiten Saal befinden sich weitere Bilder aus dem 14. und 15. Jh., besonders der Sieneser und Florentiner Schulen. Wichtige Meister sind: Sano di Pietro, Taddeo di Bartolo, Giovanni di Paolo, Sassetta und Vecchietta; bemerkenswert die „Geschichte des hl. Stephanus" von Ambrogio Lorenzetti, „Christus vor Pilatus" von Pietro Lorenzetti und einige Tafeln der Schule von Rimini aus dem 13. Jh. von Spinello Aretino, Alegretto Nuzi, Bernardo Daddi und Lorenzo Monaco. Im Mittelpunkt dieses Saales steht das *Stefaneschi-Polyptychon* (vgl. S. 232/233). Es handelt sich um ein großes Triptychon aus Pappelholz mit Predella, das auf beiden Seiten bemalt ist. Auf der mittleren Tafel sieht man den thronenden Christus mit Engeln und dem Auftraggeber Jacopo Gaetano Stefaneschi, auf der rechten Tafel die Enthauptung des Paulus und auf der linken die Kreuzigung des Petrus. Im mittleren Medaillon Gott Vater, im rechten Moses und im linken Abraham und Isaak. Die Predella schmückt die Madonna zwischen zwei Engeln und den zwölf Aposteln. Auf der Rückseite erkennt man im Mittelfeld Petrus mit zwei Engeln, Sankt Georg mit dem Auftraggeber, der ein kleines Modell des Triptychons in der Hand hält, und die Päpste Silvester und Cölestin V.; auf der rechten Tafel stehen die Apostel Andreas und Johannes, auf der linken Jakobus und Paulus. Oben in den Medaillons Büsten von Engeln.

Das Triptychon wurde auf Wunsch Gaetano Stefaneschis, des Kardinaldiakons von San Giorgio

Vatikanische Pinakothek.
Detail aus der Predella des Altarbildes
der „Krönung Mariens" von Raffael.

Vatikanische Pinakothek.
Steinigung des Stephanus von Giorgio
Vasari.

al Velabro, für den Hauptaltar der alten vatikanischen Basilika gemalt. Wie aus dem Nekrolog für Stefaneschi und Ghiberti von 1343 hervorgeht, beauftragte er Giotto mit dieser Arbeit. Die vom Meister entworfene Arbeit wurde aber dann von seiner Werkstatt um 1325 ausgeführt.

Im dritten Saal finden sich Bilder aus dem 15. Jahrhundert der Schule aus den Marken und aus Florenz. Bemerkenswert sind vier kleine Tafeln mit der Geburt des Nikolaus von Bari und Wundern des Heiligen von Gentile di Fabriano; sie gehörten zur Predella des Polyptychons von 1425, das die Florentiner Familie Quaratesi dem Gentile da Fabriano für den Altar der Hauptkapelle von San Niccolò oltr'Arno in Auftrag gab. Das Polyptychon, dessen von Richa mitgeteilte Beschriftung OPUS GENTILIS DE FABRIANO MCCCCXXV MENSE MAI verschwunden ist, war schon 1836 in Teile zerlegt: die heiligen Maria Magdalena, Nikolaus, Johannes der Täufer und Georg von der mittleren Reihe befinden sich in den Uffizien, die Madonna mit Kind in der königlichen Sammlung von Hampton Court, die Pilgerschaft zum Grab des hl. Nikolaus in der Londoner National Gallery, die anderen vier kleinen Tafeln sind die aus dem Vatikan.

Von großer Schönheit ist auch ein Triptychon mit der Krönung Mariens und mit Heiligen von Filippo Lippi. Nach dem Zeugnis Vasaris und Borghinis wurde dieses Bild für das Kloster der Olivetaner von Arezzo gemalt. 1785 kam es in eine Privatsammlung, dann wurde es von Gregor XVI. (1831–46) angekauft und kam in den Lateranpalast, von dort dann in die Vatikanische Bibliothek. Nach Marchini sind die knienden Stifter Carlo Marsuppini und sein Vater Gregorio. Von Lippi selbst ist das mittlere Feld, die Seitenflügel schreibt man seinem Atelier zu.

Eine Tafel von Fra Angelico zeigt die Madonna mit Kind, Engeln und den hll. Dominikus und Katharina von Alexandria. Sie stammt aus der Sammlung Bisenzio in Rom, kam von dort nach England in die Sammlung Dudley und schließlich an den jetzigen Platz. Das Werk ist etwa 1434 entstanden, ähnlich dem Reliquiar von Santa Maria Novella in einem Augenblick, in dem sich Fra Angelico noch der kalligraphischen Geziertheit der spätgotischen dekorativen Richtung bedient. Nur Pope-Hennessy erkennt die Autorschaft Fra Angelicos nicht an und nennt den Namen Zanobi Strozzi.

Von Fra Angelico oder einem Nachfolger sind zwei kleine Tafeln mit Szenen aus dem Leben des hl. Nikolaus, die zu einem großen Triptychon gehörten, das sich heute in der Galleria Nazionale dell'Umbria befindet. Es wurde 1437 im Auftrag des Bischofs Guidalotti für die Nikolauskapelle der Kirche San Domenico in Perugia gemalt. Im gleichen Saal müssen wenigstens noch eine Kreuzigung von Masolino da Panicale und eine Madonna, die dem hl. Thomas den Gürtel reicht, von Carlo Benozzi erwähnt werden.

Im vierten Saal sind Bilder von Marco Palmezzano und das im 19. Jh. in der Vatikanischen Bibliothek abgelöste und auf Leinwand übertragene Fresko mit Sixtus IV., der Platina zum Präfekten der Vatikanischen Bibliothek ernennt, von Melozzo da Forlì. Fragmente von musizierenden Engeln und Apostelköpfen, gleichfalls von Melozzo da Forlì, stammen aus der Apsis der Kirche Santi Apostoli, die 1711 zerstört wurde.

Im fünften Saal befindet sich eine Pietà von Lucas Cranach dem Älteren, eine Madonna mit Kind von Bartolomeo Montagna, eine Madonna mit Kind, Heiligen und Würdenträgern der Sacra Rota (Gerichtshof) von Antoniazzo Romano, eine von Marco Basaiti signierte Madonna mit Kind, die Wunder des hl. Vinzenz Ferrer von Ercole de' Roberti aus einer Tafel der Predella des Polyptychons Griffoni für die gleichnamige Kapelle in San Petronio, Bologna.

Im sechsten Saal gibt es eine beachtliche Gruppe von Werken des 15. Jh. aus den Marken wie die Madonna mit Kind, die 1482 von Carlo Crivelli signiert wurde, der auch die Tafel mit der Pietà schuf, die früher im Kapitol war und fälschlich Longhi und L. Venturi zugeschrieben wurde. Sehr schön sind auch noch ein Polyptychon mit dem auferstehenden Christus, dem Abt Antonius und anderen Heiligen, das von Antonio Vivarini 1469 signiert wurde, eine Marienkrönung mit Heiligen von Niccolò Alunno, die Geschichte der hl. Barbara von Guidoccio Cozzarelli und ein kreuztragender Christus von Marco Palmezzano.

Der siebte Saal vereint Gemälde der Schule Umbrien-Latium-Marken aus dem 15./16. Jh. von Spagna, Tiberio d'Assisi, Antonio da Viterbo, Bernardino di Mariotto und Giovanni Santi. Von Perugino ist das Bild der Madonna mit Kind und Heiligen, dessen anderer Teil mit der Auferstehung Christi sich in der Galleria Nazionale dell'Umbria befindet. Das Altarbild wurde Perugino vom Dezemvirat von Perugia für die Kapelle des Palazzo pubblico in Auftrag gegeben und 1496 fertiggestellt. Trotz der Signierung auf der Stufe des Thrones schreibt es Orsini Raffael zu. Von Perugino sind weiter drei kleine Bilder mit den hll. Benedikt, Placidus und Flavia sowie eine Auferstehung Christi. Das letzte Bild wurde dem Maler am 2. März 1499 von Giovanni da Corneto für den Altar der Familie Bernardino in der Kirche San Francesco al Prato in Perugia in Auftrag gegeben. 1797 wurde es von den Franzosen nach Paris gebracht, von wo es 1816 in den Vatikan zurückkehrte. Das aus dem ersten Jahrzehnt des 16. Jh. stammende Bild wurde auch schon Raffael zugeschrieben (Camesasca).

Im achten Saal sind Werke von Raffael und seiner Schule aufbewahrt. Die zehn Gobelins, vier mit Szenen aus der Vita des Petrus und sechs aus der des Paulus, wurden von Raffael entworfen und 1515/16 in Brüssel von Pieter van Aelst und Bernard van Orley gewebt. Die Themen sind: der „Wunderbare Fischzug", die „Übergabe der Schlüssel an Petrus", die „Heilung des Gelähmten", der „Tod des Ananias", die „Steinigung des Stephanus", die „Bekehrung des Saulus", die „Blendung Elymas" (die-

267

Vatikanische Pinakothek.
Begräbnis des hl. Ephraim von Emanuele Zanfurnari.

Vatikanische Pinakothek.
Ruhe auf der Flucht nach Ägypten von Federico Barocci.

ser Gobelin wurde während des Sacco di Roma 1527 von den Landsknechten zerschnitten), die „Verehrung in Lystra", „Paulus im Kerker" und „Paulus predigt den Athenern". Nach dem Willen Leos X. (1513-21) sollte diese Serie von Gobelins die Sixtinische Kapelle während der Zeremonien schmücken. Als der Papst am 26. Dezember 1519 die Messe las, waren nach dem Zeugnis des Zeitgenossen Marcantonio Michiel sieben Teppiche an den Wänden aufgehängt. Die anderen drei („Tod des Ananias", „Paulus im Kerker", „Paulus predigt den Athenern") gelangten wahrscheinlich 1521 in den Vatikan (White, Sherman, Dussler). Sanuto und Pastor berichten, die Teppiche seien einige Jahre später bei Gelegenheit der Totenmesse für den Connétable von Bourbon in der Sixtina ausgestellt worden. Drei Entwürfe („Steinigung des Stephanus", Bekehrung des Saulus" und „Paulus im Kerker") sind verlorengegangen, die übrigen sieben sind im Victoria and Albert Museum in London aufbewahrt. Bei der Vorbereitung der Kartons sicherte sich Raffael die Mitarbeit von Giulio Romano, Gianfrancesco Penni und Giovanni da Udine. Was den Inhalt betrifft, so sieht Dussler, der sich auf de Vicos Werk „Tractatus de comparatione Auctoritatis Papae et Concilii" von 1511 und auf die Rolle de Vicos beim Laterankonzil im Mai 1512 beruft, in der Ikonographie der Gobelins eine Bestätigung der Rolle des Papstes als Vikars Christi. Kopien nach dieser Serie befinden sich im Königspalast von Madrid, im Herzogspalast von Mantua (für Federigo Gonzaga gearbeitet), in der Santa Casa von Loreto (früher Kardinal Sforza Pallavicino gehörend) und im Museum von Berlin (im Zweiten Weltkrieg zerstört). Diese waren früher in Paris und für König Franz I. gearbeitet worden.

Im gleichen Saal gibt es noch die drei theologischen Tugenden zwischen Engelpaaren. Es handelt sich um monochrome Täfelchen von der Predella einer Kreuzabnahme, die sich heute in der Galleria Borghese in Rom befindet, und mit 1507 datiert ist. Atalanta Baglioni bestellte sie bei Raffael zum Gedenken für den Sohn Grifonetto, der 1500 während des Kampfes der Baglioni um den Besitz von Perugia getötet wurde. Von besonderer Wichtigkeit sind dann die drei großen Gemälde mit der *Marienkrönung,* der *Madonna von Foligno* und der *Verklärung Christi,* weil sie in Abständen von etwa zehn Jahren gemalt wurden und die stilistische Entwicklung Raffaels von 1503 bis zu seinem Todesjahr 1520 verständlich machen. Den Auftrag für die „Marienkrönung" bekam Raffael 1502 von Alessandra Simone degli Oddi für die Familienkapelle in der Kirche San Francesco in Perugia. Die Auslieferung fand im folgenden Jahr statt (Wittkower datiert sie auf 1499/1500 zurück und glaubt, das Bild stamme aus dem Atelier Peruginos). 1797 gehörte es zum Beutegut Napoleons und wurde nach Paris gebracht. In den Vatikan kam es 1816. Die auf Leinwand übertragenen Felder der Predella schildern die Verkündigung, die Anbetung der Weisen und die Darstellung im Tempel. Vorbereitende Studien gibt es in Oxford, London, Windsor, Lille, Paris und Stockholm (Fischel). Eine Kopie der Krönung gibt es in Bernazzone bei Perugia, eine der Verkündigung in San Pietro, Perugia, und eine der Anbetung der Weisen in Kopenhagen (Dussler).

Die „Madonna von Foligno", die Sigismondo dei Conti als Exvoto bestellte, fand auf dem Hauptaltar von Santa Maria in Aracoeli in Rom Aufstellung, von wo sie 1565 in die Kirche der Nonnen von Foligno kam, 1797 brachten sie die Franzosen nach Paris, und 1815 kam sie an ihren jetzigen Standort. Auf dem Altar der Annakirche von Foligno wurde eine Kopie aufgestellt. Dieses gegen 1512 ausgeführte Werk bezeugt die endgültige Aufgabe der großen umbrischen Vorbilder des 15. Jh., in denen dieser ikonographische Typ streng in zwei übereinanderliegenden Ebenen geordnet war. Das neue Schema zeigt eine homogene Struktur mit einer Landschaft, die in Wolken verschwimmt und die Plastik der Personen durch starke Lichteffekte erzielt und – wie schon Cavalcaselle, Mendelssohn, Fischel und Longhi erkannten – ihre Anregungen aus ferraresischen (Dossi) oder auch venezianischen Vorstellungen bezieht. In diesem Sinne unterstreicht auch de Vecchi den Einfluß, den Lorenzo Lotto und Sebastiano del Piombo zwischen 1511 und 1514 auf Raffaels Tätigkeit ausüben.

Die „Verklärung" wurde Raffael 1517 von Kardinal Giulio de' Medici für die Kathedrale von Narbonne übertragen – in Wettstreit mit Sebastiano del Piombo, der gleichzeitig eine „Auferstehung des Lazarus" malte. 1523 kam das Gemälde dann nach San Pietro in Montorio in Rom, 1797 wurde es als Teil der Napoleonischen Kunstbeute nach Paris gebracht, von wo es 1815 in den Vatikan gelangte. Entwurf und Ausführung kommen Raffael zu, wie schon früh durch Vasari und einen Brief Sebastiano del Piombos vom 12. April 1520 bestätigt wird. Die Mitarbeit der Schüler Giulio Romano und Gianfrancesco Penni nach dem Tod des Meisters hat sich, wie von der Kritik übereinstimmend festgestellt wurde, auf die unteren Teile beschränkt. Dussler erkannte Pennis Hand im Haupt Christi und einigen Aposteln, Giulio Romano soll an der Gruppe rechts mitgearbeitet haben, während der junge Besessene und der ganze obere Teil Raffaels Werk sind. Das geht besonders aus einigen Zahlungen an Giulio Romano hervor, die in einem Brief Baldassarre Castigliones an Kardinal Giulio de' Medici vom 7. Mai 1522 erwähnt sind, und aus einer Notiz des Klosters Santa Maria Novella in Florenz, denn es handelt sich um Zahlungen, die, wie schon Vogel festgestellt hat, an Giulio Romano als Erben Raffaels ausgezahlt werden. Die gegenwärtige Restaurierung im vatikanischen Laboratorium hat eine malerische Handschrift hoher Qualität zutage gefördert, ohne Unsicherheiten oder stilistische Brüche, die ein Eingreifen der Schule gerechtfertigt hätten, es handelt sich in der Hauptsache also zweifelsfrei um ein eigenhändiges Werk Raffaels, wie auch Calvesi jüngst durch einen ikonographischen Vergleich mit der zeitgenössischen „Himmelfahrt Mariens" von Tizian in der Frarikirche zu Venedig festgestellt hat.

Der neunte Saal enthält Gemälde des 16. Jh.; eine „Madonna mit Kind" von Gerolamo del Pacchia, eine „Stillende Madonna"

268

Vatikanische Pinakothek.
Der hl. Matthäus von Guido Reni.

Vatikanische Pinakothek.
Bildnis Georgs IV., Königs von
England von Thomas Lawrence.

von Lorenzo di Credi, die „Beweinung des toten Christus" von Giovanni Bellini, einen „Heiligen Hieronymus" von Leonardo da Vinci. Letzteres Gemälde ist auf Holz gemalt, wurde aber im 19. Jh. abgelöst. Nach d'Achiardi gehörte es Angelica Kauffmann, geriet dann in den Laden eines römischen Trödlers, wo Kardinal Fesch es entdeckte. Im Jahre 1846 wurde es von Pius IX. (1846–78) für zweitausendfünfhundert Franken angekauft. Die gesamte Kritik hat es stets für eine eigenhändige Arbeit Leonardos gehalten. Man kann es auf seinen ersten Florentiner Aufenthalt etwa um 1481 datieren, Strzygowsky glaubt aber, es sei in der ersten Mailänder Periode gemalt, als im Refektorium von Santa Maria delle Grazie das Abendmahl entstand. Dieses monochrome Bild mit den expressionistischen Zügen ist beispielhaft für den analytisch-experimentellen Humanismus, der in dem für die Entwicklung des wissenschaftlichen Gedankens seiner Zeit aufgeschlossenen Leonardo in den gleichen Jahren reifte, in denen die großen Florentiner und Umbrier in einer hochentwickelten, der Perspektive sicheren dekorativen Kunst die Bilder in der Sixtina malten, womit sie auf der Spur der neueren Entwicklung alle großen Ideale des Humanismus bestätigen. Der „Heilige Hieronymus" sollte Teil einer umfangreichen Komposition sein wie die „Anbetung der Weisen" in den Uffizien, an die er zeitlich anschließt. Die humanistische Poetik erhöhte die Durchgeistigung der Form zu einer Art von optischem Pantheismus, und Leonardo entschloß sich ohne Zögern zum genauen Studium des sinnlich Wahrnehmbaren, seiner Ursachen und seiner Wandlungen. So wird die Malerei für Leonardo zur Wissenschaft, das Bild wird zu einem Blatt mit figurativen Notizen – wie die „Anbetung" in den Uffizien und dieser erhabene „Heilige Hieronymus".

Das Bild der „Beweinung Christi" von Giovanni Bellini kam aus der Bologneser Sammlung des Ulisse Aldrovandi in den Vatikan. Es stammt aus dem Jahre 1471, in dem die Altartafel für San Francesco in Pesaro entstand, deren Krönung es war. Es ist von Frizzoni Giovanni Bellini zugeschrieben worden und ist eines der stärksten figurativen Werke des Meisters. Der tiefe Mystizismus kommt in der endgültigen Überwindung der spätgotischen Stilmittel zum Ausdruck und im Licht eines reiferen formalen Bewußtseins, das die Gründe der menschlichen Gefühle auslotet. Damit ist eine Art strenger Plastizität geboren, die an eine bestimmte Auffassung des Raumes anknüpft, die auf Gegenüberstellung der Figuren und ihrer Anordnung in verschiedenen Schichten übereinander beruht. Das Bild im Museo Civico von Pesaro, das zum gleichen Altar gehört, zeigt die Krönung Mariens zwischen den hll. Paulus, Petrus, Hieronymus und Franziskus; die kleinen Pfeiler des Altarrahmens zeigen rechts die selige Michelina und die hll. Bernardino, Ludwig und Andreas, links die hll. Katharina, Laurentius, Antonius von Padua und Johannes den Täufer; auf den Sockeln der Pfeiler ist links Georg und der Drache, rechts der hl. Terentius dargestellt. Die Predella umfaßt fünf Abschnitte, von rechts nach links die „Stigmatisation des hl. Franziskus", der „Büßende hl. Hieronymus", die „Geburt Christi", die „Kreuzigung Petri" und die „Bekehrung des Saulus". Pallucchini und Bottari datieren das ganze Werk auf das Jahr 1471 aufgrund der Gegenüberstellung mit einer danach gestalteten, auf 1471 datierten Arbeit von Marco Zoppo, die sich früher im Berliner Museum befand.

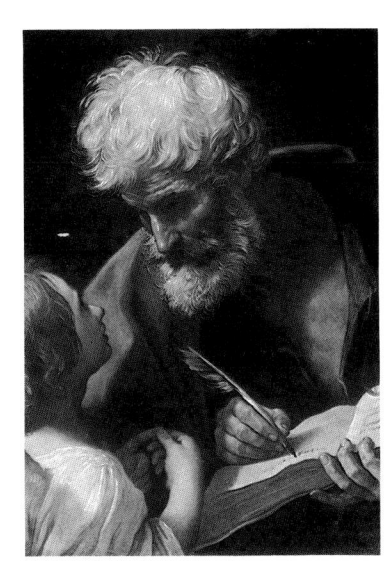

Der zehnte Saal enthält Werke aus Schulen des mittleren Norditalien, besonders aus Florenz und Venedig: einen „Petrus" und einen „Paulus" von Fra Bartolomeo; eine „Madonna mit Kind und Heiligen" von Gerolamo Genga; eine „Madonna mit Kind und dem hl. Hieronymus" von Jacopo Boateri; eine „Madonna mit Kind und Heiligen" von Moretto; „Augustus und die Sibylle haben eine Vision der Madonna" von Benvenuto Tisi, datiert 1544; eine „Heilige Familie" von Bonifacio Veronese; einen „Georg, den Drachen tötend" von Paris Bordone; eine „Beschneidung" von Francesco Bissolo; die „Madonna di Monteluce" von Giulio Romano und Gianfrancesco Penni, einen „Bernhard, den Dämon zähmend" (früher in der Kirche San Bernardo alle Terme) von Marcello Venusti und eine „Glorie der Madonna mit Engeln und den hll. Katharina, Nikolaus, Petrus, Antonius von Padua, Franziskus und Sebastian" von Tizian. Dieses außergewöhnliche Bild, das auf dem Schild in der Mitte mit TITIANUS FACIEBAT gezeichnet ist, wird von Vasari in der venezianischen Kirche San Niccolò dei Frari erwähnt, von wo es 1770 nach Rom gebracht wurde. Es entstand etwa um 1543. Die aus anderen, früheren Werken Tizians bekannte klassisch-statuarische Monumentalität („Thronender Markus mit Heiligen" in der Sakristei von Santa Maria della Salute, Polyptychon Averoldi, Altartafel von Pesaro) tendiert hier zu einer entschiedenen chromatischen Auflösung, die noch verstärkt wird durch die breite Betonung der Personen und die Verteilung des Lichtes, das eine lebhafte Bewegung erzeugt und den alten Tizian dazu bringt, auf die Umrißlinien zugunsten der betonten Farbwerte gänzlich zu verzichten. Dieses Gemälde im Vatikan stammt also aus der Krisenzeit Anfang der vierziger Jahre, die durch die Neuerungen der Giorgio Vasari, Giuseppe Salviati und Giuseppe Porta in Venedig verursacht war.

Die „Allegorie" von Veronese ist zu den beiden anderen Allegorien des Friedens und der Hoffnung in der Kapitolinischen Pinakothek in Beziehung zu setzen, die als Dekoration einer Decke dienen sollten. Berenson schrieb die drei Gemälde zunächst Giambattista Zelotti zu, entschied dann, Paolo Veronese habe sie gemalt, als er mit der Dekoration des Saals des Rates der Zehn im Dogenpalast von Venedig begann. Sie sind also, wie auch Hadeln und Pallucchini bestätigen, etwa um 1556 entstanden, gleichzeitig mit den Gemälden für die Decke von San Sebastiano und den Palazzo Trevisan in Murano.

Das andere Bild von Veronese mit der „Vision der hl. Helena" befand sich in der Casa Pio von Carpi, wo Benedikt XIV. (1740–58) es kaufte. Zeitlich schließt es an die Serie der in der zweiten Hälfte der sechziger Jahre für Kaiser Rudolf II. gemalten Allegorien an, hat aber nicht deren monumentale und eindrucksvolle Plastizität. Die hl. Helena des Vatikans ist von einer breiten, statuarischen Festig-

269

Vatikanische Sammlung moderner
religiöser Kunst.
Religiöse Tafel von Paul Gauguin.

Vatikanische Sammlung moderner
religiöser Kunst.
Der Heilige Rock, Glasfenster von
Fernand Léger.

keit, in deren Drapierungen die Feinheit der farblichen Beziehungen geradezu veristische Züge aufweist, die Coletti auch in der „Vision der hl. Helena" der National Gallery in London entdeckt hat und die in der stilistischen Entwicklung Veroneses wiederkehren.

Im elften Saal gibt es Malereien verschiedener Schulen des 16. Jh.; ein „Martyrium des Stephanus" von Giorgio Vasari, eine auf 1606 datierte „Verkündigung" von Cavalier d'Arpino, einige Bilder von Gerolamo Muziano, eine auf 1515 datierte „Himmelfahrt" von Cola dell'Amatrice, eine „Stigmatisation des hl. Franziskus", einen „Madonnenkopf", eine „Verkündigung", eine „Ruhe auf der Flucht nach Ägypten", eine „Selige Michelina", lauter Werke von Federico Barocci. Die „Ruhe auf der Flucht nach Ägypten" malte Barocci für Simonetti Anastagi, wie aus einem Brief des Malers vom 2. Oktober 1573 an den Auftraggeber hervorgeht. Nach den Tod Anastagis wurde das Bild in die Sakristei der Jesuiten von Perugia gebracht. Als dieser Orden durch Dekret Clemens' XIV. (1769–74) im Jahre 1773 verboten wurde, kam die Leinwand in den päpstlichen Palast des Quirinals und von dort in die Vatikanische Pinakothek. Olsen hat die Geschichte der Versionen dieses Bildes rekonstruiert, wovon außer der vatikanischen noch eine für Graf Antonio Brancaleoni ausgeführte bekannt ist, die sich heute in der Kirche Santo Stefano a Piobbico (Arezzo) befindet; eine dritte, von der Bellori 1672 schreibt, sie sei für den Herzog Guidubaldo della Rovere angefertigt worden, ist 1824 in England in der Sammlung Day dokumentiert, der weitere Verbleib ist unbekannt.

Das Bild der seligen Michelina, von dem eine Kopie in der Sakristei der Kathedrale von Urbino bekannt ist, wurde 1606 im Auftrag Alessandro Barignanis von Barocci gemalt. 1797 wurde es mit der Napoleonischen Kunstbeute nach Frankreich geschafft und kam 1816 in den Vatikan.

Der zwölfte Saal enthält einige Meisterwerke der italienischen Malerei des 17. Jh.: einen „Johannes den Täufer", eine „Heilige Margareta von Cortona" und eine „Magdalena" von Guercino, weiter ein „Martyrium der hll. Prozessus und Martinianus" von Valentin, eine „Heilige Familie" von Giuseppe Maria Crespi sowie Bilder von Poussin, Domenichino, Sacchi und Caravaggio. Die „Vision des hl. Romuald" wurde 1631 von Andrea Sacchi im Auftrag der Kamaldulensermönche gemalt, die den Hauptaltar ihrer neuen Romualdskirche im Vicolo del Piombo schmücken wollten. Die Kirche wurde im letzten Viertel des 19. Jh. durch die Arbeiten für den Bau der Via Nazionale zerstört. Bis 1797 war das Bild in dieser Kirche, wurde dann von den Franzosen nach Paris gebracht, seit 1841 ist es in der Vatikanischen Pinakothek bezeugt. Das Bild ist zur gleichen Zeit wie das Fresko der „Weisheit" im Palazzo Barberini entstanden. Endgültig festigt sich in ihm der Gegensatz zur barocken Richtung des Pietro da Cortona durch Überbetonung der klassischen Monumentalität der Figuren, was nur in einem freien malerischen Raum geschehen kann, der durch strenge Verteilungsschemata bestimmt ist und den inbrünstigen Erfindungen des Barocks keine Zugeständnisse macht.

Die „Kreuzigung des Petrus" wurde von Guido Reni im Auftrag des Kardinals Pietro Aldobrandini, der die Pfründe der Abtei Tre Fontane innehatte, für die Kirche von San Paolo alle Tre Fontane gemalt. Aufgrund einer Anzahlung von fünfzig Scudi für den Maler vom 27. November 1604 hat Hibbard das Entstehungsjahr 1604/1605 ermittelt. Von diesem Bild kennt man mehrere Kopien in Genua und Spanien. Das Gemälde ist ein schönes Zeugnis für die Begegnung Renis mit Caravaggio, die in den ersten Jahren des 17. Jh. in Rom stattfand. Die Anregung zu diesem Bild erhielt Guido Reni von der „Kreuzigung des Petrus" in der Cerasi-Kapelle von Santa Maria del Popolo. Aber Reni nahm die Lehre Caravaggios nur in geringem Maße, wie versuchsweise, in sich auf und übertrug sie in die Elemente des realistischen lombardischen Stils (der rauhe Realismus, das lebhafte Flackern von Licht und Schatten, die beharrlich fest umrissene Anatomie, das Kreuz in dieser Betonung). Die Struktur bleibt entschieden 16. Jahrhundert, in der Poetik des Bologneser Akademismus verankert. Die Personen sind in einen lastenden, blauschwarzen Raum gestellt, der vertikal organisiert und in zwei Blickfelder aufgeteilt ist durch die mittlere Trennungslinie des Kreuzes, auf dem der nackte Leib des Märtyrers in harmonischer Anordnung ausgestreckt ist.

Die „Madonna mit dem Kind in der Glorie und den hll. Thomas und Hieronymus" wurde von Guido Reni für den Altar der Familie Olivieri im Dom von Pesaro gemalt und kam von dort in der ersten Hälfte des 19. Jh. in die Vatikanische Pinakothek. Man kann sie auf 1630 datieren, also früher – wenn auch nur wenig – als das Altarbild der Pest in der Pinakothek von Bologna. Wie Giordani und in jüngerer Zeit auch Cavalli richtig beobachtet haben, malte Reni dieses Bild in einer Übergangszeit „zwischen einer ersten robusten und zwiespältigen Periode und einer dritten in ‚Klarheit'".

„Sankt Matthäus und der Engel" ist eines der berühmtesten Gemälde Renis, von dem es mehrere Repliken und Kopien gibt. Die schönste, die der vatikanischen Fassung am nächsten kommt, befindet sich in der Bob Jones University in Greenville; bemerkenswert ist aber auch die Version in der Pinakothek der Abtei von Casamari (Frosinone).

Vatikanische Sammlung moderner religiöser Kunst.
Christus im Sturm auf dem See von Giorgio de Chirico.

Vatikanische Sammlung moderner religiöser Kunst.
Inneres einer Kirche von Filippo de Pisis.
Unten: Kreuzabnahme von Aligi Sassu.

Die „Kommunion des hl. Hieronymus" malte und datierte Domenichino 1614 für die Väter des heiligen Hieronymus von der Barmherzigkeit; nach dem Wiener Vertrag, der den Napoleonischen Kunstraub von 1797 annullierte, kam das Bild in den Vatikan. Domenichino richtete sich bei der Arbeit nach einem Werk des gleichen Themas von Agostino Carracci, das heute in der Pinakothek von Bologna hängt. Indessen unterscheidet es sich von ihm durch die erweiterte perspektivische Situation und die anders gestaltete Beziehung zwischen Raum und Figuren. Während im Bild von Carracci eine Art Gedränge herrscht, gibt es bei Domenichino eine regelmäßige, fast rhythmische Verteilung der Figuren, die nichts mehr von der Erregtheit der Personen Carraccis an sich haben.

Die „Kreuzabnahme" wurde in mehr als zweieinhalb Jahren, vom 9. Januar 1602 bis zum 6. September 1604, im Auftrag Francesco Vittricis von Caravaggio für die Vittrici-Kapelle der römischen Kirche Santa Maria in Vallicella gemalt. Marini hat mit Recht daran erinnert, daß der Künstler im Gegensatz zu seinen Gewohnheiten so lange Zeit brauchte, weil er mit Baglione und Pietro Fusaccia, dem Wirt der Osteria del Moro, in Rechtsstreitigkeiten verwickelt war und weil er außerdem durch eine Reise in die Marken und zahlreiche andere Aufträge abgelenkt wurde. 1797 wurde das Bild von den Franzosen nach Paris gebracht, von wo es 1815 in den Vatikan zurückkam. Unter den kritischen Analysen ist am interessantesten die von Roberto Longhi, der das Bild mit der „Kreuzabnahme" von Simone Peterzano in der Kirche San Fedele von Mailand und mit der „Beweinung Christi" im Cleveland Museum of Fine Arts vergleicht und eine wesentliche Übereinstimmung mit der Komposition Caravaggios feststellt. Freie Varianten des Themas gestalteten große Maler wie Valentin, van Baburen, Fragonard und Géricault, aber es sind auch mehrere Kopien bekannt: in San Marco in Mailand, in der National Gallery of Canada in Ottawa, im Prado in Madrid, im Musée des Beaux-Arts in Rouen, in der Galerie Brera in Mailand, in der Kollegiatskirche von Offida (Ascoli Piceno), im Fogg Art Museum in Cambridge, in der Sammlung Camuccini in Cantalupo Sabino (Rieti), in Santa Maria in Vallicella in Rom, und noch eine ganze Reihe graphischer Kopien. Das Werk ist eine Synthese der während des römischen Aufenthalts gereiften Erfahrungen. Caravaggio hat die Möglichkeit, einige Zeugnisse der großen Renaissancemalerei aus der Nähe kennenzulernen (die Maria des Kleophas ist eine Zitierung Raffaels, und im Leib des toten Christus kehrt die von Michelangelo für Jean Bilhères geschaffene Pietà wieder), die hier mehr als in seinen anderen Werken aus den römischen Jahren ein Echo finden und mit dem lombardischen Realismus zu einer ausgeglichenen poetischen Vision ohne Spannungen und Brüche verschmelzen. Sogar der Schmerz über den Tod und seine Darstellung sind nicht Verzweiflung, sondern wie in einer ausführlichen Erzählung ruhig geschildert.

Das „Martyrium des hl. Erasmus" wurde zwischen Februar 1628 und Oktober 1629 von Poussin für die Peterskirche gemalt. Es gibt davon eine Replik in der National Gallery of Canada in Ottawa. Thuillier hat betont, daß dieses in der französischen Malerei unbekannte Thema dem Künstler von den Auftraggebern vorgeschrieben wurde, da es im italienischen (Pordenone, Saraceni) und nordischen (Spranger, Troger) Bereich sehr verbreitet ist.

Im dreizehnten Saal befinden sich Gemälde verschiedener Schulen aus dem 17. und 18. Jh.: eine „Madonna mit Kind" von Sassoferrato; eine weitere von Maratta; eine „Heilige Familie" von Francesco Mancini; eine „Judit" von Orazio Gentileschi; eine „Vision des hl. Bruno" und ein „Heiliger Hieronymus" von Pier Francesco Mola; zwei Bilder von Gaetano Gandolfi; eine „Heilige Familie" von Giambattista Castiglione; eine „Madonna erscheint dem hl. Johannes Nepomuk" von Pompeo Batoni; ein „Martyrium der Makkabäer" von Vincenzo Malò; ein „Erzengel Michael", der Solimena zugeschrieben wurde, jetzt aber nach Bologna aus dem ersten neapolitanischen Aufenthalt des Corrado Giaquinto stammt; ein „Franziskus Xaverius" von van Dyck, der ebenso wie der von Redig de Campos entdeckte „Ignatius von Loyola" auf 1622/23 datiert werden kann; ein „Martyrium des Laurentius", das früher Ribera zugeschrieben wurde, aber mit größerer Wahrscheinlichkeit aus seiner Schule kommt; eine „Madonna erscheint dem hl. Franziskus" von Pietro da Cortona, das auf etwa 1641 datiert werden kann. Briganti hielt es für eine eigenhändige Replik des Malers nach seinem Altarbild in der Montauto-Kapelle der Verkündigungskirche von Arezzo, in den Vatikan gelangte es aus dem päpstlichen Palast in Castel Gandolfo. Von Pietro da Cortona sind auch die Bilder „David tötet Goliat" und „David und der Löwe", zwei eigenhändige Kopien der Episoden Davids, die Cortona in das Gewölbe des Casino Sacchetti (Pigneto) malte. Fabbrini erwähnt, daß sie sich im 19. Jh. im Kapitol befanden, Briganti bringt sie mit den

271

beiden anderen Episoden Davids in Zusammenhang, die sich im Quirinalspalast befinden und von diesem Gelehrten als Werkstattarbeiten bezeichnet werden.

Im vierzehnten Saal sind Bilder verschiedener Zeiten und Schulen ausgestellt: ein „Ecce Homo" und ein „Heiliger Ignatius" von Seghers; „Engel" von Baciccio, mehrere „Stilleben" aus dem 17. Jahrhundert; ein „Orpheus vor Pluto und Persephone" von Mathias Stomer; die „Astronomischen Beobachtungen" von Donato Creti; das „Wunder des hl. Toribio von Lima" von Sebastiano Conca. Dieses Bild malte Conca im Auftrag Kardinal Ottobonis. Pascolis Erwähnung dieses Themas bezieht sich, wie Sestieri kürzlich gezeigt hat, auf das vatikanische Bild und nicht auf die Replik der Conca-Schule, die sich in Piacenza in der Galleria del Collegio Alberoni befindet. Eine Replik von Fondi gibt es noch in der Peterskirche (Latina).

Im fünfzehnten Saal ist eine Reihe von Bildnissen verschiedener Epochen und Schulen zu sehen: ein „Pius VI." von Pompeo Batoni; zwei Kardinäle von Scipione Pulzone; ein „Clemens IX.", der 1669 von Carlo Maratta signiert wurde, und der „Doge Niccolò Marcello" von Tizian. Dieses Porträt kaufte Leo XII. (1823–29) aus der Bologneser Sammlung Aldobrandini. Die Person wurde durch Vergleich mit einigen Medaillen und dem anderen Porträt dieses Dogen, das Mazza in Bologna malte, identifiziert. Datiert wird es auf etwa 1542.

Der sechzehnte Saal ist der Skulptur und Malerei des 19. Jh. gewidmet: einer Bronze von Auguste Rodin, einer „Kreuzigung" von Pericle Fazzini sowie Werken von Ippolito Caffi, Antonio Mancini, Antonio Puccinelli, Gaetano Previati und Arturo Tosi.

Im siebzehnten Saal findet sich zeitgenössische Kunst mit Werken von Morandi, Soffici, Viani, de Chirico, Rosai, Utrillo, de Pisis, Carrà, Fazzini und anderen. Diese Werke sind jetzt zusammen mit denen des sechzehnten Saales der Sammlung moderner religiöser Kunst angegliedert.

Die vatikanische Sammlung religiöser Kunst ist neuerdings in den Gemächern der Borgia untergebracht. Zu ihr gehören bemerkenswerte Zeugnisse der Malerei und Skulptur meist religiösen Inhalts vorwiegend aus dem italienischen und europäischen 19. und 20. Jahrhundert, von denen 1974 ein prächtiger Katalog mit einem ausführlichen Essay von Giorgio Mascherpa herausgegeben wurde (G. Fallani, V. Mariani, G. Mascherpa, La collezione vaticana d'arte religiosa moderna, Mailand 1974).

In einer Zusammenstellung, die in diesem Rahmen nur sehr schematisch sein kann, sind für die italienische Malerei zu erwähnen: eine „Madonna", etwa von 1860/1865, von Carnovali; die „Mutter", 1907, von Boccioni; die „Mutter", 1928, von Balla; zwei Zeichnungen, 1949, und fünf Bilder auf Leinwand, 1938–45, von Carrà; ein Mosaik, etwa 1950 auf Leinwand, 1964, und neun Bilder auf Papier oder Karton in Öl, Tempera oder Pastell, 1927–61, von Severini; fünf Bilder auf Holz oder Leinwand, 1944–51, von Sironi; vier Bilder, 1932–50, von de Chirico; eine Tempera auf Papier, eine Radierung, zwei Holzschnitte und eine Lithographie, 1936–45, von Casorati; ein Fresko, 1932, und ein Öl auf Karton, 1946, von Ardengo Soffici; ein Öl auf Holz, 1923, zwei auf Leinwand, 1923 und 1957, sechs Zeichnungen, 1959–62, sechs Radierungen, 1924–32, von Morandi; vier Öl auf Leinwand, 1926–51, eins auf Karton, 1922, von de Pisis; zwölf Leinwände, Tafeln, Zeichnungen, Gobelins, Mosaiken, 1937–71, von Cagli; eine Kohlezeichnung und Aquarell auf Papier, 1957, eine Tafel, 1965, eine Leinwand, 1973, von Guttuso; eine Leinwand, 1958, von Capogrossi; eine Tafel, 1958, von Omiccioli; eine Leinwand, 1970, von Purificato; drei Leinwände, 1932, 1943, 1948, von Rosai; zwei „Kreuzigungen", 1973 und 1974, von Fausto Pirandello; in Rötel auf Papier die Serie „Via Crucis", 1955, von Sassu, eine Leinwand, 1970, und zwei Mosaiken, 1962 und 1969, von Cantatore; eine Serie von vierzehn Leinwänden, 1901, von Previati.

An ausländischer Malerei ist vertreten: ein schönes Aquarell, etwa 1818, von Goya; ein geschnitztes und bemaltes Täfelchen, das Gauguin etwa 1892 auf Tahiti malte; die tragikomische „Procession des pénitents de Furnes", 1913, von Ensor; ein Holzschnitt, 1902, von Munch; eine Serie von Lithographien, liturgische Paramente, ein Kruzifix, 1951, von Matisse für die Kapelle von Vence gefertigt; die Serie der „Miserere"-Kupferstiche, 1922–27, von Rouault; Guaschen, 1943–56, und Lithographien, 1970, von Chagall; zwei Teller mit mystischen Fischen, 1957, von Picasso; ein Aquarell mit Stilleben, 1939, von Le Corbusier; eine Zeichnung, 1916, von Modigliani; vier Ölbilder mit Ansichten von Kirchen, 1908, 1909, 1924, 1925, von Utrillo; eine Leinwand, 1944, von Orozco; zwei Tafeln, 1963, 1970, von Siqueiros; eine Studie, 1961, zum Porträt Innozenz' X. des Velázquez, von Bacon; ein Holzschnitt, etwa 1905, von Kandinsky; ein Aquarell, 1925, von Paul Klee; ein Karton von Odillon Redon; eine Leinwand, 1960, und ein Aquarell von Salvador Dalí; eine Lithographie von Braque; eine Zeichnung, 1946, und ein Aquarell von Kokoschka.

Bildhauerei: drei Bronzen, 1880, 1890, 1915, von Redon; Michelangelos tragische Pietà in Bronze, 1946; eine weitere Bronze, 1950, ein Holzschnitt, 1927, von Mestrovic; eine Ikone Pius' XI., an die geheimnisvollen Statuen der Pharaonen erinnernd, von Wildt; zwei Keramiken, 1949, 1951, und sieben Bronzen, 1951–56, von Fontana; die außergewöhnliche Serie von Terrakotten der „Via Crucis", 1926–27, eine Holzschnitzerei, 1925, eine weitere Terrakotta auf archaische Art, 1934, von Arturo Martini; zwei Aquarelle, 1920, 1923, eine Bronze, 1929, eine Steinplastik, 1971, von Marino Marini; eine aquarellierte Zeichnung, 1954, von Henry Moore; die Ausstattung für die Cappella della Pace, 1951, die Büste Johannes' XXIII., 1962, von Giacomo Manzù; neunzehn Bronzen und ein Silber, 1939–72, von Messina; zwei Bronzen, 1956, 1963, die Serie von vierzehn Bronzen für den Kreuzweg (Via Crucis) von Fazzini; vier Zeichnungen, 1962–68, sechs Bronzen, 1961–68, von Greco; sieben Bronzen, 1946–67, von Minguzzi; eine Silberplastik, 1942, eine Bronze, 1967, Arbeiten auf aufgezogenem Papier, 1954–68, von Mirko; zwei Bronzen, 1939 und 1950, ein Marmor, 1950, von Mastroianni.

SANT'ANNA DEI PALAFRENIERI

Wir schließen diesen Kunstführer mit einigen Notizen über eine Kirche innerhalb der vatikanischen Mauern in der Nähe des Eingangs Sant'Anna, die ein wichtiges Dokument für die Entwicklung der architektonischen Kultur in Rom zwischen der zweiten Hälfte des 16. Jahrhunderts und dem Spätbarock ist. Die Kirche Sant'Anna dei Palafrenieri wurde im Auftrag der Confraternità dei Palafrenieri (Reitknechte), die seit dem 13. Jh. im Vatikan präsent war, erbaut. 1378 wurde diese Bruderschaft eine feste Organisation mit dem Privileg, sich in der Nähe des Anna-Altars zu versammeln, den Papst Urban VI. (1378–89) in der Petersbasilika errichten ließ. Nach den von Cicinelli in den Archiven aufgefundenen Dokumenten begann der Bau der Kirche unter Leitung von Jacopo Barozzi da Vignola, dem sein Sohn Giacinto zur Seite stand, am 2. Juni 1565. Im Jahre 1576, als das Bauwerk einschließlich Fassade bis zum Gesims gediehen war, wurden die Arbeiten unterbrochen. Anfang des 18. Jh. wurde die Vollendung der Fassade auf Wunsch Clemens' XI. (1700–21) Alessandro Specchi übertragen. Sämtliche Arbeiten wurden 1775 beendet. Das

Innere, von elliptischem Grundriß, ist im 18. Jh. von Giambattista de' Rossi mit Stuckarbeiten und von Ignazio Stern mit Fresken der Geschichte der hl. Anna ausgestattet worden. Das Bild des hl. Karl Borromäus wurde 1612 von Gerolamo Bertachiol gemalt.

Am 16. April 1606 kam das Bild „Madonna, die hl. Anna und das Jesuskind, das mit seiner Mutter die Schlange zertritt" von Caravaggio in diese Kirche. Es war am 14. des gleichen Monats auf dem Altar der heiligen Anna in Sankt Peter ausgestellt und sofort wieder entfernt worden (Spezzaferro). Der Entschluß, die Kirche mit diesem Bild auszustatten, war von der Bruderschaft am 31. Oktober 1605 gefaßt worden. Die Arbeit war vor dem 12. März 1606 fertiggestellt. Am 16. Juni wurde sie von Kardinal Borghese für seine Sammlung angekauft, wo sie sich noch heute befindet (Rom, Galleria Borghese). Wie Spezzaferro überzeugend belegt hat, beruhte die Ablehnung auf der von Caravaggio gewählten Ikonographie. Der ikonographischen Tradition des Westens nach ist die hl. Anna als Mutter Mariens am Werk der Erlösung vom Bösen (der Schlange) beteiligt, bei Caravaggio erscheint sie aber „a latere", abseitsstehend, also in der Rolle, die ihr von der orthodoxen Ikonographie zugeteilt worden war. In den gleichen Jahren lehnten die Brüder von Santa Maria della Scala Caravaggios „Tod der Madonna" ab.

LITERATURHINWEISE

Ackermann, J. S., The Cortile del Belvedere, Vatikanstadt 1954.

Baccheschi, E., L'opera completa di Guido Reni, Mailand 1971.

Baldini, U., L'opera completa dell'Angelico, Mailand 1970.

Baldini, U., Michelangelo. Die Skulpturen, Stuttgart 1982.

Battisti, E., Hochrenaissance und Manierismus, Baden-Baden 1979.

Benedetti, S., Architettura e riforma cattolica nella Roma del '500, Rom 1973.

Bergengruen, W. und Lessing, E., Römisches Erinnerungsbuch, Freiburg i. Br. ⁷1978.

Birke, V., Ausstellungskatalog Guido Reni/Zeichnungen, Wien 1981.

Blunt, A., The Paintings of Nicolas Poussin, A critical catalogue, London 1966.

Bruhns, L., Die Kunst der Stadt Rom, 2 Bde, Köln 1951.

Bruschi, A., Bramante architetto, Bari 1969.

Calvesi, M., Der Vatikan und seine Kunstschätze. Die Peterskirche. Die vatikanischen Museen und Galerien. Der Kirchenschatz von St. Peter. Die Grotten und die Nekropole. Die Paläste, Stuttgart 1962.

Chastel, A., Botticelli, Würzburg 1957.

Diener, G., Rom. Die ewige Stadt, Bamberg ¹⁴1979.

Ehrle, F. und Egger, H., Der Vatikanpalast in seiner Entwicklung bis zur Mitte des 15. Jahrhunderts, Rom 1935.

Einem, H. von, Michelangelo. Bildhauer, Maler, Baumeister, Berlin 1973.

Ettlinger, L. D., The Sistine Chapel before Michelangelo, Oxford 1965.

Fagiolo dell'Arco, M., La Roma dei Longhi. Papi e architetti fra manierismo e barocco, Rom 1982.

Fagiolo dell'Arco, M. und M., Bernini. Una introduzione al „gran teatro" del Barocco, Rom 1966.

Fink, K. A., Das Papsttum im Mittelalter. München 1981.

Fontana, C., Il Tempio Vaticano e sua origine ..., Rom 1694.

Förster, O. H., Bramante, Wien–München 1956.

Franzen, A. und Bäumer, R., Papstgeschichte – Von den Anfängen bis zur Gegenwart, Freiburg i. Br. ²1979.

Fuhrmann, H., Von Petrus zu Johannes Paul II. Das Papsttum: Gestalt und Gestalten, München 1980.

Giovannoni, G., Antonio da Sangallo il Giovane, Rom 1959.

Guarducci, M., Hier ist Petrus, Regensburg 1967.

Hartmann, J. B., Bertel Thorvaldsen, Rom 1972.

Hautecœur, L., Mystique et architecture, Paris 1954.

Helbig, W., Führer durch die öffentlichen Sammlungen klassischer Altertümer in Rom, Bd. 1: Die päpstlichen Sammlungen im Vatikan und Lateran, Tübingen ⁴1963.

Heusinger, L., Die Sixtinische Kapelle, Bayreuth 1976.

Hohl, R., Die Sixtina. Fresken der Sixtinischen Kapelle in Rom, Stuttgart 1982.

Hülsen, H. von und Rast, J., Rom. Führer durch die Ewige Stadt, Freiburg i. Br. ⁶1975.

Ipser, K., Die Kunstwerke des Vatikans, Graz–Stuttgart 1958.

Kauffmann, H., Giovanni Lorenzo Bernini, Berlin 1970.

Keller, H., Michelangelo. Bildhauer – Maler – Architekt, Frankfurt a. M. 1976.

Kirschbaum, E., Die Gräber der Apostelfürsten. St. Peter und St. Paul in Rom, Frankfurt a. M. ³1974.

Krautheimer, R., Corpus Basilicarum Christianarum Romae, Vatikanstadt 1937–77.

Kuhn, R., Michelangelo – Die sixtinische Decke. Beiträge über ihre Quellen und zu ihrer Auslegung, Berlin 1975.

Die Kunstschätze des Vatikans, Freiburg i. Br. ⁵1981.

Laux, K. A., Michelangelos Juliusmonument, Berlin 1943.

Lippold, G. (Hg.), Die Skulpturen des Vaticanischen Museums, Berlin 1956.

L'Orange, H. P., Domus Aurea, Der Sonnenpalast, Oslo 1942.

Magnusson, T., Studies in Roman Quattrocento Architecture, London 1958.

Marini, M., Michelangelo da Caravaggio, Rom 1973 f.

Matt, L. von, Die Peterskirche. Begleitender Text v. D. von Balthasar, Würzburg 1958.

Matt, L. von, Die Kunstsammlungen, der Biblioteca Apostolica Vaticana Rom, Köln 1969.

Metternich, F. W. von, Die Erbauung der Peterskirche zu Rom im 16. Jahrhundert. 1. Abschnitt: Die Zeit Julius' II., Leos X., Hadrians VI. und Clemens' VII. Tafelband, Wien 1973.

Metternich, F. W. von, Bramante und St. Peter. München 1975.

Michelangelo. Bildhauer, Maler, Architekt, Dichter. Mit Beiträgen von Ch. De Tolnay u.a., Wiesbaden 1966.

Murray, P., Die Architektur der Renaissance in Italien, Stuttgart 1980.

Nava Cellini, A., La scultura del Seicento, Turin 1982.

Oberhuber, K. (Bearb.), Raphaels Zeichnungen Abt. IX. Entwürfe zu Werken Raphaels und seiner Schule im Vatikan 1511/12 bis 1520, Berlin 1972.

Panofsky, E., Grabplastik. 4 Vorlesungen über ihren Bedeutungswandel von Alt-Ägypten bis Bernini, Köln 1964.

Pastor, L. Freih. von, Geschichte der Päpste seit dem Ausgang des Mittelalters (1417–1800), 14 Bände in 22 Teilen, Freiburg i. Br. Reprint 1955 ff.

Portoghesi, P., Francesco Borromini. Baumeister des römischen Barock. Stuttgart 1977.

Quednau, R., Die Sala di Costantino im Vatikanischen Palast. Zur Dekoration der beiden Medici-Päpste Leo X. und Clemens VII., Hildesheim 1980.

Raffalt, R., Sinfonia Vaticana. Ein Führer durch die Päpstlichen Paläste und Sammlungen, München ²1968.

Schöter, E., Der Vatikan als Hügel Apollons und der Musen – Kunst und Panegyrik von Nikolaus V. bis Julius II. In: Römische Quartalschrift, 1980.

Schramm, P. E., Kaiser, Rom und Renovatio, Darmstadt ³1975 (Fotomechanischer Nachdruck der Ausgabe von 1929).

Schramm, P. E., Kaiser, Könige und Päpste, Stuttgart 1968–71.

Sedlmayr, H., Francesco Messina, New York 1978.

Seppelt, A. und Schwaiger, G., Geschichte der Päpste, München 1964.

Smith, E. B., Architectural Symbolismus of Imperial Rome and the Middle Ages, Princeton 1956.

Thoenes, C., Studien zur Geschichte des Petersplatzes. In: Zeitschrift für Kunstgeschichte, 1963 (S. 97–145).

Toynbee, A. J., Auf diesen Felsen. Das Christentum – Grundlagen und Wege zur Macht, Wien 1970.

Der Vatikan und das christliche Rom. Kevelaer 1975.

Wittkower, R., Gian Lorenzo Bernini, The sculptor of the Roman baroque, London ²1966.

Wölfflin, H., Die klassische Kunst. Eine Einführung in die italienische Renaissance, Stuttgart ⁹1968.

Zeitler, K., Klassizismus und Utopia, Stockholm 1954.

REGISTER

Abatini, Guidubaldo 249 f
Abendländisches Schisma 221
Acquedotto Alessandrino 24
Adami, P. 251
Aelst, Pieter van 78 148–153 257 266
Ager Vaticanus 29 f
Ägyptisches Museum 224 233 255
Agresti, Livio 83 264
Alarich 9 34
Albani, Sammlung 218
Alberti, Leon Battista 201
Alessandrina, Via siehe Borgo Nuovo
Alexander VI., Papst 23 29 38 76 200 258
Alexander VII., Papst 9 26 210 218
–, Grabmal *182* 183 258
Alexander VIII., Papst 257
–, Grabmal 184
Algardi, Alessandro 87 180 f *181* 184 250 f
Alicorni, Palazzo 50
Alter Saal der Schweizer 84
Amici, Luigi 250
Ammannati, Bartolomeo 43
Angelica, Porta 29 *41* 42
Angelico, Fra, eig. Giovanni da Fiesole, gen. 75 *234 f* 262
Antoniano, Silvio 257
Antoniazzo Romano 216
Apollo von Belvedere 257
Appia Nuova, Via 24
Aqua Vergine 22
Archive 213 ff
Aretino, Pietro 263
Arnolfo di Cambio 172 252 254
Augustinus, hl. 14
Aurelian, Kaiser 14 16 18 22
Aurelianische Mauer 34 197
Avignon 221

Baciadonna, D. 251
Baglione, Giovanni 84 257
Balestra, Pietro 251
Baratta, G. 251
Barberini, Francesco 84 257
Barberiniana, Sammlung 257
Barbieri, Giulio 254
Barigioni, Filippo 251
Barocci, Federico 255
Basilica Apostolorum (Basilica degli Apostoli) 18
Belli, Pasquale 231 257
Bellosio, Eugenio 253
Beltrami, Luca 233 264

Belvedere, Cortile del *190* 203 204 f 207 218 221 258
Benedikt VII 22
Benedikt XIV., Papst 218 224 *246* 258
–, Grabmal 184
Benedikt XV., Grabmal 186
Benozzo Gozzoli 262
Bernini, Gian Lorenzo 46 50–52 53 ff 56 72 87 179 f *182* 183 188 *195* 197 213 216 248 ff *258 f*
Bernini, Luigi 250
Biagio da Cesena 263
Bianchi, Pietro 251
Bibel Raffaels 80
Biblioteca Apostolica Vaticana siehe Vatikanische Bibliothek
Biblioteca Sistina siehe Sixtinische Bibliothek
Bolgi, Andrea 249 252
Bonifatius IV., Papst 172
Bonifatius VIII., Papst 22 172 f 197 213 260
–, Grabmal 172
Borghese, Scipione 84
Borghesiana, Sammlung 257
Borgia, Cortile 258
Borgia-Gemächer *82* 85 *102–107* 259 f 266
Borgiana, Sammlung 257
Borgo 29 f 34 f
Borgo Angelico 42
Borgo Nuovo 29 38 f 44 201 f
Borgo Pio 40 44
Borgo Sant'Angelo 38
Borgo Santo Spirito 50
Borgo Vaticano 29 201
Borgo Vittorio 42
Borgo Veccio 44
Borromeo, Carlo 23
Borromini, Francesco 87 179 249
Boscoli, Tommaso 255
Botticelli, Sandro di Mariano Filipepi, genannt 76 f 81 86 *94–96* 98 f *216* 262 f
Bracci, Pietro 184 250 f
Braccio Nuovo 231 257
Bramante, Donato 23 *32* 39 44 *201* 203 ff 248 261
Bramantino, Bartolomeo Suardi, genannt 259 f
Branconio dell'Aquila, Palazzo 49
Braschi, Giovanni Angelo 256
Brasini, Armando *54* 58
Bregno, Andrea 262
Bril, Mathys 84 257
Bril, Paul *35* 84 257
Brunnen der Spiegel 256
Brunnen des Nordwinds 256

Brunnen des Sakraments 256
Bugiardini, Giuliano 263
Buonarroti, Michelangelo siehe Michelangelo
Busiri, Andrea 58
Busiri Vici, Andrea 26

Calandra, Giovanni Battista 87 250
Caligula 9
Cametti, Bernardino 249
Campi, P. P. 251
Campidoglio 194 205
Campo dei Fiori 26
Camporese, Giulio 227
Camporese, Giuseppe 256
Camuccini, Vincenzo 251 255
Canevari, Antonio 252
Canonica, Pietro 186 249
Canova, Antonio *183 f* 186 230 f 250 f 257 264
Capitolinisches Museum 224 f
Cappella Clementina 248
Cappella Niccolina 75 262
Cappella Palatina 190
Cappella Paolina 83 263 f
Cappella Sistina 26 81 200 262 f
–, Freskenzyklus 92
–, Jüngstes Gericht 81 *154–161*
Capponiana, Sammlung 257
Caravaggio, Michelangelo Merisi, genannt 83 f *167* 244 f 264
Carcani, Filippo 251
Caroselli, Cesare 250
Carpegna, Sammlung 218
Carracci, Agostino 86
Carracci, Annibale 86 181
Carracci, Ludovico 86
Cartari, Giulio 251
Castellesi di Cornete 44
Castellini, V. 251
Castel Sant'Angelo (Engelsburg) 23 34 36 f 37 44 190 *192* 197 201 204 214 216
Castiglione, Baldassar 254 260
Cavalier d'Arpino 84 252
Cavalieri, Tommaso 248
Cavallucci, Antonio 252
Cerasoli 249
Cesi, Palazzo 49
Chigiana, Sammlung 257
Christina von Schweden 218
Cigoli, Ludovico 51
Circignani, Niccolò 257
Civitas leonina 189 197
Clemens V., Papst 37 216
Clemens VII., Papst 23 263
–, Grabmal 181

Clemens VIII., Papst 171 252
Clemens XI., Papst 218
Clemens XII., Papst 218 222 257 f
Clemens XIII., Papst 186 250
–, Grabmal *186*
Clemens XIV., Papst 225 268
Cocchi, A. 249 251
Collezione d'arte religiosa moderna 233 258 270
Conca, Sebastiano 256
Conciliazione, Via della 58 248
Condivi 263
Conti 251
Convertendi, Palazzo dei 47
Cornachini, Augusto 249 f
Corridore 9 37 190 202
Cortona, Pietro da 249
Costa, Lorenzo 255
Costanzi, Placido 250
Cristofari, Fabio 249 ff
Croce, Baldassarre 78 257

Da Brescia, Palazzo 48
D'Achiardi 254
Dalmata, Giovanni 173 254 262
D'Amelia, Piermatteo 262
Daniele da Volterra 264
Dante Alighieri 22
Danti, Ignazio 255 257
De Angelis, Domenico 256
De Fabris, Giuseppe 249 255
Della Gatta, Bartolomeo 75 81 258 263
Della Porta, Giacomo *11* 24 42 f 248 250 f
Della Porta, Guglielmo 175 *178* 179 250
Della Robbia, Luca 261
Della Rovere, Familie 260
Della Rovere, Giuliano, siehe Julius II.
Della Valle, Filippo *180 f* 184
Del Rame, Mino 249
De Rossi, Angelo 184 250
De Rossi, Mattia 250
De Tournon 56
Di Fausto, Florestano 186 251
Diokletian, Kaiser 19
Domenichino, Domenico Zampieri, genannt 86 249 f
Domus Aurea 14 78 256
Donatello *240* 252
Dori, Alessandro 256
Du Perac, E. 84 *248* 257
Duquesnoy, François 252

Edikt von Mailand 16 32
Elagabalus, Kaiser 19
Engelsbrücke 34
Engelsburg siehe Castel Sant'Angelo
Etruskisches Museum 233 255
Eusebius 18

Farnese, Alessandro 248
Felice, Strada 24
Ferrabosco, Martino 53
Ferrata, Ercole 250f
Ferri, Ciro 249
Fiani 250
Filarete, Antonio Averulino, genannt *17* 200
Fontana, Carlo *30 46* 249 251f
Fontana, Domenico 42f *47* 84 215 248 257
Fontana, Giovanni 51 248 251
Fra Diamante 262
Fra Giocondo 39 248
Franz I., König von Frankreich 261
Franzoni, Francesco Antonio 256f
Fra Ristoro 190
Fra Sisto 190
Fuga, Ferdinando *181* 184 249
Funi, A. 251

Galerie der Büsten 257
Galerie der geographischen Karten 258
Galerie der Gobelins 258
Galerie der Statuen 227 257
Galerie Urbans VIII. 259
Galerius, Kaiser 16
Galleria Clementina 257
Galleria degli Arazzi 257
Galleria dei Candelabri 227 258
Galleria dei Quadri 229
Galleria Lapidaria (Lapidarium) 224 231 257
Genga, Pierleone 255
Gentileschi, Orazio 84 257
Gentili, Antonio 253
Geri 249
Ghini, Simone 173
Ghioldo, Battista 44
Ghirlandaio, Bigordi Domenico, genannt 81 *100* 216 262 *263*
Gianicolo 29 36 44 190 205
Giotto 11 14 213
Giovanni da Udine 80 84 *142–147* 258 260ff 266
Giovannino de' Dolci 262

Giovannipoli 189
Giraud-Torlonia, Palazzo 44
Granacci, Francesco 82
Granacci, Giuliano 263
Gregor der Große 22 171 248
Gregor VII., Papst 22
Gregor XIII., Papst 24 26 248 253 257 262f
–, Grabmal *179* 184
Gregor XIV., Papst 213
Gregor XV., Papst 218
Gregor XVI., Papst 232
Gregorianische Museen 255f
Gregorovius 27 213
Grifi 256
Guercino, Giovanni Francesco Barbieri, genannt 86 244 250
Guerra, Giovanni 84 *215* 257
Gugler, Erich 58
Guglielmi, Benedetto 256
Guidi, Domenico 250
Guidotti, Paolo 257

Hadrian, Kaiser 9 30 224 257
–, Mausoleum 9 30 34 189 204
–, Villa 252 255
Hadrian IV., Papst 254
Hieronymus, hl. 14
Honthorst, Gerard van 76
horti Neronis 50
Hus, Jan 173

Indaco, Jacopo d' 82
Innozenz II., Papst 22
Innozenz III., Papst 22 189 262
Innozenz VII., Papst 173
Innozenz VIII., Papst 194 221
–, Grabmal 176
Innozenz X., Papst 26 222
Innozenz XI., Papst 184 251
–, Grabmal 184
Innozenz XII., Papst 184 249
–, Grabmal 184
Isaia da Pisa 254
Iuvara, Filippo 252

Johannes, Evangelist 13
Johannes VIII., Papst 189
Johannes XXIII., Gegenpapst 37
Julius II., Papst *9* 38ff 75 175 194 203f 207 *212* 248 260 262f
–, Grabmal 184
Julius III., Papst 39
Jüngstes Gericht siehe Cappella Sistina
Justinian, Kaiser 199

Kabinett der Masken 227 256
Kabinett des Hermes 258
Kabinett des Perseus 258
Kandinsky, Wassily 272
Kapitolinisches Museum 224f
Karl V., Kaiser 23 60
Karl VIII., König von Frankreich 23 201
Karl der Große 22 35 189 199
Klee, Paul 272
Kokoschka, Oskar 272
Konstantin, Kaiser 14 16 18 19 22 30 32 189 199
Konstantinische Schenkung 22
Konstantinssaal 76 78 261
Konstantius, Kaiser 248
Konzil von Nikaia 19

Lafréry 84 257
Lanfranco, Giovanni 87 *165* 249
Laokoon-Gruppe 222 257
Laparelli, Francesco 40
Lateran 19 189 194
Lateran-Konzil 260 266
Lattanzio 16
Legros, P. 250
Leo I. der Große, Papst 22 34 248
Leo III., Papst 189
Leo IV., Papst 35 37 189
Leo X., Papst 23 207 216 261
–, Grabmal 181
Leo XI., Papst *179* 181 184 251
–, Grabmal 180
Leo XIII., Papst 213 215 218 258
Leoninischer Turm 255
Leoninische Stadt 29 34 37 189 197
Leoninische Mauer 22 189
Leto, Pomponio 174
Licinius, Kaiser 16
Ligorio, Pirro *203* 205 *206* 222 248 255
Lilio, Andrea 84, 257
Loggien 78 84 194 205 261
Lombardelli, Giambattista 257
Lotto, Lorenzo 75 259f
Lucenti, L. 249 251

Machuca, Pedro 261f
Maderno, Carlo 39 51 53 56 *172* 248 *241* 255
Maggi-Maupin-Losi 257
Maglia, N. 251
Mancini, Francesco 250
Manenti 249
Manetti, Giacomo 248

Manetti, Giannozzo 194 199
Manfredi, Bartolomeo 86
Mangone, Giovanni 50
Manutius, Aldus 216
Manzù, Giacomo 249
Maratta, Carlo 184 245 251
Marcellus II., Papst 171
Marchetti, Marco 257
Marchionni, Carlo 252
Marcillat, Guillaume *143* 259 *260* 261f
Marini, Gaetano 230 257
Martin V., Papst 173 214
Mascarino, Ottaviano 44
Mascherino, Ottaviano 255 257
Mathilde von Tuszien, Grabmal 180 249
Mattei, C. 251
Matteo da Lecce 264
Matteo da Siena 258
Maxentius, Kaiser 18
Mazzuoli, Giuseppe 251
Medici, Giovanni Angelo siehe Pius IV.
Meleghino 39
Melloni 249
Melozzo da Forlì 75 *212* 216 *238f*
Mengs, Anton Raphael 225
Merulana, Via 24
Messina, Francesco 187
Michelangelo *20f 23* 33 39 44f 61 80ff *108–127 154–163* 176 178 248 248f 262ff *263*
Michiel, Marcantonio 262 268
Mino da Fiesole 173 254 262
Missionarisch-Ethnologisches Museum 233 235
Mithras-Kult 14
Mochi, Francesco 252
Monaldi, Carlo 250
Monnot, Pierre Etienne 184 251
Monosilio 251
Montalto, Felice Peretti da 24
Montauti, A. 250
Morelli, Cosimo 56
Morelli, L. 250
Muccioli, C. 251
Mula, Marcantonio 264
Museo Chiaramonti 231 257
Museo Egizio siehe Ägyptisches Museum
Museo Etrusco siehe Etruskisches Museum
Museo Pio Clementino 231 257
Museo Pio-cristiano 233
Museo Profano 225 230 235 258
Museo Sacro 224 258
Museo Statuario 222
Muziano, Girolamo 250 257

Naldini, Paolo 250
Namanziano, Rutilio 216
Napoleon 26 86 186 252 264 269
Navicella della Chiesa (Giotto) 14 194
Navona, Piazza 23 26 210
Nebbia, Cesare 78 84 251 257
Nero, Kaiser 13f 29f 78 141 194
Nibby 256
Nikollaus III., Papst 37 189 194
Nikolaus V., Papst 9 22 38 173 194 197f 200ff 213 216 221 248 257 262
Nicomedia, Edikt von 16
Nogari, Paris 78 257
Nomentana, Via 18
Nuzzi, Avanzino 84

Obelisk (Vatikan) 24 42 47 *188* 198 203 210
Orley, Bernard van 257 266
Orsi, Prospero 257
Orsini, Orso 37
Ottaviani 250f
Ottoboniana, Sammlung 257
Otto III., Kaiser 22
Ottoni, Lorenzo 249 *257*

Pacca, Kardinal 231
Palatina, Sammlung 257
Palma, Giacomo 257
Pamphili, Palazzo 26
Paolino da Venezia 194
Paolino di Antonio di Benasco 254
Pappagalli, Cortile dei 258
Parentucelli, Tommaso 221
Passarelli 235
Passeri, Giuseppe 251
Pasetto siehe Corridore
Paulus, hl. 13f 189
Paul II., Papst 22f 173f 254
–, Grabmal 173
Paul III., Papst 23 39 83 217 263f
–, Grabmal 176 *178* 178f
Paul IV., Papst 23 255 261
Paul V., Papst 26 51 171 208 214 217 248 253 258
Pellegrino da Modena 261f
Penitenzieri, Palazzo dei 47
Penna, A. 252
Penni, Gian Francesco 76 80 252 259 260f 266
Perin del Vaga 80 83 258f 261ff
Peroni, G. 251
Perugino, Pietro 75 81 176 260 262ff

Peruzzi, Baldassarre *33* 39 75 248 259
Peruzzi, Sallustio 44 252
Peterskirche 14 24 30 39 42 52f 84 203f 208 248ff
–, Confessio 171 248
–, Kathedra *64 69* 172
–, Konstantinische Basilika 13 18f 92 171 189
–, Sakristei 252
–, Schatzkammer 175 252
Petersplatz 54 209 213 248
–, Kolonnade *50 52* 208ff
–, Obelisk 24 42 *47 188* 198 203 210
Petrus, hl. 13f 248
–, Grab *10* 19 24 *32 71* 171 *173* 189 *248*
Phidias 19
Pia, Piazza 44
Pia, Via 23f
Pia, Villa 222
Piacentini, Marcello 58 248
Piero della Francesca 75 258 260 262
Piero di Cosimo 81 262
Pietro da Cortona 87
Pinakothek, lateranische 233
Pinakothek, vatikanische 266ff
Pino, Marco 83f
Pinturicchio, Bernardino di Betto, genannt 75 81 *102–105 107* 258 262f
Pio da Carpi, Sammlung 224
Pippinische Schenkung 22
Pius II., Papst 23 175 249 254
Pius IV., Papst 9f 23f 29 42 207 214
– Casina di 205ff *208f* 255
Pius V., Papst 214 222
Pius VI., Papst 26 40 213 223 258 264
Pius VII., Papst *184* 207 213 *218* 230f 257 263
–, Grabmal 186
Pius IX., Papst 26f
Pius X.., Papst 186 251
–, Grabmal 186
Pius XI., Papst 221 263
Pius XII., Papst 171 *187* 253 264
–, Grabmal 187
Platina, Bartolomeo 174 *212* 216
Polidoro Caldara da Caravaggio 80 261
Pollaiolo, Antonio 175f 176 254
Pomarancio, Cristofero Roncalli, genannt 84 251
Pomarancio, Niccolò 256
Pons Aelius (Engelsbrücke) 34

Pontelli, Baccio 262
Ponte Milvio 18
Ponzio, Flaminio 51 248
Porta, Giuseppe 264
Porta Aurelia 34
Porta Cavalleggeri 201
Porta Fabrica 44 252
Porta Pia 23
Porta San Pietro 201
Porta Santa 203
Poussin, Nicolas 86f *164* 250
Pozzi, Stefano 258
Priorato, Palazzo del 49
Procaccini, Andrea 251
Provenzale, Marcello 251f

Quattro Cancelli, Atrio dei 227 264
Quirinale, Palazzo 24 26

Raffael 23 39 49 *74 75* 78 80 83 *141* 248 251 257 259ff 264 266
Raffaellino del Colle 80 261
Ranaldi, Federico 257
Regoli 250
Reni, Guido 86 164 *166f* 250f 269
Riario, Girolamo 174 *212*
Ricci, Giovanni Battista 84 257
Romanelli, Giovanni Battista 250f
Romano, Giulio 76 80 *138f 141–143* 252 260f 266
Roselli, Cosimo 81 *93* 100f 262f
Rossellino, Bernardo 38 194 248
Rosetti, P. 251
Ruga francigena 37
Runder Saal 227
Rusconi, Camillo *179* 184 249
Rusticucci, Piazza dei 48

Saal der Inschriften 258
Saal der Künste 259
Saal der Musen 227
Saal der Reitknechte 84
Saal der Tiere 227
Saal des Credo 259
Saal des Zweigespanns 227 257
Saal Gregors VIII. 80
Saal in Form eines griechischen Kreuzes 227
Sabatini, Lorenzo 83 264
Sacchetti, Sammlung 222
Sacchi, Andrea 87 251
Sala Alessandrina 258
Sala Ducale 83

Sala Regia 82f 200 264
Sale, Niccolò 249f
Salimbeni, Ventura 84
Salviati, Francesco 83 263f
Samacchini, Orazio 83 264
San Damaso, Cortile di 261
Sangallo, Antonio da (der Jüngere) 23 *33 36* 39 51 83 *196* 248 264
Sangallo, Aristotile da 263
Sangallo, Giuliano da *32f* 39 210
San Giacomo a Scossacavalli 46
San Giovanni in Laterano, Basilika 19 24 26
San Lorenzo fuori le mura, Basilika 11 26
San Lorenzo in piscibus 50
San Marco, Palazzo 23
San Martino, Kloster 36
San Michele, Hospiz 26
San Paolo fuori le mura, Basilika 18 26
San Sebastian 18
Santa Caterina delle Cavallerotte 49
Santa Costanza, Mausoleum 18
Sant'Agnese in Agone 26
Santa Maria della Febbre 51
Santa Maria del Popolo 24
Santa Maria in Traspontina 44
Santa Maria Maggiore, Basilika 24 26f
Santa Marta, Kirche, Hospital, Friedhof 51f
Santa Marta, Piazza 51
Sant'Anna dei Palafrenieri 271
Santa Susanna, Kirche 78
Sant'Elena, Mausoleum 18
Santi Giovanni e Paolo, Kloster 36
Santo Spirito, Bastion 39
Santo Spirito, Porta 39
Santo Spirito in Sassia 22 35 38 50
Santo Stefano degli Ungari 252
Santo Stefano Maggiore, Kloster 36
Santo Stefano Minore, Kloster 36
Sanzio, Raffaello siehe Raffael
Savonarola 176
Scala Regia 209
Schor 250
Schule für Paläographie und Diplomatik 215
Scossacavalli, Piazza 46
Sebastiano del Piombo 260
Seitz, Ludwig 257f
Semenza, Iacopo 257
Sermoneta 264
Serristori, Palazzo 50
Sibilia, Gaspare 250 252
Siciolante, Gerolamo 264

Sicurati, D. 251
Signorelli, Luca 75 81 259 263
Silvester I., Papst 22
Simonetti, Michelangelo 227 256
–, Treppe 227
Sixtinische Bibliothek 207 257
Sixtinische Kapelle 26 81 200 262f
Sixtus IV., Papst 9f 194 200 207 216 221 262
–, Grabmal 175
Sixtus V., Papst 24 26 42 204 207 248 257
Slodz, Michelangelo 250
Sodoma, Giovanni Antonio Bazzi, genannt 75 259
Sonnenkult 14 16 18
Spaccarelli, Attilio 58 248
Spada, Virgilio 53 55
Spardarino, Giovanni Antonio Galli, genannt 10 84
Sperenza, S. 249
Spina dei Borghi 54ff
Spinazzi, Innocenzi 250
Stanza della Segnatura 76 213
Stanza der Feuersbrunst von Borgo 76

Stanza des Heliodor 76
Stanze di Raffaello 75ff 258ff
Stella, Giacomo 257
Stern, Raffaello 231 257
Subleyras, Pierre 250
Sueton 14

Taccone, Paolo 249
Tadolini, Adamo *184* 249
Tamagni, Vincenzo 261f
Tempesta, Antonio *36* 257
Tenerani, Pietro 251
Théodon, Jean Baptiste 249 *251*
Thorwaldsen, Bertel *184* 186 251 255 257
Tolentino, Vertrag von 230 264
Tomberli 249
Torre Borgia 200
Torre del Campidoglio 26
Torre dei Venti 26 235 255
Torriani, Orazio 248
Torti 257

Trionfale, Via 29
Tropaion des hl. Petrus 19 189

Ungarelli, Luigi 255
Urban IV., Papst 260
Urban V., Papst 37
Urban VIII., Papst 9 26 215 249
–, Grabmal 179 183
Valadier, Giuseppe *54* 56 249
Valadier, Luigi *217* 253 256 258
Valentin de Boulogne 84 *165* 250 268f
Valle, Filippo della *180f* 249 251
Vanvitelli, Luigi 249
Vasanzio, Giovanni 255
Vasari, Giorgio 83 204 258 261ff *267*
Vatikanische Bibliothek *212* 213 216ff *217* 233 257
Vatikanische Gärten 255ff
Vatikanische Grotten 253ff
Vatikanische Museen 221 255ff
Vatikanische Paläste 189ff 207

Vecchi, Giovanni de' 84
Venezia, Palazzo 23
Ventura Salimbeni 257
Venusti, Marcello 264
Venuti, Ridolfino 224
Verro, Sebastiano 248
Vespasian, Kaiser 19 *230*
Vignola, Giacomo 248
Vincenzo da San Gimignano 261
Vincidor, Tommaso 257 261f
Visconti, Giambattista 256

Winckelmann, Johann Joachim 224
Witigis 34

Zabaglia, Nicola 249
Zoppelli, Giovanni Maria 264
Zuccari, Federico 78 83 *198* 252 255f 264
Zuccari, Taddeo 78 83 *198* 264

BILDNACHWEIS

Alinari 49
Archivio Fotografico Arnoldo Mondadori, Mailand 8, 10, 31 o.l., 33 u.r., 35 o.l. + r. + m., 43 o., 61, 76, 77, 80, 83 u., 129 o., 148, 149, 150, 151, 152, 153, 174 o., 182, 183 l., 187, 190 o., 194, 205, 210 o., 210 m., 214 u., 216, 224/225, 226, 227 o., 228 o., 232, 234 o., 235 o., 237, 238 o., 242, 244/245, 249 o., 249 m., 250 l., 251, 256 u., 257, 258, 259, 260 l., 260 o.r., 261 l., 263, 264, 265, 266, 268 r., 269.
Biblioteca Vaticana 36 o., 42/43 u., 50, 51, 216.
British Museum (Foto Freeman) 35 o.l. + r., 35 m., 190 u.l., 205.
Civica Raccolta delle Stampe Achille Bertarelli, Mailand (foto Giancarlo Costa) 47, 201 o., 210 u.
Maurizio Di Puolo, Rom 11.
Istituto Fotografico Scala, Florenz 2, 7, 15, 17, 20/21, 25, 30 o., 34 u., 60, 74, 78, 79, 82, 83 o., 85, 86, 87, 88, 89, 90, 91, 92, 93, 94/95, 96/97, 98/99, 100/101, 102/103, 104/105, 106/107, 108/109, 110/111, 112/113, 114/115, 116/117, 118/119, 120/121, 122/123, 124/125, 126/127, 128, 129 m. + u., 130/131, 132/133, 134/135, 136/137, 138/139, 140/141, 142/143, 144/145, 146/147, 154, 155, 156, 157, 158/159, 160, 161, 162, 163, 164, 165, 166, 167, 172, 174 u., 175, 177, 179, 180 l., 181 r., 198 o., 199, 204, 208, 214 o., 215, 218, 219, 222, 223, 227 u.l. + r., 233, 234 u., 235 u., 236, 238 u., 239, 240, 241, 243, 244 l., 245 r., 246, 249 u., 250 r., 252, 256 o., 260 r.u., 261 r., 262, 267, 268 l., 270, 271.
Kodansha 212, 224/225, 226.
Toni Nicolini, Mailand 12, 28, 38, 39, 44, 45, 52, 53, 56, 57, 59, 62, 63, 64/65, 66, 67, 68, 69, 71, 72, 73, 81, 168/169, 170, 173, 178, 180/181, 183 r., 184, 185, 188, 190 u.r., 191, 195, 196, 197, 198 u., 201 u., 202, 203, 206, 207, 208/209, 209, 211, 217, 220, 221, 228/229 u., 229 o., 230, 231, 253, 254, 255.
Takashi Okamura 70
S.P.A.D.E.M. 270 r., 271 o.
Enrico Valeriani 30 u., 31 o.r., 31 u., 32, 33, 34 o., 34 u., 36, 37, 40, 41, 42, 42/43, 46, 49, 50, 51, 54, 55, 248.